YEARBOOK

イア
ブック

核軍縮

平和

2019

市民と自治体のために

北東アジア非核兵器地帯へ：朝鮮半島非核化合意の公正な履行に関する市民の監視活動

## 非核化合意履行・監視プロジェクト

Citizens' Watch for a Fair Implementation of
Korean Peninsula Denuclearization Agreements

2018年11月、ピースデポは、プロジェクト「北東アジア非核兵器地帯へ：朝鮮半島非核化合意の公正な履行に関する市民の監視活動」（略称：非核化合意履行・監視プロジェクト）を開始し、11月14日に監視報告N0.1を発行した（特別記事に監視報告N0.1〜9号）。

市民の声が未来を創る。

キャンプ・シュワブ沖で辺野古埋立ての土砂投入に抗議するカヌー隊。
（2018年12月14日撮影。「ヤマヒデの沖縄便りⅢ」を発信する山本英夫氏提供）　辺野古埋立て

「気候のための学校ストライキ」と書かれたプラカードを掲げ、行動を訴えるスウェーデンの高校生グレタ・トゥンベリ。
（2019年8月30日、ニューヨーク国連本部前。写真：UNフォト、マニュエル・エリア撮影）　気候危機

# 発刊にあたって

　イアブック「核軍縮・平和2019―市民と自治体のために」をお届けする。本書は、核軍縮問題に力点を置きながら、日本の平和と安全保障の動向を、市民や自治体の視点から整理し、解説することをめざしている。年鑑として、2018年1月1日から同年12月31日をカバーすることを基本としているが、特別記事とデータシートは、できる限り最新の情報をとりいれた。

　2018年の核軍縮・平和に関わる最大のできごとは、南北板門店宣言（4月27日）と米朝シンガポール共同声明（6月12日）という2つの首脳合意を基礎に、朝鮮半島の平和と非核化へ歴史的な変化が生まれたことである。一方で、米トランプ政権がINF全廃条約やイラン核合意からの離脱を表明し、米ロの対立が表面化するなど核軍縮の停滞が目立った。そうした中で、平和と核軍縮を前進させるためには、市民・自治体が、時代の流れを意識しつつ、世界の現状や動向を正確に読み取る必要がある。本書は、その一助になればとの思いから、ピースデポの努力を傾注して製作されている。

　世界、とりわけ私たちが暮らす北東アジアにおける核軍縮の趨勢を理解するために冒頭に「監視活動：朝鮮半島非核化から北東アジア非核兵器地帯へ」、「専守防衛考」の2つの特別記事を第1部とした。次に第2部において2018年を特徴づける「トピックス」と18年に新たに加わった「新資料の紹介」を掲載した。トピックスや資料に関係する25の統計データは第3部「データシート」として整理した。第4部は「資料」とし、基本的な文書としての基礎資料19点、18年に新たに加わった新資料27点で構成した。製作に当たっては、事実情報を正確に伝えることを第一とし、必要な出典を注記し、資料の原典ＵＲＬを収め、巻末には索引を設けた。

　奥付に列記した人々で構成する「ピースデポ・イアブック刊行委員会」が中心となって企画・執筆し、ピースデポが編集と製作を担った。監修は従来と同様、梅林宏道が行っている。執筆・製作にあたり一部の分野では専門家に、また多くのボランテイアの方々に助けていただいた。関係したすべての方々に厚くお礼申し上げる。

　本書が、最新で、正確な情報の発信源として信頼され活用されていることに感謝しつつ、多くの市民、自治体の皆さまにより親しまれ、活用していただけることを願っている。忌憚のないご意見、ご批判を是非ともおよせいただきたい。


2019年12月
ピースデポ・イアブック刊行委員長　湯浅一郎

# イアブック「核軍縮・平和2019」発刊によせて

イアブック『核軍縮・平和 2019』の発刊にあたり、日本非核宣言自治体協議会を代表して心よりお喜び申し上げます。

1984(昭和59)年に結成された本協議会は、平和を希求し、核兵器のない世界を目指した自治体がお互いに連携し輪を広げています。2019(令和元)年6月1日現在、国内の1,788自治体の92%にあたる1,647自治体が非核・平和都市宣言を実施し、このうちの341自治体が本協議会に加入しており、世界恒久平和実現のために努力することを誓っています。

2017年には国連で「核兵器禁止条約」が122か国の賛成多数で採択されました。これは、長年にわたる被爆者の核兵器廃絶の訴えを源流として、ＮＧＯなど市民社会が地道な活動を続けてきたことによる成果です。一方で、いまだ核保有国は核兵器の有用性を主張し、核兵器禁止条約に参加しておらず、核保有国と非核保有国の対立が浮き彫りになっています。さらに、核兵器を保有する大国同士も対立を深めており、予断を許さない状況が続いています。

「核兵器のない世界」の実現のためには、核兵器廃絶を願う市民の声が条約採択を後押ししたように、私たち市民社会が一体となり、今まで以上に粘り強く声をあげていくことが必要になっています。

私たちが暮らす北東アジア地域においては、北朝鮮の後戻りすることのない非核化に向けた動向が注目されています。本協議会では核の傘に依存しない安全保障のあり方として、「北東アジア非核兵器地帯」の創設を提案しています。

私たちは地域住民の安全を守ることが自治体の責務であるという視点から、平和な地域社会を築いていくために、研修等を通して核兵器を巡る国際情勢や、平和行政への取り組みについて理解を深めてきました。本書は、最新の世界の現状や動向を読み取るために特別記事、2018年のトピックス、新資料の紹介などがわかりやすく整理されており、本協議会では発刊のたび、会員自治体全てに配布し、職員の方々に貴重な資料として大いに活用していただいております。

最後に、イアブック『核軍縮・平和 2019』の発刊の刊行委員会の皆さまのご尽力に心から敬意を表しますとともに、特定非営利活動法人「ピースデポ」のますますのご発展を祈念いたします。

2019年11月
日本非核宣言自治体協議会会長
長崎市長
田上 富久

# ＜目次＞

# 第1部

## 特別記事

# 〈監視活動〉
# 朝鮮半島非核化から
# 北東アジア非核兵器地帯へ

梅林 宏道
（ピースデポ特別顧問、
長崎大学RECNA客員教授）

梅林 宏道
長崎大学核兵器廃絶研究センター
（RECNA）初代センター長、ピースデポ設立
者・元代表、核軍縮・不拡散議員連盟・東アジ
アコーディネーター。『核兵器・核実験モニ
ター』誌主筆、イアブック『核軍縮・平和』監
修者。

　2018年11月、ピースデポはプロジェクト「北東アジア非核兵器地帯へ：朝鮮半島非核化合意の公正な履行に関する市民の監視活動」（略称：非核化合意履行・監視プロジェクト）を立ち上げた。それは南北首脳共同宣言と米朝首脳共同声明で始まった朝鮮半島の非核化プロセスを成功させるために、日本の市民の立場から監視し、市民社会に情報提供し、可能な市民の行動を喚起するために計画された。

　プロジェクトの趣旨は、次のように述べている。

＊＊＊

　韓国と朝鮮民主主義人民共和国（以下、北朝鮮）は、南北首脳会談における板門店宣言（2018年4月27日）において、朝鮮半島の軍事的緊張を緩和し、戦争の危険を除去し、非核化を含む恒久的平和体制を確立するために協力し合うことに合意した。米朝両国は、シンガポール首脳会談における共同声明（同年6月12日）において、平和と繁栄のための新しい米朝関係を築き朝鮮半島に永続的で安定した平和体制を建設するという共通目標を打ち立てた。そして、米国は北朝鮮に安全の保証を約束し、北朝鮮は朝鮮半島の完全な非核化を約束した。

　2つの首脳合意は、核戦争の瀬戸際にあった北東アジアの国際情勢を一変させた。いま、私たちは南北と米朝の間に対話の継続を目撃している。これは、歴史的な変化である。北東アジアには、第2次世界大戦の終戦と冷戦の終結という大きな歴史の変化をくぐった今も、過去に作られた異常な関係が続いてきた。70年を超えて日本の植民地支配が公的に清算されず、65年を超えて朝鮮戦争が正式に終結していない。

　この歴史を克服する千載一遇のチャンスが、今訪れている。私たちはこの機会を何とかして活かしたい。そのためには、長年の不信を克服しながら、2つの首脳合意が誠実に履行されるよう、忍耐強い関係国の外交努力が必要だ。

　この努力の過程において、とりわけ日本、韓国、米国の市民社会の果たすべき役割が極めて大きいと私たちは考える。外交努力の進展を注意深く監視しつつ、民主主義国の政府に対して、このチャンスの重要性を訴え、過去の朝鮮半島非核化交渉に関する正しい理解とそこから得られる教訓を生かすことを求める必要がある。また、長い非正常な歴史の間で培われ、市民社会に根を張っている不信感や誤った認識を克服することは、議会や自治体やメディアを含む市民社会全体に課せられた課題だ。

　NPO法人ピースデポでは、このような趣旨から、首脳合意履行の外交過程を追跡する、この監視活動プロジェクトを立ち上げた。日、韓、米のNGOの共同プロジェクトとすることも考えたが、この監視プロジェクトに関しては、それぞれの国の置かれている政治状況の違い、市民社会を取り巻く歴史的背景の違いを考慮すると、それぞれの国の市民社会が、自国の政府や市民社会に対して訴え、そのうえで相互に緊密に連絡を取り合う形がより効果的であると

考えられる。とりわけ、被爆国日本においては、朝鮮半島の非核化の課題は、日本自身の真の非核化、そして日本を含めた北東アジア非核兵器地帯の設立という課題と切り離なすことができない。そこで、同様な取り組みを行う韓国、米国のNGOと情報交換しつつ、それぞれが独立の取り組みを行う方法を選んだ。

＊＊＊

監視プロジェクトは、2019年5月までに10号の監視報告を出版した。監視報告はブログとメルマガによって公開されてきたが、まず日本語で発表され、少し遅れて韓国語と英語に翻訳された。また、その間に2回、日本外務省に対して日本が取るべき政策について申し入れを行った。

発行された監視報告は以下のブログで読むことができる。

https://nonukes-northeast-asia-peacedepot.blogspot.com/

監視プロジェクトの構成メンバーや協力、助言団体は以下のとおりである。

- **メンバー**　浅野美帆、荒井摂子、パティ・ウィリス（カナダ）、梅林宏道（プロジェクト代表）、尾崎としえ、金マリア(韓)、平井夏苗、前川大、湯浅一郎。
- **協力**　韓国：参与連帯(PSPD)、平和ネットワーク。
　　　　　米国：ピース・アクション、西部諸州法律財団
- **助言**　北東アジアの平和と安全保障に関するパネル(PSNA)（共同議長：マイケル・ハメル-グリーン(豪)、ピーター・ヘイズ(米)、文正仁(韓)、朝長万左男(日)、事務局長：鈴木達治郎)

以下に監視報告1号〜9号を掲載する。

## 監視報告　No.1　（2018年11月14日）

### §日本政府の対北朝鮮政策：強硬姿勢から日和見姿勢に

南北首脳による板門店宣言(2018年4月27日)[注1]とシンガポールにおいて出された米朝首脳共同声明(2018年6月12日)[注2]以後、安倍政権の対北朝鮮政策が、従来の敵視と思われるほど強硬な姿勢から、軟化しつつあることは

事実である。しかし、明確に対話の姿勢に転じているとは言い難い。日和見姿勢という表現が現在の安倍政権の姿勢を表す言葉としてもっとも近いであろう。

　昨年9月20日の国連総会演説における安倍首相の強硬姿勢は際立っていた。彼は演説のほぼすべてを北朝鮮批判に費やした。「対話とは、北朝鮮にとって、我々を欺き、時間を稼ぐため、むしろ最良の手段だった」「必要なのは、対話ではない。圧力なのです」と述べた。2018年1月22日、通常国会冒頭の施政方針演説で、安倍首相は北朝鮮の脅威を強調し、違憲論争を巻き起こしながらも強硬に成立させた2015年9月の安保法制の正当性を強調するために、この脅威を利用した。「北朝鮮の核・ミサイル開発は、これまでにない重大かつ差し迫った脅威であり、我が国を取り巻く安全保障環境は、戦後、最も厳しい」と述べ、「3年前、私たちは平和安全法制を成立させました。北朝鮮情勢が緊迫する中、自衛隊は初めて米艦艇と航空機の防護の任務にあたりました」と、2015年安保法制が北朝鮮に対抗するために役立っていると指摘した。

　今年の国連総会における安倍首相の演説（9月25日）は、北朝鮮問題に数行を費やしただけであった。さすがに北朝鮮への強硬姿勢は示さなかったが、上から目線の姿勢を崩さなかった。「北朝鮮の変化に最大の関心を抱いています」と述べ「いまや、北朝鮮は、歴史的好機を、つかめるか、否かの岐路にある」と述べた。そして、「拉致、核・ミサイル問題の先に、不幸な過去を清算し、国交正常化を目指す日本の方針は変わりません」と明言し、拉致、核・ミサイル問題の解決が先行しなければ、国交正常化の話は始まらないという、従来の姿勢を崩さなかった。

　しかし、朝鮮半島情勢の変化に日本が取り残されつつあることが、多くの国民の目にも明らかになりつつある。その結果、安倍首相は国連演説から約1か月後の10月24日、内閣改造後の臨時国会における所信表明演説では、演説のトーンを変化させた。

＜特別記事＞
非核化合意監視活動

「6月の歴史的な米朝首脳会談によって、北朝鮮をめぐる情勢は、大きく動き出しています。この流れに更なる弾みをつけ、日米、日米韓の結束の下、国際社会と連携しながら、朝鮮半島の完全な非核化を目指します。

　次は、私自身が金正恩委員長と向き合わなければならない。最重要課題である拉致問題について、ご家族もご高齢となる中、一日も早い解決に向け、あらゆるチャンスを逃さないとの決意で臨みます。相互不信の殻を破り、拉致、核、ミサイルの問題を解決し、不幸な過去を清算して、北朝鮮との国交正常化を目指します。」

　このように、安倍首相は金正恩との首脳会談に臨みたい希望を表明するとともに、相互不信の殻を破るとの決意を述べた。そして、前後の順序の注文を付けずに、拉致、核、ミサイルの問題、過去の清算、国交正常化を列記した。これは、従来の硬直した姿勢から変化の兆しを見せたことを意味するだろう。


　しかし、一方では、安倍政権は、北朝鮮への異常な攻撃姿勢を国際的な場で継続している。

　2018年11月2日、国連総会第1委員会では、日本がリードしている核軍縮に関する総会決議案「核兵器の全面的廃棄へむけた新たな決意のもとでの結束した行動」(A/C.1/73/L.54) [注3] が採択された。1994年以来、毎年継続して提出しているものである。決議文案の提出日は10月19日であり、その時点までにおける日本政府の見解を反映していると考えられる。

　決議文は、前文において両首脳会談に言及してそれらを歓迎した。その後、主文において、まず、「(南北首脳会談や米朝首脳会談においてなされた)最終的な、完全に検証された非核化という誓約を履行するようDPRKに要求」(主文27節)した。そして、次のような厳しい言葉で北朝鮮を非難した。「(国連総会は)DPRK——核不拡散条約によって核兵器国の地位をもち得ない国であるが——によるすべての核実験及び弾道ミサイル技術を用いた発射、またその他の核及び弾道ミサイル技術の開発を進める活動を最も強い言葉で非難する。…」(主文28節)

　昨年の同じ決議が総会で採択されたのが12月12日であったから、北朝鮮は今

年の決議が対象とする過去1年に一度も核実験も弾道ミサイル実験も行っていない。のみならず、北朝鮮は今後も行わないことを誓っており、国際社会がこの好ましい情勢の変化を歓迎しているなかで、日本の外務省は「もっとも強い言葉」で北朝鮮を非難する決議文を作って各国の支持を得ようとしたことになる。北朝鮮はこのやり方に対して安倍政権の真意を読み取ったとしても不思議ではないであろう。

北朝鮮の米国、韓国に対する言葉は柔軟になっているが、日本に対しては厳しい言葉が続いていると、日本国内のみならず国際的にも一般的に受け取られている。拉致問題についての日本の強い姿勢がそうさせていると理解されがちであるが、実際には安倍政権の上述のような偏った姿勢によるところが大きいであろう。(梅林宏道)

### §米朝交渉の方法論にどこまでの一致があるか？方法論の透明性を上げることが、非核化プロセスの安定性を向上させる。

現在の米朝交渉につきまとう大きな不安要素の一つは、6月12日のシンガポール合意を履行する方法論について、米朝間がどこまで合意しているのかが極めて不明確なことであろう。このことに起因して、最近の米朝交渉の先行きは不透明さを増している。

方法論に関する北朝鮮の主張は首脳会談以前から明確であった。首脳会談の翌日である6月13日の朝鮮中央通信は、「金正恩とトランプは、朝鮮半島の平和と安定と非核化を達成する際に、段階的かつ同時行動の原則を守ることが重要であるとの趣旨における認識を共有した」と記した**[注4]**。この記事から、北朝鮮がかねてからの主張である「段階的かつ同時行動の原則」を主張したことは間違いなく確認できる。しかし、この「趣旨における認識」を米国と共有したと書かれている点は、希望的観察を述べることによって、米国から同意を引き出す意図が込められたものと考えられる。トランプ大統領はシンガポール会談直後に長い記者会見を行ったが、その中に北朝鮮と同じ趣旨の認識をしたことを示唆する内容を見出すことはできない。当時のポンペオ国務

<特別記事>
非核化合意監視活動

15

長官の発言においても同様である。

　その曖昧さは、とりわけ経済制裁の段階的解除について両者の認識の隔たりとして最近表面化している。同じ6月13日の朝鮮中央通信は、金正恩国務委員長がサミットで「(トランプは)北朝鮮に対する経済制裁を、対話と交渉を通して相互の関係の改善が進むとともに解除するつもりである」と理解したと述べている[注5]。しかし、会談後の記者会談でトランプ大統領は、「核がもはや問題でなくなったら解除する」「今は続ける」「実際には、ある時点になると解除したいと思っている」などと極めてあいまいな言葉で回答した。実際には、金委員長との不一致を知ったうえで、それを表面化させない言葉遣いを選んだというのが真実であろう。

　経済制裁の解除に関する米国の立場は、その後、「段階的解除を示唆しない」という点において一貫している。しかし、段階的解除を否定する発言もしてない。9月25日、トランプ米大統領は国連総会演説において「私は、やるべきことは、まだたくさん残っているが、金委員長の勇気とこれまでの措置について彼に感謝したい。非核化が達成されるまでは、制裁は継続されるだろう」と述べた[注6]。このように、「非核化が達成されるまで制裁が続く」というのが、米国のこの件に関する典型的な表現である。しかし、「非核化の達成」という言葉も「制裁が続く」という言葉も曖昧である。ある段階の非核化が達成したときに一部の制裁が解除されるが、完全な非核化が達成するまでは制裁が完全に解除されることはない、という方針とこの言葉は矛盾しない。しかし、この言葉によって制裁解除のハードルを高くすることができる。

　このような術策を弄することは、交渉全体に悪影響を生むリスクが大きい。米国もDPRKも交渉の視界をよくするための努力をするのが賢明であろう。NGOピースデポは以下のような5段階のベンチマークを設定することによって交渉プロセスの予見可能性を高めることを提案している。ピースデポは、11月8日、日本政府がこのような考え方を検討して関係国に働きかけるよう、

外務省の高官に面会して要請した。要請は多岐にわたるが、その部分を以下に引用しておく[注7]。

「今後の朝鮮半島の非核化交渉の進め方について、相互不信を一歩一歩乗り超えながら前進するために、それぞれの国が達成すべき大枠のベンチマークを確認したうえで、段階的かつ同時行動をとるという方法論を主導するよう、日本政府に要請します。

　報道によると、米国は朝鮮戦争の終結宣言と引き換えに、北朝鮮の核兵器計画の包括的リストの申告を要求していると伝えられます。これは現在の相互不信の関係の中では非現実的な要求であると考えられます。ひとたび申告がなされたときには直ちにその信憑性が問題となり、それ以後、真偽の検証という、強い相互不信のなかでは極めて困難で成果の乏しい過程に突入すると予想せざるを得ません。このアプローチよりは、例えば、次のようなベンチマークを設定することに先ず合意し、そのベンチマークごとに各国が具体的な措置を相互にとる方法論がより適切であると考えます。

　①北朝鮮:存在が知られている核兵器・中長距離ミサイルと関連施設の凍結。
　　米韓:朝鮮戦争の終結宣言と大型米韓合同演習の中止の継続。
　②北朝鮮:凍結施設の無能力化と査察の受け入れ。
　　米韓:韓国の核関連施設と米軍基地への査察受け入れと経済制裁の一部解除。
　③北朝鮮:保有核兵器とプルトニウム・濃縮ウランの保有量の申告、ワシントン北朝鮮連絡事務所の設置。
　　米韓:平和・不可侵協定交渉開始、平壌米国連絡事務所の設置、経済制裁のさらなる一部解除。
　④北朝鮮:核兵器計画の包括的リストの提出と要求個所への査察受け入れ。
　　米韓:平和協定の締結、経済制裁のさらなる解除。
　⑤北朝鮮:国際的監視下の核兵器・中長距離ミサイル・兵器用核物質生産施設の解体の開始、ワシントン北朝鮮大使館設置。

＜特別記事＞
非核化合意監視活動

米韓：平壌米大使館設置、経済制裁の完全解除。

　これはあくまでも一例であり、かつ米国、韓国、北朝鮮を関係国として限定したものです。実際には、「安全の保証」問題は3か国を越えた関係国を必要とするし、次項で述べるように、北東アジア非核兵器地帯という枠組みでの議論に発展する可能性があります。」(梅林宏道)

注1　http://english1.president.go.kr/BriefingSpeeches/Speeches/32　（英文）
　　　日本語訳：http://japan.hani.co.kr/arti/politics/30421.html
注2　https://www.whitehouse.gov/briefings-statements/joint-statement-
　　　president-donald-j-trump-united-states-america-chairman-kim-jong-un-
　　　democratic-peoples-republic-korea-singapore-summit/　（英文）
　　　日本語訳：http://www.peacedepot.org/document/trump-kim-statement-20180612/
注3　http://www.un.org/en/ga/search/view_doc.asp?symbol=A/C.1/73/L.54
　　　（英文）
注4　http://www.kcna.co.jp/index-e.htm　から日付で検索できる。
　　　　日本語抜粋訳：http://www.peacedepot.org/document/us-dprk-summit/
注5　注4と同じ。
注6　https://www.whitehouse.gov/briefings-statements/remarks-president-t
　　　rump-73rd-session-united-nations-general-assembly-new-york-ny/　（英文）
　　　日本語抜粋訳：http://www.peacedepot.org/document/trump-73rd-un-ga/
注7　http://www.peacedepot.org/statement/2471/

## 監視報告　No.2　（2018年12月10日）

### §米韓作業部会の真価は、韓国のリードと北朝鮮との意思疎通の確保によって高められる

　2018年11月20日、ワシントンDCにおいて、朝鮮半島非核化交渉の米韓の実務者による作業部会の第1回目の会議が開かれた。韓国側代表は、李度勲外交部朝鮮半島平和交渉本部長であり、鄭然斗北朝鮮核外交企画団長らが参加し

た。米国側代表は、スティーブン・ビーガン国務省対北朝鮮政策特別代表であるが、その他にアレックス・ウォン国務次官補(東アジア太平洋担当)、マーク・ランバート北朝鮮担当副次官補代行、アリソン・フッカー国家安全保障会議朝鮮半島担当補佐官らの参加が予定されていた。代表以外の実際の参加者名は確認できていない [注1]。両代表が共同議長を務めた。

その日の会議後の米国務省の発表によれば、「米韓作業部会は最終的かつ完全に検証された北朝鮮の非核化という共有の目標を達成するために米韓協力をさらに強化する」とされ、「参加者は、朝鮮半島の完全な非核化と恒久的な平和、また国連安全保障理事会決議の履行と南北協力について協議した」[注2]。

この米韓実務者作業部会の発足は、首脳会談やハイレベル会議をフォローアップする単なる実務レベルのすり合わせの場が正式に生まれたということだけではなく、それ以上の重要な意味を持つ。

現在、南北間の板門店宣言と米朝間のシンガポール共同首脳宣言という独立ではあるが不可分の関係にある2つの共同宣言を履行するための歴史的プロセスが進行している。その過程で南北の協議による履行には進展が見られるが、米朝間の協議は具体的な進展が見られない。DPRK (北朝鮮)が中間的な措置を一方的にとってきたのに対して、米国はそれに見合った中間的措置をとらないばかりか、相互に中間的措置を積み重ねるという方法論そのものに関して明確な賛否の意思を表明していない。もし米朝間の協議に進展がない状態が続くならば、やがて南北間の協議も行き詰まることになるであろう。なぜならば、韓国は米韓同盟のもとで米国の意向を無視できない事項—とりわけ軍事協力や経済制裁の問題に関する事項—に直面することになると予想され、そのことが南北の合意形成を困難にすると考えられるからである。

韓国がこの手詰まり状態を打開したいと考えたとき、韓国政府は次の2つの考え方の間で調整を迫られることになる。

①良好な南北関係の前進、とりわけそれに伴う南北間の経済協力の発展の可能性が北朝鮮の非核化のインセンティブを強化する。また、南北の相互依存経済関係の発展は平和構築の重要な柱であり、朝鮮半島非核化の重要な条件でもある。これは基本的に韓国の文在寅政権の考え方である。

<特別記事>
非核化合意監視活動

②一方で、南北経済協力が北朝鮮の非核化の前進なしに進むことは、国際的制裁によって生まれていた北朝鮮の非核化への圧力効果を弱めることになる。圧力効果を維持しつつ米朝の合意形成を目指す米国の方針を考慮しないペースで南北関係が進展することは好ましくない。これは、トランプ大統領の考え方であろう。

このどちらの考え方にとっても、作業部会の設置は必要なことであったと考えられる。実際の設立の経過は次のようなものであった。

米韓の間で作業部会の設置が合意されたのは、10月28日から30日にビーガン特別代表が訪韓したときであった。韓国大統領府は、10月31日に定例ブリーフィングで「朝鮮半島の非核化と平和のプロセス全般に対して韓米間の一層緊密な議論のための機関」として作業部会が設置されると説明した**[注3]**。ビーガンからの提案であるとすれば、米国が②の考えから、南北対話の進展スピードが早すぎる現状を危惧し、抑制するための機関として作業部会の設置を要求したとの憶測が成り立つ。しかし、韓国外交部の高位の当局者はこの憶測を否定した。10月31日「私たち(韓国外交部)が提案し、数カ月前から議論してきたこと」と高位当局者は述べている**[注4]**。同時期(米国ワシントンDC時間10月30日)、米国務省での記者会見で記者から「南北関係の進展スピードが速すぎるとは思わないか」と質問されたとき、ロバート・パラディーノ米国務省副報道官は「米韓は、政府のあらゆるレベルで毎日のように調整している」と回答している **[注5]**。進展のスピードについて直接の回答をしなかったが、作業部会の発足を待たずとも、米韓のあいだに危惧されるような齟齬は生まれていないという趣旨の回答である。しかし、一方で、ポンペオ国務長官は作業部会第1回会議当日の朝、「我々は朝鮮半島の平和と北朝鮮の非核化が南北関係の進展に遅れていないことを確実にしたいと韓国に明確に伝えた」「(この2つを)我々は一緒に走る2頭立ての馬車と考えている。2つは重要な並行プロセスであり、作業部会はその並行プロセスが確実に続いていくように作られた」**[注6]**と説明した。総合すれば、作業部会は、韓国が①の考えから計画し、②の考えに立つ米国の必要性とも合致して公式の場となったと言えるであろう。

作業部会の将来の役割を考えた場合、北朝鮮が韓国との意思疎通を保ちながら、上記のような冷静な見方に立ってこの会議の挙動を評価できるかどう

かが重要な鍵を握る。北朝鮮メディア「わが民族同士」は、この作業部会は米国が改善と発展の道をたどっている南北関係に干渉し、この南北関係の流れを妨害するためのものだと批判し[注7]、韓国に対して、民族自主の原則で南北共同宣言を徹底履行するよう要求した[注8]。北朝鮮においてこのような議論が起こる事情は十分に理解できる。南北の協議に悪影響を生まないためには、南北の政権レベルでの善意の意思疎通が緊密に保たれる必要がある。

その意味では、作業部会の初会議は歓迎すべき結果を生み出した。会議直後、ワシントンにおいて、韓国の李度勲代表は韓国からの特派員に「米国側が南北鉄道共同調査事業に対し、全面的支持、強い支持を確認すると明らかにした」と伝えたのである[注9]。韓国政府からの米国に対する説明によって、米国が南北間の懸案についてゴーサインを出したことを意味する。

1月20日の米韓作業部会会議における南北鉄道共同調査に関する制裁免除についての協議を経ることによって、国連安全保障理事会の北朝鮮制裁決議のみならず米国の対北制裁の例外として、韓国から北朝鮮へ、共同調査に必要な物資の搬入が承認されることになった[注10][注11]。このうち国連安保理に関しては11月23日、北朝鮮制裁委員会が共同調査について制裁の例外措置を決定した。

韓国とDPRKの両国は、この共同調査を8月末に実施する計画であった。しかし、朝鮮国連軍司令部から南北軍事境界線(MDL)の通過の許可が下りず、南北の計画通りに調査を進めることができなかった[注12]。今回、南北の鉄道連結に向けた北朝鮮区間の共同調査が11月30日から12月17日まで、18日間にわたって実施されることになった。韓国調査団を乗せた列車は、制裁を免除された軽油5万5000リットル[注13]を積み、11月30日に北朝鮮へ出発した。(平井夏苗、梅林宏道)

注1　ファン・ジュンボム「米国、南北鉄道調査を「全面支持」…北朝鮮と対話も「日程調整中」(『ハンギョレ』、2018年11月22日)

http://japan.hani.co.kr/arti/international/32175.html

注2　US Department of State Media Note, "U.S.-ROK Working Group", November 20, 2018

https://www.state.gov/r/pa/prs/ps/2018/11/287492.htm

<特別記事>
非核化合意監視活動

注3　キム・ボヒョプ「ビーガン代表、大統領府秘書室長に続きユン・ゴニョン室長とも面談…その背景は？」（『ハンギョレ』、2018年10月31日）

http://japan.hani.co.kr/arti/politics/31991.html

注4　ノ・ジウォン、ファン・ジュンボム「非核化・南北協力・制裁を議論する韓米ワーキンググループが１１月発足」（『ハンギョレ』、2018年10月31日）

http://japan.hani.co.kr/arti/politics/31992.html

注5　U.S. Department of State, "Department Press Briefing - October 30, 2018," October 30, 2018

https://www.state.gov/r/pa/prs/dpb/2018/10/287016.htm

注6　Michael R. Pompeo, "Remarks to the Press," November 20, 2018

https://www.state.gov/secretary/remarks/2018/11/287487.htm

注7　『わが民族同士』（電子版）、2018年11月11日 http://www.uriminzokkiri.com/index.php?ptype=ugisa1&no=1161875&pagenum=1　（朝鮮語）

注8　『わが民族同士』（電子版）、2018年11月9日 http://www.uriminzokkiri.com/index.php?ptype=ugisa1&no=1161811&pagenum=8　（朝鮮語）

注9　注1と同じ。

注10　「北朝鮮での南北鉄道共同調査「問題なし」　米制裁の例外に」（『聯合ニュース』、2018年11月25日）

https://jp.yna.co.kr/view/AJP20181125000600882?section=search

注11　Choe Sang-Hun, "North and South Korea Get U.N.'s Go-Ahead to Study Joint Rail Project," The New York Times, Nov. 24, 2018

https://www.nytimes.com/2018/11/24/world/asia/north-south-korea-rail-un.html

注12　「韓国列車が１０年ぶりに北朝鮮区間走行へ　３０日から南北共同調査」（『聯合ニュース』、2018年11月28日）

https://jp.yna.co.kr/view/AJP20181128003100882?section=nk/index

注13　「韓国の列車が北朝鮮に出発　鉄道共同調査実施へ」（『聯合ニュース』、2018年11月30日）

https://jp.yna.co.kr/view/AJP20181130001200882?section=search

## §<朝鮮半島と周辺>の平和構築のために日本の役割を見出そうとする日本政府の姿勢が見えない

　朝鮮半島非核化合意の履行に不安要素が目立ち始めている。

　11月2日の朝鮮中央通信に掲載された「米国はいつになったら愚かな貪欲と妄想から目を覚ますのか」と題するDPRK外務省米国研究所クォン・ジョングン所長の論評（[**注1**]。日本語全訳を本報告のために準備した）は、米国の対北交渉の姿勢に対するDPRKの批判が一段階レベルアップしたことを示唆した。10月に登場した諸論評には登場しなかったDPRKの路線変更の可能性について、留保を伴いながらではあるが、初めて言及したのである。

　論評は、トランプ大統領への直接的な批判を控え、「ホワイトハウスや米政権の高官たち」を標的にしながら、米国に米朝関係を改善しようという姿勢が見られないことを強く批判した。クォン所長は、シンガポールにおける首脳会談について、「DPRKと米国のトップリーダーが6月の歴史的なシンガポール会談において手を握りながら約束したことは、米朝間の世紀をまたぐ敵対関係を終わらせ、関係改善の新しい歴史を作ることだ」と述べ、世界が歓迎した会談の核心は、米朝関係を改善する新しい歴史を作ることに両首脳が合意したことだと強調した。そして、北朝鮮への制裁と圧力を強調するのみの米国の現状について、「関係改善と制裁は相いれない」「『友好』は『圧力』と矛盾する」と批判した。さらに「DPRKの核問題が、本当に朝鮮半島の緊張と悪化した米朝関係を含む全ての複雑な問題を引き起こす病根だろうか」と根本的な問いを投げかけた。そして、そもそも核問題が発生した歴史的経過を踏まえれば、「米朝交渉は相互利益と対等性に基づいた、同時進行的で段階的な方法で行われるべきだ」と主張した。この考えに立つとき、「（北朝鮮が）率先した善意ある措置によって、米国に対して可能な全てのことを過分なほどに行った今、残されているのは米国による相応の対応だ」として、DPRKは米国の行動を要求し、「何の対応もなければ、DPRKはどんなにコストが大きかろうと、1ミリであっても動かない」と述べた。

<特別記事>
非核化合意監視活動

前述したようにクォン所長の論評の注目点は、言葉を慎重に選びながら、DPRKの忍耐が限界に近いことを示唆している点であろう。すなわち、論評は、米国の姿勢に改善が見られない場合は、4月の朝鮮労働党中央委員会全体会議において国家の全エネルギーを経済建設に注入すると決定した国家路線に「『並進』（経済建設と核戦力強化を同時に進めること）という言葉が再び登場し、路線変更が真剣に再考される」可能性があると述べている。

　本監視プロジェクトは朝鮮半島の非核化合意が脱線せずに実行されることを願って活動している。

　その立場から、我々が現在の情勢を検討するとき、①南北両政府が、首脳合意に従った関係修復の努力を続けそれが順調に進んでいること、そして、②米韓の関係が良好に維持されていることが、この局面において米朝関係のいっそうの悪化を防ぐ役割を果たしていることを先ず指摘したい。米国、韓国、日本の市民社会は、この状況を正確に認識し、南北両政府の努力、とりわけ両方の外交プロセスに関与している韓国政府の果たしている役割を正当に評価し、激励することが重要である。

　それに加えて、日本政府が居るべき舞台にまだ登場していない事実にも市民社会は目を注ぐ必要がある。もし日本政府が積極的に北東アジアの平和建設に関与する意欲をもって舞台に登場していたならば、現在のような困難な局面を打開するために活用することができる、もう一つの変数を我々は手にしている可能性があるからである。

　しかし、残念ながら日本政府の現実は、そのような期待から程遠いところに位置している。

　監視報告No.1に記したように、10月24日の臨時国会冒頭における所信表明演説において、安倍首相は言葉の上では、現在起こっている朝鮮半島の変化に注目し、「次は、私自身が金正恩委員長と向き合わなければならない」と意欲を示し「相互不信の殻を破り、拉致、核、ミサイルの問題を解決し、不幸な過去を清算して、北朝鮮との国交正常化を目指します」と述べた。

　しかし、その後の日本の政治には、この言葉を具体化する努力をほとんど見ることが出来ない。安倍政権のみならず、国会の議論全体において、朝鮮半島情勢

に関する議論は低調であった。河野太郎外務大臣は、参議院の外交防衛委員会の冒頭発言において、次のように述べたが、具体的な方針として表明されている内容は安保理決議の完全な履行のみであった。

「先般の米朝首脳共同声明に明記された朝鮮半島の完全な非核化に向けた北朝鮮のコミットメントを含む両首脳間の合意が、完全かつ迅速に履行されることが重要であり、各国による安保理決議の完全な履行を確保することが不可欠です。」[注2]

　衆議院外務委員会においても、北朝鮮に対する現状認識を問われた河野外務大臣は、北朝鮮の脅威はこれまでと変わらないと述べ、国連安保理決議の履行の重要性を強調した。

「シンガポールの米朝首脳会談以降、核実験あるいはミサイルの発射ということは行われておりませんが、依然としてノドンミサイルを多数持っている、あるいは核兵器の開発は相当進んでいる、この状況に何ら変化はございません。

　引き続き、北朝鮮、国際社会への脅威である、この認識には変わりはございませんので、国際社会が一致して、北朝鮮の核、ミサイルのＣＶＩＤに向けて国連の安保理の決議を完全に履行する、この国際社会の足並みをそろえた状況を今後とも維持してまいりたいと思っております。」[注3]

　現在明らかになっている日本政府の方針は、歴史的なサミットが開催された以前からの、国連安保理決議による対北朝鮮制裁の厳格な履行のみであるといっても過言ではない。

　とりわけ、日本政府は、北朝鮮船舶の瀬取りによる違法な制裁逃れの摘発に熱心に取り組んでいる。外務省は11月に瀬取りに関する報道発表を行ったが、そこには次のような外務省の認識が述べられている。

「我が国としては，北朝鮮の完全な，検証可能な，かつ，不可逆的な方法での全ての大量破壊兵器及びあらゆる射程の弾道ミサイルの廃棄の実現に向け，国際社会が一致団結して国連安保理決議を完全に履行する必要があると考えており，これに資する関係国による取組を歓迎し，高く評価しています。我が国は，引き続き，全ての関係国と緊密に協力し，国連安保理決議の実効性を確保する取組を実施していく考えです。」[注4]

&lt;特別記事&gt;
非核化合意監視活動

残念ながら、日本の外務省が朝鮮半島の非核化に関して市民に積極的に発信をしている内容は、国連決議の履行についてのこのような北朝鮮への圧力行使の取り組みのみである。11月下旬、東京で開催されたあるNGO主催のシンポジウムにおいて、筆者の一人が外務省不拡散部門の中堅職員と同席する機会があったが、そのときに聴衆に対して説明された北朝鮮の核問題に関する外務省の見解も、「国連安保理決議の履行を迫ることが何よりも大切である」という内容であった。

　日本の外務省は、米朝首脳会談で合意された内容が、北朝鮮による「完全な非核化の約束」だけではなくて、米国による「北朝鮮に対する安全の保証の約束」も同じように含んでいる
という認識を持っているのだろうか？首脳会談の合意が実現するためには両者の約束の履行がともに進展する必要があると、日本の外務省は考えているのだろうか？

　国会での議論が行われない中で、この疑問に対する明確な回答を得ることが、日本の市民はもちろん、世界の関心ある市民にとって極めて重要であろう。幸い、本プロジェクトを発足するにあたって、ピースデポは外務省のこの問題の担当部署であるアジア大洋州局のナンバーツーとなる高官と面会し、意見交換する機会を持つことが出来た。高官によるこの点に関する回答は明快であった。「両方の約束があることを認識している。内容は言えないが、そのような認識の下で米国と緊密に連絡をとっている」というのが回答内容であった。これは、市民にとって最低限ではあるが朗報に違いない。（森山拓也、梅林宏道）

注1　http://www.kcna.co.jp/item/2018/201811/news02/20181102-07ee.html（英文）
　　　日本語全訳：https://nonukes-northeast-asia-peacedepot.blogspot.com/p/dprk-2018-11-2-dprk-11-2-dprk-2-9-dprk.html
注2　河野太郎、参議院外交防衛委員会における発言、2018年11月13日。
注3　河野太郎、衆議院外務委員会における答弁、2018年11月14日。
注4　外務省報道発表「国連安保理決議により禁止された北朝鮮籍船舶の『瀬

取り』を含む違法な海上活動に対する関係国による警戒監視活動」、2018年11月6日。

https://www.mofa.go.jp/mofaj/press/release/press4_006681.html

## 監視報告 No.4（2019年1月21日）

### §軍事演習を巡って不要な緊張を生むべきではない。軍事的信頼醸成には段階的な前進が必要だ。

　韓国と北朝鮮は2018年の板門店宣言と9月平壌宣言を基礎にして、軍事的な緊張緩和と信頼醸成のために、さまざまな措置をとってきた。米国も米韓の大規模軍事合同演習の中止などを通して、この南北の動きに同調してきた。しかし、米韓軍事同盟が積み上げてきた今も引き継いでいる遺産は決して軽いものではない。朝鮮半島の平和・非核化合意の履行の成功のためには、軍事問題に関する課題解決には時間をかける必要がある、一歩一歩の前進を必要としている。
南北は軍事的信頼醸成のための第一歩として、緊張の最前線にあったDMZ（非武装地帯）における緊張緩和に取り組んだ。それは象徴の意味においても実質の意味においても、極めて重要な一歩であった。軍事分野の課題について具体的に履行内容に合意した2018年9月19日の「歴史的な板門店宣言履行のための軍事分野合意書」[注1]（以下「軍事合意書」）は極めて重要な文書である。

　軍事合意書に従って、南北はまず板門店の共同警備区域(JSA)の武装解除作業に取り組み、2018年10月25日に終了した。次に、11月1日から地上、海上、空中での敵対行為を中止し、「陸海空緩衝区域」を設置する合意を実行した。陸上では軍事境界線(MDL)から5キロ以内の区域での砲兵射撃訓練や一定規模を超える野外機動訓練を中止した。海上では、西海（黄海）においては韓国側の徳積島（トクチョクト）から北朝鮮側の椒島（チョド）までの約135km、東海（日本海）においては韓国側束草（ソクチョ）から北朝鮮側通川（トンチョン）まで約80km [注2] に設けられた緩衝区域で砲射撃訓練と艦艇の機動訓練を中止した。空中ではMDLから西部地域は20km、東部地域は40km内で偵察機、戦闘機など固定翼機の飛行を中止し、回転翼機はMDLから10km以内、無人機は西部で10km以内、東部で15km以内において飛行を中止した。

<特別記事>
非核化合意監視活動

軍事合意書は非武装地帯内における朝鮮戦争戦死者の南北共同の試験的遺骨発掘についても合意したが、韓国国防部は2018年11月22日、朝鮮半島中部の江原道鉄原のDMZにおいて、そのために使う道路を連結したと報告した[注3]。同様に、軍事合意書に基づき、2018年12月、DMZ内の監視所のうち試験的に各10か所、南北で計20か所を撤去した。（南北は保存価値のある監視所を武装解除した上で各1か所残すことで合意）。撤去を2018年末までに完了するという合意目標は達成された[注4]。

　米国もこれまでのところ朝鮮半島の緊張緩和のために軍事分野における抑制を続けている。上記の非武装地帯における緊張緩和措置には朝鮮国連軍の理解や協力が必要であった。なかでも、JSAの非武装化やその後の運営については、南北の軍事当局に国連軍が参加した三者協議体が設けられて協議が行われた。朝鮮国連軍の司令官は米韓合同司令部司令官である在韓米軍司令官が兼務している。南北が合意した軍事的緊張緩和措置について、一部、在韓米軍からの異論が伝えられたが、これまでのところ概ね在韓米軍は協力的であった。

　冒頭に述べたように、米韓の大規模共同軍事演習の中止、または規模の縮小も行われてきた。米韓は2018年、米韓海兵隊合同演習の実施回数を減らした。2017年10月から2018年9月の間に19回実施する予定であったが、11回を実施し終えた2018年6月に演習の中止を発表したため、7月から9月に行われる予定であった8回の演習が中止となり、全体の回数を11回に減らした[注5]。また、韓国軍当局関係者が2018年11月27日に明らかにしたところによると、米軍爆撃機は約1年間朝鮮半島に展開していない[注6]。米軍発表によると、これは韓国政府の要請によって行われた[注7]。さらに、当時のマチス米国防長官は2018年11月21日（ワシントン）の記者会見で、毎年3月か4月に行われる米韓合同大規模機動演習である「フォール・イーグル」の2019年春の実施について、「外交に害のない水準に保つよう少し再編成されている」と規模縮小を検討していることを示した[注8]。また、2018年10月19日、米韓の国防長官の会談において、毎年12月に実施してきた米韓大規模共同航空演習「ビジラント・エース」を2018年は行わないことに合意した。ダナ・ホワイト米国防総省報道官によると「外交プロセスが継続するようすべての機会を与えるため」というのが中止の理由であった[注9]。

　このように、米国防総省は、これまでのところ、外交プロセス優先の姿勢で南北の融和努力に協力し、DPRKへの悪影響を避けてきた。しかし、米朝協議が停滞する状態が継続したとき、米軍の協力姿勢がどこまで続くかを予想することは難しい。2018年10月31日にワシントンで開催された第50回米韓安保協議の共同コミュニケ[注10]は、南北の軍事的信頼醸成の努力と米韓安保体制の現状とを調和させるためには、相当な関係国の努力が必要であることを物語っている。

　米韓安保協議共同コミュニケは、南北の軍事合意書の履行について、「履行過程の間、（米韓）合同の準備態勢を確保し、米韓の国防当局間の緊密な調整を維持し続けるという約束を守りつつ、緊張緩和と平和建設に十分に貢献するような方法において履行されるべきである」と述べている。つまり米韓合同軍の臨戦能力を維持すると合意しているのである。それどころか、米韓両国とも北朝鮮に対して非核化を求め、「朝鮮半島の非核化」を目指しているさなかであるにもかかわらず、米国は「韓国に対して、核兵器、通常兵器、ミサイル防衛能力を含む全種類の軍事能力を用いた拡大抑止力を提供するとの誓約」を再確認している。つまり、米国の「核の傘」の継続を明記しているのである。これは、北朝鮮が「引き続いて核抑止力を維持する」と言うに等しいことを米、韓が言ったことを意味する。このように、軍事分野において信頼醸成が前進するには、まだまだ残されている課題は大きい。

　このように危ういバランスの中で、韓国統合参謀本部は2018年12月3日、韓国空軍単独の「戦闘準備態勢総合訓練」を12月3日から7日まで実施すると発表した[注11]。この訓練は「ビジラント・エース」米韓合同演習が行われない中で、戦闘態勢を維持するための訓練と位置付けられている。上記の共同コミュニケの趣旨においても、また、軍の能力を維持しなければならないという一般的な軍の論理においても、現状においては予想せざるを得ない行事と言うことができる。

　しかし、DPRKの国営メディア「朝鮮中央通信（KCNA）」は2018年12月4日、韓国空軍の独自訓練実施を批判する記事を発表した[注12]。12月4日のUPIの報道によれば、KCNAは「これは南北の信頼醸成措置と和解の状況を覆す危険な軍事行動だ」とし、「韓国統合参謀本部が空軍訓練は軍の即応性を維持し、パイロットの任務遂行能力を向上させるためだと公に宣言した」と訓練目的を指摘したう

＜特別記事＞
非核化合意監視活動

えで、韓国は「紛争を引き起こす可能性のあるすべての戦争演習を中止するべき
だ」と主張した[注13]。

　別の北朝鮮メディア「メアリ（こだま）」は2018年12月2日、「フォール・イーグル」
が規模を縮小して実施されるという発表について、「大小様々な形の韓米合同演
習も中止すべきだ」という記事を出した[注14]。

　北朝鮮におけるこのようなメディアの批判的反応は、指導部の方針となって
行き過ぎることがなければ、当然のこととして理解できる。北朝鮮においては、
兵士は必要に応じて農業や漁業に従事することもあるであろうが、多くの国に
おいて兵士は平時においては訓練と演習以外に仕事はない。これらの国にお
いては緊張緩和があっても、残念ながら軍縮は徐々に進まざるを得ない。しか
し、速度は遅くても軍縮に向かうという意思と目に見える変化を示すことに
よって、信頼醸成は前進することができる。朝鮮半島における緊張緩和と関連し
て、米統合参謀本部のダンフォード議長は、2018年11月5日、米デューク大学の
フォーラムにおいて次のような含蓄に富む発言をしている[注15]。「我々（米国）
は外交交渉で成功すればするほど、軍事分野において居心地が悪くなる。」「時間
が経てば、交渉の結果によって我々は朝鮮半島における軍事態勢に何らかの変
更を加え始めなければならないだろう。そして、我々はポンペオ長官を支えてそ
うする準備は出来ている。」

　軍事分野における緊張の緩和と軍縮の速度について関係国がお互いに理解を
深めることは、信頼醸成にとって極めて重要な課題である。これは、南北朝鮮と
米国にとってのみならず、地域の軍事情勢と密接に関係している日本と中国に
とっても同様であろう。(平井夏苗、梅林宏道)


注1　「軍事合意書」の朝鮮語テキスト

https://dialogue.unikorea.go.kr/ukd/ba/usrtaltotal/View.do?id=689

同文書の英文テキスト

https://www.ncnk.org/resources/publications/agreement-implementation-
historic-panmunjom-declaration-military-domain.pdf

日本語訳（一部省略）を本ブログの以下のサイトに掲載した。

https://nonukes-northeast-asia-peacedepot.blogspot.com/p/1.html

注2　尹相虎「南北の陸海空緩衝区域１日から施行、一切の軍事訓練中止」（『東亜日報』、2018年11月1日）http://japanese.donga.com/Home/3/all/27/1525310/1

注3　牧野愛博「韓国と北朝鮮、遺骨発掘用道路を連結　非武装地帯で」（『朝日新聞』、2018年11月22日）

https://www.asahi.com/articles/ASLCQ54TVLCQUHBI012.html

注4　「非武装地帯の北朝鮮側監視所　完全破壊を確認＝韓国軍」（聯合ニュース、2018年12月17日）

https://jp.yna.co.kr/view/AJP20181217001800882

注5　「韓国と米国　海兵隊合同演習再開へ＝約６カ月ぶり」（聯合ニュース、2018年11月4日）。同記事は、2019会計年度での再開も報じており、この種の演習の今後の動向は不明である。

https://jp.yna.co.kr/view/AJP20181104000600882?section=search

注6　「韓国軍『米爆撃機の朝鮮半島展開なし』、昨年１１月の北ミサイル発射以降」（聯合ニュース、2018年11月27日）

https://jp.yna.co.kr/view/AJP20181127001800882?section=search

注7　「米軍、朝鮮半島に爆撃機飛来させず　韓国の要請で」（AFP、2018年11月27日）

http://www.afpbb.com/articles/-/3199263

注8　"Media Availability with Secretary Mattis," U.S. Department of Defense, November 21, 2018

https://dod.defense.gov/News/Transcripts/Transcript-View/Article/1696911/media-availability-with-secretary-mattis/

注9　Robert, BURNS. "US and South Korea again call off a major military exercise," AP, October 20, 2018. https://www.apnews.com/7c4c40989a98451493664fb11f27f861

注10　"Joint Communiqué of the 50th U.S.-ROK Security Consultative Meeting," U.S. Department of Defense, October 31, 2018.

<特別記事>
非核化合意監視活動

https://media.defense.gov/2018/Oct/31/2002057967/-1/-1/1/50TH-SCM-JOINT-COMMUNIQUE.PDF

注11 「韓米連合空中訓練の代わりに韓国空軍単独訓練、今日から実施」(『中央日報』、2018年12月3日)

https://japanese.joins.com/article/729/247729.html?servcode=A00&sectcode=A20

注12 「남조선공군 전투준비태세유지 위한 종합훈련 시작」(『朝鮮中央通信』、2018年12月4日)

http://www.kcna.co.jp/index-k.htm　から日付検索できる。(朝鮮語)

注13 Elizabeth, Shim. "North Korea condemns South's air force exercises," UPI, December 4, 2018

https://www.upi.com/Top_News/World-News/2018/12/04/North-Korea-condemns-Souths-air-force-exercises/2331543934211/

注14 ユ・ガンムン「韓米合同演習の代わりに空軍戦闘態勢訓練」(『ハンギョレ』、2018年12月4日) http://japan.hani.co.kr/arti/politics/32267.html

注15 Idrees Ali and Phil Stewart, "U.S.-North Korea talks could affect U.S. military posture in Korea: Dunford," Reuters, November 6, 2018.

https://www.reuters.com/article/us-northkorea-usa-military/u-s-north-korea-talks-could-affect-u-s-military-posture-in-korea-dunford-idUSKCN1NA2UC

## 監視報告　No.5　(2019年2月12日)

### §金正恩「年頭の辞」が流れを作り、米国には同時並行の段階的措置をとる変化が現れた。

溜まり水が流れ始めた。その背後には金正恩の「年頭の辞」の効果が大きかったと、我々は分析している。

2月5日、米議会での一般教書演説で、トランプ大統領は2月27日、28日にベトナムにおいて2度目の米朝首脳会談を行うと発表した。3日後の2月8日には、大統領は開催地がベトナムのハノイであるとツイートした。

　昨年6月のシンガポールにおける初めての首脳会談における合意以後、米朝間の合意履行に関する交渉は停滞してきた。その停滞をうち破り履行を前進させるための具体的な合意を生むのでない限り、第2回首脳会談の開催に意味がないことは、衆目の一致するところであった。したがって、米朝、とりわけ米国は今、意味のある合意を生む可能性があると判断しているということだ。

　ここに至る過程を理解する上で、2つの演説を注意深く読むことが重要である。1つは金正恩朝鮮労働党委員長の「年頭の辞」[注1]であり、もう1つは1月31日に行われたビーガン米国務省北朝鮮問題特別代表のスタンフォード大学における演説[注2]である。

　2019年1月1日、DPRK（北朝鮮）の金正恩朝鮮労働党委員長は恒例の年頭の演説を行った。多くの人は、この「年頭の辞」が昨年来の朝鮮半島の緊張緩和の急速な動きや非核化への対話をどのように評価し、今年の方針をどう語るのか、に関心を注いだ。関心の背景には、情勢の好転を望む者にとっては北朝鮮の政策変更への不安があり、情勢の好転を苦々しく思う者には悪化への期待があった。なぜならば、昨年4月以来、南北関係は着実に好転の道を進んでいるのに対して米朝協議の進展は停滞しており、停滞の原因が米国の一方的な外交方針にあるとして、北朝鮮には不満が高まっていたからである。昨年末には、トランプ大統領への批判は避けつつも、北朝鮮の国営メディアが米国務省官を名指しして批判するまでに、批判のトーンが上がっていた[注3]。したがって、金正恩委員長の「年頭の辞」が、米国に対する強硬方針や韓国への厳しい注文を含むものになる可能性を、誰も否定することができない状況があった。

　そのような中において、「年頭の辞」は金正恩委員長が昨年の変化を極めて肯定的に評価し、国民に対して経済建設優先の考えを述べるとともに、米朝関係の改善と非核化への方針を明確に伝えた。「年頭の辞」とは、基本的にDPRK国民へのメッセージであることを考えると、金正恩がシンガポールでの米朝首脳共同声明に言及して次のように述べたことの意味は極めて大きい。

「朝鮮半島に恒久的で、かつ強固な平和体制を構築し、完全な非核化へと進むというのは、わが党と共和国政府の不変の立場であり、私の確固たる意志です。

　そのため、われわれはすでに、これ以上核兵器の製造、実験、使用、拡散などを

しないということを内外に宣布し、さまざまな実践的措置を講じてきました。
…

　われわれは、いまわしい(米朝間の)過去史をひきつづき固執し抱えていく意思はなく、一日も早く過去にけりをつけ、両国人民の志向と時代の発展の要求に即して新しい関係樹立に向けて進む用意があります。」

　金正恩は国民に対して、対外的には表明していなかった「核兵器の製造をしない」という方針さえも表明した。昨年の「年頭の辞」においては、「核弾頭と弾道ミサイルを大量生産して実戦配備する」と号令したことを想起すれば、大きな方針転換を国民に告げたことになる。

　一方で、多くのメディアは「年頭の辞」の次の一文に注目した。北朝鮮から米国への警告のメッセージである。

　「ただし、アメリカが…約束を守らず、朝鮮人民の忍耐力を見誤り、何かを一方的に強要しようとして依然として共和国に対する制裁と圧迫を続けるならば、われわれとしてもやむをえず国の自主権と国家の最高利益を守り、朝鮮半島の平和と安定を実現するための新しい道を模索せざるを得なくなるかも知れません。」

　メディアがこの一文に関心を寄せる理由は理解できなくもない。しかし、「年頭の辞」から読み取るべき最も重要なメッセージはここにはない。重要なのは、昨年の変化が生み出したものを成果として肯定的に評価し、それを基礎に今年も米国との関係改善と非核化の道に進むという不動の方針を国民に示したことにある。

　このメッセージは、米政府に米朝関係を前に進めるための重要な根拠となったであろう。

　金正恩の親書を携えた金英哲朝鮮労働党副委員長は、2019年1月18日にワシントンを訪問しトランプ大統領と面会した。金英哲はこのとき、今後の新しい実務担当者となる金赫哲元駐スペイン大使を同行した。北朝鮮ナンバーツーともいえる金英哲のワシントン訪問は、2000年10月に金正日国防委員長の代理でワシントンを訪問し、クリントン大統領と面会した趙明禄国防第一副委員長の歴史的な訪米を思い起こさせる。当時は、その後にオルブライト米国務長官の

平壌訪問と金正日委員長との面会が実現した。

　金英哲・トランプ会談以後、米朝関係は急速に動き始めた。2018年8月にポンペオ長官がスティーブン・ビーガンを北朝鮮政策特別代表に任命していたにもかかわらず、一度も北朝鮮代表者との実務協議が実現していなかった。それが会談の翌日からストックホルムにおいて3日間の合宿実務協議が開催された。そして、冒頭に述べたような第2回米朝首脳会談の日程発表となった。

　1月18日以後に進んだこの変化を理解するためには、1月31日にスタンフォード大学で行われたビーガン特別代表の講演が極めて重要である。講演後、北朝鮮問題の老練の専門家でありクリントン政権下で国務省情報調査局北東アジア部長であったロバート・カーリンとの一問一答も行われた。カーリンの的確な質問によって、多くの貴重な論点がカバーされた。

　ビーガン演説によって明確に表明された重要な点は、米国が、北朝鮮が求めてきた同時的、並行的な段階的措置をとる準備がある、という点である。ビーガンは次のように述べた。

「我々は、同時に、また並行して、昨夏、シンガポールの共同声明において両首脳が行った約束の全てを追求する準備があることを、北朝鮮の相手に知らせた。」

「金委員長は、米国が相応の措置をとればプルトニウム施設やウラン濃縮施設に関する次の手段をとると述べた。これらの措置が何であるかは、これからの北朝鮮担当者との協議事項になる予定だ。我々としては、2国間の信頼醸成の助けになり、かつ両国関係の転換、朝鮮半島の恒久平和体制の確立、そして完全な非核化といったシンガポール・サミットの目的が並行して前進する助けになるような、さまざまな行動について協議する準備がある。」[注2]

　これは、米国の外交方針における大きな変化であり前進である。当初、メディアで騒がれた北朝鮮の核計画の包括的リスト提出に関する米国の要求は、後の段階の課題として後退した。

「非核化の過程が最終的になる前には、我々は北朝鮮の大量破壊兵器ミサイル計画の全範囲について完全に理解しなければならない。ある時点において、我々はそれを包括的な申告によって得ることになる。」[注2]

　さらに、中間的な措置の中に朝鮮戦争の終結問題が含まれていることを

<特別記事>
非核化合意監視活動

ビーガン演説は強く示唆した。

「トランプ大統領はこの戦争を終わらせようとしている。…我々は北朝鮮の体制の転覆を求めていない。非核化の計画と同時に、我々は北朝鮮に明確なメッセージを送るような外交を進める必要がある。我々は新しい未来の準備をしている。非核化の基礎の上にあるものではあるが、それは非核化よりも大きいものだ。それは我々が手にしている機会であり、北朝鮮と協議しようとしているものだ。」[注2]

　もう一つの我々の関心事は、この新しい米国の方針と、これまで強調してきた制裁圧力路線との関係である。この点について、ビーガン特別代表は変化を示唆しながらもクリアなメッセージを発するには至らなかった。

「我々は圧力政策を維持する。同時に外交政策を前進させようとしている。したがって、この2つの間の正しいバランスを見出さなければならない。あなた（カーリン）が述べた文化交流や市民イニシャチブのような分野が、前進のために始めることのできる分かり易い分野のように思われる。」[注2]

　これに関係して、金英哲・トランプ会談後の急速な変化の中で、超強硬派のジョン・ボルトン国家安全保障担当・大統領補佐官の発言にも変化が現れていることに注目したい。1月25日、『ワシントン・タイムズ』との単独インタビューでボルトンは制裁について次のように述べた。

「我々が北朝鮮に求めるものは、核兵器を諦める戦略的な決定をしたという意味のある兆候である。その非核化を手にしたときに大統領は制裁の解除を開始することができる。」[注4]

　北朝鮮は、現時点においてすでに「核兵器を諦める」戦略的決定をして対米交渉に臨んでいるという解釈も可能であり、このような判断はトランプ政権の主観的判断に委ねられる。また、「制裁解除を始める」という表現は、制裁解除が段階的に進むことを意味しているであろう。（梅林宏道、平井夏苗）

注1　日本語訳全文は以下で読むことができる。

http://www.kcna.kp/kcna.user.home.retrieveHomeInfoList.kcmsf

注2　U.S. Department of State, "Remarks on DPRK at Stanford University,"

January 31, 2019

https://www.state.gov/p/eap/rls/rm/2019/01/288702.htm　（ここには、ビーガンの講演録とともに、ロバート・カーリンとの一問一答も記されている。）

注3　たとえば朝鮮中央通信（KCNA）の記事「DPRK外務省アメリカ研究所政策研究部長の報道声明」（2018年12月16日）。

http://www.kcna.co.jp/index-e.htm　から、英文記事を日付で検索できる。

注4　Tim Constantine, "John Bolton explains Trump's strategy on North Korea, China trade," The Washington Times, January 25, 2019

https://www.washingtontimes.com/news/2019/jan/25/john-bolton-explains-trumps-strategy-on-north-kore/

## 監視報告　No.6　（2019年2月25日）

### §マスメディアは「北朝鮮の非核化」ばかりに注目するが、今後の米朝交渉の焦点は米国の「平和体制構築」への姿勢だ

2回目の米朝首脳会談が間もなく開催される。日本では「北朝鮮の非核化」ばかりに注目が集まるが、昨年6月の米朝首脳会談の共同声明やその後の経緯を振り返れば、焦点は、米国のドナルド・トランプ大統領が合意を守り、「新しい米朝関係」や朝鮮半島の「平和体制構築」に向けた交渉に応じるかどうかに当てられるべきだ。

日本で朝鮮民主主義人民共和国（北朝鮮）の非核化にばかりに注目が集まるのは無理もない。これまでほとんどのマスメディアは朝鮮半島の平和と非核化に関する米朝間の交渉について、北朝鮮の非核化にだけ焦点を当て、合意の破綻や交渉停滞の責任を全て北朝鮮側に押し付けるなど、一方的な見方を伝えてきた。それらのマスメディアにとって、朝鮮半島の平和と非核化に関する米朝のこれまでの全ての約束は「北朝鮮の非核化」についての約束であり、過去の合意が破綻したのは「北朝鮮が約束を破った」からだった。

昨年の首脳会談以降の報道を振り返っても、マスメディアが問題にしてきた

のは北朝鮮が非核化に向けた措置をとるかどうかであり、その他の合意についてはほとんど無視するか歪曲して伝えている。例えば今回の米朝首脳会談について伝えるニュースでは、「焦点は、北朝鮮の非核化につなげられるのか。そして北朝鮮が見返りとして求める経済制裁の緩和への対応です」などと伝えたり[注1]、昨年の首脳会談のあと交渉が停滞している理由を「核関連施設の全リスト提出」を求める米国と「制裁緩和など『相応の見返り』がなければ非核化を進められない」とする北朝鮮が対立しているからだと述べるなど[注2]、米朝間の交渉が「北朝鮮の非核化」と米国側の「見返り」としての「制裁緩和」の話になっている。また昨年7月に北朝鮮が合意に従い米兵の遺骨を返還した際には、「体制保証などの見返りを求める戦術の一環ではないか」[注3]と約束を守る北朝鮮の動機を悪意をもって描いたり、あるいは北朝鮮が原子炉の稼働を続けているという情報機関の報告について偏った伝え方をするなど[注4]、北朝鮮に非核化の意志がないかのような印象を与えてきた。その一方で米国側の合意に反する行動については批判を避け、逆にトランプ政権が制裁緩和や朝鮮戦争の終戦宣言に応じるような姿勢を示すと、「譲歩」とか「見返り」という言葉を使って、トランプの「安易な妥協」によって「北朝鮮の非核化」が実現しないのではないかなどと懸念している[注5]。

　このようなマスメディアの見方は間違っている。
まず昨年の米朝首脳会談の合意内容を確認しておくと、ドナルド・トランプ大統領は「北朝鮮に対する安全の保証を与えることを約束」し、金正恩委員長は「朝鮮半島の完全な非核化への確固とした揺るぎのない決意を再確認」した。そして両首脳は、以下の4つの表明を行っている[注6]。

「両国は、平和と繁栄を望む両国民の意思に従い、新たな米朝関係を確立すると約束する」
「両国は、朝鮮半島における持続的で安定した平和体制構築のために共に努力する」
「北朝鮮は、2018年4月27日の板門店（パンムンジョム）宣言を再確認し、朝鮮半

島の完全な非核化に向けて努力することを約束する」

「両国は、戦時捕虜・行方不明兵（POW ／MIA）の遺骨の回収に取り組む。身元確認済み遺骨の即時返還を行う」

　米朝両政府は、「非核化」だけではなく朝鮮半島の「平和体制構築」でも合意したのであり、「非核化」とは「北朝鮮の核」だけでなく「朝鮮半島」、すなわち在韓米軍を含む韓国の核も対象になる。「北朝鮮の非核化」だけに注目するのは、間違いだ。そして「新しい米朝関係」や「平和体制構築」とは、朝鮮戦争の終戦宣言や平和協定の交渉開始が不可欠の要素だと考えるのが妥当だ。北朝鮮とすれば、戦争が終結して侵略される危険がなくなるから非核化するのであり、米国側が侵略の意図を止めないなら非核化に応じることはできないだろう。

　また、合意を実行するにあたって駆け引きはあるだろうが、トランプが朝鮮戦争の終戦宣言に応じたり、平和協定締結に向けた交渉を受け入れたなら、それは既に合意した約束を履行するのであって、「譲歩」したとか「見返り」を与えたというマスメディアの表現は読者を誤った認識に導く不適切な表現だ。

　次に、首脳会談後の米朝双方の行動を振り返ると、北朝鮮側は一部のミサイル施設の解体を行い、米兵の遺骨の一部を返還するなど、合意を着実に履行している。また北東部豊渓里にある核実験場については首脳会談前に既に廃棄しており、さらに米国の相応の措置があればとりうる次の措置についても、具体的な提案をしている。一方、米国側は韓国軍との合同軍事演習を一時的に中止するなど外交プロセスを優先する姿勢を示し、「新たな米朝関係」の確立に向けた努力も見せてはいるが、朝鮮半島の平和体制構築にとって核心的に重要な朝鮮戦争の終戦宣言や平和協定締結に向けた交渉を拒み、昨年の7月と9月に日本海で核搭載可能な爆撃機を参加させた共同軍事訓練を日本の自衛隊と行ったり[注7]、昨年10月の米韓安保協議の共同声明で韓国に対する「核の傘」の提供を再確認するなど[注8]、合意を無視した行動を取ってきた。マスメディアは合意を履行している北朝鮮ではなく、合意を無視する行動を取ってきた米国側を批判すべきだ。

　北朝鮮が原子炉を稼働させているという報告もあるが、米国のスティーブ・

<特別記事>
非核化合意監視活動

ビーガン対北朝鮮特別代表は、北朝鮮が核開発を諦めていないと指摘する米国情報機関責任者の発言とそれを取り上げたメディアの報道の仕方について「情報機関の情報を政策と完全に切り離すことはできない。情報機関の情報は政策の基礎として重要だが、政策は脅威に対処するためにある」と事実情報の評価の仕方に不満を述べて、問題を解決するために今まさに外交を行っているのだと強調している[注9]。

　金正恩は米国の脅威がなくなれば核兵器を持つ理由がないと述べ、米国が「相応の措置」——共同声明の履行に他ならない——を取れば、さらなる非核化の措置を取ると表明している。北朝鮮にとって、核兵器は米国による侵略を抑止するためのものであり、そのことを疑う識者はいないだろう。米国の脅威がなくなれば北朝鮮は核兵器を持つ理由はないという金正恩の発言は、真剣にとらえるべきだ。また南北間の動きに目を向けると、北朝鮮と韓国は昨年9月の首脳会談で事実上の終戦宣言を行っている。朝鮮戦争の当事国である北朝鮮と韓国は、もう戦争を望んでいない。米国が平和体制構築のための交渉に応じることが朝鮮半島の非核化につながると考えるのが、合理的な判断ではないだろうか。

　最後に、「北朝鮮は今まで約束を破ってきた」という、これまでマスメディアが喧伝してきた誤った認識が、このような合理的な判断をすることを妨げていると考えられるので、朝鮮半島の平和と非核化に関する過去の合意について簡単に振り返っておきたい。

　マスメディアが「北朝鮮が約束を破った」と言うとき、たいてい言及されるのが1994年の米朝枠組み合意と2005年の6か国協議による共同声明の破綻だ。北朝鮮はこの2つの合意を一方的に破ったと一般には信じられているが、実際には北朝鮮だけに合意の破綻の責任を押し付けることはできない。

　米朝枠組み合意とは、①北朝鮮がプルトニウムを生産できる黒鉛炉と建設中の同型炉を凍結し解体すること、②米国が代わりに比較的プルトニウムを抽出しにくい軽水炉2基を提供すること、③軽水炉の完成まで米国が代替エネルギーとして年間 50万tの重油を供給すること、④両国が政治的・経済的関係の完全な正常化に向けて行動すること、⑤米国は核兵器を北朝鮮に対して使用せず、使用

の威嚇もしないこと、⑥北朝鮮は核不拡散条約（NPT）にとどまり保障措置協定を遵守すること、などを約束した合意で、この過程で、両政府は2000年10月に「相互に敵意を持たない」ことを宣言する共同声明を発表するまでに至った。北朝鮮問題の専門家として著名なレオン・V・シーガル氏[注10]によれば、北朝鮮側は合意の結果「2003年までいかなる核分裂性物質も作らなかった」[注11]が、2001年に発足した共和党のブッシュ政権は、その年の12月に議会に提出した「核態勢の見直し（NPR）」で、北朝鮮が「大量破壊兵器及びミサイル計画を活発に進めている」と糾弾して核攻撃の対象であることを示唆し、2002年1月のブッシュ大統領の年頭教書演説では北朝鮮をイラク、イランとともに「悪の枢軸」と呼んで、「相互に敵意を持たない」と宣言した共同声明を踏みにじった。さらにブッシュ政権は、北朝鮮のウラン濃縮計画の存在を理由に北朝鮮に対する重油の供給を停止し、枠組み合意を一方的に破棄した。米国がウラン濃縮計画についてどの程度の情報を入手していたかについては未だに明らかになっていない。米国側は、当時北朝鮮の責任者だった姜錫柱第1事務次官の「話し合っていこう」という趣旨の言葉を、ウラン濃縮計画の存在を認めたものと解釈したが、北朝鮮側はウラン濃縮計画の存在を明確に認めたことはない[注12]。

　2005年の6か国協議による共同声明とは、「平和的な方法による、朝鮮半島の検証可能な非核化」を目標として発足した米国・北朝鮮・日本・韓国・中国・ロシアの6か国による協議において到達した共同声明である。声明には6か国すべてに関係する義務が含まれているが、米朝に関するものに限って言うと、①北朝鮮の核兵器及び核計画の放棄、②米国の朝鮮半島での核兵器の配備、北朝鮮に対する核あるいは通常兵器による攻撃や威嚇をしないこと、③北朝鮮に対する5カ国による経済支援やエネルギー支援、④米朝の関係正常化、などが盛り込まれた。しかし、その直後に米国政府が偽ドル流通疑惑やマネーロンダリング（資金洗浄）疑惑を理由に北朝鮮に経済制裁を課したため、北朝鮮側は合意に反すると反発して核開発を再開し、翌2006年に最初の核実験を行った。

　その後6か国協議は再開され、2005年の共同声明を実施するための措置について合意した（2007年）。北朝鮮はこの合意に従って核実験と原子炉の運転を停止したが、北朝鮮の核放棄の検証方法を巡って協議は行き詰まり、6か国協議での

<特別記事>
非核化合意監視活動

合意は事実上破綻した。

　このように、北朝鮮が今まで約束を破ってきたと一方的に言うことはできない。むしろ米国側が先に約束を破ったという方に明確な史実がある。そして、ここでさらに重要なことは、米朝双方が合意を誠実に履行していれば、朝鮮半島の平和と非核化を実現するチャンスが過去にも存在したということだ。トランプ大統領が合意を守って偉業を成し遂げるのか、あるいはこれまでの大統領と同じように朝鮮半島の平和と非核化の実現のチャンスを無駄にするのか。今回の首脳会談を含む今後の米朝交渉で我々はそこに注目すべきだ。

　幸いなことに、トランプ大統領は朝鮮戦争を終結させる心積りのようだ。パリ協定やイラン核合意からの離脱、移民・難民政策など、他の政策では問題の多いトランプ大統領だが、史上初の米朝首脳会談を行うなど朝鮮半島の非核化と恒久的な平和の流れを作るために一役を担ってきたことについては評価できる。

　但し、トランプが約束を実行することは容易ではないだろう。朝鮮戦争終結や北朝鮮との平和協定締結に反対する勢力はトランプ政権内や与党共和党にも少なくない。そこで、トランプに約束を守らせるためには世論の力が必要になる。朝鮮半島の平和と非核化——それは東アジア全体の平和に直結する——を求めるなら、この地域に住む我々市民は、トランプが約束を守れるように後押ししなければならない。マスメディアにはそうした世論形成に役立つような誠実な報道を求めたい。そしてマスメディアがその責任を果たさないなら、市民は抗議の声を上げることも必要だ。(前川大)

注1　「非核化〝見返り〟」(NHKニュース7、2019年2月2日)
注2　「トランプ氏譲歩の可能性——米朝会談　27・28日ベトナムで」(『朝日新聞』、2019年2月7日)
注3　「米兵遺骨返還　北朝鮮の非核化に直結しない」(『読売新聞』、社説、2018年7月29日)
注4　例えば、NHKニュース7、2019年2月13日。報告書は、北朝鮮の非核化の意志を疑う文脈ではなく、「交渉不在では驚くことではないが、北朝鮮は核分裂物質を生産し続け、ミサイル基地を維持、あるいはある場合には、強化している」

と書き、当然の結果だと現状を伝えているにもかかわらず、ニュース7は「北朝鮮が去年、核兵器5〜7発分に相当する核物質を生産した可能性があるという報告書をアメリカの専門家が発表しました」とのみ伝えた。後半部分で「報告書では、去年の米朝首脳会談による緊張緩和などで、北朝鮮の脅威は大きく低下したと分析」していることも伝えてはいるが、「核兵器5〜7発分の核物質生産か、北朝鮮の核問題　米専門家が報告書」という字幕とともに、ニュースを伝えており、視聴者に北朝鮮の非核化に対する意志を疑わせる伝え方になっている。

注5　例えば、NHKニュース7、2019年2月2日や、『毎日新聞』、社説、2019年2月9日。

ニュース7は、スティーブ・ビーガンが「北朝鮮が求めている見返りを巡る協議に応じる考え」を示したと伝えた後、「トランプ大統領が妥協して、核の放棄ではなく、アメリカに直接影響のあるICBM大陸間弾道ミサイルの廃棄だけで、北朝鮮に経済制裁の緩和などの見返りを与える可能性」があると指摘して、そうなると「中距離弾道ミサイルも核兵器も保持したまま」だと警鐘を鳴らす元国務次官補代理のエバンス・リビアの見解を伝えている。毎日新聞もトランプが「米国の直接的脅威となる大陸間弾道ミサイル（ICBM）の廃棄で折り合うこと」を心配し、「米国が安易な妥協」をしないよう、「北朝鮮のすべての核・ミサイルの廃棄が北東アジアの平和と安定に不可欠だとトランプ氏に懸命に働きかけなければならない」と述べている。

注6

https://www.whitehouse.gov/briefings-statements/joint-statement-president-donald-j-trump-united-states-america-chairman-kim-jong-un-democratic-peoples-republic-korea-singapore-summit/ （英文）

日本語訳：http://www.peacedepot.org/document/trump-kim-statement-20180612/

注7　航空自衛隊報道発表資料（2018年7月28日、および2018年9月28日）

http://www.mod.go.jp/asdf/news/houdou/H30/300728.pdf

http://www.mod.go.jp/asdf/news/houdou/H30/300928.pdf

注8　"Joint Communiqué of the 50th U.S.-ROK Security Consultative Meeting," U.S. Department of Defense, October 31, 2018.

https://media.defense.gov/2018/Oct/31/2002057967/-1/-1/1/50TH-SCM-JOINT-

<特別記事>
非核化合意監視活動

COMMUNIQUE.PDF

注9　U.S. Department of State, "Remarks on DPRK at Stanford University," January 31, 2019

https://www.state.gov/p/eap/rls/rm/2019/01/288702.htm

注10　社会科学評議会・北東アジア協力的安全保障プロジェクト代表（ニューヨーク）。

注11　Tim Shorrock, "Diplomacy With North Korea Has Worked Before, and Can Work Again," The Nation, September 5, 2017

https://www.thenation.com/article/diplomacy-with-north-korea-has-worked-before-and-can-work-again/

注12　梅林宏道「朝鮮半島において国連憲章を具現せよ」（『世界』、2018年4月号）

## 監視報告 No.7　（2019年3月11日）

### §ハノイ会談は失敗であったとは言えない。国際社会は段階的制裁緩和について中・ロを含む多元外交の役割を検討すべきである。

2月27-28日にハノイで開催された2回目の米朝首脳会談は合意文書がないままで終了した。会議に向かって米国において外交方針の変化があり、相互の要求を取り入れた何らかの中間的措置に合意するのではないかという期待があった。にもかかわらず、成果文書がないまま終了したことで、メディアや関係者の論評に「決裂」とか「失敗」とかの見出しが目立った。

しかし、そうだろうか？サミットで得られたものの大きさを、今後の交渉の基礎となる相互の認識の前進という尺度で測るならば、サミットは重要な成果を残している。しかも、その認識の前進はトップダウンの特徴をもつ両国の指導者の現状を考えると、サミット開催を通じてのみ得られたものであっただろう。一方で、認識の前進によって状況が今後どのように展開するかに評価の尺度を置くとすれば、我々は予測困難な状況におかれている。両国ともサミットの結果を消化するのに、まだ時間を要するであろう。次の会議までの時間がどのように推移するかを決定する因子は、米朝関係という狭い範囲を超えて広範囲にわたり、

複雑である。

　このような状況において、本監視報告においてはハノイ・サミットの意義について、今後のために最低限押さえておくべき認識を整理することにする。

（１）シンガポール合意の履行過程は軌道上にあり、脱線していない。
　ほとんどの論評において強調されていないが、この単純な事実をまず確認しておくことが重要である。ハノイにおいて合意に達しなかったことに起因して、シンガポール合意そのものの基礎を疑う議論が生まれているからである。現在の米朝交渉の枠組みは2018年6月12日のシンガポール首脳会談における米朝首脳共同声明によって作られている。両国ともその枠組みの前提をハノイにおいて再確認した。

　米国の立場からは、ポンペオ国務長官が直後の記者会見において、「金正恩委員長はこの旅の中で、非核化に完全に準備が出来ていると繰り返し確認した」と述べるとともに「（非核化の）見返りに朝鮮半島の平和と安定と北朝鮮人民に対して明るい未来を供与する」のが協議の目的であると述べた[注1]。

　一方、DPRKの側においては、朝鮮中央通信（KCNA）が、会議の翌日に異例の速さでハノイ会議の結果について次のように報道した。「両国の最高指導者は、一対一会談や拡大会議において、シンガポール共同声明の履行という歴史的な行程において顕著な進展があったことを高く評価した。」「会議において、両指導者は、朝鮮半島において緊張を緩和し、平和を維持し、完全に非核化するために両者が行った努力や積極的な措置が、相互の信頼を醸成し不信と敵意で彩られた数十年の米朝関係を根本的に転換するのに極めて意義深いとの、共通の理解をもった。」[注2]

　すなわち、米国もDPRKも、単に北朝鮮の非核化ではなくて、それぞれの国が責任をもつより大きな枠組みについて、シンガポールにおいて約束をしたことを再確認し、ハノイにおいてもその文脈を理解していることを示した。ただ、メディアの関心の偏りに起因する側面が大きいと思われるが、米国の高官たちの発言においては、この点への強調が弱いことも、指摘しておく必要があるだろう。

<特別記事>
非核化合意監視活動

（2）米朝とも相手のボトムラインの要求が何であるかを知るとともに、その要求の背景にある相手国の事情について理解を深めた。

　ハノイにおける首脳会談に向けて実務協議が積み重ねられてきたが、その結果、両首脳が署名するための合意文が準備されていた。いわば「幻のハノイ合意」が存在したのである。トランプ大統領は2月28日の記者会見において「私は今日署名することもできた。そうしたらあなた方は『何とひどい取引だ。彼は何とひどい取引をしたんだ』と言っただろう。…今日何かに署名することは100％できた。実際、署名するための文書はできていた。しかし、署名するのは適当ではなかったのだ」と述べている[注3]。つまり、実務レベルで合意された文書の内容では米国民の喝采は得られないという判断が[注4]、トランプに北朝鮮に対するより高い要求を出させた。それが北朝鮮には呑めない内容であり、交渉は行き詰まった。

　そうだとすると、首脳間で行われたこの交渉によって、米国もDPRKも、相手国の要求とその背景にある事情について理解を深める掛け替えのない機会を得たはずである。記者会見の中で、トランプ大統領が次のような言葉を述べたことは記憶に値する。「制裁強化について話したくない。（今も）強い制裁だ。北朝鮮にも生きなければならない多数の人民が居る。そのことは私にとっては重要なことだ。』『金委員長をよく理解できたので、私の姿勢のすべてが全く変わった。彼らにも見解があるのだ。」

　実務レベルの合意、すなわち「幻のハノイ合意」、が何であったかに関する正確な情報はない。しかし、そのような中間的措置に関する合意が存在したという事実は重要な意味をもっている。それは、今後の両国の折衝の重要な基礎となりうるからである。

　トランプ大統領の記者会見に反論するために、3月1日の未明に北朝鮮の李容浩外相が記者会見を行い、崔善姫外務次官が質疑に応えた[注5]。そうするとその直後に、ポンペオ国務長官と同行した国務省高官がマニラで記者会見を行った[注6]。これらの情報を総合すると、準備されていた中間措置に関する合意文書の内容は、寧辺の核関連施設（ウラン濃縮設備、プルトニウム生産炉と抽出施設を含む）の全てを検証を伴う形で完全廃棄することと北朝鮮に加えられている制裁措置の何らかの緩和を中心に構成されていたと推定される。北朝鮮

が2016年以後の制裁決議5件に含まれる民生関連の制裁緩和を要求したと説明しているが、準備されていた合意文がそれを含んでいたのか、それは首脳会談で勝ち取ろうとした要求項目であったのかは明確でない。北朝鮮は核実験や長距離ロケット発射実験を永久に中止することを文書確認する用意があったと李容浩外相が述べているので、この内容が合意文書に含まれていた可能性がある。

トランプ大統領が「幻のハノイ合意」を超えて要求した内容についても明確な情報はない。トランプ大統領は、追加要求の中に寧辺の外にある第2ウラン濃縮設備の廃棄が含まれたことを記者会見で認めているが、同時に「それよりも多くのことを指摘した」と述べている[注7]。さらに、国務省高官は、シンガポール合意には含まれていない「北朝鮮の大量破壊兵器の完全な凍結」を要求したことすら述べている[注8]。これらの要求がハノイ交渉の行き詰まりの直接の原因となったとしても不思議ではない。

（3）米朝2国間交渉による中間的措置の合意探求だけではなく、中間段階における制裁強度の正統性について国際的な議論が必要となっている。

以上の整理をふまえると、今後の展開について考えられるもっとも分かり易い道筋の一つは、ハノイ会談を基礎にして中間的措置について新しい合意点を追求することであろう。それは「幻のハノイ合意」を基礎にした足し算による均衡点の探求になる。「幻のハノイ合意」よりも低いレベルの合意はあり得ない。ハノイ会談の事前に報道された①戦争終結宣言あるいは平和宣言、②平壌への米連絡事務所の設置などの他に、③不安要因となりうる今後の米韓合同演習の規模や性格に関する暫定的な合意、④経済制裁の緩和についての北朝鮮の5件の要求よりも低いレベルの緩和措置、⑤南北の経済協力に付随して必要な範囲に限定した制裁緩和、⑥平和利用の担保を条件にした北朝鮮の宇宙や原子力開発に関する制限の緩和と核・ミサイル施設の公開の拡大、などが、そのような追加項目になりうるであろう。

ハノイ会談は、このような努力と平行して、経済制裁の緩和に関してより本質的な課題の探求が必要になっていることを示している。安保理決議による北朝鮮への制裁は、単に米国だけではなく国連加盟国全体が関係すべき事案である。

<特別記事>
非核化合意監視活動

にもかかわらず、このことが米朝会談における核心のテーマになりつつある。国際社会は、とりわけ、北朝鮮と関係の深い安保理常任理事国である中国とロシアの果たすべき役割について関心を深め、声を挙げるべきであろう。

　北朝鮮は、南北間の板門店宣言と9月平壌宣言、及び米朝間のシンガポール共同声明によって、制裁の原因となっている核兵器・ミサイルの開発から脱する方向へと国家方針を転換した。その転換には、北朝鮮が感じてきた脅威の除去と朝鮮半島の平和と安定が必要であるという内容がこれらの共同宣言、声明には盛り込まれている。この内容は国際社会も十分に納得できるものである。宣言、声明に盛り込まれた合意事項の履行が段階的に行われてゆくとき、制裁の段階的解除を伴うべきであるという議論は、安保理制裁決議の正統性を維持するために避けてはならない議論である。とりわけ、中国やロシアがこのような議論をリードして国際社会に提起することは、北朝鮮が現在の共同宣言・声明の履行への意欲を維持し高めることに大きく貢献すると思われる。歴史上最強といわれる現在の制裁強度を維持すべきであるとの一部の国の考え方の正統性が客観的に吟味されなければならないであろう。(梅林宏道)


　注1　マイケル・R・ポンペオ「随行記者との会見」、米国務省・外交の現場(2019年2月28日)　https://www.state.gov/secretary/remarks/2019/02/289785.htm

　注2　「金正恩最高指導者とトランプ大統領が2日目の会談をもつ」(KCNA、2019年3月1日)　http://www.kcna.co.jp/index-e.htm　から、英文記事を日付で検索できる。

　注3　「トランプ大統領のハノイでの記者会見における発言」(ホワイトハウスHP。2019年2月28日)

https://www.whitehouse.gov/briefings-statements/remarks-president-trump-press-conference-hanoi-vietnam/

　注4　ハノイ首脳会談とほぼ同じ時刻に、米国ではトランプ氏の元顧問弁護士マイケル・コーエン被告による米議会証言が行われ全米にテレビ中継された。コーエン被告はトランプ氏の犯罪を詳細に証言し米社会に衝撃を与えた。この同時進行の出来事がハノイ・サミットに影響したことは否めない。

　注5　李容浩外相の記者発表全文。(『ハンギョレ』(韓国語版、2019年3月1日)

注6　米国務省「国務省高官の随行記者への説明」（米国務省HP、ペニンスラ・ホテル、マニラ、2019年2月28日）　https://www.state.gov/r/pa/prs/ps/2019/02/289798.htm

注7　注3と同じ。

注8　注6と同じ。

## 監視報告　No.8　（2019年4月1日）

### §米の強硬路線への回帰は誤りであり、経済制裁の段階的緩和を追求する方向へ方針転換すべきである。

　2月27-28日にハノイで開催された2回目の米朝首脳会談が不調に終わって以来、朝鮮半島をめぐる情勢に悪化の兆しが見えている。

　米国の外交方針において、強硬路線の復活がみられる。会談から一週間後の3月7日に米国務省で開かれた特別ブリーフィングにおいて、国務省高官は次のように段階的非核化を否定する方針を明確にした[注1]。

記者の質問：北朝鮮交渉に関するトランプ大統領の顧問団にはいろいろなメンバーがいますが、大統領がハノイで最終的にとったオール・オア・ナッシング戦略に全員が同意していたと自信をもって言えますか？というのは、サミットに至る数週間の間に顧問団の中の他の人たちが主張していたようなステップ・バイ・ステップのアプローチをとらないという大統領の決定について、ボルトン氏がもっとも大きな影響力を持ったのではないかと、私には思えるからです。

　国務省高官：政権内にはステップ・バイ・ステップのアプローチを主張する者は一人もいません。どの場合にも、目指すものは、他の全てのステップがとられるための条件としての北朝鮮の完全な非核化です。長期間にわたる段階的なアプローチをとるというのは過去の交渉の大きな特徴でした。正直言って、これまでの場合、それは双方が少なくとも表面上約束した結果を生むのに失敗してきました。1994年枠組み条約の交渉も6か国協議もそうでしょう。したがって我々は別のやり方をしようとしています。大統領は、もし北朝鮮がすべての大量破壊兵器と運搬手段を放棄するなら、北朝鮮をこの方向にもってゆくよう個人的に力を注ぐことを金委員長に十分に明確にしてきました。

このようにして、トランプ政権が一致して段階的アプローチはとらないという方針が明確にされた。しかも、その理由として過去の交渉の失敗は段階的アプローチをとったせいであるという、根拠のない理由を掲げた。この方針は、監視報告5で紹介したスチーブン・ビーガン米北朝鮮問題特別代表のスタンフォードにおける演説の論調と異なる。

しかし、ビーガン自身、3月11日、カーネギー国際平和財団主催の核政策会議に登場して、この国務省高官の発言を再確認した。ビーガンとの対話のファシリテーターであったニューヨークタイムズのヘレン・クーパー国防総省特派員が、ビーガン自身のスタンフォードにおける発言と、上記の国務長官の発言の両方を対比しながら引用して、「どちらなのですか？」と質問した。ビーガンは「私には、(2つの発言の間の)意味の違いが分からない」と応えつつ、次のように結論した[注2]。

「我々は、非核化を段階的に進めるつもりはない。大統領はこのことをはっきりしてきたし、これは米国政府の一致した立場だ。…我々の立場は、北朝鮮の大量破壊兵器計画の全体に対して北朝鮮に課せられている経済的な圧力を、すべて解除するだろうというものだ。」

「トランプ政権は、大統領から部下に至るまで、これらの制裁を北朝鮮が非核化プロセスを完了するまで解除しないということを明確にしてきた。」

この日のビーガンの説明によると、現在のトランプ政権の対北朝鮮外交方針は次のように要約できる。シンガポール首脳会談で米朝は4つの合意をした。(1)新しい米朝関係の構築、(2)永続的、安定的な平和体制の構築、(3)朝鮮半島の完全な非核化、(4)遺骨回収の努力、の4つである。これらは相互にリンクしているので、同時並行的に進める用意がある。しかし、非核化がすべての基礎になる。非核化を一気に行えば他のことも一気に進むことを北朝鮮に説得している。「部分的な非核化に対して、経済制裁の一部解除の可能性はあるのか」という質問があったが、それにはビーガンの明確な回答はなかった。完全に否定した訳でもなかった。

3月30日にロイター通信は、トランプ大統領が金正恩委員長に手渡したという、米国の非核化要求の内容を書いた一枚の紙を入手し、独占記事を書いた[注3]。そこには北朝鮮の核兵器の核物質のすべて米国に引き渡すなどの要求が書

かれていたという。それは、ボルトン米大統領特別補佐官(国家安全保障担当)が主張していたいわゆるリビア方式と呼ばれたものを想起させる内容である。考えにくいが、トランプ政権が一気に進めたいとする非核化の内容がこのようなものであったことも否定できない。

いずれにしても、「段階的でない非核化」方針は現実性のない空想に近い。米国と北朝鮮の間に容易には拭えない相互不信の長い歴史がある。そんな中で、北朝鮮が米国への唯一の戦争抑止力と考えて保有した核兵器を一気に放棄させることは、不可能であろう。このような方針にトランプ政権がこだわっているとすると、米朝交渉は歴史的な機会を失ってしまう危険がある。

3月15日、平壌においてDPRKの崔(チェ)善(ソン)姫(ヒ)外務次官が駐在外交官や海外記者を集めて会見を行った。このような危険に対する警告を発するための会見であった。AP通信、タス通信が外国記者として出席していたことが確認されている。3月25日には、韓国のインターネットメディアNEWSISが、崔次官のその時の冒頭発言のテキスト全文を入手し公表した。AP通信の記事[注4]から伝わるよりも、NEWSISのテキスト全文[注5]から伝わるものの方が、より冷静であり、その分だけ今後の交渉に余地があることを感じさせる。

崔次官の冒頭発言でもっとも重要な部分は次の一節であろう。
「(ハノイの)会談でわれわれが現実的な提案を提示したところ、トランプ大統領は合意文に『制裁を解除しても、DPRKが核活動を再開する場合には再び制裁が課せられる』という内容を含めるならば、合意が可能かも知れないという、伸縮性ある立場を取りましたが、米国務長官のポンペオやホワイトハウス国家安保補佐官のボルトンは既存の敵対感と不信の感情で、両首脳間の建設的な交渉努力に障害がもたらし、結局、今回の首脳会談では意味ある結果が出ませんでした。」

これによると、トランプ大統領は制裁の部分的解除に柔軟な姿勢を示したが、ポンペオ国務長官とボルトン特別補佐官が反対した、ということになる。

本監視報告において「米朝交渉において段階的制裁緩和」が鍵となることを繰り返して強調してきた。そのことが現実になってきた。北朝鮮は、そもそも安保理決議による北朝鮮制裁は不当であり、これを認めない立場をとってきた。これについては、さまざまな賛否の意見があるであろう。しかし、崔発言の中には「わ

<特別記事>
非核化合意監視活動

れわれがこの15か月間、核実験と大陸間弾道ミサイルの試験発射を中止している状況のもとで、このような制裁が残り続ける何の名分もありません。それについては国連安保理が一層明確に答えることができると思います」という発言がある。この部分は、ほとんどの人々の市民感覚からして違和感のない主張であろう。強い制裁が北朝鮮を対話に導いたとする主張に一理がありうるにしても、北朝鮮がすでに対話を始めており、対話を継続する意思がある現段階において、強い制裁の維持にどのような合理性があるだろうか。今は、制裁が対話の継続を壊そうとしているのである。

　国連安保理が北朝鮮に加えてきた制裁決議の中には、ほとんど共通して次の文言がある。

「安保理は、DPRKの行動を連続した再検討の下に置き続け、DPRKの遵守状況に照らして、必要に応じて（制裁）措置を強化したり、修正したり、留保したり、解除する準備がある。」（例えば、最新の制裁決議S/RES/2397（2017）においては主文28節[注6]。その前の制裁決議S/RES/2395（2017）においては主文32節[注7]）

　つまり、安保理の制裁決議は、北朝鮮の遵守状況に応じて制裁を強化したり緩和したりすることを前提として決議されている。だからこそ、これまで安保理は北朝鮮の核実験やミサイル発射のたびに段階的に制裁を強化してきた。同じように、現在の状況において、段階的に制裁緩和を議論するのが安保理の当然の務めである。

　市民社会が声をあげて、米国のみならず自国政府や国連安保理に行動を促すべきであろう。（梅林宏道、平井夏苗）

注1　北朝鮮に関する米国務省高官の特別ブリーフィング（2019年3月7日）
https://www.state.gov/r/pa/prs/ps/2019/03/290084.htm
注2　「米特別代表スチーブ・ビーガンとの会話」（カーネギー国際平和財団・2019年核政策国際会議、2019年3月11日）
https://s3.amazonaws.com/ceipfiles/pdf/NPC19-SpecialRepresentativeBiegun.pdf
注3　「独占記事：一枚の紙でトランプは金に核兵器を差し出せと要求」、ロイター通信、2019年3月30日
https://www.reuters.com/article/us-northkorea-usa-document-exclusive/

exclusive-with-a-piece-of-paper-trump-called-on-kim-to-hand-over-nuclear-weapons-idUSKCN1RA2NR

注4 エリック・マルマッジ「北朝鮮公職:金は米国との対話と発射モラトリアムを再考している」(AP通信。2019年3月16日)

https://www.apnews.com/5e747986f9204bd88ed0b38ab314c22a

注5 NEWSISの記事(韓国語)。2019年3月25日

http://www.newsis.com/view/?id=NISX20190325_0000598643

崔善姫冒頭発言の全文は「在日本朝鮮人総聯合会中央本部」国際・統一局通信No.766(2019年3月26日)に日本語訳されている。

注6 https://undocs.org/S/RES/2397(2017)

注7 https://undocs.org/S/RES/2375(2017)

## 監視報告　No.9　(2019年4月23日)

### §日本の政策:強い制裁維持と信頼醸成は矛盾する
### 金正恩委員長の施政演説

4月12日、金正恩朝鮮労働党委員長が、朝鮮最高人民会議第14期第1回会議で施政演説[注1]を行った。「国の全ての力を経済建設に集中」することを中心とする施政方針を述べたが、その中で、南北関係、米朝関係についても重要なメッセージを発した。

南北関係については、「全民族は歴史的な板門店宣言と9月平壌共同宣言が忠実に履行されて朝鮮半島の平和的雰囲気が持続し、北南関係が絶えず改善されていくことを切に願っている」と述べた。米朝関係については「6・12朝米共同声明は、世紀を継いで敵対関係にあった朝米両国が新しい関係の歴史をつづっていくことを世界に告げた歴史的な宣言である」と改めて米朝首脳共同声明を評価した。一方で、ハノイ会談時の米国の交渉方針を厳しく批判し、「ハノイ朝米首脳会談のような首脳会談が再現されるのはうれしいことではなく、それを行う意欲もありません」、「制裁緩和の問題のためにのどが渇いてアメリカとの首脳会談に執着する必要はない」と述べた。その上で「今年の末までは忍耐強く(われれと共有できる方法論を見出す)アメリカの勇断を待つつもり」であると、当面

<特別記事>
非核化合意監視活動

の方針を明らかにした。

　3月15日の会見において、崔善姫外務次官が近いうちに金正恩が方針を明らかにすると述べていたが[注2]、これがその方針であろう。方針を要約すれば、「DPRKは制裁緩和を求めることに執着せず、自力更生で経済を支えつつ、米朝および南北の首脳合意を基本として交渉を続ける」との姿勢を示したことになる。

## 情勢に鈍感な日本外交

　金正恩の施政方針は、結論的には、冷静な方針に落ち着いているとはいえ、北朝鮮が制裁継続を「敵視政策」として厳しく捉えていることは明らかである。同じ施政演説において、金委員長は、経済制裁は北朝鮮を「先武装解除、後体制転覆」する手段であるとの厳しい分析を述べている。にもかかわらず、あるいは、だからこそ、金委員長は制裁緩和を懇願するのではなく、別の手段で経済発展を達成しようと国民に呼びかけた。

　このように制裁問題は、その扱いを誤ると、今後の朝鮮半島の非核化と平和に関する交渉に決定的な悪影響を生む可能性をはらんでいる。にもかかわらず、日本の政治におけるこの問題に関する関心のあり方は、旧態依然たる状態が続いている。

　国会審議を見ると、まず、北朝鮮の非核化・平和に関する関心が低いことが指摘できる。

　進行中の第198通常国会における衆議院外務委員会は2019年3月6日に始まったが、本報告の発行日（4月23日）まで8回開催され、議員と政府間の質疑応答が19時間23分行われた。しかし、この中で、朝鮮半島問題を取り上げたのは、外務委員30人（与党自民党18人＋公明党2人、野党10人）中7人に過ぎず、質疑応答に費やされたのは1時間41分に過ぎなかった。全体の質疑応答時間の8.7%に当たる。

　しかも、国会議員も外務省も、北朝鮮に対する国連安保理決議による経済制裁に関する認識は、概ね「強い制裁の維持」という点において一致していた。実際には、政府の朝鮮半島政策について議論を深める入り口がこの制裁問題にあったが、この入り口を活かす議論がこれまでのところ現れていない。

　3月8日、シンガポール共同声明を基礎とした米朝交渉に関して行われた

穀田恵二議員(共産党)と河野外務大臣との質疑応答は、その意味で核心を突いたものであり、今後の議論の材料となる政府答弁を引き出している。

穀田議員 「…大臣の所信表明でもありましたように、米朝プロセスを後押しする立場を表明されているけれども、米朝両国が非核化と平和体制構築に向けたプロセスを前進させる上で何が重要だと認識されているか…」

河野大臣 「2つあると思っておりまして、1つは、やはり国際社会がこれまでのようにきちんと一致して安保理決議を履行していくということ、それからもう1つは、米朝間でお互いに信頼関係をしっかりと醸成していくということなんだろうと思います。特に、北朝鮮に核、ミサイルの放棄を求めているわけですから、その後の体制の安全の保証というのがしっかりと得られるという確信が北朝鮮側になければなかなかCVIDにはつながらないということから、米朝間の信頼醸成が大事であります…」[注3]

この河野大臣の答弁における「安保理決議を履行」という言葉の意味は、これまでと同様に、厳しく制裁を継続するというニュアンスのものである。それは、1か月余り後の4月19日、日米安全保障協議委員会(いわゆる「2+2」会議)がワシントンで開かれた際の記者会見での河野発言によっても窺い知ることができる。このとき、河野大臣は「北朝鮮が, 全ての大量破壊兵器及び全ての射程の弾道ミサイルのCVIDを行うまで、安保理決議を履行する必要がある」と述べ、さらに「瀬取りの問題に対処する必要があり、瀬取り阻止のために他のパートナー国と協力する必要がある」[注4]と記者に説明をした。

つまり、河野大臣の答弁は米朝プロセスの推進のために、「安保理決議の厳密な履行」と「北朝鮮との信頼の醸成」の2つが必要だと述べた。信頼醸成の重要性に関する指摘は正しい指摘だ。

しかし、この2つは両立するのだろうか？ この問いこそが、日本における北朝鮮問題についての外交議論を深める手がかりとなる問題である。国会議論はこれまでのところ、この点に至っていない。

安保理決議による強力な制裁が北朝鮮を対話の場に連れ出したという議論には賛否両論があるだろう。しかし、その後、情勢は動いた。現在は制裁の直接の引き金となった核実験やミサイル発射実験が中止されて17か月が経過し、対話が始まって約1年が経過している。前述したように、北朝鮮は、制裁緩和を今も拒否

<特別記事>
非核化合意監視活動

する勢力の姿勢は、北朝鮮に対する敵視政策の表れであると考えている。現状において「安保理決議の厳密な履行」を言い続けることは、「信頼の醸成」とは真逆のメッセージを出すことになる。

　本プロジェクトを主催するピースデポは、4月10日、日本外務省を訪れ、外務大臣への要請書をもって朝鮮半島問題を担当するアジア大洋州局ナンバー2である石川浩司(ヒロシ)審議官と面談する機会をもった。要請の第1項目は「北朝鮮の核・ミサイル開発に対する経済制裁の強化・維持を止め、段階的緩和のメリットを検討し、その必要性を訴えてください」であった[注5]。ここで「訴えて下さい」と要請した訴える先は、国連安保理をはじめとする国際社会を念頭においたものである。監視報告8で指摘されているように、安保理の制裁決議が「安保理は、DPRKの遵守状況に照らして、必要に応じて(制裁)措置を強化したり、修正したり、留保したり、解除する準備がある」[注6]と繰り返し述べていることを指摘して、ピースデポは政府の行動を促した。要請の内容は現在の政府方針と正反対のものであり、面談の中では議論に進展はなかった。ピースデポは国会議員への働きかけを強めている。(湯浅一郎、梅林宏道)


　注1　「朝鮮中央通信」、2019年4月14日。
http://kcna.kp/kcna.user.home.retrieveHomeInfoList.kcmsf「最高指導者の活動」から、日付で施政演説を探すことができる。
　注2　韓国インターネット・メディアNEWSISの記事(韓国語)、2019年3月25日。
http://www.newsis.com/view/?id=NISX20190325_0000598643
　　崔善姫発言は「在日本朝鮮人総聯合会中央本部」国際・統一局通信No.766(2019年3月26日)に日本語訳されている。
　注3　衆議院外務委員会議事録、2019年3月8日
http://www.shugiin.go.jp/internet/itdb_kaigiroku.nsf/html/kaigiroku/000519820190308002.htm#p_honbun
　注4　「米・日2+2閣僚会議の共同記者会見におけるパトリック・シャナハン米国防長官代行、河野太郎日本外務大臣、岩屋毅日本防衛大臣と同席したポンペオ国務長官の発言」、米国務省、2019年4月19日。
https://www.state.gov/secretary/remarks/2019/04/291254.htm　英文トランス

クリプト

　注5　ピースデポ「朝鮮半島の非核化とNPT再検討会議：日本の核抑止依存政策の根本的再検討を求める要請書」（2019年4月10日）。

http://www.peacedepot.org/wp-content/uploads/2019/04/2eae3bb57f559f16ae6f49dded91385e.pdf

　注6　例えば安保理決議S/RES/2397(2017)主文28節

https://undocs.org/S/RES/2397(2017)

<特別記事>
非核化合意監視活動

前田 哲男
1938年、福岡県生まれ。長崎放送記者を経
て独立し、東京国際大学教授、沖縄大学客員
教授を務めた。近書に『イージス・アショアの
争点』(緑風出版)、『自衛隊の変貌と平和憲法』
(現代人文社)(いずれも共著)など。

# 専守防衛考
## ―『時代の正体』インタビューより―

前田 哲男
(軍事評論家)

※本稿は、2019年1月25日〜27日、神奈川新聞「論説・特
報　語る」の「時代の正体」に連載された前田哲男氏のインタ
ビュー記事を、神奈川新聞の了承を得て転載するものである。

## 「米に迎合の防衛大綱」

　「専守防衛から完全に離れた」。軍事評論家の前田哲男さ
んは、政府が閣議決定した新たな防衛力整備の指針「防衛
計画の大綱」と次期中期防衛力整備計画(２０１９〜２３
年度)を、こう評する。大きく広がる防衛範囲や、増強され
る装備によって「軍事大国」への道を着実に歩む日本。問題
点を前田さんに聞いた。(柏尾　安希子)

　**－新しい大綱が閣議決定された。**
　「そもそも大綱とは、ほぼ１０年間をめどとした自衛隊
に対する最高の指針と位置づけられているが、前回の大

綱から１０年たっていない。そして、一内閣で二つの大綱が作られたのは初めてだ。長期運用方針のはずが、中期運用方針にすぎなかったという異様さを感じた。それでは、前の大綱の時期から情勢が変わったのかというと、逆に朝鮮半島では米朝が首脳会談をし、この１年半ほどミサイル発射、核実験とも停止されている。大綱を変えるべき情勢はない。とすれば、別の要因にもとづくものとしか考えられない」

　－大綱を読んだ印象は。

　「自由で開かれた『インド太平洋』という言葉が用いられている。日米安保の用語として、アジア太平洋という言葉は使われてきたが、インド太平洋は大綱では今回初めて出てきた。これは安倍内閣で使われ始めた地理的用語で、つまりインド洋と太平洋ということ。事実上、地球上の海の４分の３を占める海域で、防衛対象が水平方向にずいぶん増えたことになる。加えて宇宙、サイバー、電磁波という垂直方向への拡大。水平、垂直両面に拡大する一方、専守防衛は維持すると書いてある。その矛盾、整合性への説明は何もない。防衛範囲の拡大と専守防衛がどういうふうに両立しうるのか。だから説得力が全くない」

　「それと、安全保障の国是ともいえる日米同盟の強化。米国からの兵器購入について、装備品の共通化という形でさらに進めることが打ち出されている。『辺野古』という地名こそ入っていないが、在日米軍駐留に対する施策の着実な実施ということで、日本の義務も明記した。さらに、米国だけでなくイギリス、フランスという国名を挙げつつ、こうした国々とのインド太平洋における協力を続けるとし、同時にカナダ、ニュージーランドも協力対象に明記した。以前の大綱にはなかったことで、インド太平洋と記したことに呼応しているのだろう」

　「また、『領域横断』という言葉が始めてこの大綱で使われた。１５年の『日米防衛協力のための指針』（ガイドライン）でも使われており、ガイドラインに沿った対応、日米協力を、大綱に流し込んだということだろう」

　－専守防衛という言葉からは違和感がある内容だ。

　「これまでの日本の防衛政策、安全保障政策の基本は、憲法にもとづく専守防衛だった。自衛隊を違憲とみる人もいるが、政府は、憲法のもとで許される必要

最低現の自衛力は合憲としてきた。必要最低限の自衛力を担保する概念としては、専守防衛と、他国に壊滅的な脅威を与えるような空母、戦略爆撃機といった攻撃的兵器の不保持、核兵器は持たないという非核三原則がある。国民も、この考え方に納得しようということであったはずだ。ところが今回の大綱では、防衛範囲の拡大とともに、いずも型護衛艦を空母に改造して戦闘機を載せるという。専守防衛とは、とても言えない。これまでの大綱は、専守防衛を堅持するという枠組みの中で何とか説明しようしてきた。今回は完全に、専守防衛離れしたと言わなければいけない」

　－今回の大綱は、どのように専守防衛を崩しているのか。

　「自衛隊による先制攻撃や基地攻撃が可能となっている。専守防衛とは『国土を基盤として国土が危機にさらされた際に排除し、そうさせないために自衛力を備えておくこと』と解釈されている。一方、防衛対象がインド太平洋に広がり、そこで起こりうる情勢を考えれば、朝鮮半島ではなく中国海軍の行動を念頭に置いていることはほとんど間違いないだろう。だとすれば、たとえば南シナ海の南沙諸島をめぐる米中の対立もインド太平洋の範囲内であり、専守防衛とは次元が違う米中の争いの当事者となる状況が起こり得ることになる」

　－なぜ、このような大綱ができたのか。

　「いまのところ、菅義偉官房長官の記者会見以上のレベルの質疑はなく、なぜ専守防衛といいながら反する方向が定められたのかということは、現時点では分からない。２８日招集の国会では、そこは一つの論点になるはずだ。おそらく、米国のトランプ政権に迎合、忖度して書いたのでは、とは思えるが」

　「もう一ついえば、冷戦期の大綱は防衛対象国がソ連、冷戦後は北朝鮮だったが、今回は中国となった。それに従い、戦略の重心は北方重視から西方重視に変わっており、自衛隊の配置も変わってきた。陸上自衛隊が一斉に石垣島、宮古島、与那国島、奄美大島に部隊を移している。大綱はその方向を示したということにもなるだろう」

　－大綱では、中国の脅威についての記述が増えている。

　「前回の大綱に記された近隣諸国の情勢分析については、北朝鮮が冒頭に書かれていた。今回は順番が入れ替わり、中国がはじめに書かれている。なるほど、対中国なのだなということがよく分かる。もともとインド太平洋という言葉自体が、中国包囲という大きな脈絡だ。米国と日本がインド亜大陸にかけて展開し、存在を誇示しながらプレゼンス(影響力、存在感)を強化し、中国を海から包囲するというグランドデザインが浮かんでくる」

　**―守りではなく、より積極的な姿勢のようだ。**
　「何度も立ち返るのは、自衛隊はどこまで合憲性があるのか、あるとしてどこまでの存在であるのか、という非常に大きな、しかしまだ解決されていない問題だ。国民の大多数からいえば、専守防衛とは国土防衛であり、以前使われた言葉でいえば『基盤的防衛力』というものだろう。これは、日本全土を隙間無く自衛隊で守り、高い練度で維持しておけば、それが相手へのメッセージになり、かつ侵略が起こっても強力に抵抗して排除することができる、という概念だ」
　「大綱の歴史を振り返れば、１９７６年に三木内閣が始めて決定した防衛大綱で基盤的防衛力をうたった。ところが２０１０年に民主党の菅内閣が決定した大綱で基盤的防衛力の方針が廃止され、中国や北朝鮮に機動的に対応できるよう『動的防衛力』が打ち出された。そして安倍政権が１３年、『積極的平和主義』の下で安全保障体制を構えるとして『統合機動防衛力』を唱え、今回の『多次元統合防衛力』と、どんどん逆に進んでいる。専守防衛を基盤的防衛力で考え、国土守備という位置づけを自衛隊に与えるのならば、インド太平洋など入ってくるはずがない。それに宇宙、サイバー、電磁波は自衛隊だけが専門部隊を作るような仕事だろうか。宇宙軍を作るというトランプ大統領の動きと呼応しているのは間違いなく、米国の圧力、要請に沿ったそのままということだ」

# 米の圧力「強い日本へ」

　政府が閣議決定した新たな防衛力整備の指針「防衛計画の大綱」と次期中期防衛力整備計画（２０１９〜２３年度）にもとづき、自衛隊はどう変わるのか。軍事評論家の前田哲男さんは、米国の要望で強化されていく自衛隊の姿を指摘し、日本は「軍事大国と言わねばならない」と警鐘を鳴らす。（柏尾　安希子）

　**―新たな大綱で、装備はどうなるのか。**
　「大綱にもとづく兵器調達計画が中期防衛力整備計画。そこには必要な防衛力整備に係る金額は２７兆円超をめどとするとある。莫大な金額だ。陸上自衛隊ではイージス・アショア（陸上配備型弾道ミサイル迎撃システム）が入ってくる。海上自衛隊の護衛艦は５年間で１０隻作るとある。前回の大綱に基づく中期整備計画では５年間で５隻だったが、倍増した。潜水艦も５隻で、１年間で１隻作る計算だ。潜水艦は長い間、定数が１６隻だったが、２２隻に増やす。同時に、海自はいずも型護衛艦を改造してステルス戦闘機Ｆ３５Ｂを搭載する。航空自衛隊はステルス戦闘機Ｆ３５Ａを４５機。グローバルホーク（滞空型無人機）の導入も、インド太平洋をにらんだものだろう」
　「インド太平洋といえば、海自は始めてタンカーを持つ。行動範囲が広がるので、燃料を遠くに運ばねばならないからだ。これまでは専守防衛だったため、そのような装備は必要なかった」

　**―攻撃性は増しているか。**
　「間違いない。何と言っても、離島奪還を目的に米海兵隊をモデルにした『水陸機動団』が大綱に先立ち昨年、長崎県の佐世保に編成された。現在は１５００人規模だが、将来的には３千人規模に増やし、今回の中期整備計画によれば、おそらく１個連隊を沖縄のキャンプ・ハンセンかキャンプ・シュワブに配備するだろう。水陸機動団は海兵隊と同じ装備、任務を持った強襲揚陸部隊で、尖閣諸島が中国軍に奪われた際のことを想定しているというが、そのためだけとはとても思えない。攻撃的な部隊装備の最たるものだ」

「敵地攻撃が可能な誘導弾、ミサイルをこれから開発するという。『スタンド・オフ兵器』という言葉で説明されているが、敵の脅威圏外から、アウトレンジ（相手の射程外から一方的に攻撃を仕掛ける）する。つまり先制攻撃、敵地攻撃ということにならざるを得ない。こういう兵器を配備、開発するということが専守防衛とどう調和するのか、全く分からない」

──「自衛隊」という名称にそぐわない気がする。

「まさに軍隊そのものだ。もともと、国際法的には軍隊ではあるが。昨年12月に韓国海軍の駆逐艦が海自の哨戒機P－1にレーダーを照射した際、P－1側は『ジャパンネイビー』と連呼していた。違和感が残った。『セルフ・ディフェンス・フォース』（自衛隊）であって、『ミリタリー』（軍隊）ではない建前になっている。だから階級にしても大将でなく海将、陸将とし、大佐も海佐、陸佐とするなど、軍ではないと示してきた。駆逐艦も巡洋艦も、護衛艦だ。自衛隊が発足した当初は、『軍隊のように見えるかもしれないが軍隊とは違うし、軍隊のような用い方もしない』という運用と決意があったと思うが、今はただの言葉遊びだ。他国から見れば、おかしな国だろう」

──なぜ、それほど専守防衛を崩したいのか。

「まず内からの圧力として、安倍晋三首相に代表される右派勢力がある。東京裁判を勝者による一方的な裁判と言い、憲法を押しつけと言い、『古きよき日本』を取り戻さなければならないと考える人たち。もともと自民党の中にずっとあった考え方だが、安倍首相によって長期巨大与党として、初めて自分たちがデザインできるようになった。それが2度にわたる大綱改定であり、そこに盛られた内容だと思う。そして、外からの圧力もある」

──外圧とは。

「米国の圧力。占領当時は日本を農業国に戻すという政策だった。だが1950年に朝鮮戦争が始まり米国が参戦したことで、横須賀基地などは活用され、日本の重工業も復活、財閥解体も途中で中止となった。それでも60年代はまだ、米国は日本に対して憲法改正を含む自衛隊の本格的な軍隊化は要求し

ていなかった。ベトナム戦争後から少し変わってきたが、強い日本を再び太平洋の向こうに作らないというのが米政府の一貫した姿勢だった。１９９９年に周辺事態法ができ、自衛隊が米国の後方支援を行うことができるようになったことが一つの転機で、徐々に強い日本を作らないという政策も変質し、トランプ大統領が完全に壊した。アメリカ軍需ファーストとばかりにものすごい圧力をかけて、Ｆ３５やイージス・アショア、グローバルホークなどの高額な武器を買えと。結果、自衛隊が無制限に強くなるということだ」

　－やはり、トランプ大統領の意向が大きいのか。

　「もちろんトランプ大統領はかなり大きな意味を持つだろう。だが、２０００年から１８年にかけて４回まとめられた米国の超党派による日本への政策提言報告であるアーミテージ・ナイレポートでは、かなり具体的に集団的自衛権を行使すべきなどと要求を書いている。太平洋の向こうに強い日本を作らないという方針は十分条件だが、必要条件としてはもっと米国の協力をする日本、そのための強い日本というふうに変わってきたということだろう」

　－米国にとって、日本を強化するメリットは。

　「中国の脅威に対抗するために日本を使うという実利がある。米国は、南シナ海での『航行の自由作戦』などを展開しており、中国の軍事力の外洋化、世界化を警戒している。米国が世界の海を支配することへの挑戦は許さないと。かつての相手はソ連海軍だったが、現在は中国で、そのために日本を使う。そして、米国と同じ武器を買わせれば、一つのシステムとして使えることになる」

　－中期防衛力整備計画の通りに進むと、自衛隊はどれくらいの勢力となるか。

　「かなり強い『軍隊』になる。ミリタリーバランスで見ると、陸では戦車、海では駆逐艦、巡洋艦、空では作戦機の数が指標になるが、米国、ロシア、中国は別にして、欧州連合（ＥＵ）諸国に比べて日本はすべてはるかに多い。英国海軍より護衛艦を持ち、フランス空軍より作戦機が多く、ドイツ陸軍より戦車があり、ここ何年かずっと同じ状態だ。ＥＵ諸国に比べれば、日本は第１位ということになる。ちなみに、フランスの戦車が２００両、ドイツが２３６両に対して日本は６９０

両だ。予算、兵員、武器装備はすべて、世界のベスト１０位に入る。今後、さらにこれが強化されるのだ。もはや、軍事大国と言わなければならないだろう」

# 「まずは信頼の醸成を」

　米国の戦争に巻き込まれかねない状況にある日本。政府が閣議決定した新たな防衛力整備の指針「防衛計画の大綱」と次期中期防衛力整備計画（２０１９～２３年度）は、そうした日本の防衛のあり方の変化を後押しする。２８日に召集される通常国会に向け、軍事評論家の前田哲男さんは「対抗策を」と野党に奮起を呼び掛ける。　（柏尾　安希子）

**―いずも型護衛艦の空母化など、攻撃的な装備が導入される背景は。**

　「従来、自衛隊の役割は日本列島守備だった。同時に、日米安保体制のもと、米国との協力が安全保障のカギだという言い方がされてきた。米国が槍、自衛隊は盾。つまり攻撃は米国が担い、日本が基地の提供と基地防備を含んで列島をしっかり守るという役割分担だ。公文書で明記されたことはないが、国会答弁などでもそう説明されてきた。ところが今回の大綱ではそれが無くなり、お互い槍にも盾にもなる対等の存在だと打ち出された。安倍内閣で一般名詞となった『日米同盟』という言葉からしてそうだ。これまでは安保協力、日米防衛協力という言葉が使われてきたが、より対等な攻守同盟を表す言葉が、日米間で使われるようになっている」

**―憲法９条からの逸脱に感じる。**

　「だれもがそう思うだろう。盾と槍の段階であれば、『日本国憲法が認めているのは個別的自衛権で、個別的自衛権に基づく専守防衛は憲法に違反するものではないし、そのために働く自衛隊は合憲である』と言えた。だが安倍内閣は、密接な関係にある他国への攻撃に対応する集団的自衛権も合憲とし、槍と盾の日米関係を日米同盟に変えた。何のために９条が存在しているのか。だから安倍首相

は、改憲だと言っている。彼も、現状は居心地が良くないと考えているのは間違いない」

───「専守防衛」と現実の落差をどう思うか。

「文字（憲法）と事実の落差はあまりにも大きい。安倍晋三首相は、文字を変えて事実を認めろと言う。だが、文字を変えたくない人は、事実のほうをちゃんと抑えるか、少なくとも文字が許容する範囲に戻さなければならないと思うだろう。落差がかくも巨大になると、他国に対して日本は言っていることとやっていることが一致していないという、非常に誤った印象を与えてしまう。また、われわれの子孫に、憲法なんてどうだっていいと考えさせるような悪い教育を、大人自らがやっていることにもなる」

───今回の大綱を受けて、日本はどういう方向に行くと思うか。

「いまの自衛隊は、完全に米国のもとでの自衛隊であり、米国の国益、トランプ大統領の国益と言ってもいいような中での位置づけだ。だから安倍首相自身の世界観とは多分、違っている。彼は『美しい国』と言い、自衛隊、防衛を取り戻すというようなことを言ったが、取り戻すのではなく預けっぱなしで、大変醜い日本をつくっている。決定するのはおそらくトランプ大統領だろう」

「起こりうるのは、あるとき米海軍第7艦隊と自衛隊の護衛艦が一緒に行動しているとき、中国軍との間で不測の出来事が起き、日本が攻撃されるという事態だろう。インド太平洋で日常的に共同行動が行われ、中国を海から包囲する形が常時行われるとすると、中国はそれを当然、破ろうとするだろう。となると、不測の事態の際には米艦防護という任務を持つ海上自衛隊は、わがこととして反撃する義務がある。安倍首相の胸算用でなく、トランプ大統領の指令によって自衛隊は動き、その結果も引き受けざるを得ないということだ」

───戦争に巻き込まれることがあり得ると。

「日本が意図して先制攻撃や基地攻撃をするのではなくても、大綱に書かれたような日米同盟の義務協力を果たす過程で、日中間で全く予期していない事態が米海軍の動きによって作られてしまい得るのだ。もはや、巻き込まれたと被害

者面はできないだろう。国家の政策として定義しているわけで、確信犯的だ。国民も予期しておらず、望みもしないような戦争、戦闘に突如陥ることは、これからいつあっても不思議でない状況だろう。こうした大綱がある以上は」

　−それは問題ではないか。

　「これまでのところ、野党から本格的な論評、批判は起こっておらず、もどかしい。大綱は、専守防衛では語れない内容を持っており、憲法に違反する。だからといって、野党が『憲法違反』と言うだけでは、どうしようもない。政党がすべきことは、対抗政策を出し、政策論を語ることだ。野党が政策論を提起できないことは、何ともふがいない」

　「日米安全保障条約第5条では、『我が国の施政の下にある領域』に対するいずれか一方への武力攻撃を対象にしている。まさに専守防衛であり、個別的自衛権だ。集団的自衛権の容認という安倍政権の政策は、安保条約からの逸脱でもあり、容認したいなら5条を変えなければいけない。そういうことも含め、野党が対抗政策を出すべきだ。『こういう形の方が日本の安全はより確かになる』と、東アジアの軍縮交渉を提起してもいいのではないか」

　−2回目の米朝首脳会談が行われようとしており、いい機運でもある。

　「米朝で話が始まったことも含め、大きなデザインをまず出して、その中で日米地位協定をどうするか、自衛隊をどのように縮小していくか、そのプロセスをきちんと示す。『これで安心でしょう、どうですか』というメニューを、野党こそ提示できるのでは。米朝会談は、まさに非核化が一つの鍵になるので、朝鮮半島の非核化とともに北東アジアの非核化条約にしようと広げることもできる。共通の安全保障という概念で軍縮をしていく。そういうことを提起するのは、野党の役割だ」

　−それにしても、大綱ができた背景もそうだが、中国への恐れは根深い。

　「確かに、中国脅威論があおられた末にこういうものが出てくると、大綱内容も仕方がない、となりがちだ。だが脅威を中和し、減らすことが必要だ。安全保障用語でいうと『信頼醸成措置（CBM）』というが、お互い相手を警戒すべき、敵対

すべきと見るのではなく、最低限のところから信頼関係をつくり、少しずつ積み上げるのだ。ＣＢＭは軍縮の前段階であり、まずお互いをよく知り、不意打ちや裏切りをしないと分かり合うこと。それがないと、演習をしても、奇襲攻撃の前段ではないかと思われてしまう。相手が奇襲でなく演習だと受け止めてくれるのが第一歩だ」

　「韓国海軍とのレーダー照射に関する問題では、日韓間にＣＢＭがなかったということが最大の衝撃だった。一緒に演習していたにもかかわらず、お互いに『敵ではない』という初歩的なＣＢＭもなかった。中国との間でも同じだが、まず『お互い裏切りません』というところから始め、軍縮の前であっても、たとえば潜水艦はここには出さないとか、空母の行動範囲を決めるとか、ＣＢＭ段階でもいくつかのレベルの対応が可能だ。それが成熟して始めて、軍縮ができる。まずは信頼関係を通わせることが大切だ」

# 第2部

## 2018年の
## トピックス
## ・新資料紹介

# T1. 核禁条約後の国連総会決議

### NPT合意を歪曲し迷走を強める日本決議

第73回国連総会は2018年12月5日、第1委員会で採択された核軍縮諸決議に関する総会投票を行った。

日本が主導する決議「核兵器の完全廃棄へ向けた新たな決意の下での団結した行動」（以下、日本決議）は賛成162か国、反対4か国、棄権23か国で採択された※。

※ 新資料2C-7（301ページ）に抜粋訳。

日本は1994年から連続で同決議を国連総会に提案している※。同決議は、被爆国日本として核兵器国にNPT第6条や過去のNPT合意に沿って核軍縮を求めることで、一部の核兵器国から賛成票を得ることもあるという点で、長年にわたり、一定の評価を得てきた。ところが、核兵器禁止条約（以下、TPNW）が採択された17年の決議は、核兵器国に対して核軍縮を求めるトーンが著しく弱まり、そのことで批判された。

※ 過去のタイトルは、①「核兵器の究極的廃絶に向けた核軍縮」（94年～）、②「核兵器完全廃棄への道程」（02年～）、③「核兵器完全廃棄に向けた新たな決意」（05年～）、④「核兵器完全廃棄へ向けた団結した行動」（10年～）、⑤「核兵器の完全廃棄へ向けた新たな決意のもとでの団結した行動」（15年～）。

18年日本決議も、①TPNWに触れていない、②2016年以前の決議にはあった、2000年NPT再検討会議で合意された「核兵器国は、保有核兵器の完全廃棄を達成するとした明確な約束」の文言が、17年に「核兵器国はNPTを完全に履行するという明確な約束」という文言に差し替えられた、③以前の決議にあった「いかなる核兵器の使用による人道上の結末にも深い懸念を表する」という文言から「いかなる」が消えた、という3点では2017年と変わらなかった。

※ データシート1（98ページ）。TPNW署名・批准状況のURLは以下。http://disarmament.un.org/treaties/t/tpnw（アクセス日：2019年12月1日）

その影響もあり、前年に続いて、オーストリア、キューバ、ブラジル、アイルランド、ニュージーランド、南アフリカなど多くのTPNW署名国が投票に棄権した。TPNW批准国※でありNPDI※の一員であるメキシコも、17年は日本決議に賛

※ 不拡散・軍縮イニシャチブ。2010年に日豪両政府の主導で設立された。日本、豪州、ドイツ、オランダ、ポーランド、カナダ、メキシコ、チリ、トルコ、アラブ首長国連邦、ナイジェリア、フィリピンの計12か国が参加。

成したが、18年はいくつかの文節が過去のNPT合意につき従前とは異なる解釈をしている等の理由で棄権した[※]。核軍縮に熱心な新アジェンダ連合(以下、NAC)諸国[※]は、すべて日本決議に棄権するに至った。

　他方、前年の批判を受けてか、決議は核兵器国へ核軍縮を求める姿勢が若干強まり、主文2節に、核軍縮を規定する「NPT第6条[※]を含む」という文言を追記した。この点を巡り日米間に意見対立があったようである。報道によれば、米国は「NPTは核不拡散の条約だ。なぜ核軍縮に焦点を当てるのか」[※]、「時代遅れの言葉に固執してはならない」[※]と主張した。これに対し、日本はNPT第6条に基づく核軍縮を否定することと判断し、米国との妥協はしなかったと推測される。

　18年日本決議への核兵器国の反応は、米仏が棄権、中ロが反対で、賛成は英国だけであった。その英国も、17年は共同提案国になっていたが、18年は共同提案国から外れた。

　朝鮮民主主義人民共和国(以下、DPRK)に関わっては、決議は前文で18年4、5、9月の南北首脳会談と6月の米朝会談を歓迎した。しかし、17年日本決議の採択以降、DPRKが一度も核・弾道ミサイル実験を行わず、かつ今後も行わないことを表明しているのに、DPRKの核ミサイル実験や技術開発を「もっとも強い言葉で非難する」(主文28節)と前年と同じ主張を繰り返した。

　従来、日本政府はNPT再検討過程の到達点を基本にして「核兵器のない世界」を目指してきたはずだったが、2017年以後、NPT合意を歪曲するような決議文を出し続けている。これでは、戦争被爆国として、ヒバクシャの思いを汲んだ核兵器廃絶への道をリードすることはできないであろう。

## 重要さを増す新アジェンダ連合(NAC)決議

　NAC諸国の主導する決議「核兵器のない世界へ:核軍縮に関する誓約の履行を加速する」は、賛成139、反対32、棄権17で採択された[※]。日・韓・豪・カナダは棄権した。

　98年以来、NACは核軍縮の誓約履行を加速させることを

※ メキシコの棄権理由は以下。http://reachingcriticalwill.org/images/documents/Disarmament-fora/1com/1com18/eov/L54_Mexico.pdf (アクセス日:2019年12月1日)

※ ブラジル、アイルランド、ニュージーランド、メキシコ、エジプト、南アフリカ。

※ 基礎資料1-1 (174ページ)。

※「共同通信」、18年11月8日。

※「朝日新聞」、18年12月7日。

※ 新資料2C-6 (297ページ)に抜粋訳。

旨とした決議を毎年、国連総会に提出してきた。15年以降、NAC決議は「核軍縮のための法的拘束力のある効果的措置を特定し、具体化し、交渉する努力を支持する」との文言を取り入れた。TPNW成立後の17年決議は「核軍縮のためのさらなる法的拘束力のある効果的措置を特定し、具体化し、交渉し、履行する努力を支持する」と述べ、「この文脈においてTPNWの採択を歓迎する」とした。18年決議も主文24節が同じ文言を掲げている。つまり、NACは、TPNWは必要な法的文書の一つであって、核兵器のない世界の達成と維持にはさらに多くの法的文書を多国間交渉で獲得せねばならないという長期的視野に立っている。

そして18年NAC決議の主文には次の2節が新たに加わった。

「核軍縮への誓約をないがしろにし、核兵器使用のリスクと新たな軍備競争の可能性を高める、核兵器計画の近代化に関する核兵器国の最近の政策表明に懸念をもって留意する。」（10節）

「すべてのNPT締約国に対して、NPT条約及びその再検討プロセスの健全さを確保するために、第6条下の義務の履行を切迫感をもって前進させることを要請する。」（19節）

これらは、最近の米ロに見られる際立った核兵器依存への回帰とNPT上の義務を無視した言動への警告である。

### 新「核兵器禁止条約」決議の登場と消えた重要決議

TPNWリード国※などを共同提案国とする決議「核兵器禁止条約」が初めて登場し、賛成126、反対41、棄権16で採択された※。主文が全7節の簡素な新決議は、文字どおりTPNWの発効を促すものであり、主文4節で「TPNWに署名、批准、受諾あるいは承認していないすべての国ができる限り早期にそうすること」を要求している。TPNWの採択に賛成したスイスとスウェーデンは、この決議には棄権した。スイスは投票理由説明※で、NPTなど既存の法的文

※ 核兵器禁止条約交渉の開始を求める決議を提案したオーストリア、ブラジル、アイルランド、メキシコ、南アフリカ、ナイジェリアの6か国。

※ 新資料2C-5（296ページ）に全訳。

※ http://reachingcriticalwill.org/images/documents/Disarmament-fora/1com/1com18/eov/L24_Switzerland.pdf（アクセス日2019年12月1日）

書への影響を含め、条約のいくつかの条項に疑問があるためとしている。日・韓・豪とNATO加盟国の多くは反対した。

　この決議の登場と引き換えに「多国間核軍縮交渉を前進させる」決議が姿を消した。TPNWを交渉する国連会議を勝ち取った同決議は、条約採択後の17年、「TPNW成立後も多国間核軍縮交渉を進めることが必要」と述べていたことを考えても、多国間核軍縮交渉の必要性は変わっていない。前述したNAC決議の主文24節がこの内容を掲げ続けている。

## マレーシア決議と「ハイレベル会合」決議

　マレーシアなどを共同提案国とする「核兵器の威嚇または使用の合法性に関する国際司法裁判所の勧告的意見のフォローアップ」(マレーシア決議)は、賛成138、反対32、棄権17で採択された。前年同様、07年にコスタリカとマレーシアが国連事務総長に提出したモデル核兵器禁止条約(NWC)を想起しつつも(前文16節)、TPNWの採択を歓迎した(同17節)。主文2節が、16年までの「NWCの早期締結に導く多国間交渉の開始によって(ICJ勧告の)義務の履行を要請する」という記述から、TPNWの採択を受けて2017年、「TPNWの下におけるものを含め、厳格で効果的な国際管理の下でのあらゆる側面における核軍縮に導く多国間交渉への取り組みを要請する」に変わった。この変更は2018年も維持された。

　また、非同盟運動(NAM)による決議「核軍縮に関する2013年国連総会ハイレベル会合のフォローアップ」は、賛成143、反対27、棄権14で採択された。決議が提案してきた国連ハイレベル会合を記念して定められた9月26日の核兵器廃絶国際デーを充実させるため、国連や各国での記念行事や市民の意識啓発を要請している。

　これらの決議はいずれもTPNW成立以後の核兵器廃絶の道筋を模索する段階にあると言えるであろう。

# T2.トランプ政権の核兵器及び軍事政策

　米トランプ政権は、2017年1月に誕生してすぐ、大統領覚書により「力による平和」を前面に打ち出し、2018年に入ると、その考えに沿った国家防衛戦略（以下、NDS）、核態勢見直し（以下、NPR）を相次いで発表した。

### 国防の優先課題は中ロとの戦略的競争

※ https://dod.defense.gov/Portals/1/Documents/pubs/2018-National-Defense-Strategy-Summary.pdf（アクセス日：2019年12月1日）新資料2B-1（259ページ）に抜粋訳。

　まず18年1月19日、米国防総省は、新たなNDS※を発表した。NDSは、まえがきで、「国防総省の変わらぬ任務は、戦争を抑止し、国家の安全を保障するに必要な信頼できる戦闘能力を備えた軍事力を提供することである」とした。米国は、過去16年あまり、イスラム過激派を中心としたテロリズムとの戦いを国防戦略の優先課題としてきた。これに対し新戦略は、中国やロシアにより米軍の優位性が脅かされており、「現在、米国の国家安全保障における主要な懸念は、テロリズムではなく、国家間の戦略的競争である」とした。いわば中ロを主敵とする冷戦思考に回帰している。

　戦略的環境の現状として、NDSはまず、中国が南シナ海における軍事的機能を強化しながら、近隣国を脅かす収奪的経済を進めているという認識を示し、中国は、「インド太平洋地域の覇権を目指し、また将来は地球規模での優位を確立し米国に取って代わること」をめざしていると強く警戒している。一方、ロシアについては、NATO（北大西洋条約機構）を害し、欧州と中東の安全保障及び経済の構図を自国に有利になるよう変えていこうとしていると述べている。

　NDSの発表を受け、中国国防省は、米国が中国の軍事的脅威を強調することは非現実的な主張で、冷戦思考の考え方であると強く批判した。南シナ海の島々とサンゴ礁に防衛施設を配備することは、中国の主権的権利の範囲内であると述べ、中国は、軍事的拡張や影響力の拡大を求めてはいないと反論した[※]。ロシアのラブロフ外相は国連での通訳を介した会見で、米NDSについて「国際法の根拠に基づかず、米国がこのような対立的な戦略を通じて指導力を証明しようとしていることは残念だ」とし、「我々は軍事方針について話し合う準備がある」と述べた[※]。

　このようにNDSで米国が、大国間の戦略的競争相手として一方的に中国・ロシアを名指ししたことに対し、中国・ロシアは強く反発しつつも共に対話と協調を求めている。

## 核の役割を高める核態勢見直し（NPR）

　NDS公表から間もない2月2日、トランプ政権のNPRが公表された[※]。トランプNPRは、オバマNPR[※]と同様に核兵器の役割として「自国と同盟国、パートナー国の死活的な利益を守るという極限的な状況においてのみ核兵器の使用を検討する」としつつも、オバマ政権と違って「極限的な状況には、非核の重大な戦略的攻撃が含まれる」としている。つまり核兵器使用の対象を、「通常兵器による市民やインフラ、核戦力への攻撃」などまで広げている。これは、「非核攻撃の抑止における核兵器の役割を縮小してゆく」と核兵器の役割低減をめざしたオバマNPRを根本的に転換し、安全保障における核兵器の役割を拡大するものである。

　その背景としてあげているのが、核兵器の近代化を進め、新たな核能力を開発し、核戦力の重要性を増大させるロシアや中国、さらには新たに核保有国に加わろうとする北朝鮮、反米感情が強く核兵器保有をめざしていると米国が警戒するイランを含め、米国に対する核戦力上の脅威の高まりがあるという認識である。特に量質ともに多くの非戦略核を保有するだけではなく、中距離核戦力（INF）全廃

※『新華社通信』2018年1月21日。

※『ロイター』2018年1月19日。

※ https://media.defense.gov/2018/Feb/02/2001872886/-1/-1/1/2018-NUCLEAR-POSTURE-REVIEW-FINAL-REPORT.PDF（アクセス日：2019年12月1日）新資料2B-2に「要約」部分の全訳。

※ 基礎資料1-11（213ページ）。

条約に違反して中距離巡航ミサイルの開発・実験を続けていると米国が考えているロシアが、限定的な核の先行使用に傾く可能性があると米国は強く警戒している。

　トランプNPRは、このような新たな戦略的環境への対応として、抑止の安定性を維持するために、米核戦力の柔軟性と迅速対応能力を強化するべく、低威力オプションをも含めた新たな核兵器の開発や既存兵器の改造が必要であるとし、以下のような措置を取ろうとしている。

・戦略爆撃機B52Hのみに搭載されてきている空中発射長距離スタンドオフ巡航ミサイルを次世代のステルス爆撃機B-21レーダーに搭載する。これが実現した場合、B-21のステルス性、およびミサイルに核・非核の両方があることから、先制攻撃兵器とみなされる危険性がある。

・核搭載爆撃機および核・非核両用戦術航空機（DCA）を世界中に前方配備する能力を維持し、必要に応じて強化する。そしてDCAを核爆弾搭載可能なF-35 戦闘機に切り替える。

・短期的には、「敵対国の防衛網を突破することができる迅速対応を保証するため」、既存の潜水艦発射弾道ミサイル（SLBM）弾頭であるW76-1弾頭を低威力爆弾に改修する。これが具体化した場合、戦略原潜から発射されるミサイルが、低威力なのか戦略核なのか区別できないため、誤った反応をひきだす危険性がある。

・長期的には海洋発射核巡航ミサイル（SLCM）を開発する。1980年代半ば以降、米国は核トマホークというSLCMを保有していた。しかし2010年のオバマNPRは、核巡航ミサイル（SLCM）を退役させるとし、既に解体が終了している。トランプNPRは、それらの能力を復活させる努力を即時開始するとしている。

　トランプNPRは、弾頭の低威力化や新たな核巡航ミサイルの開発が、ロシアの非戦略核の削減につながるという見通しを示している。しかし、実際には、逆にロシアの警戒を強め、非戦略核への依存を強化する結果にしかならないであろう。

# T3. 米国が宇宙軍の創設へ

### 宇宙軍と宇宙統合戦闘群

　トランプ米大統領は2018年12月18日、11番目の統合戦闘軍として「スペース・コマンド」(Space Command)」を新たに創設するよう国防総省に指示した[※]。米軍には10の統合戦闘軍が存在し、その中には太平洋軍(Pacific Command)などの地域軍と、特殊作戦軍(Special Operations Command)や戦略軍(Strategic Command)といった機能別軍がある。「スペース・コマンド」は11番目の新たな機能別軍として、統合戦闘軍に加えられる。

　トランプ大統領はもともと、6月18日の国家宇宙評議会における演説で、「スペース・フォース(space force)」を6番目の軍の部門として創設するよう指示していた[※]。現在、米国には陸軍、海軍、空軍、海兵隊、沿岸警備隊の5つの「軍サービス」が存在する。陸、海、空軍は、それぞれ国防総省内の陸軍省、海軍省、空軍省が管轄するが、海兵隊は海軍省に属し、沿岸警備隊は国防総省の外にある国土安全保障省に属するという風に、組織的位置づけは複雑である。トランプ大統領が推進する「スペース・フォース」がどのように位置づけられるか不明である現状において、本書では「スペース・フォース」を「宇宙軍」と訳すことにする。それと区別するために「スペース・コマンド」を「宇宙統合戦闘軍」と訳し分ける。

　トランプ大統領は2020年までに宇宙軍の創設を目指しているが、議会の承認が必要である。国防総省は既存の国防総省権限で可能な範囲において、以下の4つの宇宙軍の

※ ホワイトハウスHP https://www.whitehouse.gov/briefings-statements/text-memorandum-president-secretary-defense-regarding-establishment-united-states-space-command/（アクセス日：2019年12月1日）

※ ホワイトハウスHP https://www.whitehouse.gov/briefings-statements/remarks-president-trump-meeting-national-space-council-signing-space-policy-directive-3/（アクセス日：2019年12月1日）

構成要素の設立に着手した。

① 宇宙開発庁(Space Development Agency)：宇宙能力の開発と配備を担い、現状を打破するような技術革新を目指す。より低コストの商業的宇宙技術も利用し、効率的でスピード感のある開発機構を目指す。

② 宇宙作戦指導部隊(Space Operations Force)：宇宙での作戦を指揮するリーダーや専門家である統合宇宙戦闘遂行者を育成する。特殊作戦部隊をモデルに、宇宙作戦指導部隊には全ての軍サービスから人員が供給され、新たな一つのコミュニティとして育成・管理される。統合宇宙戦闘遂行者は戦闘軍や宇宙開発庁に派遣されて専門知識を提供し、危機に際しては専門知識を一気に集中させる。

③ 役務と支援(Services and Support)：宇宙軍省の統治、役務、支援機能を創設する。役務と支援の対象分野には戦争遂行、調達、人事に加え、法務、財務、兵站、医療などの機能が含まれる。

④ 米国宇宙統合戦闘軍(U.S. Space Command)：宇宙における戦争への準備態勢を維持し、戦争を抑止し、戦争が起きた際には相手を打ち負かす武力行使を実行する。

## 懸念される宇宙空間での軍拡競争

　米国における宇宙軍創設への議論は古い。ブッシュ(子)政権のラムズフェルド国防長官時代に「宇宙のパールハーバーに備えよ」という声高な議論があった。米軍が情報収集、通信、ミサイルの誘導や探知、無人機の操縦などを行うためには、衛星などの宇宙インフラが不可欠だ。宇宙インフラが攻撃されれば弱点ともなるため、トランプ大統領が再びこの問題に火をつけた。

　米国は、中国やロシアも宇宙空間の軍事利用を進めていることを強調し警戒している。中国は07年に衛星をミサイルで破壊する実験に成功したほか、15年にサイバー空間や衛星防衛を担う戦略支援部隊を人民解放軍に新設した。ロシアも15年に空軍を再編して航空宇宙軍を創設して

いる。2018年8月9日、ペンス米副大統領は国防総省での演説※で宇宙軍を2020年までに創設すると発表するとともに、中国やロシアの脅威に言及した。同日に米国防総省が議会へ提出した報告書「国防総省の国家安全保障宇宙コンポーネントのための組織および管理構造に関する最終報告」※も、米国の潜在的敵国が危機に際して米国の宇宙利用を拒絶する方法を活発に開発していることを脅威として挙げている。特にロシアと中国については、「両国は、米軍の有効性を減じるための手段として、様々な対衛星兵器（ASAT）の開発を追求し続けるだろう」という国家情報長官による評価を紹介し、その他の潜在的敵国によるジャミング（電波妨害）、ダズリング（目くらまし）、サイバー攻撃などに対しても警戒を示した。

　しかし、米国は口にしないが、中露は2008年に「宇宙空間における兵器配置防止等条約案」（CD/1839）※を提案し、2014年には改訂版（CD/1985）※を作成し、国連総会において条約交渉を呼びかけている。米中露も参加している、1967年に発効した宇宙条約は、宇宙空間の平和利用を定め、地球周回軌道上への核兵器や大量破壊兵器の配備を禁じているが、通常兵器やASATの配備は禁止していない。中露の提案は宇宙空間への通常兵器の配備も禁止するものであるが、米国は条約交渉に反対し続けている。

　宇宙の軍事利用の無制限な拡大を防ぐとともに、人類の共有財産としての宇宙の利用を安定的で持続可能なものとするためには、宇宙利用に関する新しいルールを作る国際的努力が求められる。

※ 米国防総省HP https://dod.defense.gov/News/Article/Article/1598071/space-force-to-become-sixth-branch-of-armed-forces/（アクセス日：2019年12月1日）

※新資料2B-3（274ページ）
米国防総省HP
https://media.defense.gov/2018/Aug/09/2001952764/-1/-1/1/ORGANIZATIONAL-MANAGEMENTSTRUCTURE-DOD-NATIONALSECURITY-SPACE-COMPONENTS.PDF（アクセス日：2019年12月1日）。ピースデポ刊『核兵器・核実験モニター』554号に抜粋訳

※ https://documents-dds-ny.un.org/doc/UNDOC/GEN/G08/604/02/pdf/G0860402.pdf?OpenElement（アクセス日：2019年12月1日）

※ https://documents-dds-ny.un.org/doc/UNDOC/GEN/G14/050/66/pdf/G1405066.pdf?OpenElement（アクセス日：2019年12月1日）

# T4. 米国のINF全廃条約離脱／米露新STARTの削減目標達成

※ 基礎資料1-3（181 ページ）に抜粋訳。

※ ホワイトハウスHP（2018年 10月20日）。https://www.whitehouse.gov/briefings-statements/remarks-president-trump-air-force-one-departure-4/

※ マイケル・R・ポンペオ国務長官「NATO本部でのプレスリリース」2018年12月4日。https://www.state.gov/press-availability-at-nato-headquarters/（アクセス日：2019年12月1日）

※ ロシア名はノバートル9M729。

※ 『タス通信』2018年10月21日。

※ 「準中距離」と訳す場合が多いが、米国防総省の定義する「準中距離」（射程1100〜2700ｋ m）とは異なるため、ここでは「比較短距離」とする。

2018年10月20日、米トランプ大統領は、中距離核戦力（以下、INF）全廃条約※から離脱する意向を表明した※。ついで12月4日、ポンペオ国務長官がNATO本部（ベルギー）において記者会見し、ロシアが「60日以内」にINF条約を順守する姿勢を示さなければ、米国は、INF全廃条約の義務の履行を停止すると通告した※。ポンペオ長官は、ロシアは、2005年頃からINF条約に違反するSSC-8(NATO名)※なる地上発射型巡航ミサイルの発射実験を繰り返し、2017年から配備を始めたと主張した。同ミサイルは、500kmを超える射程を有し、同盟国に脅威を与えていることを条約からの離脱の理由にあげた。これに対してロシア外務省スポークスマンのマリア・ザハロワは、9M729（SSC-8のロシア名）の射程が条約で定められた制限を超えているという米国の非難は証明されていないと反論した※。

　INF全廃条約は、1987年12月8日、レーガン米大統領とゴルバチョフ・ソ連共産党書記長との間で署名された中距離（射程1000 〜 5500km）、及び比較短距離※（射程500 〜 1000km）の地上発射型の弾道ミサイル、巡航ミサイル（その発射基、これに関連する支援構造物、支援装置を含む）を全廃するという条約である。核兵器に限らず、通常弾頭を載せる目的のものも含め、すべての中距離ミサイルを禁止している。ただし、地上発射型以外の空中発射や海洋発射型ミサイルは禁止されていない。

　条約は、前文で「核戦争が全ての人類に壊滅的な結果をもたらすこと」の認識と、核不拡散条約（NPT）第６条の核軍

縮義務を明記しており、核軍縮を主要な目的としている。INF全廃条約をきっかけに、START Ⅰ、Ⅱといった核軍縮条約が結ばれ、核兵器の劇的な削減を実現し、INF全廃条約は、米ソ（露）の核軍縮のみならず、冷戦が終結へと向かう転換点となった。

　2018年に米国が一方的な離脱を表明したことで、INF条約は2019年に失効することが現実味を帯びてきた。仮にINF全廃条約が失効した時、米ロ間の核軍備管理機構は新START※だけとなる。

　新STARTは、オバマ政権初期の2010年4月8日、米ロ間で署名された新しい戦略兵器削減条約である。条約は、発効から7年後までに、戦略兵器の核弾頭1550発、配備運搬手段700基、配備および非配備運搬手段800基をそれぞれ上限とすることを両国に課し、現地査察などにより核戦力を相互に検証することを盛り込んでいる。発効から丸7年が経過した18年2月5日、米ロ両国は、新STARTの履行状況に関する声明を出し※、両国はともに条約の目標を達成していることを確認しあった。

　しかし、新STARTは、放置すれば発効から10年後にあたる2021年2月で失効する。その時、両国の核戦力の透明性を高めるうえで、重要な意義を有していた相互の検証措置がなくなることになる。この事態は何としても避けねばならない。条約第14条は両国政府の協議によって条約を5年間延長できると定めている。今後、米ロが新STARTの延長、さらには後継条約の交渉を開始することが焦点となる。

※ 条文は以下。
https://2009-2017.state.gov/documents/organization/140035.pdf（アクセス日：2019年12月1日）

※ 米国務省報道発表(2018年2月5日)。https://www.state.gov/key-facts-about-new-start-treaty-implementation/（アクセス日：2019年12月1日）
ロシア外務省声明(2018年2月5日)。https://www.mid.ru/foreign_policy/news//asset_publisher/cKNonkJE02Bw/content/id/3054864（アクセス日：2019年12月1日）

# T5. イラン核合意、米国の離脱に国際社会は反発

### 米、離脱とともに１２項目要求

※ 新資料2B-4 (279ページ)

2018年5月8日、トランプ米大統領はイラン核合意（共同包括的行動計画＝JCPOA）からの米国の離脱を表明し※、対イラン制裁を復活させる大統領令に署名した。トランプ大統領は大統領選挙中からオバマ政権の遺産であるJCPOAを「最悪の合意」と繰り返し批判し、合意離脱を公約としてきた。同日、イランのロウハニ大統領は米国抜きでも合意にとどまると表明し、英独仏首脳も合意にとどまるとする共同声明を発表した※。

※ 英国政府HP：https://www.gov.uk/government/news/joint-statement-from-prime-minister-may-chancellor-merkel-and-president-macron-following-president-trumps-statement-on-iran（アクセス日：2019年12月1日）

JCPOAはイランとE3/EU+3（英・仏・独・EU・米・中・露）の間で15年7月に成立した合意である。2002年に発覚したイラン核開発疑惑の解決に向けた当事国の行動計画が記されており、イランが核関連活動を大幅に縮小するのと引き換えに、E3/EU+3が核問題に関連する対イラン制裁を解除することが約束されている。2016年1月にはIAEAがイランの合意履行を確認し、国連、EU、米国は合意に基づき、対イラン制裁の解除に着手した。

だがトランプ大統領や、イランを敵視するイスラエル、サウジアラビアなどは、JCPOAの欠点として、イランの核開発制限に期限があることや、イランの弾道ミサイル開発規制が含まれていないこと、イランによる周辺地域秩序への介入が防げないことを問題視してきた。米国の離脱表明後の2018年5月21日、ポンペオ米国務長官はイランに対する12項目の要求を提示し、見返りとして経済制裁の解除や国交回復に向けた用意があると強調した※。12項目には

※ 新資料2B-5 (281ページ)

イランの国家主権や地域戦略、安全保障の根幹に関わる要求が含まれており、イラン側は猛反発した。

## イランの核問題と「イラン問題」

米国は1979年のイラン革命を経て反米国家に転じたイランを、中東の地域秩序を破壊する「テロ支援国家」であり、大量破壊兵器を開発し国民の人権を侵害する「ならず者国家」であると批判してきた。イランは長年、イスラエルへの抵抗運動を続けるレバノンのヒズボラやパレスチナのハマスを支援してきた。シリア内線が勃発すると、イランはヒズボラ支援の架け橋となってきたアサド政権を守るため、シリアに軍事顧問や兵員を送り込んだ。イスラーム国の掃討作戦ではイランがイラクにも司令官を派遣してシーア派民兵を指揮するなど、影響力を行使した。さらにイエメン内戦ではイランが支援する反政府組織フーシが、サウジアラビアが支援する政府軍と戦闘を繰り広げ、サウジアラビアへもミサイル攻撃を行っている。

ポンペオ国務長官が要求した12項目には、米国が指摘する以上のようなイランの「問題行動」が集約されている。トランプ政権にとってイランの核開発疑惑は、数々の「イラン問題」のひとつにすぎない。JCPOAは、「イラン問題」から核開発問題を切り離して優先的解決を目指したものであり、だからこそイランも合意することができた。トランプ政権の合意離脱は、核開発問題とイラン問題を切り離すことを拒否し、米国が問題視するイランの行動すべてを力ずくで変えさせようとしたものである。

## 対イラン制裁の再開と欧州諸国の反発

米国による対イラン制裁の再開は最初の猶予期間を経た18年8月7日に第1弾が適用され、イランとの自動車部品、鉄鋼原料や貴金属の取引、イランへの民間航空機と部品の輸出、米国へのイラン製絨緞やピスタチオの輸出などが禁止された。11月5日には第2弾として、イランとの原油取引、イ

ランへの原油・天然ガス関連投資、イランの港湾・海運業者との取引、イランの中央銀行や金融機関との取引などを対象とする制裁が再開された。米国は各国にイラン産原油の輸入停止を求めているほか、イランとの取引を続ける外国企業や個人に対しても、米国との金融取引や米政府からの契約受注などを禁止する「二次的制裁」が科される※。なお、日本を含む8か国・地域については例外措置として、イラン産原油の輸入に関わる制裁の適用が11月5日以降も180日間免除された。

イスラエルやサウジアラビアなどを除き、主要国のほとんどはトランプ政権の一方的なJCPOA離脱を批判し、合意の維持を求めている。米国の制裁再開に先立つ11月2日、EUと英仏独の外相・財務省は米国の合意離脱と制裁再開を「大変遺憾」であるとする共同声明を発表した※。声明は、JCPOAは世界の核不拡散体制の鍵となる枠組みであるとし、欧州諸国も合意の維持に向けた方策を模索するとした。

JCPOA成立に大きな役割を果たした英仏独とEUは、米国が離脱を表明した当初から毅然とした反対姿勢を示し、合意維持を呼びかけてきた。そしてEUは米国による「二次的制裁」への対抗手段として、イランとの取引を行う欧州企業が米国の制裁に従うことを禁じる「ブロッキング規則」を設け、8月7日に発効した。続いて欧州委員会は8月23日、イランに向け1800万ユーロの支援を実施すると発表した。これは制裁の影響を受けたイランの民間分野を支援するための総額5000万ユーロの支援策の第1弾である。さらに9月24日、EUはイランとの貿易決済など金融取引を可能とするため、特別目的事業体の設立を発表した。

欧州がイランを支援する背景には、JCPOA成立後にイランへ進出した欧州企業を救う目的のほか、米中ロも加えたイランとの多国間交渉を主導し、JCPOA成立に深く関与してきたという強い自負がある。イランのJCPOA履行を検証するIAEAは年4回の報告において、イランの合意順守を確認してきた※。米国による合意からの一方的な離脱は、多国間合意を基にした国際秩序を破壊する行為である。

4：米財務省HP：https://www.treasury.gov/resource-center/sanctions/Programs/Pages/052018_iran_guidance_archive.aspx（アクセス日：2019年12月1日）

※ 新資料2B-6（282ページ）

※ IAEAによるイランのJCPOA履行検証報告は、IAEAウェブサイトから全て閲覧できる。https://www.iaea.org/newscenter/focus/iran/iaea-and-iran-iaea-reports（アクセス日：2019年12月1日）

## 苦境に陥るイラン経済と中東核ドミノの懸念

イランはこうした国際世論を頼りにJCPOA堅持を掲げ、トランプ政権の交代による局面変化まで持久線の構えとみられる。だが制裁の再開により、イランの経済や国民生活はすでに深刻な影響を受けている。米国の制裁に対してEUなどが講じた対策も効果は限定的であり、欧州企業のイランからの撤退が相次いでいる。制裁第1弾の再開後、イランではインフレ率が上昇し続け、通貨リアルの実勢レートは2018年1月から11月までに3分の1以下に下落した。

15年にJCPOAに合意したロウハニ政権は、外国からの投資を呼び込んで経済成長を目指す対外融和路線を掲げてきた。だがその思惑は米国の制裁再開で崩れ、イランでは経済的苦境で高まる国民の不満を背景に、反米を掲げる保守強硬派が政権批判を強めている。保守強硬派は合意破棄を訴え、イラン最高指導者のハメネイ師も、JCPOAが国益のためにならなければ破棄もあり得ると繰り返し警告している。

JCPOAの崩壊は、中東に「核ドミノ」を招く恐れがある。サウジアラビアのムハンマド皇太子は2018年3月、「イランが核爆弾を開発すれば、我々もできるだけ早く同じようにする」と発言している※。国際合意や多国間の枠組みに背を向けるトランプ政権の行動は、ルールに基づく国際秩序や核不拡散の体制を危険にさらしている。

※『BBC News Japan』(18年3月16日) https://www.bbc.com/japanese/43425960 (アクセス日：2019年12月25日)

# T6.プーチン露大統領、新型戦略兵器の開発を誇示

※ プーチン大統領の年次教書演説(18年3月1日)。http://en.kremlin.ru/events/president/transcripts/56957
新資料2B-7(283ページ)に抜粋訳。

2018年3月1日、プーチン大統領は、モスクワで包括的な施政方針を述べる年次教書演説※を行った。約2時間にのぼる演説のほぼ3分の1の時間をさいてロシアの強力な新型兵器をアピールした。大きなスクリーンに映し出された動画を背景に、世界中が射程に入るとする巡航ミサイルなど新型戦略兵器を公表し、米国による世界規模の弾道ミサイル防衛(以下、BMD)網をかいくぐって攻撃できる体制を確保していることを誇示した。

プーチン大統領は、2001年の米国の対弾道ミサイル制限条約(以下、ABM条約)からの一方的な撤退と、米国による世界規模のミサイル防衛システムの実戦配備を批判しつつ、それ以後の歴史を振り返った。2001年12月13日、ブッシュ米大統領は、「ABM条約は、テロリストやならず者国家のミサイル攻撃から守るための方法を開発しようとするわが政府の能力を妨げるものである」※と主張し、ABM条約から脱退する旨をロシアに一方的に通告した。ロシアは、この決定に強い懸念を表明したが、米国は、ロシアの反対を無視し、2002年6月13日に同条約から正式に脱退した。

※ ブッシュ声明。https://georgewbush-whitehouse.archives.gov/news/releases/2001/12/20011213-4.html(アクセス日:2019年12月1日)
ピースデポ刊『核兵器・核実験モニター』第154-5号(2002年1月15日)に全訳。

これにより、BMD配備を制限する仕組みが崩れることになった。プーチン大統領によれば、ロシア側は相互信頼を維持するために、ミサイル防衛の分野での協力を提案したが、それはすべて拒否された。そして、米国のABM条約からの撤退から15年間、ロシアは一貫して戦略的安定の範囲内で合意に達するため米国と交渉を続けたが、ロシアからの多

くの要請にもかかわらず、米国の弾道ミサイルの無制限な増加とBMDシステム設置の動きは続いた、と主張した。結果として、アラスカ州とカリフォルニア州に新たなBMD基地が設置され、西ヨーロッパでは東方拡大されたNATOの一員であるルーマニア、ポーランドで2つの新たなBMD基地が創設された。

　プーチン大統領は、米BMDに対抗するため、ロシアは次世代ミサイル開発を進めたとし、演説の中で次のような新兵器の数々を誇示して見せた。

　まず、開発中の新型の大陸間弾道ミサイル「サルマット」（ロシア名RS-28)※を示した。重量が200トンを超え、加速段階が短く、北極や南極を経由してターゲットを攻撃でき、BMDシステムによる迎撃はより難しいとしている。さらに、ターゲットに向かう際に弾道軌道を全く使用しない新型の戦略兵器の開発を始めたとする。その1つが最新のX-101空中発射ミサイルである。これは、原子力推進の核弾頭搭載可能な低空飛行ステルス・巡航ミサイルで、ほとんど無制限の射程と予期せぬ軌道をもつとともに、迎撃範囲を迂回する能力を備えており、すべての既存および将来のBMDシステムに対して無敵であるとする。

　また大量の核兵器を搭載できる原子力推進の無人潜水艇の開発を進め、最先端の魚雷の速度よりも数倍の速度で、相当な深度において大陸間の移動が可能な潜水艇を開発したとする。さらに、キンジャル（「短剣」の意）と呼ぶ高精度の極超音速空中発射ミサイルシステムを開発しており、実験は完了し、17年12月から試験運用を開始したという。発射航空機は、数分以内でミサイルを発射地点に運搬することができ、音速の10倍速い極超音速で飛行するミサイルは、飛行軌道のあらゆる段階で操縦可能であり、2000km以上の射程で核及び通常の弾頭を運搬し、将来のBMDシステムを無効にすることも可能であるとした。この他に、あらゆるMDシステムを突破しうる極超音速滑空弾「アバンガルド」の開発を進めていることも示した。

※ ニュークリア・ノートブック：「ロシアの核戦力2019」、原子科学者会報。

# T7. 専守防衛を超えた自衛艦の海外展開

※ データシート15 (139ページ)。

安保法制が施行されてから、自衛艦の長期にわたる海外展開が日常的になってきている。海上自衛隊の平時の演習における海外展開には、日米印共同訓練「マラバール」やリムパック環太平洋合同演習などもある※が、期間、広域性、関連する国数などから2018年から始まった「インド太平洋派遣訓練」(IPD)は最大級のものである。

2018年8月26日から10月30日まで66日間の長期および「いずも」型護衛艦の2番艦である護衛艦「かが」(呉)が中心となり、護衛艦「すずつき」(佐世保)、「いなづま」(呉)の3隻で「インド太平洋方面派遣訓練(IPD18)」が実施された※。防衛省は訓練の目的を、「インド太平洋地域の各国海軍等との共同訓練を実施し、部隊の戦術技量の向上を図るとともに、各国海軍との連携強化を図る」としている。

※ 海上自衛隊幕僚監部「平成30年度インド太平洋方面派遣訓練について」https://www.mod.go.jp/msdf/operation/cooperate/kaga-inazuma-suzutsuki/ (アクセス日:2019年12月1日)

2018年のこの訓練の主な特徴は以下のように整理できる。

1. 護衛艦「かが」が、8月31日、フィリピン西方海域において米空母「ロナルド・レーガン」、巡洋艦「アンティータム」及び駆逐艦「ミリウス」と日米共同訓練を実施した。海上自衛隊は本訓練を通じて、「海上自衛隊と米海軍のインターオペラビリティの更なる向上を図るとともに、地域の平和と安定に貢献する日米同盟の強靭性を示した」としている。これは、垂直離着陸ステルス戦闘機F35Bを搭載可能に改造し、空母としての能力を保有する予定である「いずも」型護衛艦が、米空母打撃団と共同演習を繰り返したことを

意味している。2018年10月のアーミテージ報告※が日米合同機動部隊の設立を提案したが、そのような将来像を睨んだ演習とも理解できる。この演習は、中国から見れば、自衛隊が米軍の一部として南シナ海の制海、制空権の確保に関与しているものとみえるはずである。

2. 様々なレベルでの2か国の共同訓練を断続的に実施している。フィリピン海軍C-90とパラワン島周辺海域において捜索・救難訓練（9月7日）、ジャカルタ沖でインドネシア海軍と親善訓練（9月22日）、コロンボ沖でスリランカ海軍と捜索・救難訓練（10月4日）、ベンガル湾周辺海域において立入検査隊訓練、対潜訓練、洋上給油訓練など多岐にわたる日印共同訓練（10月9日～14日）、シンガポール海軍と親善訓練（10月23日）を実施した。これらの訓練の過程で、自衛艦は、フィリピン、インドネシア、スリランカ、インド、シンガポールなど各国の港に寄港し、日本は「自由で開かれたインド太平洋」に向け軍事的な多国間協力に関与する意思を示している。

　ここで重要なことは、インド太平洋派遣訓練は、「平成31年度以降に係る防衛計画の大綱」が防衛力強化方針として明確に位置付けた「海外プレゼンスと外交を一体」として推進する考え方を、先取りして実行していることである。大綱は「防衛力が果たすべき役割」の第1項に「積極的な共同訓練・演習や海外における寄港等を通じて平素からプレゼンスを高め、我が国の意思と能力を示すとともに、こうした自衛隊の部隊による活動を含む戦略的なコミュニケーションを外交と一体となって推進する」※と述べている。

　古くから武力を背景に展開する外交戦略として砲艦外交がある。古くは、欧米列強が中国に対して砲艦を派遣して交渉を行ったり、ペリー提督が黒船を東京湾に浮かべて日本の開国を迫った。今日では、軍事能力のプレゼンスが威嚇だけではなく、プレゼンスを示す国家への依存の誘因を形成する砲艦外交の役割がある。米空母の常時の世界的

※「アーミテージ・ナイ報告書」2018年10月3日。https://csis-prod.s3.amazonaws.com/s3fs-public/publication/181011_MorethanEver.pdf?mqdj.CUqu88cv69VWESL7wlCl9e9GqCh（アクセス日：2019年12月1日）

※ 新資料2D-1（310ページ）。

※ 梅林宏道「アメリカ依存を脱しアジア地域安保へ—軍縮アジェンダの復権」、『世界』2019年10月号。

パトロールはその典型である。海自のインド太平洋派遣訓練は、平時に遠隔の地に艦船を派遣して軍事力のプレゼンスにより影響力を行使しようとしている。これは、まさに梅林が指摘してきたように※、砲艦外交の始まりと言える。砲艦外交は専守防衛と無縁であるどころか、それに反する軍事任務である。

　自衛艦の海外展開の背景には、米国からの軍事的分担を求める強い要請がある。2015年の新「日米防衛協力のための指針」では、平時からの日米協力として「海洋安全保障（マリタイム・セキュリティ）」をかかげ「情報収集・警戒監視・偵察（ISR）」及び訓練・演習を通じた海洋における日米両国のプレゼンスの維持及び強化等の様々な取組において協力する」としている。

# 2-2 新資料の紹介

2018年に出た新たな資料を「新資料」として4つの分野に分類した。以下に、それぞれの概略を紹介する。

## A 朝鮮半島情勢

第2部

2017年、米国にトランプ政権が誕生し、北朝鮮のミサイル・核開発により北東アジアの軍事的緊張は極度に高まったが、2018年は、前年の情勢を一変させる歴史的な対話が始まった。それを示す南北、米朝間の合意文書を新資料とした。

2018年4月27日、韓国の文在寅大統領と北朝鮮の金正恩朝鮮労働党委員長は、南北の軍事境界線上にある板門店で南北首脳会談を行い、「朝鮮半島の平和と繁栄、統一のための板門店宣言」(資料2A-1)を発表した。両首脳は、宣言で「朝鮮半島にこれ以上戦争がなく、新たな平和の時代が開かれたこと」を内外に宣明し、「冷戦の産物である長年の分断と対決を一日も早く終わらせ、民族的和解と平和繁栄の新たな時代を果敢に切り開き、南北関係をより積極的に改善し発展させなければならない」と宣言した。

18年6月12日、米国のドナルド・トランプ大統領と北朝鮮の金正恩朝鮮労働党委員長は、シンガポールで史上初の米朝首脳会談を開き、米朝共同声明(資料2A-2)を発表した。声明は、前文で米国は北朝鮮に対し安全の保証を与えること、一方で北朝鮮は、朝鮮半島の完全な非核化へ向け努力することなどにつき「完全、かつ迅速に実行することを約束」した。

さらに18年9月18日〜19日、南北両首脳は、平壌で第5回南北首脳会談を行い、19日に南北平壌宣言(資料2A-3)を発表した。宣言で両首脳は、非武装地帯(DMZ)をはじめ対峙地域での軍事的な敵対関係を終息させ、それを朝鮮半島の全域での戦争の危険性除去につなげていくこと、民族経済を均衡的に発展させる対策を講じること、離散家族問題の根本的解決に努めること、南北間の協力と交流を推進すること、朝鮮半島を核兵器と核の脅威がない平和の地にしていくことなどに合意した。

同日、韓国の宋永武国防部長官と北朝鮮の努光鉄人民武力相朝鮮人民軍大将は、南北平壌宣言の付属文書として「歴史的な板門店宣言

履行のための軍事分野合意書」(軍事分野合意書)**(資料2A-4)**に合意した。軍事分野合意書はDMZ周辺の緊張を解くべく、陸海空の全ての空間で相手方に対する一切の敵対行為を全面中止すること、DMZを平和地帯にするための実質的な対策を講じること、西海の北方限界線一帯を平和地域にするための軍事的対策を講じること、南北往来の活性化に必要な軍事的保障対策を講じること、相互の軍事的信頼構築のための多様な措置を講じることなどを含んでいる。

このように、南北が朝鮮半島の平和を実現するために関係改善に取り組む中で、第73回国連総会の一般討論演説が18年9月25日から約1週間行われた。韓国と北朝鮮代表の演説の朝鮮半島情勢に関する部分を抜粋した。まず、韓国の文在寅大統領は、9月26日の演説**(資料2A-5)**で、新しい情勢下での緊張緩和のための取り組みを強調した。「米国と大韓民国は、大規模な合同軍事演習を中止し、信頼を築いた」と述べるとともに、「(金委員長と)朝鮮半島を核兵器と核の脅威のない平和の地に変えることに合意した」と述べ、核兵器のみならず「核の脅威がない」ことの必要性を再確認した。

9月29日、DPRKの李容浩外相は、「米国は、朝鮮半島に平和体制が存在しないことに対する我われの懸念に応える代わりに、『非核化が第一』だと主張して、強制的な方法で米国の目的を達成するために制裁による圧力のレベルを上げ、「終戦宣言」に反対さえしている。」と緊張緩和への米国の努力がないことを正面から批判した**(資料2A-6)**。南北の代表は共通して非核化が安全の保証と切り離せないことを前提に訴えている。

朝鮮半島の平和・非核化問題が対話による解決へ大きく動き出す様相が見えてくる中、18年4月16日、ピースデポは、河野太郎外務大臣宛の要請書**(資料2A-7)**を提出した。また11月8日、「北東アジアに新しい平和な国際秩序を形成するために、千載一遇のチャンスとも言える機会を、国際社会は逸してはならない」との趣旨で、再び外務省を訪れ、河野外務大臣宛の要請書を提出した**(資料2A-8)**。同時にプロジェクト「北東アジア非核兵器地帯へ:朝鮮半島非核化合意の公正な履行に関する市民の監視活動」(略称:非核化合意履行・監視プロジェクト)をスタートさせ、11月14日、監視報告第1号を発行した(第1部、特別記事「」参照)。

## B　米露の核兵器および軍事政策

　2018年1月19日、米国防総省は、新たな国家防衛戦略（資料2B-1）を発表した。新戦略は、中国やロシアにより米軍の優位性が脅かされており、現在の国家安全保障における主要な懸念は国家間の戦略的競争であるとした。2月2日、米国防総省は新たな核態勢見直し（NPR）**(資料2B-2)**を公表した。「トランプNPR」と呼ばれる。詳しくはトピックスT2で解説した。

　18年6月18日、トランプ大統領は、国家宇宙評議会における演説で、宇宙軍を6番目の軍の部門として創設するよう指示した。これを受けて、18年8月9日、国防総省は議会への報告書「国防総省の国家安全保障宇宙コンポーネントのための組織および管理構造に関する最終報告」**(資料2B-3)**を発表した。トピックスT3に解説がある。

　一方、18年5月8日，トランプ大統領は、イラン核合意（共同包括的行動計画＝JCPOA）からの米国の離脱を表明する声明**(資料2B-4)**を発した。さらに5月21日、ポンペオ米国務長官はイランに対する12項目の要求を提示し、見返りとして経済制裁の解除や国交回復に向けた用意があると強調した**(資料2B-5)**。11月2日、EUと英独仏の外相・財務相は米国の合意離脱と制裁再開を「大変遺憾」であるとする共同声明**(資料2B-6)**を発表した。トピックスT5で解説した。

　米国の核・軍事政策に対し、プーチン大統領は、18年3月1日、年次教書演説**(資料2B-7)**において、ロシアの軍事、核政策をアピールし、世界中が射程に入るとする巡航ミサイルなど新型の核・ミサイル兵器を誇示した。トピックスT6に解説がある。

## C　国連及びNPT関連資料

　18年2月16日、グテーレス国連事務総長は、ジュネーブ軍縮会議で演説**(資料2C-1)**し、「軍縮に関する地球規模の枠組みが浸食されていく」流れを速やかに反転させなくてはならない、「核兵器のない世界という共通の目標へ一緒に進んでいかなくてはならない」と述べた。さらに18年5月24日、グテーレス事務総長は軍縮アジェンダ「私たちの共通の未来を守る」を発表した**(資料2C-2)**。これにより、現在の国際

情勢の下で国連がどのような方向性をもって軍縮をリードしようとしているのかを知ることができる。

18年6月28日、米英ロ3か国の外務大臣が、68年7月1日、核不拡散条約（NPT）が署名開放されてから50年となるのを機に、NPT成立50年に対する共同声明**(資料2C-3)**を発した。声明は、「NPTは、核軍縮を一層進めるのに不可欠な状況を創り出すために引き続き貢献する」とした上で、「我々は、NPTに定められているように、核兵器の全面的廃絶という究極的な目標への約束を持ち続けている」とした。NPT上の5核兵器国は、第73回国連総会においては、18年10月22日、核兵器禁止条約（TPNW）に関する共同声明**(資料2C-4)**を発した。P5は、声明で、TPNWは「NPTを否認し、危うくする」、「国際的な安全保障の文脈と地域的課題を無視し、国家間の信頼と透明性を向上させることは何もなしえない。たった一発の核兵器を廃棄することにもならない」とし、TPNWを支持しない強い意思を表明した。

トピックス1で解説したように、第73回国連総会においては、TPNWへの署名、批准を求める決議**(資料2C-5)**、新アジェンダ決議（資料2C-6）、いわゆる日本決議**(資料2C-7)**などが採択された。

岸田外務大臣（当時）が、2020年NPT再検討会議第1回準備委員会（2017年、ウイーン）での演説において提案した賢人会議は、3月29日に提言「効果的な核軍縮への橋渡し」**(資料2C-8)**を提出した。提言は、「分断された世界」による核軍縮の停滞を打破するために、NPT再検討プロセスの強化など「橋渡しの取り組み」の必要性を主張している。

# D　その他

18年12月18日、安倍政権は、新たな防衛大綱**(資料2D-1)**と大綱に則した装備などを定めた中期防を閣議決定した。宇宙・サイバー・電磁波などの新たな領域と従来からの陸海空能力を合わせた「多次元統合防衛力」なる新たな基本概念を提示した。また、政策上は専守防衛の継続を打ち出しながら、「いずも」型護衛艦の空母化やスタンド・オフ・ミサイル導入によって、装備上は専守防衛を突破し運用態勢にも疑問を残した。

広島・長崎市は2018平和宣言**(資料2D-2)**において、ともに日本政府が核兵器禁止条約に賛同するよう強く求めた。また長崎平和宣言は、

朝鮮半島の非核化と平和に向けた新しい動きが生まれつつあるなか
で、日本政府には、この絶好の機会を生かし、日本と朝鮮半島全体を非
核化する「北東アジア非核兵器地帯」の実現に向けた努力を求めた。

　18年6月23日に行われた沖縄県「慰霊の日」全戦没者追悼式におい
て、故翁長雄志沖縄県知事は、結果として知事として最後となる平和
宣言を発した**(資料2D-3)**。宣言は、辺野古新基地建設は、沖縄の基地
負担軽減に逆行しているばかりではなく、「アジアの緊張緩和の流れ
にも逆行している」と強調した。

　18年11月18日、長崎市で開催された第6回地球市民集会ナガサキは
「長崎アピール2018」**(資料2D-4)**を出し、「唯一の戦争被爆国として、
日本政府は、核兵器への依存を終了させ、核兵器禁止条約（TPNW）の
署名と北東アジア非核兵器地帯を促進する努力を行うよう」要請し
た。

# 第3部
## データシート

# 1. 各国の核兵器禁止条約採択時における
# 投票行動と条約への署名・批准状況

## 1) 採択時における投票行動と参加状況 (投票日：2017年7月7日)

### 賛成　122

アフガニスタン、アルジェリア、アンゴラ、アンティグア・バーブーダ、アルゼンチン、オーストリア、アゼルバイジャン、バハマ、バーレーン、バングラデシュ、ベリーズ、ベニン、ブータン、ボリビア、ボツワナ共和国、ブラジル、ブルネイ、ブルキナファソ、ブルンジ、カーボベルデ、カンボジア、チャド、チリ、コロンビア、コンゴ、コスタリカ、コートジボワール、キューバ、キプロス、コンゴ民主共和国、ジブチ、ドミニカ共和国、エクアドル、エジプト、エルサルバドル、赤道ギニア、エリトリア、エチオピア、フィジー、ガボン、ガンビア、ガーナ、グレナダ、グアテマラ、ギニアビサウ、ガイアナ、ハイチ、バチカン、ホンジュラス、インドネシア、イラン、イラク、アイルランド、ジャマイカ、ヨルダン、カザフスタン、ケニア、キリバス、クウェート、ラオス人民民主共和国、レバノン、レソト王国、リベリア、リヒテンシュタイン、マダガスカル、マラウイ、マレーシア、マルタ、マーシャル諸島、モーリタニア、モーリシャス、メキシコ、モンゴル、モロッコ、モザンビーク、ミャンマー、ナミビア、ネパール、ニュージーランド、ナイジェリア、オマーン、パラオ、パナマ、パプアニューギニア、パラグアイ、ペルー、フィリピン、カタール、モルドバ共和国、セントクリストファー・ネイビス、セントルシア、セントビンセント及びグレナディーン諸島、サモア、サンマリノ、サントメ・プリンシペ、サウジアラビア、セネガル、セーシェル、シエラレオネ、ソロモン諸島、南アフリカ、スリランカ、パレスチナ、スーダン、スリナム、スウェーデン、スイス、タイ、東ティモール、トーゴ、トンガ、トリニダード・トバゴ、チュニジア、ウガンダ、アラブ首長国連邦、タンザニア、ウルグアイ、バヌアツ、ベネズエラ、ベトナム、イエメン、ジンバブエ

### 反対　1　　オランダ

### 棄権　1　　シンガポール

### 欠席　71

アルバニア、アンドラ、アルメニア、オーストラリア、バルバトス、ベラルーシ、ベルギー、ボスニア・ヘルツェゴヴィナ、ブルガリア、カメルーン、カナダ、中央アフリカ、中国、コモロ連合、クロアチア、チェコ、朝鮮民主主義人民共和国、デンマーク、ドミニカ国、エストニア、フィンランド、フランス、ジョージア、ドイツ、ギリシャ、ギニア、ハンガリー、アイスランド、インド、イスラエル、イタリア、日本、キルギスタン、ラトビア、リビア、リトアニア、ルクセンブルク、モルディブ、マリ、ミクロネシア連邦、モナコ、モンテネグロ、ナウル、ニカラグア、ニジェール、ノルウェー、パキスタン、ポーランド、ポルトガル、大韓民国、ルーマニア、ロシア、ルワンダ、セルビア、スロバキア、スロベニア、ソマリア、南スーダン、スペイン、スワジランド、シリア、タジキスタン、マケドニア旧ユーゴスラビア、トルコ、トルクメニスタン、ツバル、ウクライナ、イギリス、アメリカ合衆国、ウズベキスタン、ザンビア

## 2）署名・批准状況

| 国名 | 署名日 | 批准日 | 国名 | 署名日 | 批准日 |
|---|---|---|---|---|---|
| アルジェリア | 2017年9月20日 | 未 | リビア | 2017年9月20日 | 未 |
| アンゴラ | 2018年9月27日 | 未 | リヒテンシュタイン | 2017年9月20日 | 未 |
| アンティグア・バーブーダ | 2018年9月26日 | 未 | マダガスカル | 2017年9月20日 | 未 |
| | | | マラウィ | 2017年9月20日 | 未 |
| オーストリア | 2017年9月20日 | 2018年5月8日 | マレーシア | 2017年9月20日 | 未 |
| バングラディシュ | 2017年9月20日 | 2019年9月26日 | モルディブ | 2019年9月26日 | 2019年9月26日 |
| ベニン | 2018年9月26日 | 未 | メキシコ | 2017年9月20日 | 2018年1月16日 |
| ボリビア | 2018年4月16日 | 2019年8月6日 | ミャンマー | 2018年9月26日 | 未 |
| ボツワナ共和国 | 2019年9月26日 | 未 | ナミビア | 2017年12月8日 | 未 |
| ブラジル | 2017年9月20日 | 未 | ネパール | 2017年9月20日 | 未 |
| ブルネイ | 2018年9月26日 | 未 | ニュージーランド | 2017年9月20日 | 2018年7月31日 |
| カンボジア | 2019年1月9日 | 未 | ニカラグア | 2017年9月20日 | 2018年7月19日 |
| カーボベルデ | 2017年9月20日 | 未 | ナイジェリア | 2017年9月20日 | 未 |
| 中央アフリカ | 2017年9月20日 | 未 | パラオ | 2017年9月20日 | 2018年5月3日 |
| チリ | 2017年9月20日 | 未 | パナマ | 2017年9月20日 | 2019年4月11日 |
| コロンビア | 2018年8月3日 | 未 | パラグアイ | 2017年9月20日 | 未 |
| コモロ | 2017年9月20日 | 未 | ペルー | 2017年9月20日 | 未 |
| コンゴ | 2017年9月20日 | 未 | フィリピン | 2017年9月20日 | 未 |
| クック諸島 | | 2018年9月4日* | セントクリストファー・ネイビス | 2019年9月26日 | 未 |
| コスタリカ | 2017年9月20日 | 2018年7月5日 | | | |
| コートジボアール | 2017年9月20日 | 未 | セントルシア | 2018年9月27日 | 2019年1月23日 |
| キューバ | 2017年9月20日 | 2018年1月30日 | セントビンセント及びグレナディーン諸島 | 2017年12月8日 | 2019年7月31日 |
| コンゴ民主共和国 | 2017年9月20日 | 未 | | | |
| ドミニカ国 | 2019年9月26日 | 未 | サモア | 2017年9月20日 | 2018年9月26日 |
| ドミニカ共和国 | 2017年9月20日 | 未 | サンマリノ | 2017年9月20日 | 2018年9月26日 |
| エクアドル | 2017年9月20日 | 2019年9月25日 | サントメプリンシペ | 2017年9月20日 | 未 |
| エルサルバドル | 2017年9月20日 | 2019年1月30日 | セーシェル | 2018年9月26日 | 未 |
| フィジー | 2017年9月20日 | 未 | 南アフリカ | 2017年9月20日 | 2019年2月25日 |
| ガンビア | 2017年9月20日 | 2018年9月26日 | パレスチナ | 2017年9月20日 | 2018年3月22日 |
| ガーナ | 2017年9月20日 | 未 | タイ | 2017年9月20日 | 2017年9月20日 |
| グアテマラ | 2017年9月20日 | 未 | 東チモール | 2018年9月26日 | 未 |
| ギニアビサウ | 2018年9月26日 | 未 | トーゴ | 2017年9月20日 | 未 |
| ガイアナ | 2017年9月20日 | 2017年9月20日 | トリニダード・トバゴ | 2019年9月26日 | 2019年9月26日 |
| バチカン | 2017年9月20日 | 2017年9月20日 | | | |
| ホンジュラス | 2017年9月20日 | 未 | ツバル | 2017年9月20日 | 未 |
| インドネシア | 2017年9月20日 | 未 | タンザニア | 2019年9月26日 | 未 |
| アイルランド | 2017年9月20日 | 未 | ウルグアイ | 2017年9月20日 | 2018年7月25日 |
| ジャマイカ | 2017年12月8日 | 未 | バヌアツ | 2017年9月20日 | 2018年9月26日 |
| カザフスタン | 2018年3月2日 | 2019年8月29日 | ベネズエラ | 2017年9月20日 | 2018年3月27日 |
| キリバス | 2017年9月20日 | 2019年9月26日 | ベトナム | 2017年9月22日 | 2018年5月17日 |
| ラオス人民共和国 | 2017年9月21日 | 2019年9月26日 | ザンビア | 2019年9月26日 | 未 |
| レソト王国 | 2019年9月26日 | 未 | | | |

*承認（Accession）

| 署名国数 | 批准国数 |
|---|---|
| 79 | 32 |

出典：国連軍縮局ウェブサイト
http://disarmament.un.org/treaties/t/tpnw

第3部

# 2.【図説】CTBT（包括的核実験禁止条約）の署名・批准状況

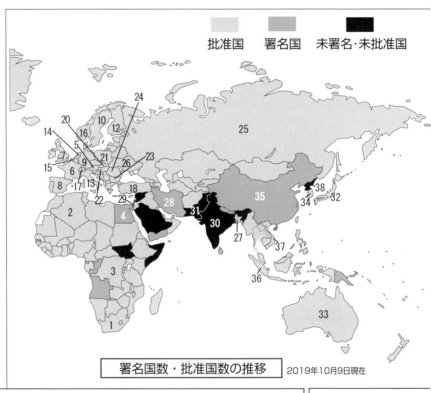

批准国　署名国　未署名・未批准国

署名国数・批准国数の推移　2019年10月9日現在

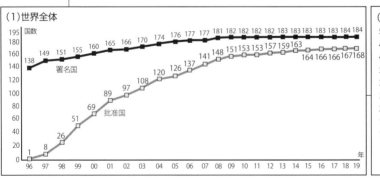

（1）世界全体

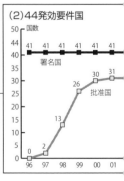

（2）44発効要件国

100

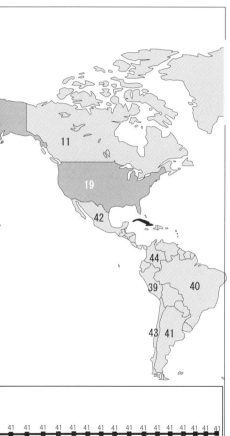

図、表ともにCTBTO（包括的核実験禁止条約機関）のHP（www.ctbto.org/map）をもとに、ピースデポ作成。

## CTBT発効要件国44か国と署名・批准状況
### （2019年10月9日現在）

| 地図番号 | 署名年月日 | 批准年月日 |
|---|---|---|
| **東南アジア、太平洋及び極東** | | |
| 32：日本 | 96.9.24 | 97.7.8 |
| 33：オーストラリア | 96.9.24 | 98.7.9 |
| 34：韓国 | 96.9.24 | 99.9.24 |
| 35：中国 | 96.9.24 | 未批准 |
| 36：インドネシア | 96.9.24 | 12.2.6 |
| 37：ベトナム | 96.9.24 | 06.3.10 |
| 38：北朝鮮 | 未署名 | 未批准 |
| **中東及び南アジア** | | |
| 27：バングラデシュ | 96.10.24 | 00.3.8 |
| 28：イラン | 96.9.24 | 未批准 |
| 29：イスラエル | 96.9.25 | 未批准 |
| 30：インド | 未署名 | 未批准 |
| 31：パキスタン | 未署名 | 未批准 |
| **北アメリカ及び西欧** | | |
| 5：オーストリア | 96.9.24 | 98.3.13 |
| 6：フランス | 96.9.24 | 98.4.6 |
| 7：イギリス | 96.9.24 | 98.4.6 |
| 8：スペイン | 96.9.24 | 98.7.31 |
| 9：ドイツ | 96.9.24 | 98.8.20 |
| 10：スウェーデン | 96.9.24 | 98.12.2 |
| 11：カナダ | 96.9.24 | 98.12.18 |
| 12：フィンランド | 96.9.24 | 99.1.15 |
| 13：イタリア | 96.9.24 | 99.2.1 |
| 14：オランダ | 96.9.24 | 99.3.23 |
| 15：ベルギー | 96.9.24 | 99.6.29 |
| 16：ノルウェー | 96.9.24 | 99.7.15 |
| 17：スイス | 96.9.24 | 99.10.1 |
| 18：トルコ | 96.9.24 | 00.2.16 |
| 19：米国 | 96.9.24 | 未批准 |
| **ラテン・アメリカ及びカリブ** | | |
| 39：ペルー | 96.9.25 | 97.11.12 |
| 40：ブラジル | 96.9.24 | 98.7.24 |
| 41：アルゼンチン | 96.9.24 | 98.12.4 |
| 42：メキシコ | 96.9.24 | 99.10.5 |
| 43：チリ | 96.9.24 | 00.7.12 |
| 44：コロンビア | 96.9.24 | 08.1.29 |
| **東欧** | | |
| 20：スロバキア | 96.9.30 | 98.3.3 |
| 21：ポーランド | 96.9.24 | 99.5.25 |
| 22：ハンガリー | 96.9.25 | 99.7.13 |
| 23：ブルガリア | 96.9.24 | 99.9.29 |
| 24：ルーマニア | 96.9.24 | 99.10.5 |
| 25：ロシア | 96.9.24 | 00.6.30 |
| 26：ウクライナ | 96.9.27 | 01.2.23 |
| **アフリカ地域** | | |
| 1：南アフリカ | 96.9.24 | 99.3.30 |
| 2：アルジェリア | 96.10.15 | 03.7.11 |
| 3：コンゴ民主共和国 | 96.10.4 | 04.9.28 |
| 4：エジプト | 96.10.14 | 未批准 |

# 3.【図説】世界の非核兵器地帯—広がる非核の傘

## 【1】世界の非核兵器地帯

　　非核兵器地帯とは、地域内の国家間で結ばれた条約により、核兵器の開発、製造、取得などが禁止された地域をさす。重要なことは、地帯内の国家に対する核兵器の使用や威嚇もまた禁止されるという点である。非核兵器地帯を広げることは、軍事力による「核の傘」ではなく、軍事力によらない「非核の傘」で私たちの安全と平和を守ろうという努力の一つである。中東、南アジア、北東アジア、北極など各地で、新た

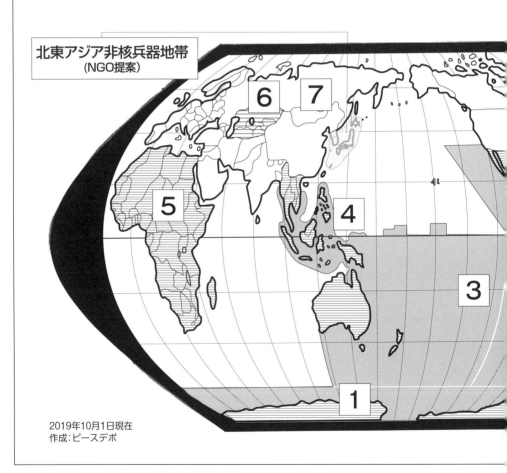

北東アジア非核兵器地帯
(NGO提案)

2019年10月1日現在
作成：ピースデポ

な非核兵器地帯を生み出す努力が続けられている。

　現在、世界には5つの非核兵器地帯条約があり、それらはすべて発効（議定書を除く）している。南極条約であらゆる軍事利用が禁止されている南極大陸を含め、南半球の陸地のほとんどは非核兵器地帯である。南半球の非核兵器地帯は一部北半球にも延びているが、中央アジア非核兵器地帯は、唯一北半球にのみ位置している。

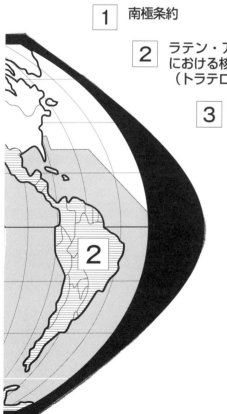

| | |
|---|---|
| **1** | 南極条約 |
| **2** | ラテン・アメリカおよびカリブ地域における核兵器禁止条約（トラテロルコ条約） |
| **3** | 南太平洋非核地帯条約（ラロトンガ条約） |
| **4** | 東南アジア非核兵器地帯条約（バンコク条約） |
| **5** | アフリカ非核兵器地帯条約（ペリンダバ条約） |
| **6** | 中央アジア非核兵器地帯条約（セミパラチンスク条約） |
| **7** | モンゴル非核兵器地帯地位 [※] |

※国連等で使われる用語は「非核兵器地位」(nuclear-weapon-free status)であるが、他の非核兵器地帯の持つ国際的要件（とりわけ消極的安全保証）を持つ権利を有しているとの主張を込めてこう呼ぶ。

### 中央アジア非核兵器地帯条約（セミパラチンスク条約）

- ●締結署名：2006年9月8日
- ●発効：2009年3月21日
- ●地帯の範囲　下記5か国の領土、全ての水域（港湾、湖、河川）、及びこれらの上空。
- ●地帯内に位置する国・地域
　カザフスタン、キルギス、タジキスタン、トルクメニスタン、ウズベキスタン
- ●加盟国　上記「地帯内に位置する国・地域」の5か国。
- ●核保有国の対応
　14年5月6日、5核兵器国すべてが、「核兵器あるいは他の核爆発装置の使用もしくは使用の威嚇を行わないこと」、「条約及び議定書締約国によるいかなる違反行為にも寄与しないこと」を定めた議定書に署名。19年10月現在、仏、英、ロ、中が批准している。

### モンゴル非核兵器地帯地位

- ●1998年12月4日：国連総会決議で一国の非核兵器地位を認知
- ●2000年2月3日：国内法制定
- ●2012年9月17日：5核兵器国、国連本部でモンゴルの非核兵器地位に関する共同宣言に署名。

### 北東アジア非核兵器地帯（非政府提案）

- ●1990年代半ば以来、様々な非政府提案が登場。有力な案として、韓国・北朝鮮・日本が非核兵器地帯を形成し、米・中・ロが核攻撃をしない消極的安全保証を与える「スリー・プラス・スリー」案がある。
- ●2004年、モデル「北東アジア非核兵器地帯条約」をピースデポが発表。2008年に改訂版。
- ●2008年、民主党核軍縮促進議員連盟が条約案を記者発表。
- ●2011年、モートン・ハルペリン元米大統領顧問が、地帯設立を含む包括的協定案を提案。
- ●2012年、核軍縮・不拡散議員連盟（PNND）日本に発足した北東アジア非核兵器地帯促進ワーキングチームが、条約骨子案を作成。
- ●2014年、長崎・広島両市長が、地帯を支持する自治体首長543名の署名を国連事務総長に直接提出。
- ●2015年、RECNAが、「北東アジア非核化への包括的枠組み協定」を提案。

### 南極条約

- ●締結署名：1959年12月1日（ワシントン）
- ●発効：1961年6月23日
- ●地帯の範囲　南緯60度以南の地域・ただし公海については他の国際法の権利を侵害しない。
- ●地帯内に位置する国・地域
　なし。南極での領土権は凍結されている（第4条）。
- ●加盟国　5つの核兵器国を含む54か国。

### アフリカ非核兵器地帯条約（ペリンダバ条約）

- ●締結署名：1996年4月11日
- ●発効：2009年7月15日
- ●地帯の範囲
　アフリカ大陸、OAU※のメンバーである島しょ国、およびOAUの決議によってアフリカの一部とみなされた島々の領土および領海。（地図は、付属書Iに基づいて作成した。小島は示されていない。）
　【注】インド洋にあるチャゴス諸島に関しては、領有権問題があり、付属書Iにただし書きが加えられている。この中に米軍基地の島ディエゴ・ガルシアが含まれている。
- ●地帯内に位置する国・地域
　アルジェリア、アンゴラ、ベナン、ボツワナ、ブルキナ・ファソ、ブルンジ、カメルーン、カーボ・ベルデ、中央アフリカ、チャド、コモロ、コンゴ共和国、コンゴ民主共和国（ザイール）、コートジボアール、ジブチ、エジプト、赤道ギニア、エリトリア、エチオピア、ガボン、ガンビア、ガーナ、ギニア、ギニア・ビサウ、ケニア、レソト、リベリア、リビア、マダガスカル、マラウイ、マリ、モーリタニア、モーリシャス、モロッコ（1985年にOAUを脱退）、モザンビーク、ナミビア、ニジェール、ナイジェリア、ルワンダ、サントメ・プリンシペ、サハラ・アラブ民主共和国、セネガル、セイシェル、シエラ・レオネ、ソマリア、南アフリカ、南スーダン、スーダン、スワジランド（エスワティニ）、タンザニア、トーゴー、チュニジア、ウガンダ、ザンビア、ジンバブエ（一部国名の変更を除き、条約添付資料にもとづいた。）
- ●加盟国
　51か国が署名、40か国（アルジェリア、アンゴラ、ベナン、ボツワナ、ブルキナファソ、ブルンジ、カメルーン、チャド、コモロ、コンゴ、コートジボワール、赤道ギニア、エチオピア、ガボン、ガンビア、ガーナ、ギニアビサウ、ギニア、ケニア、レソト、リビア、マダガスカル、マラウイ、マリ、モーリタニア、モーリシャス、モザンビーク、ナミビア、ニジェール、ナイジェリア、ルワンダ、セネガル、セーシェル、南アフリカ、スワジランド、トーゴ、チュニジア、タンザニア連合共和国、ザンビア、ジンバブエ）が批准。
- ●核保有国の対応
　議定書1では、条約締約国に対して、および地帯内で、核兵器を使用または使用の威嚇をしないことを定め、議定書2は、地帯内での核実験の禁止を定め、5核兵器国すべてに参加を求めている。中、仏、英、ロは、署名・批准、米は署名済み。2011年5月2日、米政府は批准承認を上院に提案したが、進展はない。
※2002年7月、OAUはアフリカ連合（AU）へと移行。

## 東南アジア非核兵器地帯条約（バンコク条約）

- ●締結署名：1995年12月15日
- ●発効：1997年3月27日
- ●地帯の範囲

　東南アジアのすべての国家の領土とその大陸棚、排他的経済水域よりなる区域。（図は200カイリ排他的経済水域を含めて作成した。）

- ●地域内に位置する国・地域

　ブルネイ、カンボジア、インドネシア、ラオス、マレーシア、ミャンマー、フィリピン、シンガポール、タイ、ベトナム

　【注】中国、台湾、ベトナム、フィリピン、マレー

シア、ブルネイが領有権を主張する南沙諸島の多くも地帯内にある）

- ●加盟国

　上記「地帯内に位置する国・地域」の10か国。

- ●核保有国の対応

　5つの核兵器国に対して「条約締結国に対して、および地帯内で核兵器の使用または使用の威嚇をしないこと」を定めた議定書（第2条）への参加を求めている。中国は議定書への参加の意向を示しているが、条約加盟国は5核兵器国との包括的合意の交渉の継続を優先させており、包括的合意に至っていない。

## 南太平洋非核地帯条約（ラロトンガ条約）

- ●締結署名：1985年8月6日
- ●発効：1986年12月11日
- ●地帯の範囲

　条約の付属書1に細かく緯度、経度で規定されている。付属書にはそれにしたがって地図が添付されている。図はその地図を再現した。インド洋に面した非核地帯は、オーストラリアの領海で区切られている。インド洋に浮かぶオーストラリア領の島々も非核地帯に属するが、図には示していない。

- ●地帯内に位置する国・地域

　オーストラリア、フィジー、キリバス、ナウル、ニュージーランド（NZ）、パプア・ニューギニア、ソロモン諸島、トンガ、ツバル、バヌアツ、サモア、クック諸島（NZと自由連合）、ニウエ（NZと自由連合）

　【注】その他に植民地下の仏領ポリネシア、米領サモア、ニューカレドニア（仏）などがある。条約は太平洋諸島フォーラム（2000年10月、『南太平洋フォーラム』より名称変更）参加国に加盟が開かれている。したがって、地帯外であるが、マーシャル諸島共和国、ミクロネシア連邦にも加盟の資格がある。

- ●加盟国

　上記「地帯内に位置する国・地域」の13か国。

- ●核保有国の対応

　条約締結国に対する核爆発装置の使用または使用の威嚇の禁止、非核地帯における核爆発装置の実験の禁止を定めた議定書2、3があり、フランスの核実験終了を契機に米英仏が署名し、米国以外のすべての核兵器国は批准している。2011年5月2日、米政府は批准承認を上院に提案したが、未批准。

## ラテン・アメリカおよびカリブ地域における核兵器禁止条約※ （トラテロルコ条約）

- ●締結署名：1967年2月14日
- ●発効：1969年4月25日
- ●地帯の範囲

　北緯35度西経75度の点から真南へ北緯30度西経75度の点まで、そこから真東へ北緯30度西経50度の点まで、そこから斜航線に沿って北緯5度西経20度の点まで、そこから真南へ南緯60度西経20度の点まで、そこから真西へ南緯60度西経115度の点まで、そこから真北へ緯度零度西経115度の点まで、そこから斜航線に沿って北緯35度西経150度の点まで、そこから真東へ北緯35度西経75度の点までの境界。ただし米国領土・領海は除く。（図は、この領域を示している。）

- ●地帯内に位置する国・地域

　アンティグア・バーブーダ、アルゼンチン、バハマ、バルバドス、ベリーズ、ボリビア、ブラジル、チリ、コロンビア、コスタリカ、キューバ、ドミニカ、ドミニカ共和国、エクアドル、エル・サルバドル、グレナダ、グアテマラ、ガイアナ、ハイチ、ホンジュラス、ジャマイカ、メキシコ、ニカラグア、パナマ、パラグアイ、ペルー、セント・ルシア、セントクリストファー・ネイビス、セントビンセント・グレナディーン、スリナム、トリニダッド・トバゴ、ウルグアイ、ベネズエラ

　【注】その他にプエルトリコ（米自治領）やフォークランド諸島（英植民地）など植民地下の島々がある。

- ●加盟国

　上記「地帯内に位置する国・地域」の33か国。

- ●核保有国の対応

　5核兵器国すべてが、条約締結国に対して核兵器を使用しないこと、または使用するとの威嚇を行わないことを定めた付属議定書2に署名、批准している。

　※1990年に現在の名称に変更された。

# 4. 【図説】地球上の核弾頭全データ

## 【1】要約地図：世界の核兵器保有国

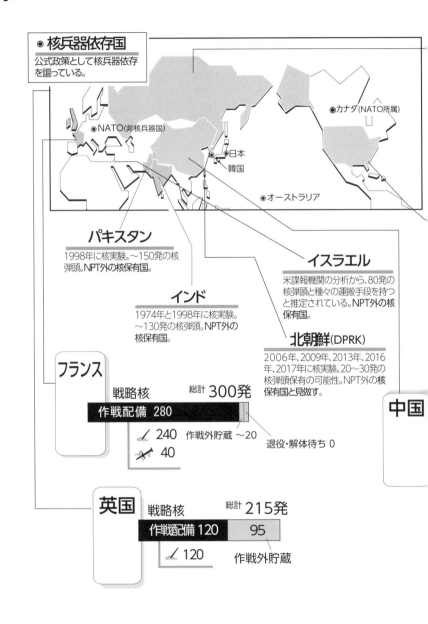

● **核兵器依存国**
公式政策として核兵器依存を謳っている。

● NATO(非核兵器国)

● カナダ(NATO所属)

● 日本
● 韓国

● オーストラリア

### パキスタン
1998年に核実験。～150発の核弾頭。NPT外の核保有国。

### インド
1974年と1998年に核実験。～130発の核弾頭。NPT外の核保有国。

### イスラエル
米諜報機関の分析から、80発の核弾頭と種々の運搬手段を持つと推定されている。NPT外の核保有国。

### 北朝鮮(DPRK)
2006年、2009年、2013年、2016年、2017年に核実験。20～30発の核弾頭保有の可能性。NPT外の核保有国と見做す。

### フランス
戦略核　　　　総計 **300発**

作戦配備 280

✈ 240　　作戦外貯蔵 ～20
✈ 40

退役・解体待ち 0

### 中国

### 英国
戦略核　　　総計 **215発**

作戦配備 120　　95

✈ 120　　　作戦外貯蔵

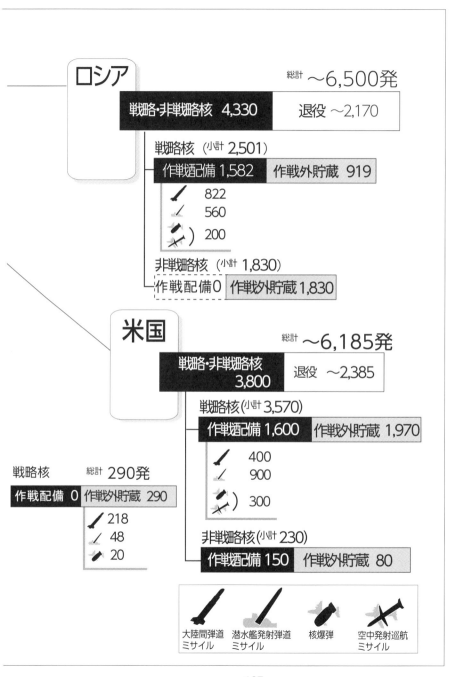

ロシア

総計 ～6,500発

戦略・非戦略核 4,330 | 退役 ～2,170

戦略核 (小計 2,501)

作戦配備 1,582 | 作戦外貯蔵 919

822
560
200

非戦略核 (小計 1,830)

作戦配備0 | 作戦外貯蔵 1,830

米国

総計 ～6,185発

戦略・非戦略核 3,800 | 退役 ～2,385

戦略核 (小計 3,570)

作戦配備 1,600 | 作戦外貯蔵 1,970

400
900
300

非戦略核 (小計 230)

作戦配備 150 | 作戦外貯蔵 80

戦略核　総計 290発

作戦配備 0 | 作戦外貯蔵 290

218
48
20

大陸間弾道ミサイル　潜水艦発射弾道ミサイル　核爆弾　空中発射巡航ミサイル

# 4.【図説】地球上の核弾頭全データ（続き1）

世界の核弾頭数

| | 運搬手段 | NPT加盟核兵器国 | | | | | |
|---|---|---|---|---|---|---|---|
| | | 米 | ロ | 英 | 仏 | 中 | 小計 |
| 戦略核 | 作戦配備 ICBM/IRBM | 400 | 822 | 0 | 0 | 0 | 1,222 |
| | 作戦配備 SLBM | 900 | 560 | 120 | 240 | 0 | 1,820 |
| | 作戦配備 爆撃機搭載核兵器 | 300 | 200 | 0 | 40 | 0 | 540 |
| | 作戦配備 小計 | 1,600 | 1,582 | 120 | 280 | 0 | 3,582 |
| | 作戦外貯蔵 | 1,970 | 919 | 95 | ~20 | 290 | 3,294 |
| | 小計 | 3,570 | 2,501 | 215 | 300 | 290 | 6,876 |
| 非戦略核 | 作戦配備　空軍航空機 | 150 | 0 | — | — | — | 150 |
| | 作戦外貯蔵 | 80 | 1,830 | — | — | ? | 1,910 |
| | 小計 | 230 | 1,830 | — | — | ? | 2,060 |
| 合計 | | 3,800 | 4,330 | 215 | 300 | 290 | 8,935 |
| 退役・解体待ち | | ~2,385 | ~2,170 | 0 | 0 | 0 | 4,555 |
| **総計** | | ~6,185 | ~6,500 | 215 | 300 | 290 | 13,490 |
| （うち作戦外貯蔵小計） | | (2,050) | (2,750) | (95) | (~20) | (290) | 5,205 |

## 【2】解説

　核弾頭について公的な情報が出はじめたとはいえ、まだまだ公開性は不十分である。米国政府は10年5月3日、全備蓄核弾頭数の年ごとの変遷を公表し、18年3月21日には、それをアップデートし、17年9月末現在3,822発とした。しかし、全米科学者連盟(FAS)が行った18年9月末時点の備蓄核弾頭数等の公開請求に対し、19年4月、米国防総省は理由を明らかにしないまま、公開できないと回答した。米国は11年3月1日から半年ごとに戦略兵器削減条約(START)交換データにおける運搬手段の内訳と核弾頭総数をすべて公表しているが、ロシアは条約義務で米国に提供している内訳情報を一般公開しないよう米国に求めている。フランス政府は、08年3月21日に核弾頭の総数を300発以下に減らせる予定と発表したが、15年2月9日、オランド大統領は、300弾頭の現状のほか、空中発射巡航ミサイルの総数（54発）を公表した。英国政府は、10年5月26日、議会に対して備蓄核弾頭は将来225発を超えないと発表していたが、15年1月20日、議会で作戦配備弾頭を120発に削減したと発表した。

　15年4月27日の米国防総省ファクトシートは、02年核態勢見直し(NPR)と同様、弾頭の保管状態を「活性状態」と「不活性状態」に大別している。前者はそのまま使用できる弾頭であり、後者は時間が経過すると劣化するトリチウムや電池などを除いて貯蔵している弾頭である。この点も含めて、本誌で行ってきた従来の弾頭の分類方法を今回も踏襲する。ただ、米国で明らかになっているこのような分類方法が、その他の国でどこまで通用するかは、必ずしも明らかではない。

| NPT外の核兵器保有国 | | | | |
|---|---|---|---|---|
| 印 | パキスタン | イスラエル | 北朝鮮 | 合計 |
| 0 | 0 | 0 | — | 1,222 |
| 0 | 0 | 0 | — | 1,820 |
| 0 | 0 | 0 | — | 540 |
| 0 | 0 | 0 | — | 3,582 |
| ～130 | ～150 | 90 | ? | 3,654 |
| ～130 | ～150 | 80 | ? | 7,236 |
| — | — | — | — | 150 |
| — | — | — | — | 1,910 |
| — | — | — | — | 2,060 |
| ～130 | ～150 | 80 | ? | 9,295 |
| 0 | 0 | 0 | — | 4,555 |
| ～130 | ～150 | 80 | 20～30 | 13,880 |
| (～130) | (～150) | (80) | (20～30) | ～5,595 |

丸めのため合計にくい違いがある。
※兵器分類上における戦略、非戦略の概念は、米ロ以外の国
では必ずしも明確ではない。

出典:長崎大学核兵器廃絶研究センター(RECNA)核弾頭データ追跡チーム(ピースデポの梅林宏道、湯浅一郎も参加)の市民データベースを基本にし、「ニュークリア・ノートブック」(H・クリステンセン(全米科学者連盟(FAS))、S・ノリス(FAS)、『ブレティン・オブ・ジ・アトミック・サイエンティスツ』に連載)をはじめ、リーチング・クリティカル・ウィルなどの文献、米ロ新STARTに基づくファクトシート」などを参考に作成。

ミサイルの略語

ABM=対弾道ミサイル／ALCM=空中発射巡航ミサイル／GLBM=地上発射弾道ミサイル／GLCM=地上発射巡航ミサイル／ICBM=大陸間弾道ミサイル／IRBM=中距離弾道ミサイル／MIRV=多弾頭個別誘導再突入体／SAM=地対空ミサイル／SLBM=潜水艦発射弾道ミサイル／SLCM=海洋発射巡航ミサイル／SRAM=短距離攻撃ミサイル

第3部

①**作戦配備の弾頭**　部隊に配備・貯蔵されている活性状態の弾頭。(ただし、オーバーホール中の原潜の核弾頭は作戦配備に含めない。)

②**兵站予備の弾頭**　ルーチン整備・検査のために確保されている活性状態にあるスペアである。米国の戦略核兵器については一定の情報がある。

③**中央貯蔵の弾頭**　活性、不活性を含め、使用の可能性を想定して貯蔵しているもの。迅速対応戦力もこれに含めた。迅速対応戦力とは、作戦配備から外した核弾頭の中でも情勢の変化によって復活させることを前提として活性状態で貯蔵するものである。中国のように核弾頭を使用部隊に置かずに中央貯蔵する体制では、すべての弾頭がこれに分類される。フランスの空母艦載機用核兵器も同様である。

④**退役弾頭**　運搬手段から外され解体を前提に保管されている核弾頭。

　以下の図表の作成においては、②と③を合わせて「作戦外貯蔵」とする。

　北朝鮮(DPRK)は6度の核実験を行い、弾頭の小型化やミサイルの射程距離の拡大、再突入テストの成功などを宣伝し、核保有国であると主張している。これらの第三者による検証は困難だが、核搭載をめざしたミサイル技術の向上は共通認識になってきている。兵器化に関しては情報がない中、核弾頭数は20～30発とした。

　NPT非加盟の核兵器保有国であるインド、パキスタン、イスラエル、北朝鮮を含めると、地球上には今なお13,900発近くの核弾頭があり、オーバーキル状態は変わらない。

# 4.【図説】地球上の核弾頭全データ（続き2）

## 【3】国別詳細（1）

### 米国（計～6,185）

| 核兵器の名称 | 爆発力 キロトン | 核弾頭数 |
|---|---|---|
| **■戦略・非戦略核（合計3,800）**[1] | | |
| **■戦略核（小計3,570）** | | |
| 【作戦配備（小計1,600）】 | | |
| ●ICBM（小計400） | | |
| ミニットマンⅢ | | 400 |
| 　Mk-12A 型（弾頭：W78） | 335 | 200[2] |
| 　Mk-21 型（弾頭：W87） | 300 | 200[3] |
| ●SLBM[4]（小計900） | | |
| トライデントⅡ　D5 | | 900[5] |
| 　Mk-4A 型（弾頭：W76-1） | 100 | 516[6] |
| 　Mk-4A 型（弾頭：W76-2）[7] | 5～7 | ― |
| 　Mk-5 型（弾頭：W88） | 455 | 384 |
| ●爆撃機搭載核兵器[8]（小計300） | | |
| 核爆弾　B61-7 | 可変<10～360 | ⎫ |
| 　　　　B61-11[9] | 400 | ⎬ 100[10] |
| 　　　　B83-1 | 可変<1,200 | ⎭ |
| 　ALCM（弾頭：W80-1） | 5～150 | 200[11] |
| 【作戦外貯蔵（小計1,970）】[12] | | |
| **■非戦略核（小計230）** | | |
| 【作戦配備空軍航空機（小計150）】 | | |
| 核爆弾 B61-3,4 | 0.3～170 | 150[13] |
| 【作戦外貯蔵（小計80）】 | | |
| 　B61-3,4 | | 80[14] |
| **■退役（小計～2,385）**[15] | | |

1　米国防総省による最新の備蓄核弾頭数3,822発（2017年9月30日現在）に相当する。政府発表以降の退役を考慮すると極めてよく一致していると言える。

2　14年6月、単弾頭化が完了した。

3　単弾頭が200基。

4　オハイオ級戦略原潜12隻に搭載。ミサイル数は、従来288基（12×24）とされてきた。17年末までに12隻において発射管を24本から20本へ削減した結果、ミサイル数は240基となった。原潜数は14隻であるが、常時2隻はオーバーホール。

5　弾頭数は総数1,600発からICBM400発、爆撃機搭載300発を差し引いて900発と推定。

6　W76-1は08年10月末から配備が始まった。W76からの置き換えが続いている。

7　19年2月22日、W76-1弾頭を5-7キロトンの低威力に改造したW76-2弾頭の第1生産ユニットがパンテックス・プラントに完成した。

8　ストラトフォートレスB-52H（87機のうちの46機）、スピリットB-2A（20機のうちの16機）、計60機が核任務に就いている。警戒態勢は低い。

9　地中貫通型（97年11月に導入）。貫通は6m。B-2Aのみ搭載。

10　B-2Aのみ。

11　B52-Hのみ。

12　常時オーバーホール中の2隻のオハイオ級原潜のトライデント40基の弾頭160発。数百の核爆弾と巡航ミサイル。

13　迅速対応戦力も含めて150発がNATO軍用としてヨーロッパ5か国の6か所の空軍基地に配備（別表参照）。

14　米国内に貯蔵。ヨーロッパ配備のものを含めると計230発がある。トマホークSLCM W80-0弾頭260発は退役した。

15　他に弾頭の形ではなくて、一次爆発用プルトニウム・ピット約20,000発と二次爆発部約4,000発を分離して貯蔵しているとされる。

# ロシア （計 ~6,500）

| 核兵器の名称 | 爆発力 キロトン | 核弾頭数 |
|---|---|---|
| **■戦略・非戦略核 （合計4,330）** | | |
| **戦略核 （小計2,501）** | | |
| **【作戦配備（小計1,582）】** | | |
| ●ICBM（小計822） | | |
| SS-18 M6、サタン（RS-20） | 500~800 | 276[1] |
| SS-19 M3、スチレトウ（RS-18） | 400 | 60[2] |
| SS-19 M4、スチレトウ[3] | ? | — |
| SS-25、シックル（RS-12M、トーポリ） | 800 | 63[4] |
| SS-27 I 型（RS-12M2、トーポリM） | 800 | 60[5] |
| SS-27 I 型（RS-12M1、トーポリM） | 800 | 18[6] |
| SS-27 II 型（RS-24、ヤルス） | 100? | 270[7] |
| SS-27 II 型（RS-24、ヤルス）[8] | 100? | 48 |
| ●SLBM（小計560）[9] | | |
| SS-N-18 M1、スチングレイ（RSM-50） | 50 | 48[10] |
| SS-N-23M1（RSM-54、シネバ） | 100 | 320[11] |
| SS-N-32（RSM-56、ブラバ） | 100 | 192[12] |
| ●爆撃機搭載核兵器（小計200） | | |
| 核爆弾 | | |
| ALCM（弾頭：AS15A、B） | 200 〉 | 200[13] |
| SRAM（弾頭：AS16） | | |
| **【作戦外貯蔵（小計919）】** | | |
| **非戦略核 （小計1,830）** | | |
| **【作戦配備（小計0）】**[14] | | |
| **【作戦外貯蔵（小計1,830）】** | | |
| ●ABM/SAM（小計358） | | |
| SH08、ガゼル（53T6） | 10 | 68[15] |
| SA-10、グランブル（S-300P） | | |
| SA-12、ジャイアント（S-300V） | low 〉 | 290[16] |
| SA-21、グロウラー（S-400） | | |
| ●空軍航空機（小計530） | | |
| 核爆弾/ALCM AS-4、キッチン /SRAM AS-16 | 1000 | 530[17] |
| ●海軍用戦術核（小計820） | | |
| 核爆弾 | | |
| ALCM AS-4、キッチン | 1000 | |
| SLCM | 200~500 〉 | 820 |
| 対潜核兵器、SAM、核魚雷、核爆雷 | | |
| ●地上発射（小計87） | | |
| SS-21、スカラブ（トチカ） | 100 | 5 |
| SS-26、ストーン（イスカンデル）[18] | 100 | 66 |
| SSC-8 GLCM | | 16 |
| ●沿岸防衛用対艦ミサイル（小計28） | | |
| SSC-1B、セパル（レダト） | 350 | 4 |
| SSC-5、ストゥージ | | 24 |
| **■退役 （小計~2,170）** | | |

1　6MIRV×46基。STARTⅡが無効になり保持。しかし削減が続く。液体燃料。2026年まで保持の見込み。

2　6MIRV×10基。削減する計画。液体燃料。

3　極超音速滑空体アバンガルド（核、非核両用）を搭載予定。

4　単弾頭。ロシア名トーポリ。道路移動型で固体燃料。RS-24ヤルスへの置き換えが続いている。前年からの変化では、9基のSS-25がヤルスに置きかえられた。

5　単弾頭。サイロ型。軌道を変更できる弾頭もある。

6　トーポリMの道路移動型。新しいカモフラージュ。

7　RS-24という新型名で08年11月26日に試射成功。移動型。 推定3MIRV×90基。10年7月19日にポポフキン国防省第1次官が初配備されたと発表した。

8　サイロ型。14年に配備された。4MIRV×12基。

9　搭載原潜は、デルタⅢ級1隻、デルタⅣ級6隻、ボレイ型3隻。核ミサイルを搭載しないが、タイフーン級3隻も残っており、発射テストに使われている。

10　デルタⅢ級戦略原潜1隻に搭載。1隻×16発射管×3MIRV。

11　デルタⅣ級戦略原潜6隻に搭載。ただし1隻がオーバーホール中のため配備弾頭数は5隻×16発射管×4MIRV。10年8月6日、10月28日、11月9月29日に発射テスト。10MIRVの能力があるとの情報もある。

12　4MIRVと推定される。3隻×16発射管×4MIRV。08年9月、潜水発射に成功。10年10月7日、10月29日、更に11年6月28日、8月27日、12月23日、発射テストに成功。ブラバは14年に新型のボレイ型原潜に作戦配備された。

13　ベアH6（Tu-95MS6）25機、ベアH16（Tu-95MS16）30機、ブラックジャック（Tu-160）13機の計約70機のうち50機に搭載。ベアH6は1機あたりAS15Aまたは核爆弾を6発（計150発）、ベアH16は1機あたりAS15Aまたは核爆弾を16発（計480発）、ブラックジャックはAS15BまたはAS16、または核爆弾を12発（計156発）搭載する。貯蔵されており、航空機に配備されておらず2つの基地に配備と見積もる。また核任務についている戦略爆撃機としてベアH6/H16を55機、ブラックジャック11機、作戦配備のミサイル数として約200とする見積もりがある。

14　ロシア政府は、戦術核はすべて中央貯蔵されているとしている。

15　弾道弾迎撃ミサイル。ゴーゴン・ミサイルはABM任務からはずされた。

16　防衛用の対空ミサイル。

17　バックファイヤー（Tu-22）、フェンサー（Su-24）、フルバック（Su-34）に搭載。

18　移動型。射程50～500km。核・非核両用。米国の欧州MDに対抗して、飛び地の領土カリーニングラード州に配備した。

# 4.【図説】地球上の核弾頭全データ（続き3）

## 【3】国別詳細（2）

### 英国 （計 215）[1]

| 核兵器の名称 | 爆発力キロトン | 核弾頭数 |
|---|---|---|
| **■ 戦略核 （合計 215）** | | |
| 【作戦配備 （小計 120）】 | | |
| ● SLBM[2] | | |
| トライデントⅡ　D5 | 100 | 120[3] |
| 【作戦外貯蔵 （小計 95）】 | | |

### 中国 （計 ～290）

| 核兵器の名称 | 爆発力キロトン | 核弾頭数 |
|---|---|---|
| **■ 戦略核 （小計 290）** | | |
| 【作戦配備 （小計 0）】[1] | | |
| 【作戦外貯蔵 （小計 290）】[2] | | |
| ● ICBM/IRBM[3] （小計 ～220） | | |
| 東風-4 （CSS-3）[4] | 3,300 | 10 |
| 東風-5A[5] （CSS-4M1） | 4～5,000 | 5 |
| 東風-5B[6] （CSS-4M2） | 200～300 | 45 |
| 東風-15 （CSS-6）[7] | ？ | ？ |
| 東風-21[8] （CSS-5） | 200～300 | 80 |
| 東風-26[9] | 200～300 | 25 |
| 東風-31[10] （CSS-10M1） | 200～300? | 8 |
| 東風-31A[11] （CSS-10 M2） | 200～300? | 32 |
| 東風-31AG[12] | ？ | ？ |
| 東風-41[13] （CSS-X-20） | ？ | (15) |
| ● GLCM[14]DH-10 （CJ-10）[15] | ？ | ？ |
| ● SLBM （小計48）[15] | | |
| 巨浪-2[16] （CSS-NX-4） | 200～300? | 48 |
| ● 爆撃機搭載核兵器 （小計20） | | |
| 核爆弾、ALCM | | 20[17] |

1 運搬手段は配備されているが、弾頭は別に貯蔵。
2 288を丸めた。
3 東風はドンフォンと読む。東風-5A（射程13,000km）、東風-5B（射程13,000km以下）、東風-31（射程7,200km）、東風-31A（射程11,200km）はICBM（射程5500km以上）。東風-15は短距離、他はIRBM。東風-5Bと開発中の東風-41以外は単弾頭。
4 2段式。液体燃料。道路移動式。東風31に置き換えられつつある。近く退役する見通し。
5 米大陸に届く現有4種類のICBMの1つ。二段式。液体

1 2010年5月26日、英政府は、作戦に供する弾頭数は160発以下と発表。15年1月、議会で作戦配備は120発に削減したと報告。これは2010年の発表通りの削減が5年で達成したことを意味する。
2 バンガード級戦略原潜4隻に搭載。常時1隻が海洋パトロールする連続航行抑止（CASD）態勢をとっている。
3 弾頭は、米国のW76に類似だが英国産。パトロール中の原潜は40発の弾頭を持つので、その3隻分（120発）を作戦配備とする。

燃料。サイロ式。単弾頭。
6 米大陸に届くICBMの1つ。二段式。液体燃料。サイロ式。最新の米国防総省の報告書は、多弾頭であると記述。ここでは東風-5Aの5基が多弾頭3の東風-5Bになったとする。結果として多弾頭は15基となる。
7 1990年に核実験があったが、実用に至ったか不明。
8 二段式、固体燃料。道路移動式。単弾頭。さまざまな変型がある。
9 2015年に初登場した核・非核両用の新型ミサイル。射程4000km。道路移動式。
10 米大陸に届くICBMの1つ。三段式。道路移動式、固体燃料。06年初期配備。単弾頭。
11 米大陸に届くICBMの1つ。三段式。道路・レール移動式、固体燃料。単弾頭だが、ミサイル防衛に備えておとりなどを伴うと考えられる。
12 2017年の人民解放軍90周年パレードに初登場。核兵器能力。
13 開発中の道路移動型。97年に米国防総省が報告していたが、その後記述はなかった。14年に記述復活。文献によると、6-10弾頭の多弾頭化が可能。2016年4月19日、2弾頭の発射テストが行われた。核弾頭が準備されている可能性があり、括弧をつけて(15)発とした。
14 対地攻撃用。核・非核両用と推定される。ミサイル数は不明。射程1500+kmとの推定あり。
15 常時1隻がパトロールしていると推測される。
16 巨浪はジュランと読む。新世代原潜ジン（晋）級（094型）に搭載する計画。13年に発射テストに成功。東風-31の変型で、単弾頭。最新の米国防総省報告では晋級は4隻が作戦配備、5隻目が建造中。弾頭数は4隻×12発射管＝48発。射程は7,200km。
17 爆撃機ホン（轟）-6（NATO名：B-6）100～120機のうちの20機が核任務を持つと推定。2019年、米国防総省によると、航空機の改造と空中発射弾道ミサイルの開発が行われている。

## フランス （計300）

| 核兵器の名称 | 爆発力<br>キロトン | 核弾頭数 |
|---|---|---|
| **■ 戦略核 （小計290）** | | |
| 【作戦配備 （小計280）】 | | |
| ● SLBM[1] （小計240） | | |
| MSBS[2] M51[3] （弾頭：TN75） | 100 | 240[4] |
| ● 戦闘攻撃機搭載核兵器 （小計40） | | |
| ASMP-A[5] （弾頭：TNA） | 可変～300 | 40[6] |
| ● 空母艦載機用核兵器 （小計0） | | |
| ASMP-A （弾頭：TNA） | 可変～300 | 0[7] |
| 【作戦外貯蔵 （小計～20）】 | | |
| ● SLBM | | 10[8] |
| ● 航空機搭載 | | 10[9] |

1 4隻の戦略原潜に搭載。10年9月20日、M51装備のル・テリブルが就航し、トリオンファン級原潜4隻体制になった。うち1隻が抑止パトロールに就いている。

## インド （計～130）

| 核兵器の名称 | 爆発力<br>キロトン | 核弾頭数 |
|---|---|---|
| **■ 戦略核 （小計～130）** | | |
| 【作戦配備 （小計0）】 | | |
| 【作戦外貯蔵 （小計～130）】[1] | | |
| ● GLBM （小計～60） | | |
| プリトビ2[2] | 12 | ～24 |
| アグニ1[3] | 40 | ～20 |
| アグニ2[4] | 40 | ～8 |
| アグニ3[5] | 40 | ～8 |
| アグニ4[6] | 40 | ? |
| アグニ5[7] | 40 | ? |
| ● 海洋発射弾道ミサイル （小計20） | | |
| ダナシュ[8] | 12 | 4 |
| サガリカ （K-15,B-05）[9] | 12 | (12) |
| K-4[10] | ? | (4) |
| ● 航空機搭載爆弾 （小計～48） | | |
| 搭載機：ミラージュ2000H[11] （バジュラ） | ? | ～32 |
| 搭載機：ジャガーIS/1B[12] （シャムシャー） | ? | ～16 |

1 128を丸めた。核弾頭は配備されずに貯蔵されている。すべて単弾頭。下記以外に巡航ミサイル・ニルバイ（射程1,000km）を開発中。

2 射程350km。一段式。液体燃料。道路移動式。最新の

2 フランス語で「艦対地戦略弾道ミサイル」の頭文字。

3 現在はすべてM51であるが元々はM45であった。ル・テリブルは、10年1月27日、7月10日に発射テスト。13年5月5日、発射テスト失敗。

4 4隻の戦略原潜のうち3隻に配備。3隻×16発射管×（4～6）MIRV。平均すると5発の多弾頭。

5 フランス語で「空対地中距離改良型ミサイル」の頭文字。このミサイルは射程500kmの巡航ミサイル。

6 ラファールBF3、40機にASMP-A搭載。1機あたり1弾頭。弾頭は40と見積もられる。下記空母艦載機用などの作戦外貯蔵を含め、ASMP-Aの総数は55発。これがオランド大統領発表（15年2月19日）の54発に該当。

7 唯一の空母ドゴール（原子力）は、平時においては核兵器は搭載していない。空母艦載機ラファール海軍型10機に搭載のためのASMP-Aは陸上に配置。

8 作戦貯蔵にない修理中の弾頭などが少数あると推定。

9 爆撃機用ASMP-A、及び空母艦載機用ASMP-A約10発と推定。

発射テストは2018年2月6日と2月21日。

3 射程700+km。二段式。固体燃料。道路移動式。2007年に運用開始。最新の発射テストは2018年2月6日。

4 射程2000+km。二段式。固体燃料。道路移動式。2018年2月20日の最新の発射テストは失敗に終わった。

5 射程3200+km。二段式。固体燃料。レール移動式。最新の発射テストは2017年4月27日。

6 射程3500+km。二段式。固体燃料。道路・レール移動式。最新の発射テストは2018年12月23日。

7 射程5200+km。三段式。固体燃料。レール移動式。最新の発射テストは2018年12月12日。アグニ6（6,000km）を開発中。

8 艦船発射式。射程400km。一段式。液体燃料。プリトビ2の海軍版。2016年に2回の軍による発射テストがある。最新の発射テストは2018年2月23日。

9 SLBM。射程700km。二段式。固体燃料。最新の発射テストは2013年1月27日。原潜アリハントに配備予定で、同艦は12発射管を有する。

10 SLBM。射程～3000km。二段式。固体燃料。最新の発射テストは2016年3月22日。2017年12月17日のテストは失敗。K-4ミサイルを搭載するには原潜アリハントの改造が必要と考えられる。K-5（5,000km）を開発中。

11 第40航空団（計49機）のうち1あるいは2飛行中隊が核任務を持つとみられる。新型はミラージュ2000I。

12 4飛行中隊（計76機）のうち2飛行中隊が核任務を持つとみられる。

# 4.【図説】地球上の核弾頭全データ（続き4）

## 【3】国別詳細（3）

### パキスタン （計～150）

| 核兵器の名称 | 爆発力<br>キロトン[1] | 核弾頭数 |
|---|---|---|
| **■ 戦略核 （小計～150）** | | |
| 【作戦配備 （小計0）】 | | |
| 【作戦外貯蔵 （小計～150）】[2] | | |
| ● GLBM （小計～102） | | |
| アブダリ （ハトフ2）[3] | 12 | ～10 |
| カズナビ （ハトフ3）[4] | 12 | ～16 |
| シャヒーン1 （ハトフ4）[5] | 12 | ～16 |
| シャヒーン1A （ハトフ4）[6] | 12 | ? |
| ガウリ （ハトフ5）[7] | 12 | ～24 |
| シャヒーン2 （ハトフ6）[8] | 12 | ～12 |
| シャヒーン3[9] | 12 | ? |
| ナスル （ハトフ9）[10] | 12 | ～24 |
| アバビール[11] | ? | ? |
| ● GLCM （小計12～16） | | |
| バブール1 （ハトフ7）[12] | 12 | ～12 |
| バブール2/1B[13] | ? | ? |
| ● 潜水艦発射巡航ミサイル | | |
| バブール3[14] | ? | ? |
| ● 航空機搭載爆弾 （小計～36） | | |
| 搭載機： F16A/B | | ～24 |
| 搭載機： ミラージュV | | ～12 |
| ● ALCM | | |
| ラ・アド （ハトフ8）[15] | 12 | ? |
| ラ・アド2 | | ? |

1 98年5月の核実験における地震波からの推定最大値。

2 核弾頭は配備されずに貯蔵されているとみられる。

3 射程200km。一段式。固体燃料。道路移動式。最新の発射テストは2013年2月15日。

4 射程300km。一段式。固体燃料。道路移動式。最新の発射テストは2014年5月8日。

5 射程750km。一段式。固体燃料。道路移動式。最新の発射テストは2013年4月10日。

6 開発中。シャヒーンの射程距離を伸ばしたもの。射程900km。一段式。固体燃料。道路移動式。最新の発射テストは2015年12月15日。単にシャヒーン1と呼ぶこともある。

7 射程1250km。一段式。液体燃料。道路移動式。最新の発射テストは2018年10月8日。

8 射程1500km。二段式。固体燃料。道路移動式。最新の発射テストは2014年11月13日。

9 開発中。射程2750km。最新の発射テストは2015年12月11日。

10 射程60km。固体燃料。道路移動式。最新の発射テストは2019年1月24日と31日。

11 開発中。三段式。固体燃料。17年1月24日に初の発射テスト。

12 射程350km。道路移動式。最新の発射テストは2012年9月17日。

13 開発中。バブール1を高度化した対地/対艦巡航ミサイル。16年12月14日、初の発射テスト。

14 開発中。バブール2の潜水艦発射型。射程450km。最初のテストは18年3月29日。

15 開発中。射程350km。最新の発射テストは2016年1月19日。

### イスラエル （計80）

| 核兵器の名称 | 爆発力<br>キロトン | 核弾頭数 |
|---|---|---|
| **■ 戦略核 （小計80）** | | |
| 【作戦配備 （小計0）】 | | |
| 【作戦外貯蔵 （小計80）】[1] | | |
| ● GLBM （小計50） | | |
| ジェリコ2[2] | ? | 25 |
| ジェリコ3[3] | ? | 25 |
| ● 航空機搭載爆弾 （小計30） | | |
| 搭載機：F16A/B/C/D/I[4] | | 30 |

1 79年9月22日、南アフリカ近海の南インド洋はるか上空で秘密裏に核実験が行われたとの説がある。核弾頭と運搬手段は分離して保管しているとみられる。

2 射程1,500-1,800km。固体燃料。道路移動式とサイロ式の両説がある。

3 開発中。射程4,000-6,500km。固体燃料。2013年7月12日に発射テストをしたとみられる。

4 米国製F16A/B/C/D（ファイティング・ファルコン）205機、同F15E（ストライク・イーグル、イスラエル名ラアム）25機の一部が核任務を持つと推定される。

## 北朝鮮（DPRK）（計20～30）

| 核兵器の名称 | 爆発力 キロトン | 核弾頭数 |
|---|---|---|
| ● GLBM [1] | ＜10～200キロトン [2] | ？ |
| スカッド [3] | | |
| ノドン [4] | | |
| ムスダン（ファソン（火星）10、KN-07）[5] | | |
| ファソン12（KN-17）[6] | | |
| ファソン13（KN-08、KN-14）[7] | | |
| テポドン2 改良型 [8] | | |
| プッククソン（北極星）2（KN-15）[9] | | |
| ファソン14（KN-20）[10] | | |
| ファソン15（KN-22）[11] | | |
| ● SLBM | | |
| プッククソン1（KN-11）[12] | | ？ |

1 軽量化された核弾頭や立証されたミサイル再突入体の存在の確証はない。

2 過去6回の核実験をしている。06年10月9日の核実験の推定値は1キロトン以下。09年5月25日の2回目は数キロトン程度、3回目（13年2月12日）は、2回目の3倍程度。そして4回目（16年1月6日）は3回目と同程度。5回目(16年9月9日)は、10～15キロトン程度とみられる。6回目(17年9月3日)は、熱核融合弾頭とみられ、過去最大級の140～250キロトンとの見つもりもある。

3 射程300～1,000km。液体燃料。一段式。道路移動式。核任務はあり得る。17年3月6日、4発をほぼ同時発射。

4 射程1,200～1,500km。液体燃料。一段式、道路移動式。発射台100基以下、ミサイル約200発。核任務はあり得る。

5 射程2,500～3,500km。液体燃料、一段式、道路移動式。2016年に多くの発射実験。発射台50基以下。ミサイル数は不明。実戦配備の有無は不明。

6 射程4500km以内。液体燃料。一段式。2017年5月14日に発射実験に成功。同年8月8日、北朝鮮が同ミサイルによるグアム島周辺を目標とした発射を検討していると発表し、問題となった。その後、8月28日、9月15日に日本列島上空の宇宙を飛ぶ発射実験。

7 射程7,500～9,500km。液体燃料。三段式あるいは二段式。道路移動式。発射台少なくとも6基。発射実験は行われていない。

8 液体燃料。三段式。一度の例外を除いて人工衛星発射の宇宙発射体（SLV）として使用。ICBMとして利用したとき10,000～15,000kmの射程になると推定。SLVはウナ（銀河）、 クァンミョンソン（光明星）と呼ばれる。

9 SLBMプッククソン1の陸上版。固体燃料。二段式。道路移動式。2017年2月12日、4月5日、5月21日に相次いで発射実験。

10 射程7000～10,400kmのICBMとされる。液体燃料。二段式。2017年7月4日、7月28日に相次いでロフテッド軌道の発射実験。

11 液体燃料。2段式。17年11月29日に最初の発射テスト。ロフテッド軌道で青森県西方の日本の排他的経済水域に落下。射程13,000km相当。

12 開発中。射程2,000km？ 固体燃料。二段式。2016年に入り潜水艦からの発射実験が繰り返され、2016年8月24日には約500km飛翔して発射実験に成功したと見られる。ゴレ（鯨）級（シンポ（新浦）級とも呼ばれる)試験用潜水艦から発射。

## 日本
**◆「平成31年度以降に係る防衛計画の大綱」（18年12月18日）**

「防衛計画の大綱」は、日本の防衛政策の基本となる文書である。その基本方針の章に、次の一文がある。

「核兵器の脅威に対しては、核抑止力を中心とする米国の拡大抑止が不可欠であり、我が国は、その信頼性の維持・強化のために米国と緊密に協力していくとともに、総合ミサイル防空や国民保護を含む我が国自身による対処のための取組を強化する。同時に、長期的課題である核兵器のない世界の実現へ向けて、核軍縮・不拡散のための取組に積極的・能動的な役割を果たしていく。」

**◆「日米安全保障協議委員会共同発表」（19年4月19日）**

19年4月19日の日米協議（ワシントン）において、表記の合意文書を発表した。その「概観」において、次のように確認した。

「米国は，核及び通常戦力を含むあらゆる種類の米国の軍事力による日本の防衛に対するコミットメントを改めて表明した。」

## NATO非核兵器国
**◆同盟の戦略概念（10年11月19日）**

最新のNATO戦略文書は、10年11月19日、リスボンで開かれたNATOサミットにおいて99年4月以来、11年ぶりに採択されたもので、以後10年間の指針が提示されている（本イアブック11年版・資料3-3（292ページ））。この内容は、2018年7月のブリュッセルNATOサミットにおいて再確認されている。

**第18節**

その第18節は、米国、英国、フランスの核戦力がNATO全体の抑止力になると次のように述べている。これは99年の第62節とほぼ変化がない。

「同盟国の安全保障に関する最高の保証は同盟の戦略核戦力、とりわけ米国の戦略核戦力によって与えられる。英国及びフランスの独立した戦略核戦力は、それぞれ独自の抑止任務を持つものであるが、同盟全体としての抑止と安全保障にも貢献する。」

**第19節**

第19節には、同盟国が核抑止力の維持のために参加する必要性、いわゆる核分担の義務が記されている。これは、99年の第63節とほぼ同じである。

「核任務に関する集団的防衛計画の立案、平時における核戦力基地の設置、及び指揮・統制・協議体制への、同盟国の可能な限り広い参加を確保す

## 欧州配備の米核爆弾

| 国名 | 基地 | 搭載機<br>(所属国) | 核爆弾の数 | | 計 |
| --- | --- | --- | --- | --- | --- |
| | | | 米国<br>分担 | 受入国<br>分担 | |
| ベルギー | クライネ・ブローゲル | F-16(ベルギー) | 0 | 20 | 20 |
| ドイツ | ビュヒェル | PA-200(独)* | 0 | 20 | 20 |
| イタリア | アビアノ** | F-16C/D(米) | 20 | 0 | 20 |
| | ゲディ・トーレ | PA-200(伊)* | 0 | 20 | 20 |
| オランダ | フォルケル | F-16(蘭) | 0 | 20 | 20 |
| トルコ | インジルリク | F-16C/D(米) | 50 | 0 | 50 |
| 合計 | | | 70 | 80 | 150** |

(表注)
*PA-200は、米独伊共同開発の戦闘爆撃機で、「トルネード」と通称される。
**合計が180から150に減った。その理由は明確ではない。アビアノで保安上の理由で2015年に貯蔵庫が減ったとの情報があるので、その数を減らせた。

る。」

### 戦略以下の核兵器について

99年「戦略概念」第64節の戦略以下の核兵器についての記述は、2010年の「戦略概念」からはなくなった。しかし、全米科学者連盟(FAS)核情報プロジェクトの調査では、今でも150発の米国の戦術核兵器が5か国(ベルギー、ドイツ、イタリア、オランダ、トルコ)の空軍基地に配備されている。

### オーストラリア

#### ◆「国防白書」(2016年2月25日)

最新のオーストラリアの国防白書は、2016年2月25日に出された「国防2016」である。これは3年ぶり7回目の国防白書で、今後20年間にわたるオース

トラリアの国防に関する将来計画を示している。

#### 5.20節

「オーストラリアの安全保障は、ANZUS条約、米国の拡大抑止と米国の先進的な技術及び情報へのアクセスによって支えられている。米国の核兵器と通常戦力のみが、オーストラリアに対する核の脅威の可能性を効果的に抑止することができる。」

### カナダ

#### ◆「北米航空宇宙防衛司令部(NORAD)」協定

カナダと米国が1958年5月12日に署名。06年5月12日に改定された。改訂されたNORADの役割は縮小されたが、米国の核抑止力の一部としての役割は続

く。カナダはその抑止力の恩恵にあずかる。新協定の前文に次の認識が書かれている。

「軍備削減協定にもかかわらず、今なお保有核兵器は大量であり、北米大陸を攻撃できる戦略弾道ミサイル、巡航ミサイル、あるいは長距離爆撃機によって運搬できることを認識し、…」

## 韓国
### ◆アメリカ合衆国と大韓民国の同盟のための共同ビジョン（09年6月16日）

ワシントンで開催された米韓首脳会談における共同ビジョンにおいて、以下のことを再確認している。

「米韓同盟は、21世紀の安全保障環境の変化に適応している。我々は両国の安全保障上の利益を守るべく同盟能力に支えられた強固な防衛態勢を維持し続ける。米国の核の傘を含む拡大抑止に対する継続的な誓約はこのような保証をさらに強化するものである。同盟再編に向けた二国間計画を進めるにあたって、大韓民国は、朝鮮半島ならびに地域内、さらには地域を超えて、永続的で有能な米軍のプレゼンスによる支援のもと、

自国の共同防衛における主たる役割を担うこととする。」

### ◆韓米同盟60周年を記念する共同声明（13年5月7日）

ワシントンでオバマ大統領と朴槿恵大統領が09年の共同ビジョンとほぼ同じ内容の核に関する内容を声明した。

「米国は、通常兵器及び核兵器の両方において、拡大抑止力及び米国のすべての軍事能力を用いることを含めて、韓国を防衛することを引き続いて固く約束する。」

### ◆第50回米韓安保協議会議共同コミュニケ（18年10月31日）

1968年以来毎年開催される国防長官を長とする「米韓安保協議会議」の共同コミュニケで「核の傘」が確認されてきたが、最新の18年10月31日（ワシントン）のものは、次のように表現している。

「国防長官は、米国の核兵器、通常戦力、およびミサイル防衛能力を含むあらゆる軍事能力を使用して、韓国に対し拡大抑止を提供する米国の継続的なコミットメントを再確認した。」

# 5. 米国のZマシン核実験および未臨界核実験

米国は、1997年以来、地下核実験を行うことなく、備蓄核兵器を維持するために、核爆発を伴わない未臨界核実験を実施してきている。更に2010年からは、強力なX線発生装置Zマシンで、核爆発に近い環境下でのプルトニウム挙動を調べる新型のZマシン核実験を始めた。2019年10月20日現在までの両者の実施経過である。

### ●Zマシン核実験

| | |
|---|---|
| 第1回 | 10年11月18日 (サンディア国立研究所) |
| 第2回 | 11年3月31日 (サンディア) |
| 第3回 | (11年9月22日) (サンディア) |
| 第4回 | (11年11月16日) (サンディア) |
| 第5回 | (12年5月17日) (サンディア) |
| 第6回 | (12年8月27日) (サンディア) |
| 第7回 | (12年10月3日) (サンディア) |
| 第8回 | (12年11月7日) (サンディア) |
| 第9回 | (13年5月15日) (サンディア) |
| 第10回 | (13年9月12日) (サンディア) |
| 第11回 | (14年9月4日) (サンディア) |
| 第12回 | (14年10月3日) (サンディア) |

### ●未臨界核実験

| | |
|---|---|
| 第1回 | 97年7月2日「リバウンド」(ロスアラモス国立研究所) |
| 第2回 | 97年9月18日「ホログ」(ローレンス・リバモア国立研究所) |
| 第3回 | 98年3月25日「ステージコーチ」(ロスアラモス) |
| 第4回 | 98年9月26日「バグパイプ」(リバモア) |
| 第5回 | 98年12月11日「シマロン」(ロスアラモス) |
| 第6回 | 99年2月9日「クラリネット」(リバモア) |
| 第7回 | 99年9月30日「オーボエⅠ」(リバモア) |
| 第8回 | 99年11月9日「オーボエⅡ」(リバモア) |
| 第9回 | 00年2月3日「オーボエⅢ」(リバモア) |
| 第10回 | 00年3月22日「サラブレッド」(ロスアラモス) |
| 第11回 | 00年4月6日「オーボエ4」(リバモア) |
| 第12回 | 00年8月18日「オーボエ5」(リバモア) |
| 第13回 | 00年12月14日「オーボエ6」(リバモア) |
| 第14回 | 01年9月26日「オーボエ8」(リバモア) ※ |
| 第15回 | 01年12月13日「オーボエ7」(リバモア) |
| 第16回 | 02年2月14日「ビト」(ロスアラモス、米英共同実験) |
| 第17回 | 02年6月7日「オーボエ9」(リバモア) |
| 第18回 | 02年8月29日「マリオ」(ロスアラモス) |
| 第19回 | 02年9月26日「ロッコ」(ロスアラモス) |
| 第20回 | 03年9月19日「ピアノ」(リバモア) |
| 第21回 | 04年5月25日「アーマンド」(ロスアラモス) |
| 第22回 | 06年2月23日「クラカタウ」(ロスアラモス、米英共同実験) |
| 第23回 | 06年8月30日「ユニコーン」(ロスアラモス) |
| 第24回 | (10年9月15日)「バッカス」(ロスアラモス) |
| 第25回 | (10年12月1日)「バローロA」(ロスアラモス) |
| 第26回 | (11年2月2日)「バローロB」(ロスアラモス) |
| 第27回 | 12年12月5日「ポルックス」 |
| 第28回 | 17年12月13日「ベガ」 |
| 第29回 | 19年2月13日「エディザ」 |

※オーボエ8とオーボエ7は逆の順序で実施された。末尾の( )はそれぞれの実験を担当した国立研究所の名前。( )付きの実施日は、NNSAの発表でなく、メディア、研究機関の取材、照会でわかったもの。

# 6. 第73回国連総会決議投票結果

第73回国連総会（2018年）における主要な軍縮及び
安全保障関連決議への各国の投票行動を示す。決議の
正式名称と特徴は(2)（●〜●ページ）にまとめた。

< ○:賛成　×:反対　△:棄権　−:欠席 >

| | | 決議番号 | 賛成-反対-棄権 | 米国 | ロシア | 英国 | フランス | 中国 | インド | パキスタン | イスラエル | 北朝鮮 |
|---|---|---|---|---|---|---|---|---|---|---|---|---|
| | | | | NPT核兵器国 | | | | | 核兵器保有9か国 | | | |
| **A 核兵器** | | | | | | | | | | | | |
| 1 | 中東地域における非核兵器地帯の設立 | A/RES/73/28 | 171-2-5 | X | ○ | ○ | ○ | ○ | ○ | ○ | X | ○ |
| 2 | 消極的安全保証 | A/RES/73/29 | 125-0-58 | △ | ○ | △ | △ | ○ | ○ | ○ | △ | △ |
| 3 | 核軍縮 | A/RES/73/50 | 125-40-18 | X | X | X | X | ○ | ○ | ○ | △ | △ |
| 4 | 核兵器禁止条約 | A/RES/73/48 | 126-41-16 | X | X | X | X | X | X | X | △ | ○ |
| 5 | 核軍縮への誓約履行の加速（NAC決議） | A/RES/73/70 | 139-32-17 | X | X | X | X | ○ | ○ | ○ | △ | △ |
| 6 | 新たな決意のもとでの団結した行動（日本決議） | A/RES/73/62 | 162-4-23 | ○ | △ | ○ | ○ | △ | ○ | ○ | △ | X |
| 7 | ICJ勧告的意見のフォローアップ（マレーシア決議） | A/RES/73/64 | 138-32-17 | X | X | X | X | ○ | ○ | ○ | △ | ○ |
| 8 | 核兵器の人道上の結末 | A/RES/73/47 | 142-15-26 | X | X | X | X | △ | ○ | ○ | △ | ○ |
| 9 | 核兵器のない世界のための倫理的至上命題 | A/RES/73/68 | 136-36-14 | X | X | X | X | ○ | ○ | ○ | △ | ○ |
| 10 | 核兵器使用の禁止に関する条約 | A/RES/73/74 | 124-50-13 | X | X | X | X | ○ | ○ | ○ | △ | ○ |
| 11 | 核兵器の危険性の低減 | A/RES/73/56 | 126-49-11 | X | X | X | X | ○ | ○ | ○ | △ | ○ |
| 12 | 中東における核拡散の危険性 | A/RES/73/83 | 158-6-21 | X | ○ | ○ | ○ | ○ | ○ | ○ | X | ○ |
| 13 | 包括的核実験禁止条約（CTBT） | A/RES/73/86 | 183-1-4 | △ | ○ | ○ | ○ | ○ | △ | ○ | ○ | △ |
| 14 | 核軍縮に関する2013年国連総会ハイレベル会合のフォローアップ | A/RES/73/40 | 143-27-14 | X | X | X | X | ○ | ○ | ○ | △ | ○ |
| 15 | 兵器用核分裂性物質の生産禁止条約（FMCT） | A/RES/73/65 | 182-1-5 | ○ | ○ | ○ | ○ | ○ | ○ | X | ○ | △ |
| 16 | 「核のない世界」の達成に関する世界宣言 | A/RES/73/57 | 138-21-26 | X | X | X | X | ○ | ○ | ○ | △ | ○ |
| 17 | 核兵器体制の作戦準備態勢の低減 | A/RES/73/60 | 175-5-5 | X | △ | X | X | ○ | ○ | ○ | △ | ○ |
| 18 | ２０２０年非核兵器地帯とモンゴルの第4回会議 | A/RES/73/71 | 179-0-5 | △ | ○ | △ | △ | ○ | ○ | ○ | △ | ○ |
| 19 | アフリカ非核兵器地帯条約 | A/RES/73/26 | 無投票 | | | | | | | | | |
| 20 | モンゴルの国際安全保障と非核兵器地帯地位 | A/RES/73/44 | 無投票 | | | | | | | | | |
| 21 | 中央アジア非核兵器地帯条約 | A/RES/73/58 | 無投票 | | | | | | | | | |
| **B 他の大量破壊兵器** | | | | | | | | | | | | |
| 22 | 化学兵器の禁止に関する条約の履行 | A/RES/73/45 | 152-7-22 | ○ | X | ○ | ○ | X | ○ | ○ | ○ | |
| 23 | 劣化ウランを含む兵器及び弾薬使用の影響 | A/RES/73/38 | 151-4-25 | X | △ | X | X | - | ○ | ○ | ○ | |
| 24 | 生物及び毒素兵器の禁止及び廃棄に関する条約 | A/RES/73/87 | 無投票 | | | | | | | | | |
| 25 | テロリストの大量破壊兵器取得防止措置 | A/RES/73/55 | 無投票 | | | | | | | | | |
| **C 宇宙** | | | | | | | | | | | | |
| 26 | 宇宙における軍備競争の禁止 | A/RES/73/30 | 178-2-0 | X | ○ | ○ | ○ | ○ | ○ | ○ | X | |
| 27 | 宇宙における兵器先行配備の禁止 | A/RES/73/31 | 128-12-40 | X | ○ | △ | △ | ○ | ○ | ○ | X | |
| 28 | 宇宙空間行動における透明性及び信頼構築措置 | A/RES/73/72 | 180-2-1 | X | ○ | ○ | ○ | ○ | ○ | ○ | X | |
| **D 通常兵器** | | | | | | | | | | | | |
| 29 | 対人地雷禁止及び廃棄に関する条約の履行 | A/RES/73/61 | 169-0-16 | △ | △ | ○ | ○ | △ | △ | △ | △ | |
| 30 | クラスター弾に関する条約の履行 | A/RES/73/54 | 144-1-38 | △ | X | ○ | ○ | △ | △ | △ | △ | |
| 31 | 武器貿易条約（ATT） | A/RES/73/36 | 151-0-29 | △ | △ | ○ | ○ | △ | △ | △ | △ | |
| 32 | 通常兵器の信頼醸成措置に関する情報 | A/RES/73/51 | 無投票 | | | | | | | | | |
| 33 | 小軽火器の不正取引の阻止と回収のための諸国への支援 | A/RES/73/52 | 無投票 | | | | | | | | | |
| 34 | 即製爆破装置で生まれた脅威への対抗 | A/RES/73/67 | 無投票 | | | | | | | | | |
| 35 | 小軽火器のあらゆる側面における不正取引 | A/RES/73/69 | 無投票 | | | | | | | | | |
| 36 | 特定の通常兵器の使用の禁止、及び制限規約 | A/RES/73/84 | 無投票 | | | | | | | | | |
| **E 地域軍縮と安全保障** | | | | | | | | | | | | |
| 37 | 地域及び準地域的通常兵器軍備管理 | A/RES/73/34 | 179-1-3 | ○ | ○ | ○ | ○ | ○ | X | ○ | ○ | |
| 38 | 地中海地域における安全保障と協力体制の強化 | A/RES/73/85 | 181-0-2 | △ | ○ | ○ | ○ | ○ | ○ | ○ | △ | |
| 39 | 地域軍縮 | A/RES/73/33 | 無投票 | | | | | | | | | |
| 40 | 地域及び準地域的信頼醸成措置 | A/RES/73/35 | 無投票 | | | | | | | | | |
| 41 | 地域の信頼醸成措置（中央アフリカ） | A/RES/73/78 | 無投票 | | | | | | | | | |
| **F 他の軍縮手段及び国際安全保障** | | | | | | | | | | | | |
| 42 | 軍縮及び不拡散における多国間主義の促進 | A/RES/73/41 | 128-4-52 | X | ○ | X | △ | △ | ○ | ○ | X | |
| 43 | 財政的国際安全保障面のサイバースペースでの責任ある国家行動の前進 | A/RES/73/266 | 138-12-16 | △ | X | △ | △ | X | ○ | ○ | △ | |

第3部

【国家の分類】
- 核兵器保有の9か国：核不拡散条約(NPT)上の5核兵器国及びNPT外の核兵器保有国4か国。
- 米核兵器への依存国：米国の核抑止力に依存する国々。
- 新アジェンダ連合(NAC)：1998年に外相声明「核兵器のない世界へ：新しいアジェンダの必要性」を発し、その後も活動を継続している6か国。
- 不拡散・軍縮イニシャチブ(NPDI)：2010年9月、日豪主導で結成された国家グループ。下の表で、国名が白字の12か国。(注：日本政府は「軍縮・不拡散イニシャチブ」と訳しているが、原文(英)は「不拡散・軍縮イニシャチブ」)

列見出し（左から右へ）：
オーストラリア｜日本｜韓国｜ベルギー｜ブルガリア｜カナダ｜ドイツ｜ハンガリー｜イタリア｜オランダ｜ノルウェー｜ポーランド｜ルーマニア｜スロバキア｜スペイン｜トルコ｜ブラジル｜エジプト｜アイルランド｜メキシコ｜ニュージーランド｜南アフリカ｜アルジェリア｜アルゼンチン｜オーストリア｜チリ｜フィンランド｜インドネシア｜イラン｜マレーシア｜モンゴル｜ナイジェリア｜フィリピン｜スウェーデン｜スイス｜アラブ首長国連邦

区分：米核兵器依存の非保有国 ／ 新アジェンダ連合(NAC)

# 6. 第73回国連総会決議投票結果（続き）

決議の原文等は、国連の文書検索システムから決議番号で検索。
http://research.un.org/en/docs/ga/quick/regular/72

以下は、120頁の表で列挙した諸決議の正式名称、提案国及び投票結果の特徴である。(提案国は第1委員会提出時のもの)

第73回国連総会は、軍縮及び安全保障に関連して63の決議をあげた。そのうち主要な43の決議を6分野に分け、ジュネーブ軍縮会議(CD)参加65か国とアラブ首長国連邦の投票結果を総表にした。このデータは各国政府の国際舞台での姿勢をうかがい知る必須の情報である。

## A：核兵器

1.「中東地域における非核兵器地帯の設立」/提案国：エジプト。米国、イスラエルなどは反対。英国、カメルーンが棄権。

2.「非核兵器国に対して核兵器の使用または使用の威嚇をしないことを確約する効果的な国際協定の締結」（消極的安全保証）/提案国：アルジェリア、エジプト、パキスタン、シリアなど17か国。中国を除く核兵器保有国、米核兵器依存国の多数が棄権。日本は賛成。

3.「核軍縮」/提案国：ブラジル、キューバ、フィリピンなど25か国。中国を除く核兵器国、日本を除く米核兵器依存国、イスラエルは反対。日本、パキスタン、インドなどが棄権。

4.「核兵器禁止条約」/提案国：エジプトを除くNAC5か国など54か国。米核兵器依存国、北朝鮮を除く核兵器保有8か国が反対。

5.「核兵器のない世界へ―核軍縮に関する誓約の履行を加速する」（NAC決議）/提案国：NAC6か国など10か国。核兵器国、米核兵器依存国の多くが反対。北朝鮮、パキスタン、日本などは棄権。

6.「核兵器の完全廃棄へ向けた、新たな決意のもとでの団結した行動」（日本決議）/提案国：オーストラリア、イタリア、日本など34か国。ロシア、中国、北朝鮮、シリアは反対。米国、フランス、NAC6か国などが棄権。

7.「核兵器の威嚇または使用の合法性に関する国際司法裁判所(ICJ)の勧告的意見のフォローアップ」（マレーシア決議）/提案国：中国を除く核兵器国、日本とカナダを除く米核兵器依存国、イスラエルは反対。インド、北朝鮮などが棄権。

8.「核兵器の人道上の結末」/提案国：NAC6か国など61か国。中国を除く核兵器国などは反対。

9.「核兵器のない世界のための倫理的至上命題」/提案国：ニュージーランドを除くNAC5か国など21か国。日本を除く米核兵器依存国、中国を除く核兵器国、イスラエルなどは反対。日本、中国などが棄権。

10.「核兵器使用の禁止に関する条約」/提案国：キューバ、インド、ミャンマー、ベトナムなど10か国。ロシアと中国を除く核兵器国、日本を除く米核兵器依存国、イスラエルなどは反対。

11.「核兵器の危険性の低減」/提案国：キューバ、インド、ミャンマーなど12か国。米国、英国、フランス、日本を除く米核兵器依存国などは反対。日本、ロシア、中国などが棄権。

12.「中東における核拡散の危険性」/提案国：アルジェリア、モロッコ、アラブ首長国連邦など22か国。米国、カナダ、イスラエルなどは反対。

13.「包括的核実験禁止条約(CTBT)」/提案国：韓国を除く米核兵器依存国など66か国。北朝鮮が反対。米国、インド、シリアが棄権。

14.「核軍縮に関する2013年国連総会ハイレベル会合のフォローアップ」/提案国：インドネシア。中国を除く核兵器保有国などは反対。

15.「兵器用核分裂性物質の生産禁止条約(FMCT)」/提案国：カナダ、ドイツ、オランダ。パキスタンは反対。エジプト、イスラエル、北朝鮮などが棄権。

16.「核兵器のない世界」の達成に関する世界宣言」/提案国：アルジェリア、ベラルーシ、カザフスタンなど15か国。
ロシアと中国を除く核兵器国、米核兵器依存国の半数、イスラエルは反対。

17.「核兵器体制の作戦準備態勢の低減」/提案国：オーストリア、ベルギー、アイルランド、ニュージーランドなど17か国。中国を除く核兵器国は反対。イスラエル、北朝鮮、韓国が棄権。

18.「2020年非核兵器地帯とモンゴルの第4回会議」/提案国：ブラジル、モンゴル、ニカラグア。中国を除く核兵器国、イスラエルが棄権。

19.「アフリカ非核兵器地帯条約」/提案国：オーストラリア、オーストリア、カザフスタンなど8か国。無投票。

20.「モンゴルの国際安全保障と非核兵器地帯地位」/提案国：ロシア以外の核兵器国など

10か国。無投票。

**21.**「中央アジア非核兵器地帯条約」提案国：エジプト、フランス、英国など32か国。無投票。

### B:他の大量破壊兵器

**22.**「化学兵器の開発、生産、貯蔵、使用の禁止及び破壊に関する条約の履行」/提案国：ポーランド。ロシア、イラン、シリア、ジンバブエは反対。エジプト、アルジェリア、ベラルーシなどが棄権。北朝鮮は欠席。

**23.**「劣化ウランを含む兵器及び弾薬使用の影響」/提案国：インドネシア。米国、英国、フランス、イスラエルは反対。ロシア、オーストリア、韓国などが棄権。中国は欠席。

**24.**「生物及び毒素兵器の禁止及び廃棄に関する条約」/提案国：ハンガリー。無投票。

**25.**「テロリストの大量破壊兵器取得防止措置」/提案国：米国、英国、インドなど54か国。無投票。

### C:宇宙

**26.**「宇宙における軍備競争の禁止」/提案国：中国、パキスタン、ロシアなど25か国。米国、イスラエルは反対。ナイジェリアは欠席。

**27.**「宇宙における兵器の先行配備の禁止」/提案国：中国、北朝鮮、パキスタン、ロシアなど37か国。米国、英国、フランス、イスラエルなどは反対。日本、韓国、アイルランド、ニュージーランドなどが棄権。

**28.**「宇宙空間行動における透明性及び信頼構築措置」/提案国：中国、ロシア。米国、イスラエルは反対。カメルーンは欠席。

### D:通常兵器

**29.**「対人地雷禁止及び廃棄に関する条約の履行」/提案国：アフガニスタン、オーストリア、ノルウェー。インド、北朝鮮、韓国、エジプトなどが棄権。

**30.**「クラスター弾に関する条約の履行」/提案国：フランス、アイルランド、ニュージーランドなど34か国。米国、ロシア、中国、韓国などが棄権。北朝鮮は欠席。

**31.**「武器貿易条約(ATT)」/提案国：トルコを除く米核兵器依存国、フランス、英国など85か国。米国、ロシア、インド、北朝鮮などが棄権。ベトナムは欠席。

**32.**「通常兵器の信頼醸成措置に関する情報」/提案国：イタリア、日本、ノルウェーなど45か国。無投票。

**33.**「小軽火器の不正取引の阻止と回収のための諸国への支援」/提案国：フランス、アイルランド、ルーマニアなど43か国。無投票。

**34.**「即製爆発装置で生まれた脅威への対抗」/提案国：フランス、ドイツ、ポーランドなど23か国。無投票。

**35.**「小軽火器のあらゆる側面における不正取引」/提案国：イタリア、日本、英国など48か国。無投票。

36.「特定の通常兵器の使用の禁止、及び制限条約」提案国：英国。無投票。

### E:地域軍縮と安全保障

**37.**「地域及び準地域的通常兵器軍備管理」/提案国：エクアドル、パキスタン、ペルー、シリア、ザンビア。インドは反対。ロシアなどが棄権。

**38.**「地中海地域における安全保障と協力体制の強化」/提案国：エジプト、オランダ、英国など25か国。イスラエルが棄権。イランは欠席。

**39.**「地域軍縮」/提案国：エジプト、ナイジェリア、パキスタンなど7か国。無投票。

**40.**「地域及び準地域的信頼醸成措置」/提案国：パキスタン、シリア。無投票。

**41.**「地域的信頼醸成措置(中央アフリカ)」/提案国：カメルーン、コンゴ共和国。無投票。

### F:他の軍縮手段及び国際安全保障

**42.**「軍縮及び不拡散における多国間主義の促進」/インドネシア。米国、英国、イスラエルは反対。米核兵器依存国、フランス、アイルランド、ニュージーランドなどが棄権。

**43.**「財政的国際安全保障面のサイバースペースでの責任ある国家行動の前進」/提案国：フランス、日本、米国、英国など36か国。エジプト、イランロシア、中国、北朝鮮などは反対。ミャンマー、セネガル、パキスタンなどが棄権。コンゴ共和国は欠席。

# 7. 米国の弾道ミサイル発射実験

北朝鮮の弾道ミサイル発射のたびに国連安保理の制裁決議が繰り返される。しかし、弾道ミサイル発射は北朝鮮だけが実施しているわけではない。多くの核兵器保有国は、保有核兵器の有効性を確認すべく、年に数回の実験を行っている。この二重基準の実態をみるために、米国の最近10年間の弾道ミサイル実験を整理した。すべてを網羅しているか否かは不確かである。

| | 年月日 | 運搬手段 | 飛行距離 | 備 考 | 出典 |
|---|---|---|---|---|---|
| 1 | 09/2/3 | トライデントⅡD5 | — | SSBNアラバマが太平洋テストレンジにおいて1発のSLBMを発射。 | ①10年版 |
| 2 | 09/6/29 | ミニットマンⅢ | 6740km | バンデンバーグAFBからクワジェリン環礁実験場へ向け3発発射。 | 同上 |
| 3 | 09/8/23 | ミニットマンⅢ | — | バンデンバーグAFBからクワジェリン環礁実験場へ向け発射。 | 同上 |
| 4 | 09/9/3 | トライデントⅡD5 | — | SSBNウエストバージニアが大西洋テストレンジにおいて1発のSLBMを発射。 | 同上 |
| 5 | 09/9/4 | トライデントⅡD5 | — | SSBNウエストバージニアが大西洋テストレンジにおいて1発のSLBMを発射。 | 同上 |
| 6 | 09/12/19 | トライデントⅡD5 | — | SSBNアラスカが大西洋テストレンジにおいて1発のSLBMを発射。 | 同上 |
| 7 | 10/6/16 | ミニットマンⅢ | 6700km | バンデンバーグAFBからクワジェリン環礁実験場へ向け1発発射。 | ①11年版 |
| 8 | 10年6月 | トライデントⅡD5 | — | SSBNメリーランドが6月の連続した2日間、太西洋テストレンジで4発のSLBMを発射。 | 同上 |
| 9 | 10/9/17 | ミニットマンⅢ | 8530km | バンデンバーグAFBからグアムの南西海域へ向け1発発射。 | 同上 |
| 10 | 11/6/22 | ミニットマンⅢ | 6700km | バンデンバーグAFBからクワジェリン環礁実験場へ向け1発発射。 | ①12年版 |
| 11 | 11/9/27 | ミニットマンⅢ | — | バンデンバーグAFBからクワジェリン環礁北端のロイ・ナムール北東海域へ向け発射。 | 同上 |
| 12 | 12/2/25 | ミニットマンⅢ | 7800km | バンデンバーグAFBからクワジェリン環礁実験場へ向け発射。 | ①13年版 |
| 13 | 12/11/14 | ミニットマンⅢ | — | バンデンバーグAFBからクワジェリン環礁実験場へ向け1発発射。 | 同上 |
| 14 | 13/5/22 | ミニットマンⅢ | — | バンデンバーグAFBからクワジェリン環礁実験場へ向け発射。 | ② |
| 15 | 13/9/22 | ミニットマンⅢ | — | バンデンバーグAFBからクワジェリン環礁実験場へ向け発射。 | ② |
| 16 | 13/9/26 | ミニットマンⅢ | — | バンデンバーグAFBからクワジェリン環礁実験場へ向け発射。 | ② |
| 17 | 13/12/17 | ミニットマンⅢ | — | バンデンバーグAFBからクワジェリン環礁実験場へ向け発射。 | ② |
| 18 | 13年4月 | トライデントⅡD5 | — | SSBNペンシルバニアが4発のSLBMを発射。 | ①14年版 |
| 19 | 13年9月 | トライデントⅡD5 | — | ペンシルバニア以外のSSBNが大西洋においてSLBM 4発を発射。 | 同上 |
| 20 | 14年6月 | トライデントⅡD5 | — | SSBNウエストバージニアが大西洋においてSLBM 2発を発射。 | ①15年版 |
| 21 | 14/9/23 | ミニットマンⅢ | — | バンデンバーグAFBからクワジェリン環礁実験場へ向け1発発射。 | 同上 |

| | 年月日 | 運搬手段 | 飛行距離 | 備　考 | 出典 |
|---|---|---|---|---|---|
| 22 | 15/2/22 | トライデントⅡ D 5 | ― | SSBNペンシルバニアがサンディエゴ沖で2発の SLBMを発射。 | 同上 |
| 23 | 15/3/23 | ミニットマンⅢ | 9660km | バンデンバーグAFBからクワジェリン環礁実験場へ向け 1 発発射。 | ① 16年版 |
| 24 | 15/3/27 | ミニットマンⅢ | 10700km | バンデンバーグAFBからグアムの南西1300kmの海域へ向け1発発射。 | 同上 |
| 25 | 15/5/20 | ミニットマンⅢ | ― | バンデンバーグAFBからクワジェリン環礁へ向け1発発射。 | 同上 |
| 26 | 15/8/19 | ミニットマンⅢ | 6760km | バンデンバーグAFBからクワジェリン環礁へ向け1発発射。 | 同上 |
| 27 | 15/10/21 | ミニットマンⅢ | 6760km | バンデンバーグAFBからクワジェリン環礁へ向け1発発射。 | 同上 |
| 28 | 15/11/7 | トライデントⅡ D 5 | ― | SSBNケンタッキーが太平洋において1発のSLBMを発射。 | 同上 |
| 29 | 15/11/9 | トライデントⅡ D 5 | ― | SSBNケンタッキーが太平洋において1発のSLBMを発射。 | 同上 |
| 30 | 16/2/20 | ミニットマンⅢ | 6760km | バンデンバーグAFBからクワジェリン環礁実験場へ向け発射。 | ① 17年版 |
| 31 | 16/2/25 | ミニットマンⅢ | 6760km | バンデンバーグAFBからクワジェリン環礁実験場へ向け発射。 | 同上 |
| 32 | 16/3/14 ～16 | トライデントⅡ D 5 | ― | 未確認のSSBNが3月の連続した3日間、太平洋において3発のSLBMを発射。 | 同上 |
| 33 | 16/8/31 | トライデントⅡ D 5 | ― | SSBNメリーランドが大西洋において1発のSLBMを発射。 | 同上 |
| 34 | 16/9/5 | ミニットマンⅢ | 7800km | バンデンバーグAFBからクワジェリン環礁実験場へ向け発射。 | ③ |
| 35 | 17/2/8 | ミニットマンⅢ | 6760km | バンデンバーグAFBからクワジェリン環礁実験場へ向け発射。 | ① 18年版 |
| 36 | 17/2/14 ～ 16 | トライデントⅡ D5 | ― | SSBN ケンタッキーが連続3日間、太平洋において 4 発の SLBM を発射。 | 同上 |
| 37 | 17/4/26 | ミニットマンⅢ | 6760km | バンデンバーグAFBからクワジェリン環礁実験場へ向け発射。 | 同上 |
| 38 | 17/5/3 | 同上 | 同上 | 同上 | 同上 |
| 39 | 17/8/2 | 同上 | 同上 | 同上 | 同上 |
| 40 | 18/3/26 | トライデントⅡ D 5 | ― | SSBNネブラスカが太平洋において2発のSLBMを発射。 | ① 19年版 |
| 41 | 18/4/25 | ミニットマンⅢ | 6760km | バンデンバーグAFBからクワジェリン環礁実験場へ向け発射。 | 同上 |
| 42 | 18/5/14 | 同上 | 同上 | 同上 | 同上 |
| 43 | 18/7/31 | 同上 | 同上 | 同上 | 同上 |
| 44 | 18/8/2 | 同上 | 同上 | 同上 | 同上 |
| 45 | 18/11/6 | 同上 | 同上 | 同上 | 同上 |

略語…AFB:空軍基地／SSBN:弾道ミサイル原子力潜水艦（戦略原潜）／SLBM:潜水艦発射弾道ミサイル
以下を基にピースデポが作成。
①H・クリステンセン、S・ノリス；ニュークリア・ノートブック「米国の核戦力」2008年版～19年版
② Vandenberg AFB Launch History (www.spacearchive.info/vafblog.htm)
③U.S. Air Force（www.af.mil/News/ArticleDisplay/tabid/223/Article/935294/malmstrom-tests-minuteman-iii-with-launch-from-vandenberg.aspx）

# 8.【図説】V-22 オスプレイ：
## 機体情報と低空飛行訓練

■ 機体情報

【機種】
MV-22、CV-22、CMV-22などがある。
Vは垂直あるいは短距離発着を示す。Cは輸送機、Mは多目的など用途を示す。

【性能】
最大航行速度：時速485km
海面上昇率（固定翼モード）：975m/分
上昇限度：高度7,620m（片発時：3,139m）
ホバリング高度限界：1,646m

【最大重量】
垂直離陸時：23,859kg
短距離離陸時：25,855kg
短距離離陸時（自己展開）：27,443kg

【燃料容量】
MV-22：6,513リットル
CV-22：7,667リットル

【エンジン】
型式：AE1107C（ロールスロイス・リバティ）
最大出力：4,586kw×2基

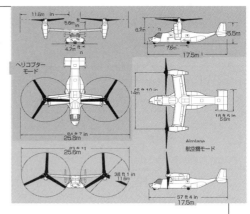

【乗員】
コックピット（乗員室）：MV-22　2人
　　　　　　　　　　　　CV-22　3人
キャビン（貨物室）：乗員席1人、隊員席24人

ボーイング社「オスプレイ・ガイドブック2011/2012」（11年3月）をもとにピースデポ作成。

## ■ 低空飛行訓練実施における作戦上の選定基準の概要（抜粋）

| | |
|---|---|
| 現実的な
エリア規模 | 訓練エリアの規模は、様々な乗員による現実的な訓練任務を許容する適切なものであり、多様な地形における進入、潜入、脱出、および給油訓練を可能にするものでなければならない。 |
| 訓練エリアの
利用可能性と
タイミング | 訓練エリア（射爆場のような）においては、試験及びエリアを用いた航空機訓練が優先される。（中略）乗員は、概して薄暮に飛び立ち、日没後に任務を行う。そしてほとんどの任務において、暗視ゴーグルおよび地形追跡レーダーを使用する。 |
| 変動回避
エリア | 任務ブリーフィングで、乗員は、秘密の潜入・撤収を行う能力を妨げる、地上からの脅威やその他の妨害にさらされる可能性に関する情報を与えられる。それらの脅威は、多様な区域において、数時間ないし数日、さらに長期にわたり存在し得る。（中略）乗員は季節的祭事を想定した脅威回避のための模擬訓練を行う。 |
| 地上300
フィートの
低空飛行 | 乗員は、発見回避のため、地形追随レーダーと暗視装置を使用し、日没後に地上高500フィートないしそれ以下を飛行しなければならない。低空飛行訓練によって、乗員は、地上高300フィート以下を含む低高度で地形を利用した掩蔽（えんぺい）飛行や、尾根越えの飛行の能力を獲得する。 |

米空軍「ニューメキシコ州キャノン空軍基地における低空飛行訓練実施のための環境評価書案」（11年8月）をもとにピースデポ作成。

## ■配備計画（在日米軍及び自衛隊）

| | 機数 | 機種 | 配備年 | 配備地 |
|---|---|---|---|---|
| 在日米軍<br>海兵隊 | 24機 | MV-22 | ・2012年10月：12機<br>・2013年8〜9月：12機 | 普天間基地<br>（沖縄県内各地に加え、岩国基地、キャンプ富士、厚木・横田基地等へも飛来。） |
| 在日米軍<br>空軍 | 10機 | CV-22 | ・2018会計年：5機<br>・2024年までに5機追加（予定） | 横田基地 |
| 在日米軍<br>海軍 | 2機 | CMV-22 | ・2021〜2026年（予定）<br>（報道による。） | 岩国基地 |
| 陸上自衛隊 | 17機 | ？ | ・2018年度までの5年間で。（13年12月、中期防衛力整備計画に明記。） | 木更津に暫定配備の計画<br>（当初は佐賀空港を検討したが、地元の反対で変更。） |

## ■沖縄での運用計画

　米軍作成のMV-22の「環境レビュー」は、オスプレイ運用場所として、既存の69か所のヘリパッド（着陸帯）を示した。パッドは、本島中南部から北部及び伊江島に点在しており、本島全域が「飛行エリア」となる。北部訓練場では、96年の「沖縄に関する特別行動委員会（SACO）」最終報告に基づき、「過半の返還」を前提とした、東村高江集落周辺への、ヘリパッド移設工事が強行された。

　沖縄では、市街地上空における低空飛行が常態化している。伊江島では毎日4機前後が飛来し、離着陸訓練、パラシュート降下訓練等が行われている。

## ■日本各地での低空飛行訓練計画

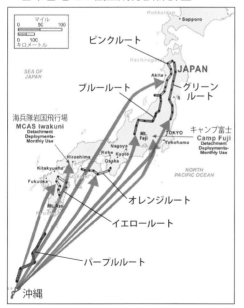

米海軍・海兵隊「MV-22の海兵隊普天間飛行場配備及び日本における運用に関する最終環境レビュー」（12年4月）をもとにピースデポ作成。

　MV-22の「環境レビュー」は、6本の飛行訓練ルートを示した。米政府が公式文書でルートを図示したのは初めて。

　過去の米軍機事故[※]の調査報告書等により8本のルートの存在が明らかになっている。しかし、「環境レビュー」には、中国地方の「ブラウンルート」や、東北・北海道の「北方ルート」、また、自衛隊と米軍が実質的に共同使用している飛行訓練エリア（ホテルエリア（群馬、長野、新潟、福島、栃木にわたる演習場ではない空域）、R567など）は示されていない。

　一方、CV-22横田配備環境レビュー（15年2月）には特殊作戦部隊にとって必須の訓練である低空飛行訓練ルートの記載はない。唯一、訓練区域として東富士演習場、ホテルエリア（群馬、長野、新潟、福島各県にまたがる空域）、三沢対地射爆撃場、沖縄の訓練場が挙げられている。

※奈良県十津川村・林業ワイヤー切断事故（91年）や高知県・早明浦ダム墜落事故（94年）。

# 9.【図説】横須賀母港米艦船の変遷

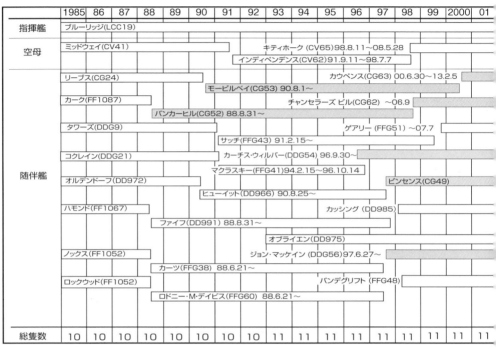

FF:フリゲート艦、FFG:誘導ミサイル・フリゲート艦、DD:駆逐艦、DDG:誘導ミサイル駆逐艦、CG:誘導ミサイル巡洋艦

(注)母港の始期と終期の日付は必ずしも一貫性がない。実際に横須賀に来た日と離れた日が基本であるが、海軍が発表した母港日の場合もある。

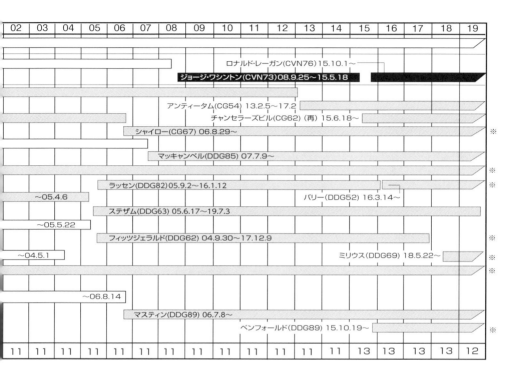

| 02 | 03 | 04 | 05 | 06 | 07 | 08 | 09 | 10 | 11 | 12 | 13 | 14 | 15 | 16 | 17 | 18 | 19 |
|----|----|----|----|----|----|----|----|----|----|----|----|----|----|----|----|----|----|

- ロナルド・レーガン(CVN76)15.10.1～
- ジョージ・ワシントン(CVN73)08.9.25～15.5.18
- アンティータム(CG54)13.2.5～17.2
- チャンセラーズビル(CG62)(再)15.6.18～
- シャイロー(CG67)06.8.29～ ※
- マッキャンベル(DDG85)07.7.9～ ※
- ラッセン(DDG82)05.9.2～16.1.12 ※
- ～05.4.6
- バリー(DDG52)16.3.14～
- ステザム(DDG63)05.6.17～19.7.3
- ～05.5.22
- フィッツジェラルド(DDG62)04.9.30～17.12.9 ※
- ～04.5.1
- ミリウス(DDG69)18.5.22～ ※
- ～06.8.14
- マスティン(DDG89)06.7.8～
- ベンフォールド(DDG89)15.10.19～ ※

| 11 | 11 | 11 | 11 | 11 | 11 | 11 | 11 | 11 | 11 | 11 | 11 | 11 | 11 | 13 | 13 | 13 | 13 | 12 |
|----|----|----|----|----|----|----|----|----|----|----|----|----|----|----|----|----|----|----|

- ■ 原子力艦
- ▨ イージス艦
- ※ 弾道ミサイル防衛（BMD）能力

# 10. 【図説】佐世保母港米艦船の変遷

（「佐世保市基地読本」及びリムピース「佐世保米艦船在港状況」をもとにピースデポが作

| | 1985 | 86 | 87 | 88 | 89 | 90 | 91 | 92 | 93 | 94 | 95 | 96 | 97 | 98 | 99 | 2000 |
|---|---|---|---|---|---|---|---|---|---|---|---|---|---|---|---|---|
| 強襲揚陸艦 | | | | | | | | ベロー・ウッド(LHA3)92.9.30〜00.7.26 | | | | | | | | |
| | | | | | | | | | | | | エセックス(LHD2)00.7.26〜12.4.23 | | | | |
| 貨物揚陸艦 | セント・ルイス(LKA116)83.10.17〜92.11.2 | | | | | | | | | | | | | | | |
| 戦車揚陸艦 | | サン・バーナーディノ(LST1189)86.4.29〜95.5.27 | | | | | | | | | | | | | | |
| ドック型揚陸艦 | | ジャーマン・タウン(LSD42)92.11.3〜02.7.21 | | | | | | | | | | | | | | |
| | | | | フォート・マクヘンリー　(LSD43)95.9.30〜06.4.14 | | | | | | | | | | | | |
| ドック型輸送揚陸艦 | | デュビューク(LPD8)85.9.4〜99.8.19 | | | | | | | | | | | | | | |
| | | | | | | | | | | ジュノー(LPD10)99.7.30〜08.7.13 | | | | | | |
| 救難艦 | | | ビューフォート(ATS2)87.12.18〜96.1.10 | | | | | | | | | | | | | |
| | | | | ブラウンズウイック(ATS3)88.7.29〜96.1.28 | | | | | | | | | | | | |
| 掃海艦 | | | | | | | | | | | | | | | | |
| 通常型潜水艦 | | | | ダーター(SS576)79.5.8〜89.8.18 | | | | | | | | | | | | |
| | | バーベル(SS580)85.10.10〜89.9.11 | | | | | | | | | | | | | | |
| 総隻数 | 4 | 5 | 6 | 7 | 7 | 5 | 5 | 7 | 7 | 7 | 7 | 7 | 6 | 6 | 7 | 6 |

※艦種の略号
LHA:強襲揚陸艦／LKA:貨物揚陸艦／LST:戦車揚陸艦／LSD:ドック型揚陸艦／LPD:ドック型輸送揚陸艦／

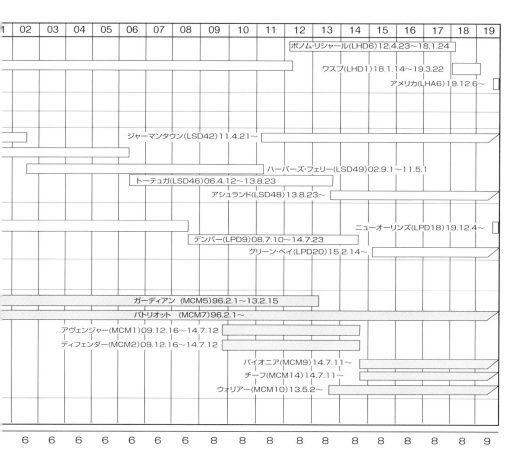

| | 02 | 03 | 04 | 05 | 06 | 07 | 08 | 09 | 10 | 11 | 12 | 13 | 14 | 15 | 16 | 17 | 18 | 19 |
|---|---|---|---|---|---|---|---|---|---|---|---|---|---|---|---|---|---|---|

ボノム・リシャール(LHD6)12.4.23〜18.1.24

ワスプ(LHD1)18.1.14〜19.3.22

アメリカ(LHA6)19.12.6〜

ジャーマンタウン(LSD42)11.4.21〜

ハーバーズ・フェリー(LSD49)02.9.1〜11.5.1

トーテュガ(LSD46)06.4.12〜13.8.23

アシュランド(LSD48)13.8.23〜

ニューオーリンズ(LPD18)19.12.4〜

デンバー(LPD9)08.7.10〜14.7.23

グリーン・ベイ(LPD20)15.2.14〜

ガーディアン (MCM5)96.2.1〜13.2.15

パトリオット　(MCM7)96.2.1〜

アヴェンジャー(MCM1)09.12.16〜14.7.12

ディフェンダー(MCM2)09.12.16〜14.7.12

パイオニア(MCM9)14.7.11〜

チーフ(MCM14)14.7.11〜

ウォリアー(MCM10)13.5.2〜

| 6 | 6 | 6 | 6 | 6 | 6 | 6 | 8 | 8 | 8 | 8 | 8 | 8 | 8 | 8 | 8 | 8 | 9 |

# 11. 原子力艦の寄港状況

## 【1】通算記録　1964〜2018年の寄港回数と延べ滞在日数。(入港から出港までの日数。同日出入港は1とカウント)

| 年 | 64 | | 65 | | 66 | | 67 | | 68 | | 69 | | 70 | | 71 | | 72 | | 73 | | 74 | |
|---|---|---|---|---|---|---|---|---|---|---|---|---|---|---|---|---|---|---|---|---|---|---|
| | 回数 | 日数 | 回数 | 日数 | 回数 | 日数 | 回数 | 日数 | 回数 | 日数 | 回数 | 日数 | 回数 | 日数 | 回数 | 日数 | 回数 | 日数 | 回数 | 日数 | 回数 | 日数 |
| 横須賀 | 0 | 0 | 0 | 0 | 2 | 10 | 5 | 55 | 3 | 26 | 8 | 83 | 9 | 99 | 18(5) | 186(32) | 21 | 150 | 18(3) | 186(15) | 6 | 42 |
| 佐世保 | 1 | 3 | 6 | 36 | 4 | 35 | 1 | 14 | 4(2) | 24(10) | 1 | 3 | 1(1) | 6(6) | 0 | 0 | 3(1) | 17(8) | 1 | 3 | 0 | 0 |
| 沖縄 | - | - | - | - | - | - | - | - | - | - | - | - | - | - | - | - | 7 | 7 | 3 | 3 | 0 | 0 |

| 年 | 87 | | 88 | | 89 | | 90 | | 91 | | 92 | | 93 | | 94 | | 95 | | 96 | | 97 | |
|---|---|---|---|---|---|---|---|---|---|---|---|---|---|---|---|---|---|---|---|---|---|---|
| | 回数 | 日数 | 回数 | 日数 | 回数 | 日数 | 回数 | 日数 | 回数 | 日数 | 回数 | 日数 | 回数 | 日数 | 回数 | 日数 | 回数 | 日数 | 回数 | 日数 | 回数 | 日数 |
| 横須賀 | 25 | 162 | 28 | 203 | 29(1) | 203(1) | 33 | 210 | 35 | 241 | 21 | 169 | 15 | 155 | 31(6) | 236(36) | 31 | 244 | 29(3) | 243(12) | 33(1) | 237(3) |
| 佐世保 | 7(1) | 45(5) | 6 | 35 | 2 | 2 | 1(1) | 3(3) | 6 | 23 | 11 | 23 | 10 | 29 | 15(1) | 52(2) | 6 | 32 | 7 | 49 | 23 | 161 |
| 沖縄 | 10 | 10 | 11 | 17 | 3 | 6 | 9 | 15 | 4 | 4 | 7 | 14 | 17 | 34 | 18(2) | 27(6) | 7 | 13 | 16 | 33 | 9 | 11 |

## 【2】2018年の記録

### ■横須賀（神奈川県）

| 回数 | 艦名 | 艦種 | 寄港期間 | 滞在日数 |
|---|---|---|---|---|
| ※ | ロナルド・レーガン | 空母 | 1/1 〜 5/11 | 131 |
| 1 | ミシシッピ | 潜水艦 | 1/22 〜 1/30 | 9 |
| 2 | ミシシッピ | 潜水艦 | 1/31 | 1 |
| 3 | ミシシッピ | 潜水艦 | 2/12 〜 2/16 | 5 |
| 4 | トピーカ | 潜水艦 | 3/2 〜 3/7 | 6 |
| 5 | コロンビア | 潜水艦 | 5/4 〜 5/11 | 8 |
| 6 | コロンビア | 潜水艦 | 5/12 | 1 |
| 7 | ロナルド・レーガン | 空母 | 5/17 〜 5/29 | 13 |
| 8 | パサデナ | 潜水艦 | 6/22 〜 6/27 | 6 |
| 9 | ロナルド・レーガン | 空母 | 7/24 〜 7/27 | 4 |
| 10 | ロナルド・レーガン | 空母 | 7/30 〜 8/7 | 9 |
| 11 | ミシガン | 潜水艦 | 8/3 | 1 |
| 12 | ミシガン | 潜水艦 | 8/4 | 1 |
| 13 | ロナルド・レーガン | 空母 | 8/10 〜 8/14 | 5 |
| 14 | コネチカット | 潜水艦 | 8/13〜8/17 | 5 |
| 15 | パサデナ | 潜水艦 | 8/21〜8/22 | 2 |
| 16 | ミシガン | 潜水艦 | 8/22〜8/28 | 7 |
| 17 | トピーカ | 潜水艦 | 8/29 〜 9/3 | 6 |
| 18 | アレキサンドリア | 潜水艦 | 9/26 〜 9/27 | 2 |
| 19 | スクラントン | 潜水艦 | 10/8 | 1 |
| 20 | コネチカット | 潜水艦 | 10/8 〜 10/12 | 5 |
| 21 | コネチカット | 潜水艦 | 10/15 | 1 |
| 22 | コネチカット | 潜水艦 | 10/16 | 1 |
| 23 | アレキサンドリア | 潜水艦 | 11/20 〜 11/21 | 2 |
| 24 | ロナルド・レーガン | 空母 | 12/5 〜 12/31 | 27 |

※　2017年から引き続き滞在。滞在日数は2018年内。

| | 75 | | 76 | | 77 | | 78 | | 79 | | 80 | | 81 | | 82 | | 83 | | 84 | | 85 | | 86 | |
|---|---|---|---|---|---|---|---|---|---|---|---|---|---|---|---|---|---|---|---|---|---|---|---|---|
| | 回数 | 日数 | 回数 | 日数 | 回数 | 日数 | 回数 | 日数 | 回数 | 日数 | 回数 | 日数 | 回数 | 日数 | 回数 | 日数 | 回数 | 日数 | 回数 | 日数 | 回数 | 日数 | 回数 | 日数 |
| | 8(2) | 52(18) | 8 | 61 | 4 | 26 | 7(2) | 60(28) | 8(2) | 48(12) | 8(1) | 45(7) | 6 | 32 | 20 | 132 | 23 | 178 | 25(2) | 81(7) | 30 | 172 | 32(1) | 169(10) |
| | 0 | 0 | 0 | 0 | 0 | 0 | 0 | 0 | 0 | 0 | 0 | 0 | 0 | 0 | 1 | 4 | 6(4) | 33(21) | 1(1) | 3(3) | 5 | 24 | 7 | 39 |
| | 0 | 0 | 1 | 4 | 1 | 1 | 0 | 0 | 1 | 1 | 5(2) | 9(4) | 1 | 1 | 0 | 0 | 0 | 0 | 0 | 0 | 0 | 0 | 3 | 6 |

| | 98 | | 99 | | 00 | | 01 | | 02 | | 03 | | 04 | | 05 | | 06 | | 07 | | 08 | | 09 | |
|---|---|---|---|---|---|---|---|---|---|---|---|---|---|---|---|---|---|---|---|---|---|---|---|---|
| | 回数 | 日数 | 回数 | 日数 | 回数 | 日数 | 回数 | 日数 | 回数 | 日数 | 回数 | 日数 | 回数 | 日数 | 回数 | 日数 | 回数 | 日数 | 回数 | 日数 | 回数 | 日数 | 回数 | 日数 |
| | 34 | 199 | 20 | 143 | 27 | 176 | 15 | 97 | 16 | 165 | 15(1) | 133(1) | 17 | 122 | 17 | 137 | 14 | 97 | 13 | 75 | 11(2) | 120(48) | 24(7) | 324(217) |
| | 13 | 90 | 8 | 41 | 14 | 51 | 17 | 44 | 21(1) | 78(4) | 23 | 51 | 18(1) | 36(5) | 15 | 48 | 17(1) | 63(5) | 12(1) | 54(5) | 13(2) | 61(10) | 11(1) | 34(5) |
| | 8 | 12 | 12 | 24 | 10 | 21 | 12 | 32 | 17 | 34 | 12 | 28 | 16 | 17 | 16 | 20 | 16 | 26 | 24 | 49 | 41 | 71 | 32 | 53 |

| 年 | 10 | | 11 | | 12 | | 13 | | 14 | | 15 | | 16 | | 17 | | 18 | | 累計 | |
|---|---|---|---|---|---|---|---|---|---|---|---|---|---|---|---|---|---|---|---|---|
| | 回数 | 日数 | 回数 | 日数 | 回数 | 日数 | 回数 | 日数 | 回数 | 日数 | 回数 | 日数 | 回数 | 日数 | 回数 | 日数 | 回数 | 日数 | 回数 | 日数 |
| 横須賀 | 26(6) | 287(184) | 22(5) | 204(119) | 18(4) | 342(256) | 15(4) | 125(52) | 16(3) | 134(65) | 18(4) | 270(179) | 23(6) | 341(232) | 17(3) | 230(40) | 25(5) | 259(58) | 1006(79) | 7917(1632) |
| 佐世保 | 11 | 29 | 12(3) | 45(9) | 12 | 45 | 11 | 33 | 10(1) | 32(4) | 14 | 47 | 24 | 83 | 26 | 55 | 15 | 58 | 4353(23) | 1768(105) |
| 沖縄 | 31 | 51 | 28 | 28 | 39 | 43 | 25 | 25 | 28 | 28 | 23 | 34 | 21 | 21 | 17 | 17 | 26 | 26 | 587(4) | 876(10) |

（64年からの累計）

## 【2】2018年の記録（続き）

### ■沖縄・ホワイトビーチ（沖縄県うるま市）

| 回数 | 艦名 | 艦種 | 寄港期間 | 滞在日数 |
|---|---|---|---|---|
| 1 | ブレマートン | 潜水艦 | 1/4 | 1 |
| 2 | コロンビア | 潜水艦 | 1/14 | 1 |
| 3 | ブレマートン | 潜水艦 | 1/17 | 1 |
| 4 | ミシシッピ | 潜水艦 | 2/3 | 1 |
| 5 | コロンビア | 潜水艦 | 3/8 | 1 |
| 6 | シャルロット | 潜水艦 | 4/16 | 1 |
| 7 | シャルロット | 潜水艦 | 4/29 | 1 |
| 8 | シャルロット | 潜水艦 | 6/20 | 1 |
| 9 | トピーカ | 潜水艦 | 6/27 | 1 |
| 10 | トピーカ | 潜水艦 | 6/29 | 1 |
| 11 | ミシガン | 潜水艦 | 7/30 | 1 |
| 12 | トピーカ | 潜水艦 | 8/25 | 1 |
| 13 | スクラントン | 潜水艦 | 10/2 | 1 |
| 14 | シャイアン | 潜水艦 | 10/27 | 1 |
| 15 | シャイアン | 潜水艦 | 11/11 | 1 |
| 16 | シャイアン | 潜水艦 | 11/21 | 1 |
| 17 | スクラントン | 潜水艦 | 11/23 | 1 |
| 18 | ミシガン | 潜水艦 | 12/1 | 1 |
| 19 | アレキサンドリア | 潜水艦 | 12/3 | 1 |
| 20 | ミシガン | 潜水艦 | 12/6 | 1 |
| 21 | アレキサンドリア | 潜水艦 | 12/10 | 1 |
| 22 | ミシガン | 潜水艦 | 12/11 | 1 |
| 23 | シャイアン | 潜水艦 | 12/12 | 1 |
| 24 | アレキサンドリア | 潜水艦 | 12/13 | 1 |
| 25 | ミシガン | 潜水艦 | 12/15 | 1 |
| 26 | ハワイ | 潜水艦 | 12/24 | 1 |

### ■佐世保（長崎県）

| 回数 | 艦名 | 艦種 | 寄港期間 | 滞在日数 |
|---|---|---|---|---|
| 1 | トピーカ | 潜水艦 | 1/10 | 1 |
| 2 | トピーカ | 潜水艦 | 1/13 | 1 |
| 3 | テキサス | 潜水艦 | 1/17〜1/22 | 6 |
| 4 | トピーカ | 潜水艦 | 1/18 | 1 |
| 5 | トピーカ | 潜水艦 | 2/19〜2/23 | 5 |
| 6 | トピーカ | 潜水艦 | 2/26 | 1 |
| 7 | トピーカ | 潜水艦 | 6/23 | 1 |
| 8 | パサデナ | 潜水艦 | 6/30 | 1 |
| 9 | パサデナ | 潜水艦 | 7/4〜7/18 | 15 |
| 10 | パサデナ | 潜水艦 | 7/21 | 1 |
| 11 | パサデナ | 潜水艦 | 8/10〜8/19 | 10 |
| 12 | アレキサンドリア | 潜水艦 | 9/12〜9/17 | 6 |
| 13 | アレキサンドリア | 潜水艦 | 9/19 | 1 |
| 14 | アレキサンドリア | 潜水艦 | 9/22 | 1 |
| 15 | シャイアン | 潜水艦 | 12/21〜12/27 | 7 |

# 12. 民間港への米軍艦入港状況

## 18年1月〜12月（民間チャーター船含む）

海上保安庁調べ

| 寄港地（港名） | 艦船名 | 入港月日 | 出港月日 |
|---|---|---|---|
| 松山 | スランクパックス [1] | 1月27日 | 1月28日 |
| 阪神（堺） | スランクパックス | 2月1日 | 2月2日 |
| 小樽 | マスティン [2] | 2月2日 | 2月7日 |
| 小樽 | オーシャン・ビクトリー [3] | 4月23日 | 5月5日 |
| 阪神（堺） | エンパイアステート | 4月25日 | 4月26日 |
| 小樽 | オーシャン・ビクトリー | 5月8日 | 5月28日 |
| 小樽 | オーシャン・ビクトリー | 5月30日 | 6月4日 |
| 京浜（東京） | マーシー [4] | 6月15日 | 6月18日 |
| 阪神（堺） | スランクグッドウィル | 6月30日 | 7月2日 |
| 新潟 | チーフ [5] | 7月9日 | 7月12日 |
| 函館 | チーフ | 7月14日 | 7月16日 |
| 大湊 | チーフ | 7月18日 | 7月22日 |
| 大湊 | チーフ | 7月25日 | 7月26日 |
| 小樽 | オーシャン・インターベンション [6] | 7月30日 | 8月2日 |
| 小樽 | オーシャン・インターベンション | 8月10日 | 8月14日 |
| 小樽 | オーシャン・インターベンション | 8月16日 | 8月16日 |
| 小樽 | オーシャン・インターベンション | 8月30日 | 9月4日 |
| 小樽 | オーシャン・インターベンション | 10月26日 | 11月2日 |
| 函館 | オーシャン・インターベンション | 11月27日 | 12月2日 |
| 函館 | オーシャン・インターベンション | 12月6日 | 12月9日 |
| 函館 | オーシャン・インターベンション | 12月11日 | 12月13日 |
| 函館 | オーシャン・インターベンション | 12月20日 | 12月31日 |
| | | 延べ寄港回数 | 22 回 |

1. ケミカルタンカー
2. イージス艦（横須賀配備）
3. 海洋調査船
4. 海軍病院船
5. 掃海艦（佐世保配備）
6. 海洋調査船

# 13.【図説】日本のミサイル防衛関連施設・部隊

無印:自衛隊　<mark>米</mark>在日米軍　　<mark>日米</mark>日米共同使用

◆航空自衛隊のPAC3、イージス艦、イージスアショアの次にくる（　）は配備年度。

◆航空自衛隊のPAC3で、基地名の後の（　）は配備ユニット数（無表示は1ユニット）。
1ユニット（1高射隊分）の構成は次のとおり：
　　ランチャー（発射台）5基、レーダー1、ECS（射撃管制装置）1、
　　ICC（情報調整装置）1、アンテナマスト2

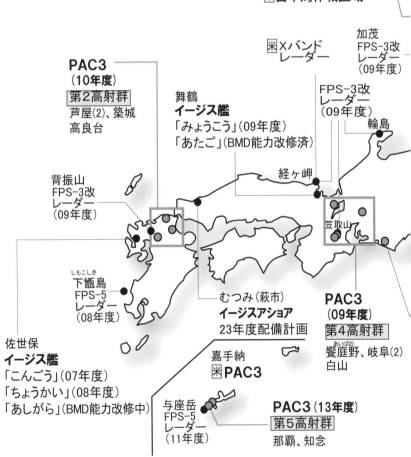

車力
<mark>米</mark>Xバンドレーダー

PAC3（14年度）
第6高射群
車力

<mark>米</mark>日本海作戦区域 ※1 ○

<mark>米</mark>Xバンドレーダー

加茂
FPS-3改
レーダー
（09年度）

FPS-3改
レーダー
（09年度）

輪島

PAC3
（10年度）
第2高射群
芦屋(2)、築城
高良台

舞鶴
イージス艦
「みょうこう」（09年度）
「あたご」（BMD能力改修済）

経ヶ岬

背振山
FPS-3改
レーダー
（09年度）

笠取山

下甑島
FPS-5
レーダー
（08年度）

むつみ（萩市）
イージスアショア
23年度配備計画

PAC3
（09年度）
第4高射群
饗庭野、岐阜(2)
白山

佐世保
イージス艦
「こんごう」（07年度）
「ちょうかい」（08年度）
「あしがら」（BMD能力改修中）

嘉手納
<mark>米</mark>PAC3

与座岳
FPS-5
レーダー
（11年度）

PAC3（13年度）
第5高射群
那覇、知念

136

当別
FPS-3改
レーダー
（09年度）

PAC3（15年度）
第3高射群
千歳

大湊
FPS-5
レーダー
（10年度）

三沢
㋷JTAGS[※2]

㋷太平洋作戦区域[※1]

新屋（秋田市）
イージスアショア
23年度配備計画

佐渡
FPS-5
レーダー
（09年度）

日米 横田
共同統合運用調整所

大滝根山
FPS-3改
レーダー
（09年度）

PAC3
（06〜07年度）
第1高射群
入間、習志野、武山、
霞ヶ浦

横須賀
イージス艦
「きりしま」（10年度）
㋷イージス艦（BMD能力艦）
7隻

PAC3
（08年度）
浜松（2）

注
※1 06年7月の北朝鮮のミサイ
ル発射実験時の米イージ
ス艦の行動をピースデポ
が分析した結果判明し
た、当時の作戦区域。命
名はピースデポによる。
（詳細は『核兵器・核実験
モニター』第268-9号（06年
12月1日）参照）
※2 統合戦術地上ステーショ
ン。衛星からの早期警戒
情報を受信する移動式施
設。08年1月22日稼動開
始。

今後の配備計画（自衛隊）
● スタンダードミサイル（SM3）
海上自衛隊のイージス艦「あたご」（舞鶴）、「あしがら」（佐世保）に搭載予定。
更にSM3搭載の2隻を追加し、2020年度には8隻体制になる予定。
→用語の説明「PAC3」、「SM3」（164ページ）
以下の記載からのまとめ（共に13年12月閣議決定）：
●「防衛計画の大綱」（13年度以降「おおむね23年まで」）
●「中期防衛力整備計画」（14〜18年度）

# 14.【図説】黄海における軍事対立構造

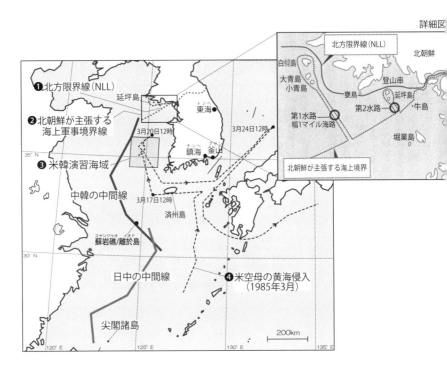

詳細区

❶北方限界線(NLL)：朝鮮戦争の休戦協定締結後の1953年8月30日にマーク・クラーク国連軍司令官が北朝鮮との協議なしに設定。停戦時に国連軍の支配下にあった白翎島(ペンニョンド)・大青島(テチョンド)・小青島(ソチョンド)・延坪島(ヨンピョンド)・牛島(ウド)の西海(黄海)五島と北朝鮮の海岸線の間の中間線にあたる[2]。

❷北朝鮮が主張する「西海海上軍事境界線」：1999年9月2日に朝鮮人民軍は特別コミュニケでNLLの無効とともに「西海海上軍事境界線」の設定を宣言した[3]。

❸米韓合同軍事演習(2010年11月28日〜12月1日)の演習海域[4]：インビンシブル・スピリットの第3回目の時のもの。

❹米空母の黄海侵入：1985年3月の米韓合同軍事演習「チーム・スピリット85」の際の米空母ミッドウェイの航跡(ピースデポによる情報公開法による調査結果)。最も深く入った場所は、「北緯36度03分、東経125度18分」である。

注
1　元韓国国家情報院院長の金萬福(キム・マンボク)氏論文「紛争の海・西海を平和と繁栄の海にするために」(『世界』11年2月号)から引用。
2　注1と同じ。
3　朝鮮中央通信99年9月3日。
4　韓国国立海洋調査院「航行警報」の範囲。北緯34度30分〜36度、東経124度〜125度42分。

# 15.海上自衛隊と外国軍との共同訓練 2018年

防衛省報道資料、米海軍 HP のデータを基にピースデポ作成。

| 開始日 | 終了日 | 訓練の名称 | 備考 |
|---|---|---|---|
| 1月8日 | 2月18日 | 米海兵隊との実動訓練 ( アイアンフィスト18) | 参加:西部方面普通科連隊、第1第11海兵機動展開隊。 |
| 1月21日 | 2月23日 | 多国間共同訓練コブラ・ゴールド 18 | 参加:指揮所訓練、在外邦人保護訓練、陸80 海10 空40 名。訓練場所:C-130、タイ。 |
| 2月4日 | 3月11日 | グァムにおける日米豪共同訓練 | 参加:第8航空団 ( 築城 )、第9航空団 ( 那覇 )、航空救難団 ( 入間 )。 |
| 2月12日 | 2月13日 | フランス海軍との共同訓練 | 参加:「ゆうぎり」(DD153)、フリゲート艦「ヴァンデミエール」。訓練場所:関東南方海域。 |
| 2月12日 | 2月22日 | 日米共同指揮所演習 | 参加:自衛艦隊司令官以下40名、第7艦隊司令官以下50名。訓練場所:米海軍大学校。 |
| 2月15日 | 3月2日 | 米海兵隊との実動訓練 ( フォレストライト02) | 参加:陸自第9師団第39普通科連隊、第4海兵連隊2－1大隊。訓練場所:第31海兵機動展開隊、王城寺原演習場。 |
| 2月16日 | 2月23日 | 日米共同統合防空・ミサイル防衛訓練 | 参加:イージス艦「こんごう」、「てるづき」、第7艦隊司令部。訓練場所:横田基地、春日基地、那覇基地、横須賀基地。 |
| 4月27日 | 4月28日 | 日英共同訓練 ( 対潜戦訓練、模擬洋上給油訓練 ) | 参加:フリゲート艦「サザーランド」、「すずなみ」、補給艦「ときわ」、P-3C。訓練場所:関東南方海域。 |
| 6月8日 | 6月16日 | 日米印共同訓練 ( マラバール 2018) | 参加:潜水艦含む艦艇4隻。航空機7機。訓練場所:グアム島周辺海空域。 |
| 6月16日 | 8月20日 | 環太平洋合同演習 RIMPAC2018 | 参加:ヘリ空母「いせ」390 名、P-3C 2 機60 名、掃海部隊10 名。訓練場所:ハワイ、カリフォルニア州周辺海域。 |
| 8月26日 | 8月27日 | 日米共同訓練 | 参加:大型揚陸艦「おおすみ」、強襲揚陸艦「ワスプ」。 |
| 8月26日 | 10月30日 | インド太平洋方面派遣訓練 | 参加:ヘリ空母「かが」、「いなづま」、「すずつき」。訓練場所:インド、インドネシア、シンガポール、比、スリラ。 |
| 9月10日 | 9月29日 | 米海兵隊との実動訓練 ( ノーザンヴァイパー ) | 参加:第2師団 (1250)、第2海兵師団 (1500)。訓練場所:北海道大演習場、矢臼別、富良野演習場。 |
| 10月5日 | 10月19日 | 日米共同訓練 ( ブルークロマイト ) | 参加:大型揚陸艦「おおすみ」、第2水陸機動連隊、第1ヘリコプター団。訓練場所:鹿児島県種子島及び同周辺海域。 |
| 10月8日 | 10月10日 | 米海軍との共同訓練 | 参加:ヘリ空母「いずも」、空自第5航空団 F-15 4 機、空母「レーガン」他。訓練場所:沖縄東方－東シナ海－九州南方海空域。 |
| 10月27日 | 11月18日 | インド陸軍との実動訓練ダルマ・ガーディアン | 参加:陸自第1師団第32普通科連隊30 名、インド陸軍第1グルカライフル第6 大隊30 名。訓練場所:インド・ミゾラム州隊内乱・ジャングル戦学校。 |
| 10月29日 | 11月8日 | 日米共同統合演習 ( キーンスウォード 19) | 参加:自衛隊、インド太平洋軍、在日米軍、艦艇20、航空機170。訓練場所:対馬及び我が国周辺海空域、北マリアナ。 |
| 11月18日 | 11月28日 | 機雷戦訓練及び掃海特別訓練 ( 日米豪共同訓練 ) | 掃海母艦2、掃海艦1、掃海艇17、掃海管制艇2、米掃海艦1。 |

第3部

# 16. 米軍機・艦船による事故

## 2018年1月～12月(防衛省まとめ)

### ● 米軍機による事故

#### (1) 民間地域への予防着陸(不時着)等

| 年月日 | 発生場所 | 概　要 |
|---|---|---|
| 18年1月6日 | 沖縄県うるま市(伊計島) | 米海兵隊ヘリ(UH-1Y)1機がメインローターの回転速度の超過を示す警告灯が点灯したため緊急着陸 |
| 18年1月8日 | 沖縄県読谷村 | 米海兵隊ヘリ(AH-1Z)1機が予防着陸 |
| 18年1月23日 | 沖縄県渡名喜村の村営ヘリポート | 米海兵隊ヘリ(AH-1Z)1機がコックピットの警告灯が点灯したため予防着陸 |
| 18年4月18日 | 陸自高遊原分屯地(熊本空港) | 米軍ヘリ(UH-1Y)1機が不具合のため予防着陸 |
| 18年4月25日 | 奄美空港 | MV-22オスプレイ2機のうち1機の警告灯が点灯したため着陸 |
| 18年6月4日 | 奄美空港 | CV-22オスプレイが機内システムの警告があったため着陸 |
| 18年6月11日 | 沖縄本島の南南東の海上 | F-15C、1機が墜落 |
| 18年8月14日 | 奄美空港 | 米海兵隊オスプレイ(MV-22)1機が警告灯の点灯を確認したため予防着陸 |
| 18年9月5日 | 久米島空港 | 米海兵隊ヘリ(UH-1Y)1機が電気系統の不具合のため予防着陸 |
| 18年9月13日 | 対馬空港 | CH-53Eヘリ2機が天候不良への対処により燃料を消費したため着陸 |
| 18年9月15日 | 長崎空港 | CH-53Eヘリ2機が警告灯の点灯を確認したため予防着陸 |
| 18年11月12日 | 沖縄県那覇市の東南東の海上 | 米海軍のFA-18、1機がエンジントラブルのため墜落 |
| 18年12月6日 | 高知県室戸岬の南南東の海上 | 米海兵隊のFA-18D、1機とKC-130 1機が空中接触し2機とも墜落 |
| 計 | | 13件 |

#### (2) 部品の落下等

| 年月日 | 発生場所 | 概　要 |
|---|---|---|
| 18年4月3日 | 沖縄県国頭郡伊江村(提供施設・区域外)の牧草地 | パラシュート |
| 18年4月10日 | 東京都羽村市羽村市立第三中学校のテニスコート | C-130から予備パラシュートの一部 |
| 18年12月19日 | 静岡県裾野市の富士裾野工業団地付近 | C-131からパラシュート |
| 計 | | 3件 |

#### (3) 部品等の遺失

| 年月日 | 発生場所 | 概　要 |
|---|---|---|
| 18年2月8日 | 不明(沖縄県うるま市(伊計島)の大泊(おおどまり)ビーチに漂着) | MV-22から右側エンジンの空気取り入れ口部品 |
| 18年2月20日 | 青森県東北町の小川原湖 | F-16から燃料タンク2基投棄 |
| 18年2月27日 | 不明(米空軍嘉手納飛行場で判明) | F-15からアンテナ |
| 計 | | 3件 |

（4）不時着水

| 年月日 | 発生場所 | 概　要 |
|---|---|---|
| | 計 | 0件 |


● 米軍艦船による事故

| 年月日 | 発生場所 | 概　要 |
|---|---|---|
| | 計 | 0件 |

原注　本表は、米軍から通報を受けたこと等により、防衛省が知り得た、在日米軍施設外で発生したもの及び提供水域内で発生したものであり、米軍機の事故等すべてについて網羅したものではない。

## データシート　17. 米軍人による刑法犯検挙状況

（警察庁刑事局まとめ）

| | | 総数 | 犯罪別の検挙状況（件数） | | | | | |
|---|---|---|---|---|---|---|---|---|
| | | | 凶悪犯 | 粗暴犯 | 窃盗犯 | 知能犯 | 風俗犯 | その他 |
| 全国総数 | 2018年 | 34 | 1 | 8 | 10 | 5 | 0 | 10 |
| 米軍基地等が存在する都道府県 | 北海道 | 0 | 0 | 0 | 0 | 0 | 0 | 0 |
| | 青森 | 2 | 0 | 0 | 1 | 0 | 0 | 1 |
| | 東京 | 10 | 1 | 3 | 2 | 4 | 0 | 0 |
| | 神奈川 | 3 | 0 | 1 | 1 | 0 | 0 | 1 |
| | 広島 | 0 | 0 | 0 | 0 | 0 | 0 | 0 |
| | 山口 | 0 | 0 | 0 | 0 | 0 | 0 | 0 |
| | 長崎 | 1 | 0 | 0 | 1 | 0 | 0 | 0 |
| | 沖縄 | 16 | 0 | 4 | 4 | 1 | 0 | 7 |
| | その他 | 2 | 0 | 0 | 1 | 0 | 0 | 1 |

原注）　刑法犯の数値は、道路上の交通事故に係る業務上（重）過失致死傷罪、危険運転致死傷罪及び自動車運転過失致死傷罪を除いたものである。

編注）　上記資料は米軍人の犯罪で、軍属と家族は含まれない。

# 18. 自衛隊機・艦船の事故

## 1 自衛隊機による事故 ＜陸上自衛隊＞

| 発生年月日 | 場所 | 概要 |
|---|---|---|
| 2月5日 | 目達原駐屯地南西約6km | 戦闘ヘリコプターAH-64Dが、定期整備後の試験飛行中、目達原駐屯地の南西約6kmの地点に墜落。 |

### ＜海上自衛隊＞

| 発生年月日 | 場所 | 概要 |
|---|---|---|
| 5月31日 | 佐世保警備隊着陸場(崎辺) | MCH-101型航空機が、人員輸送(大原〜岩国〜崎辺)のため、佐世保警備隊着陸場(崎辺)にアプローチ中、付近にあった仮設事務所の入口ドア(開放中)から風が室内に入り、プレハブ・パネルが内側から外側に倒れるとともに、事務所内から飛散したホワイトボードが業者私有車両のボンネットに接触し損傷。 |
| 11月30日 | 屋久島南方約100kmの洋上 | 護衛艦「こんごう」が訓練中、総員配置に付いた際、行方不明者が発覚したが、翌日、屋久島南方約50kmの洋上で発見し、救助。 |

### ＜航空自衛隊＞

| 発生年月日 | 場所 | 概要 |
|---|---|---|
| 11月2日 | 築城基地から西約200Km付近の洋上 | F-2戦闘機が、訓練終了後の外観点検を実施中、訓練機2機の機体の一部が接触。 |

## 2 艦船による事故 ＜海上自衛隊＞

| 発生年月日 | 場所 | 概要 |
|---|---|---|
| | | なし |

# 19.基地騒音訴訟一覧(19年10月現在)

日本各地の米軍および自衛隊基地における航空機騒音訴訟について、提訴と判決の概要をまとめた。

表の「W」は、「加重等価連続感覚騒音基準」(W値＝うるさざ指数)であり、訴訟において騒音の程度を測る指標として用いられている。いずれも係争中か、新たな訴訟が準備されており、基地騒音訴訟は現在進行形の問題であることがわかる。

出典：全国基地爆音訴訟原告団連絡会議作成資料

## 小松基地(米軍、自衛隊)

| | 判決年月日 | 夜間・早朝飛行差止 | 過去の損害賠償額(月) | 将来賠償 |
|---|---|---|---|---|
| 小松基地騒音差止等請求訴訟1、2次(提訴日:75·9·16、原告数:330人) | | | | |
| 地裁 | 91·3·13 | × | 80W:5000円～90W:12000円 | × |
| 高裁 | 94·12·26 | × | 80W:5000円～90W:12000円 | × |
| 小松基地騒音差止等請求訴訟3、4次(提訴日:95·12·25、原告数:1766人) | | | | |
| 地裁 | 02·3·6 | × | 75W:3000円～90W:12000円 | × |
| 高裁 | 07·4·16 | × | 75W:3000円～90W:12000円 | × |
| 小松基地騒音差止等請求訴訟5、6次(提訴日:08·12·24、原告数:2227人) | | | | |
| 地裁で係争中 | | | | |

## 横田基地(米軍、2012年より自衛隊と共同使用)

| | 判決年月日 | 夜間・早朝飛行差止 | 過去の損害賠償額(月) | 将来賠償 |
|---|---|---|---|---|
| 旧横田基地公害訴訟1、2次(提訴日:76·4·28、原告数:153人) | | | | |
| 地裁 | 81·7·13 | × | 85W:1000～2000円～95W:5000円 | × |
| 高裁 | 86·7·15 | × | 75W:2500円～95W:15000円 | × |
| 最高裁 | 93·2·25 | × | 75W:2500円～95W:15000円 | × |
| 旧横田基地公害訴訟3次(提訴日:82·7·21、原告数:605人) | | | | |
| 地裁 | 89·3·15 | × | 75W:3000円～90W:12000円 | × |
| 高裁 | 94·3·30 | × | 75W:3000円～95W:17000円 | × |
| 横田基地飛行差し止め訴訟(提訴日:94·12·12、原告数:359人) | | | | |
| 地裁 | 03·5·13 | × | 75W:3000円～90W:12000円 | × |
| 高裁 | 08·7·17 | × | 75W:3000円～90W:12000円 | × |
| 最高裁 | 09·4·10 | × | 75W:3000円～90W:12000円 | × |
| 新横田基地公害訴訟(提訴日:96·4·10、原告数:5945人) | | | | |
| 地裁 | 02·5·30 | × | 75:3000円～90W:12000円 | × |
| 高裁 | 05·11·30 | × | 75W:3000円～90W:12000円 | 一部○ |
| 最高裁 | 07·5·29 | × | 75W:3000円～90W:12000円 | × |
| 新横田基地公害訴訟(分離された対米訴訟。提訴日:96.4.10) | | | | |
| 地裁 | 97·3·14 | × | - | - |
| 高裁 | 98·12·25 | × | - | - |
| 最高裁 | 02·4·12 | × | - | - |

# 19.基地騒音訴訟一覧(19年10月現在)(続き)

| 第9次横田基地公害訴訟(提訴日：12・12・12、原告数：144人) | | | | |
|---|---|---|---|---|
| 地裁で係争中 | | | | |
| 第2次新横田基地公害訴訟(提訴日：13・3・26、原告数1078人) | | | | |
| 地裁 | 17.10.11 | × | 75W:4,000円～85W:12,000円 | × |
| 高裁で係争中 | | | | |
| 第2次新横田基地公害訴訟1・2次(提訴日：①13.3.26、②13.7.31　原告数：1078人) | | | | |
| 地裁 | 17.10.11 | × | 75W:4000円～85W:12000円 | × |
| 高裁 | 19.6.6 | × | 75W:4000円～85W:12000円 | × |
| 最高裁で係争中(飛行差止,将来請求部分) | | | | |

## 厚木基地(米軍、自衛隊)

| | 判決年月日 | 夜間・早朝飛行差止 | 過去の損害賠償額(月) | 将来賠償 |
|---|---|---|---|---|
| 第一次厚木爆音訴訟(提訴日：76・9・8、原告数：92人) | | | | |
| 地裁 | 82・10・20 | × | 80W:3000円～85W:4000円 | × |
| 高裁 | 86・4・9 | × | × | × |
| 最高裁 | 93・2・25 | × | 高裁判決を破棄、差し戻し | × |
| 差戻審 | 95・12・26 | × | 80W:5500円～90W:13500円 | × |
| 第二次厚木爆音訴訟(提訴日：84・10・22、原告数：161人) | | | | |
| 地裁 | 92・12・21 | × | 80W:5500円～90W:13500円 | × |
| 高裁 | 99・7・23 | × | 80W:5500円～90W:13500円 | × |
| 第三次厚木爆音訴訟(提訴日：97・12・8、原告数：5047人) | | | | |
| 地裁 | 02・10・16 | - | 75W:3000円～90W:12000円 | × |
| 高裁 | 06・7・13 | - | 75W:3000円～90W:12000円 | × |
| 第四次厚木爆音訴訟(提訴日：07・12・17、原告数：7054人) | | | | |
| 地裁 | 14・5・21 | 一部○ | 75W:4000円～95W:20000円 | × |
| 高裁 | 15・7・30 | 一部○ | 75W:4000円～95W:20000円 | 一部○ |
| 最高裁 | 16.12.8 | × | 75W:4000円～95W:20000円 | × |
| 第五次厚木爆音訴訟(提訴日：①17.8.4、②17.12.1、③18.5.1　原告数：8878人) | | | | |
| 地裁で係争中 | | | | |

## 嘉手納基地(米軍)

| | 判決年月日 | 夜間・早朝飛行差止 | 過去の損害賠償額(月) | 将来賠償 |
|---|---|---|---|---|
| 嘉手納基地爆音訴訟(提訴日：82・2・26、原告数：906人) | | | | |
| 地裁 | 94・2・24 | × | 80W:3000円～95W:18000円 | × |
| 高裁 | 98・5・22 | × | 75W:2000円～95W:18000円 | × |
| 新嘉手納基地爆音訴訟(提訴日：00・3・27、原告数：5541人) | | | | |
| 地裁 | 05・2・17 | × | 85W:9000円～95W:18000円 | × |
| 高裁 | 09・2・27 | × | 75W:3000円～95W:18000円 | × |
| 最高裁 | 11・1・27 | × | 75W:3000円～95W:18000円 | × |
| 第三次嘉手納米軍基地爆音差止訴訟(提訴日：11・4・28、原告数：22058人) | | | | |
| 地裁 | 17.2.23 | × | 75W:7000円～95W:35000円 | × |
| 高裁で係争中 | | | | |
| 第三次嘉手納米軍基地爆音差止訴訟(分離された対米訴訟。提訴日：12.11.30) | | | | |
| 地裁 | 17.2.9 | × | | |
| 高裁で係争中 | | | | |

## 普天間基地(米軍)

| | 判決年月日 | 夜間・早朝飛行差止 | 過去の損害賠償額(日) | 将来賠償 |
|---|---|---|---|---|
| 普天間爆音訴訟(提訴日:02・10・29、原告数:404人) | | | | |
| 地裁 | 08・6・26 | × | 75W:100円~80W:200円 | × |
| 高裁 | 10・7・29 | × | 75W:200円~80W:400円 | × |
| 最高裁 | 11・10・11 | × | 75W:200円~80W400円 | × |
| 第2次普天間爆音訴訟(提訴日:12・3・30、原告数:3417人) | | | | |
| 地裁 | 16.11.17 | × | 75W:7000円~80W:13000円(月額) | × |
| 高裁 | 19.4.16 | × | 75W:4500円~80W:9000円(月額) | × |
| 最高裁で係争中(飛行差止、憲法判断部分)　(8名のみ) | | | | |

## 岩国基地(米軍、自衛隊)

| | 判決年月日 | 夜間・早朝飛行差止 | 過去の損害賠償額(日) | 将来賠償 |
|---|---|---|---|---|
| 岩国爆音訴訟(提訴日:09・3・23、原告数:654人) | | | | |
| 地裁 | 15・10・15 | × | 75W:4000円~90W:16000円 | × |
| 高裁 | 19.10.25 | × | 75W:4000円~95W:20000円 | × |

## 新田原基地(自衛隊)

| | 判決年月日 | 夜間・早朝飛行差止 | 過去の損害賠償額(日) | 将来賠償 |
|---|---|---|---|---|
| 新田原基地爆音訴訟1・2次(提訴日①17.12.18、②18.7.2　原告数179人) | | | | |
| 地裁で係争中 | | | | |

注1) 過去の損害賠償額は、最低と最高のみを記している。
注2) 「×」は却下または棄却を表す。
注3) 将来請求の「一部○」とは、新横田基地公害訴訟の場合には結審日から判決日までの期間の損害賠償が新たに認められたということであり、第四次厚木爆音訴訟の場合には米空母艦載機の拠点移動予定時期までの期間の損害賠償が認められたということである。
注4) 夜間・早朝飛行差止の「一部○」とは、自衛隊機のみ22~6時の差止めが認められたということである。

# 20. 【図説】思いやり予算の動向

「日米地位協定」[1]の第24条は、在日米軍の駐留経費は基本的に米国が負担するものとしている。ただし、「施設及び区域」については、それが国有財産であれば無償で、私有財産の場合には日本政府が所有者に補償費を支払って、米国に提供する。

この原則にかかわらず、1978年から日本政府は第24条で規定されていない経費負担を始めた。これが、いわゆる「思いやり予算」である。78年には、日本人基地従業員の福利費等62億円が計上された。79年には、米軍隊舎、家族住宅、環境関連施設などの「提供施設整備」が加えられた。米国では「ホスト・ネーション・サポート」(受け入れ国支援)という一般的概念で解釈されている。

当初日本政府は地位協定の拡大解釈によってこれらの支出を正当化していたが、1987年からは日米間で地位協定24条に関する特別協定を締結する方式に転換した。最新の特別協定は16年1月22日に署名され4月1日に発効された、8回目のものである。それまでの経過は次のとおりである。

87年の特別協定では従業員の退職手当など8手当の負担、91年の特別協定では従業員の基本給など44種類の負担が列挙され、一方、電気・ガス・水道など光熱水料の一部負担も始まった。提供施設整備費については「特別協定」の枠外での負担が続いている。さらに、96年締結の3回目の特別協定では、米軍の訓練移転経費も加わった。

| | 78年度 | 79年度 | 80年度 | 81年度 | 82年度 | 83年度 | 84年度 | 85年度 | 86年度 | 87年度 | 88年度 | 89年度 | 90年度 | 91年度 |
|---|---|---|---|---|---|---|---|---|---|---|---|---|---|---|
| 訓練移転費 | 0 | 0 | 0 | 0 | 0 | 0 | 0 | 0 | 0 | 0 | 0 | 0 | 0 | 0 |
| 光熱水料等 | 0 | 0 | 0 | 0 | 0 | 0 | 0 | 0 | 0 | 0 | 0 | 0 | 0 | 27 |
| 労務費 | 0 | 0 | 0 | 0 | 0 | 0 | 0 | 0 | 0 | 165 | 209 | 322 | 459 | 564 |
| 提供施設の整備※ | 0 | 227 | 273 | 327 | 409 | 503 | 629 | 632 | 708 | 816 | 870 | 995 | 1004 | 1126 |
| 基地従業員対策費 | 62 | 140 | 147 | 159 | 164 | 169 | 180 | 193 | 191 | 196 | 203 | 211 | 220 | 227 |
| 合計 | 62 | 366 | 420 | 486 | 573 | 672 | 808 | 825 | 899 | 1177 | 1281 | 1527 | 1683 | 1944 |

※契約ベース

(単位：億円)

| 92年度 | 93年度 | 94年度 | 95年度 | 96年度 | 97年度 | 98年度 | 99年度 | 00年度 | 01年度 | 02年度 | 03年度 | 04年度 | 05年度 |
|---|---|---|---|---|---|---|---|---|---|---|---|---|---|
| 0 | 0 | 0 | 0 | 3.5 | 3.5 | 4 | 4 | 4 | 4 | 4 | 4 | 4 | 4 |
| 81 | 161 | 230 | 305 | 310 | 319 | 316 | 316 | 298 | 264 | 263 | 259 | 258 | 249 |
| 669 | 833 | 1004 | 1173 | 1185 | 1186 | 1200 | 1223 | 1212 | 1201 | 1192 | 1154 | 1134 | 1138 |
| 1085 | 1062 | 1062 | 1012 | 1035 | 1035 | 882 | 856 | 809 | 813 | 752 | 691 | 680 | 633 |
| 236 | 240 | 248 | 254 | 263 | 277 | 281 | 280 | 281 | 284 | 288 | 293 | 296 | 298 |
| 2070 | 2296 | 2544 | 2743 | 2797 | 2820 | 2683 | 2678 | 2603 | 2567 | 2498 | 2400 | 2372 | 2322 |

| 06年度 | 07年度 | 08年度 | 09年度 | 10年度 | 11年度 | 12年度 | 13年度 | 14年度 | 15年度 | 16年度 | 17年度 | 18年度 |
|---|---|---|---|---|---|---|---|---|---|---|---|---|
| 4 | 5 | 5 | 6 | 5 | 4 | 4 | 4 | 5 | 3 | 7 | 8 | 9 |
| 248 | 253 | 253 | 249 | 249 | 249 | 249 | 249 | 249 | 249 | 249 | 247 | 232 |
| 1135 | 1150 | 1158 | 1160 | 1140 | 1131 | 1139 | 1144 | 1119 | 1164 | 1194 | 1219 | 1251 |
| 463 | 301 | 204 | 188 | 195 | 210 | 255 | 213 | 254 | 233 | 218 | 222 | 215 |
| 300 | 308 | 305 | 293 | 279 | 268 | 269 | 253 | 262 | 262 | 264 | 267 | 270 |
| 2151 | 2017 | 1925 | 1897 | 1869 | 1862 | 1916 | 1864 | 1890 | 1912 | 1933 | 1962 | 1977 |

出典：防衛省 HP をもとにピースデポが作成。
https://www.mod.go.jp/j/approach/zaibeigun/us_keihi/suii_table_23-30.html
アクセス日：2019 年 12 月 1 日

01年締結の4回目では、施設・区域外の米軍住宅の光熱水料が対象から除外された。06年締結の5回目では、従来の協定がほぼ踏襲されたが、それまでの5年ごとの改定が2年に短縮された。08年締結の6回目の特別協定においては、参議院で過半数を占めていた野党側（民主党、社民党、日本共産党など）の反対で、3月末に旧協定が失効して1か月間の法的空白が生じた。2011年4月の7回目では、日本側の負担額は、2010年度の水準（1881億円）を5年間維持するとされた。2016年の8回目では、日本が負担する労働者数の上限が23,178人と過去最高となった。

　このような「手厚い」駐留経費負担は、他の米同盟国・友好国には例をみないものである。2003年における同盟国からの貢献を統計的に分析した米国防総省作成の03年版「共同防衛のための同盟国の貢献」[2]によれば、日本一国が拠出している金額（当時44億1134万ドル）[3]は、日本以外の米同盟国・友好国——ドイツ（15億6393万ドル）や韓国（8億4281万ドル）を含む——からの負担額をすべて足した金額よりも多かった。より重要なのは、直接財政支出全額は、全同盟国の総額の約80％を日本が占めていた。04年以降、米国はこの報告書を公表していない。2015年の在日米軍駐留経費について、日本が86.4％を負担しているとの防衛省[4]の試算もある。

1 日本国とアメリカ合衆国との間の相互協力及び安全保障条約第六条に基づく施設及び区域並びに日本国における合衆国軍隊の地位に関する協定。
2 https://archive.defense.gov/pubs/allied_contrib2004/allied2004.pdf
3 02年のホスト・ネーション・サポート（直接経費負担と間接経費負担の合計額）。含む経費の内容や期間が異なるため表やグラフの02年度の数字とは一致しない。
4 2017年1月26日、衆議院予算委員会会議録。

## 「思いやり予算」の推移

(単位：億円)

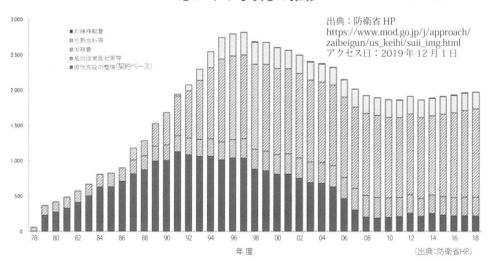

出典：防衛省HP
https://www.mod.go.jp/j/approach/zaibeigun/us_keihi/suii_img.html
アクセス日：2019年12月1日

年度

(出典：防衛省HP)

データ
シート

# 21. 非核宣言自治体の現状

## 【1】都道府県別データ

19年10月1日現在、出典:日本非核宣言自治体協議会

（宣言率、会員率は小数点以下を四捨五入した。）

| 都道府県 | 全自治体数 A | 非核宣言 自治体数 B | 宣言率 B/A | 「協議会」 会員数 C | 会員率 C/B |
|---|---|---|---|---|---|
| 北海道 | 180 | 121 | 67% | 23 | 19% |
| 青森県 | 41 | 38 | 93% | 0 | 0% |
| 岩手県 | 34 | 34 | 100% | 4 | 12% |
| 宮城県 | 36 | 36 | 100% | 16 | 474 |
| 秋田県 | 26 | 26 | 100% | 4 | 15% |
| 山形県 | 36 | 36 | 100% | 6 | 17% |
| 福島県 | 60 | 53 | 88% | 6 | 11% |
| 茨城県 | 45 | 45 | 100% | 11 | 24% |
| 栃木県 | 26 | 25 | 96% | 3 | 12% |
| 群馬県 | 36 | 36 | 100% | 7 | 19% |
| 埼玉県 | 64 | 59 | 92% | 5 | 9% |
| 千葉県 | 55 | 55 | 100% | 10 | 18% |
| 東京都 | 63 | 53 | 84% | 17 | 32% |
| 神奈川県 | 34 | 34 | 100% | 12 | 35% |
| 新潟県 | 31 | 29 | 94% | 9 | 31% |
| 富山県 | 16 | 16 | 100% | 6 | 38% |
| 石川県 | 20 | 20 | 100% | 3 | 15% |
| 福井県 | 18 | 12 | 67% | 0 | 0% |
| 山梨県 | 28 | 28 | 100% | 9 | 32% |
| 長野県 | 78 | 78 | 100% | 11 | 14% |
| 岐阜県 | 43 | 31 | 72% | 9 | 29% |
| 静岡県 | 36 | 35 | 97% | 5 | 14% |
| 愛知県 | 55 | 42 | 76% | 11 | 28% |
| 三重県 | 30 | 30 | 100% | 8 | 27% |
| 滋賀県 | 20 | 20 | 100% | 4 | 20% |
| 京都府 | 27 | 26 | 96% | 2 | 8% |
| 大阪府 | 44 | 44 | 100% | 15 | 34% |
| 兵庫県 | 42 | 38 | 91% | 5 | 14% |
| 奈良県 | 40 | 40 | 100% | 4 | 10% |
| 和歌山県 | 31 | 28 | 90% | 3 | 12% |
| 鳥取県 | 20 | 20 | 100% | 1 | 5% |
| 島根県 | 20 | 15 | 75% | 1 | 7% |
| 岡山県 | 28 | 28 | 100% | 5 | 18% |
| 広島県 | 24 | 24 | 100% | 19 | 75% |
| 山口県 | 20 | 20 | 100% | 2 | 10% |
| 徳島県 | 25 | 25 | 100% | 3 | 12% |
| 香川県 | 18 | 16 | 89% | 2 | 13% |
| 愛媛県 | 21 | 21 | 100% | 1 | 5% |
| 高知県 | 35 | 30 | 86% | 8 | 27% |
| 福岡県 | 61 | 61 | 100% | 18 | 30% |
| 佐賀県 | 21 | 21 | 100% | 2 | 10% |
| 長崎県 | 22 | 22 | 100% | 18 | 82% |

| 都道府県 | 全自治体数<br>A | 非核宣言<br>自治体数<br>B | 宣言率<br>B/A | 「協議会」<br>会員数<br>C | 会員率<br>C/B |
|---|---|---|---|---|---|
| 熊本県 | 46 | 46 | 100% | 7 | 15% |
| 大分県 | 19 | 19 | 100% | 5 | 26% |
| 宮崎県 | 27 | 27 | 100% | 4 | 15% |
| 鹿児島県 | 44 | 43 | 98% | 2 | 5% |
| 沖縄県 | 42 | 41 | 98% | 15 | 37% |
| 合計 | 1,788 | 1,647 | 92% | 341 | 21% |

## 【2】非核宣言自治体数の推移

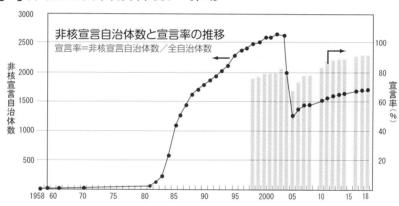

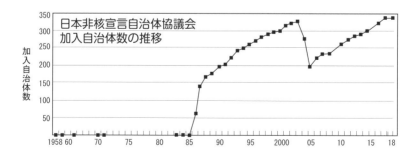

出典：日本非核宣言自治体協議会の統計をもとにピースデポが作成

149

# 21. 非核宣言自治体の現状（続き）

## 【3】都道府県別面積・人口データ

19年10月1日現在
日本非核宣言自治体協議会のデータをもとにピースデポ作成。
★都道府県全体として宣言を行っているものを抜いているため、データシート20【1】の数値と異なる。

| 都道府県 | 全自治体数★ | 非核宣言自治体数★ | 全人口（人） | 宣言自治体人口（人） | 宣言自治体人口割合 | 総面積（km²） | 宣言自治体面積（km²） | 宣言自治体面積割合 |
|---|---|---|---|---|---|---|---|---|
| 北海道 | 179 | 120 | 5,401,210 | 4,830,969 | 89.40% | 83,424.31 | 54,634.27 | 71.40% |
| 青森 | 40 | 37 | 1,338,465 | 1,234,241 | 92.20% | 9,645.59 | 8,598.24 | 89.10% |
| 岩手 | 33 | 33 | 1,289,470 | 1,289,470 | 100% | 15,275.01 | 15,275.01 | 100% |
| 宮城 | 35 | 35 | 2,324,466 | 2,324,466 | 100% | 7,282.22 | 7,282.22 | 100% |
| 秋田 | 25 | 25 | 1,043,015 | 1,043,015 | 100% | 11,637.54 | 11,637.54 | 100% |
| 山形 | 35 | 35 | 1,129,560 | 1,129,560 | 100% | 9,323.15 | 9,323.15 | 100% |
| 福島 | 59 | 52 | 1,953,699 | 1,864,959 | 95.50% | 13,783.74 | 13,031.16 | 94.50% |
| 東北地方計 | 227 | 217 | 9,078,675 | 8,885,711 | 97.87% | 66,947.25 | 65,147.32 | 97.31% |
| 茨城 | 44 | 44 | 2,970,231 | 2,970,231 | 100% | 6,097.06 | 6,097.06 | 100% |
| 栃木 | 25 | 25 | 1,998,864 | 1,998,864 | 100% | 6,408.09 | 6,408.09 | 100% |
| 群馬 | 35 | 35 | 2,005,320 | 2,005,320 | 100% | 6,362.28 | 6,362.28 | 100% |
| 埼玉 | 63 | 58 | 7,323,413 | 7,130,713 | 97.40% | 3,797.75 | 3,484.54 | 91.80% |
| 千葉 | 54 | 54 | 6,265,899 | 6,265,899 | 100% | 5,157.65 | 5,157.65 | 100% |
| 東京 | 62 | 53 | 13,415,349 | 13,309,972 | 99.20% | 2,190.93 | 1,759.61 | 80.30% |
| 神奈川 | 33 | 33 | 9,136,151 | 9,136,151 | 100% | 2,415.83 | 2,415.83 | 100% |
| 関東地方計 | 316 | 302 | 43,115,227 | 42,817,150 | 99.31% | 32,429.59 | 31,685.06 | 97.70% |
| 新潟 | 30 | 29 | 2,319,435 | 2,319,072 | 99.90% | 12,584.10 | 12,574.29 | 99.90% |
| 富山 | 15 | 15 | 1,080,160 | 1,080,160 | 100% | 4,247.61 | 4,247.61 | 100% |
| 石川 | 19 | 19 | 1,157,042 | 1,157,042 | 100% | 4,186.09 | 4,186.09 | 100% |
| 福井 | 17 | 11 | 799,220 | 717,661 | 89.80% | 4,190.49 | 2,883.57 | 68.80% |
| 山梨 | 27 | 27 | 849,784 | 849,784 | 100% | 4,465.27 | 4,465.27 | 100% |
| 長野 | 77 | 77 | 2,137,666 | 2,137,666 | 100% | 13,561.56 | 13,561.56 | 100% |
| 岐阜 | 42 | 31 | 2,076,195 | 1,774,398 | 85.90% | 10,621.29 | 8,233.13 | 77.50% |
| 静岡 | 35 | 34 | 3,770,619 | 3,761,838 | 99.80% | 7,777.42 | 7,667.48 | 98.60% |
| 愛知 | 54 | 41 | 7,509,636 | 6,499,898 | 86.60% | 5,172.48 | 3,843.33 | 74.40% |
| 三重 | 29 | 29 | 1,850,028 | 1,850,028 | 100% | 5,774.40 | 5,774.40 | 100% |
| 中部地方計 | 345 | 313 | 23,549,785 | 22,147,547 | 94.05% | 72,580.71 | 67,436.73 | 92.91% |
| 滋賀 | 19 | 19 | 1,419,863 | 1,419,863 | 100% | 4,017.38 | 4,017.38 | 100% |
| 京都 | 26 | 25 | 2,574,842 | 2,539,893 | 98.60% | 4,612.19 | 4,265.09 | 92.50% |
| 大阪 | 43 | 43 | 8,865,502 | 8,865,502 | 100% | 1,905.14 | 1,905.14 | 100% |
| 兵庫 | 41 | 37 | 5,621,087 | 5,484,115 | 97.60% | 8,400.96 | 7,008.55 | 83.40% |
| 奈良 | 39 | 39 | 1,387,818 | 1,387,818 | 100% | 3,690.94 | 3,690.94 | 100% |
| 和歌山 | 30 | 27 | 994,317 | 820,180 | 86.90% | 4,724.69 | 3,076.11 | 65.10% |
| 近畿地方計 | 198 | 190 | 20,863,429 | 20,517,371 | 98.34% | 27,351.30 | 23,963.21 | 87.61% |

| 都道府県 | 全自治体数★ | 非核宣言自治体数★ | 全人口（人） | 宣言自治体人口（人） | 宣言自治体人口割合 | 総面積（km²） | 宣言自治体面積（km²） | 宣言自治体面積割合 |
|---|---|---|---|---|---|---|---|---|
| 鳥取 | 19 | 19 | 579,309 | 579,309 | 100% | 3,507.05 | 3,507.05 | 100% |
| 島根 | 19 | 14 | 701,394 | 672,635 | 95.90% | 6,708.24 | 5,418.78 | 80.80% |
| 岡山 | 27 | 27 | 1,933,781 | 1,933,781 | 100% | 7,114.50 | 7,114.50 | 100% |
| 広島 | 23 | 23 | 2,863,211 | 2,863,211 | 100% | 8,479.45 | 8,479.45 | 100% |
| 山口 | 19 | 19 | 1,419,781 | 1,419,781 | 100% | 6,112.30 | 6,112.30 | 100% |
| 中国地方計 | 107 | 102 | 7,497,476 | 7,468,717 | 99.62% | 31,921.54 | 30,632.08 | 95.96% |
| 徳島 | 24 | 24 | 770,057 | 770,057 | 100% | 4,146.65 | 4,146.65 | 100% |
| 香川 | 17 | 15 | 1,002,173 | 958,051 | 95.60% | 1,876.72 | 1,572.53 | 83.80% |
| 愛媛 | 20 | 20 | 1,415,997 | 1,415,997 | 100% | 5,676.11 | 5,676.11 | 100% |
| 高知 | 34 | 29 | 740,059 | 693,123 | 93.70% | 7,103.93 | 5,880.47 | 82.80% |
| 四国地方計 | 95 | 88 | 3,928,286 | 3,837,228 | 97.68% | 18,803.41 | 17,275.76 | 91.88% |
| 福岡 | 60 | 60 | 5,122,448 | 5,122,448 | 100% | 4,986.40 | 4,986.40 | 100% |
| 佐賀 | 20 | 20 | 842,457 | 842,457 | 100% | 2,440.68 | 2,440.68 | 100% |
| 長崎 | 21 | 21 | 1,404,103 | 1,404,103 | 100% | 4,132.09 | 4,132.09 | 100% |
| 熊本 | 45 | 45 | 1,810,343 | 1,810,343 | 100% | 7,409.35 | 7,409.35 | 100% |
| 大分 | 18 | 18 | 1,183,961 | 1,183,961 | 100% | 6,340.71 | 6,340.71 | 100% |
| 宮崎 | 26 | 26 | 1,128,078 | 1,128,078 | 100% | 7,735.31 | 7,735.31 | 100% |
| 鹿児島 | 43 | 42 | 1,679,502 | 1,677,703 | 99.90% | 9,186.94 | 9,083.81 | 98.90% |
| 九州地方計 | 233 | 232 | 13,170,892 | 13,169,093 | 99.99% | 42,231.48 | 42,128.35 | 99.76% |
| 沖縄 | 41 | 40 | 1,461,231 | 1,452,996 | 99.40% | 2,281.12 | 2,217.29 | 98.90% |
| 全国合計 | 1,741 | 1,604 | 128,066,211 | 125,126,782 | 97.70% | 377,970.71 | 335,120.07 | 88.66% |

# 22. 日本国内の「平和首長会議」 加盟自治体

2019年10月1日現在、日本国内の「平和首長会議」加盟自治体は1,732、全市区町村の約99％にあたる。100％までもう一息。これを100％に近づけるために、あなたの周りで未加盟の自治体があれば、加盟するよう呼びかけてゆこう。

**2019年10月1日現在**
下線は「日本非核宣言自治体協議会」の加盟自治体
※印は非核宣言を行っていない加盟自治体
（　）は、都道府県ごとの「平和首長会議」の加盟自治体数

| ◆北海道 | 紋別市※ | 上富良野町※ | 鷹栖町※ | 美深町 | 更別村 |
|---|---|---|---|---|---|
| （177） | 夕張市 | 木古内町 | 滝上町※ | 美幌町※ | 猿払村※ |
| 札幌市 | 留萌市 | 喜茂別町 | 秩父別町※ | 平取町 | 島牧村 |
| 赤平市 | 稚内市 | 京極町 | 月形町※ | 広尾町 | 占冠村 |
| 旭川市 | 愛別町※ | 共和町※ | 津別町 | 美瑛町※ | 初山別村※ |
| 芦別市 | 厚岸町 | 清里町※ | 天塩町※ | 福島町 | 新篠津村 |
| 網走市 | 厚沢部町※ | 釧路町 | 弟子屈町 | 古平町 | 鶴居村 |
| 石狩市 | 厚真町※ | 倶知安町 | 当別町※ | 別海町 | 泊村※ |
| 岩見沢市 | 足寄町 | 栗山町 | 当麻町※ | 北竜町※ | 中札内村 |
| 歌志内市 | 安平町 | 黒松内町 | 洞爺湖町 | 幌加内町 | 西奥部村※ |
| 恵庭市※ | 池田町 | 訓子府町※ | 苫前町※ | 幌延町※ | 真狩村 |
| 江別市 | 今金町 | 剣淵町 | 豊浦町 | 本別町 | 留寿都村※ |
| 小樽市 | 浦臼町※ | 小清水町 | 豊頃町 | 増毛町 | 新ひだか町 |
| 帯広市 | 浦河町 | 様似町※ | 豊富町※ | 松前町 | 幕別町 |
| 北広島市 | 浦幌町 | 佐呂間町 | 奈井江町 | 南富良野町 | |
| 北見市 | 雨竜町※ | 鹿追町 | 中川町 | むかわ町 | ◆青森県 |
| 釧路市 | 江差町 | 鹿部町※ | 中標津町 | 芽室町 | （38） |
| 士別市 | 枝幸町※ | 標茶町 | 中頓別町※ | 妹背牛町 | 青森市 |
| 砂川市 | えりも町 | 標津町 | 長沼町 | 森町 | 黒石市 |
| 滝川市 | 遠軽町※ | 士幌町 | 中富良野町※ | 八雲町 | 五所川原市 |
| 伊達市※ | 遠別町※ | 清水町 | 七飯町 | 湧別町※ | つがる市 |
| 千歳市※ | 雄武町※ | 下川町※ | 南幌町 | 由仁町※ | 十和田市 |
| 苫小牧市 | 大空町※ | 積丹町 | 新冠町 | 余市町 | 八戸市 |
| 名寄市 | 奥尻町 | 斜里町 | 仁木町 | 羅臼町 | 平川市 |
| 根室市 | 興部町※ | 白老町 | ニセコ町 | 蘭越町 | 弘前市 |
| 登別市 | 置戸町※ | 白糠町 | 沼田町 | 陸別町 | 三沢市※ |
| 函館市 | 長万部町※ | 知内町 | 羽幌町 | 利尻町 | 鰺ヶ沢町 |
| 美唄市 | 音更町 | 新得町 | 浜頓別町※ | 利尻富士町※ | 板柳町 |
| 深川市 | 小平町※ | 新十津川町※ | 浜中町 | 礼文町 | 今別町 |
| 富良野市 | 上川町 | 寿都町 | 東神楽町※ | 和寒町※ | おいらせ町 |
| 北斗市※ | 上士幌町 | せたな町 | 東川町※ | 赤井川村 | 大間町 |
| 三笠市 | 上砂川町 | 壮瞥町※ | 日高町 | 音威子府村 | 大鰐町 |
| 室蘭市 | 上ノ国町 | 大樹町 | 比布町※ | 神恵内村※ | 五戸町 |

三戸町　八峰町　◆山形県　岩沼市　相馬市　鮫川村
七戸町　藤里町　　（35）　大崎市　伊達市　昭和村
外ヶ浜町　美郷町　山形市　角田市　田村市　玉川村
田子町　三種町　尾花沢市　栗原市　二本松市　天栄村
鶴田町　大潟村　上山市　気仙沼市　南相馬市　中島村※
東北町　上小阿仁村　酒田市　塩竈市　本宮市　西郷村
中泊町　東成瀬村　寒河江市　白石市　会津坂下町　檜枝岐村
南部町　　　　　　新庄市　多賀城市　会津美里町　平田村
野辺地町　◆岩手県　鶴岡市　富谷市　浅川町　湯川村
階上町　　（33）　天童市　登米市　石川町
平内町　盛岡市　長井市　名取市　猪苗代町　◆新潟県
深浦町　一関市　南陽市　東松島市　大熊町　　（30）
藤崎町　奥州市　東根市　大河原町　小野町　新潟市
横浜町　大船渡市　村山市　大郷町　鏡石町　阿賀野市
六戸町　釜石市　米沢市　女川町　金山町　糸魚川市
田舎館村　北上市　朝日町　加美町　川俣町　魚沼市
風間浦村　久慈市　飯豊町　川崎町　国見町　小千谷市
佐井村　滝沢市　大石田町　蔵王町　桑折町　柏崎市
新郷村　遠野市　大江町　色麻町　下郷町　加茂市
西目屋村　二戸市　小国町　七ヶ宿町　新地町　五泉市
蓬田村　八幡平市　金山町　七ヶ浜町　只見町　佐渡市
六ヶ所村※　花巻市　河北町　柴田町　棚倉町　三条市
　　　　　　宮古市　川西町　大和町　富岡町　新発田市
◆秋田県　陸前高田市　白鷹町　松島町　浪江町　上越市
　（25）　一戸町　庄内町　丸森町　楢葉町　胎内市
秋田市　岩泉町　高畠町　美里町　西会津町　燕市
大館市　岩手町　中山町　南三陸町　塙町　十日町市
男鹿市　大槌町　西川町　村田町　磐梯町※　長岡市
潟上市　金ケ崎町　舟形町　山元町　広野町　見附市
鹿角市　軽米町　真室川町　利府町　双葉町※　南魚沼市
北秋田市　葛巻町　三川町　涌谷町　古殿町　妙高市
仙北市　紫波町　最上町　亘理町　三島町　村上市
大仙市　雫石町　山辺町　大衡村　三春町　阿賀町
にかほ市　住田町　遊佐町　　　　　南会津町　出雲崎町
能代市　西和賀町　大蔵村　◆福島県　柳津町　聖籠町
湯沢市　平泉町　鮭川村　　（59）　矢吹町　田上町
由利本荘市　洋野町　戸沢村　福島市　矢祭町　津南町
横手市　矢巾町　　　　　会津若松市　飯舘村　湯沢町
井川町　山田町　◆宮城県　いわき市　泉崎村※　粟島浦村※
羽後町　九戸村　　（35）　喜多方市　大玉村　刈羽村
小坂町　田野畑村　仙台市　郡山市　葛尾村※　関川村
五城目町　野田村　石巻市　白河市※　川内村※　弥彦村
八郎潟町　普代村　　　　　須賀川市　北塩原村

第3部

153

◆富山県
(15)

富山市
射水市
魚津市
小矢部市
黒部市
高岡市
砺波市
滑川市
南砺市
氷見市
朝日町
上市町
立山町
入善町
舟橋村

◆石川県
(19)

金沢市
加賀市
かほく市
小松市
珠洲市
七尾市
野々市市
能美市
羽咋市
白山市
輪島市
穴水町
内灘町
川北町
志賀町
津幡町
中能登町
能登町
宝達志水町

◆福井県
(17)

福井市
あわら市
越前市
小浜市
大野市
勝山市
坂井市
鯖江市
敦賀市
池田町※
永平寺町
越前町※
おおい町※
高浜町※
南越前町※
美浜町※
若狭町

◆長野県
(77)

長野市
安曇野市
飯田市
飯山市
伊那市
上田市
大町市
岡谷市
駒ヶ根市
小諸市
佐久市
塩尻市
須坂市
諏訪市
千曲市
茅野市
東御市

中野市
松本市
上松町
阿南町
飯島町
飯綱町
池田町
小布施町
軽井沢町
木曽町
小海町
坂城町
佐久穂町
信濃町
下諏訪町
高森町
辰野町
立科町
長和町
南木曽町
富士見町
松川町
箕輪町
御代田町
山ノ内町
青木村
朝日村
阿智村
生坂村
売木村
王滝村
大桑村
大鹿村
小川村
小谷村
麻績村
川上村
木島平村
木祖村
北相木村

栄村
下條村
喬木村
高山村
筑北村
天龍村
豊丘村
中川村
根羽村
野沢温泉村
白馬村
原村
平谷村
松川村
南相木村
南牧村
南箕輪村
宮田村
泰阜村
山形村

◆東京都
(61)

新宿区
足立区
荒川区
板橋区
江戸川区
大田区
葛飾区
北区
江東区
品川区
渋谷区
杉並区
墨田区
世田谷区
台東区
中央区
千代田区

豊島区
中野区
練馬区
文京区
港区
目黒区
昭島市
あきる野市※
稲城市
青梅市
清瀬市
国立市
小金井市
国分寺市
小平市
狛江市
立川市
多摩市
調布市
西東京市
八王子市
羽村市
東久留米市
東村山市
東大和市
日野市
福生市
府中市
町田市
三鷹市
武蔵野市
武蔵村山市
奥多摩町
大島町※
八丈町※
日の出町
瑞穂町※
小笠原村
神津島村※
新島村※

檜原村※
御蔵島村※
三宅村
利島村

◆神奈川県
(33)

横浜市
厚木市
綾瀬市
伊勢原市
海老名市
小田原市
鎌倉市
川崎市
相模原市
座間市
茅ヶ崎市
秦野市
逗子市
平塚市
藤沢市
三浦市
南足柄市
大和市
横須賀市
愛川町
大井町
大磯町
開成町
寒川町
中井町
二宮町
箱根町
葉山町
松田町
真鶴町
山北町
湯河原町
清川村

◆**埼玉県**（63）
さいたま市
上尾市
朝霞市
入間市
桶川市
春日部市
加須市
川口市
川越市
北本市
行田市
久喜市
熊谷市
鴻巣市
越谷市
坂戸市
幸手市
狭山市
志木市
白岡市
草加市
秩父市
鶴ヶ島市
所沢市
戸田市
新座市
蓮田市
羽生市
飯能市※
東松山市
日高市
深谷市
富士見市
ふじみ野市
本庄市
三郷市
八潮市
吉川市
和光市※

蕨市
伊奈町
小鹿野町
小川町
越生町
神川町
上里町
川島町※
杉戸町
ときがわ町
長瀞町※
滑川町
鳩山町
松伏町
美里町
皆野町
宮代町
三芳町
毛呂山町
横瀬町
吉見町
寄居町
嵐山町
東秩父村※

◆**千葉県**（54）
千葉市
旭市
我孫子市
いすみ市
市川市
市原市
印西市
浦安市
大網白里市
柏市
勝浦市
香取市
鎌ケ谷市
鴨川市
木更津市
君津市

佐倉市
白井市
山武市
匝瑳市
袖ケ浦市
館山市
銚子市
東金市
富里市
流山市
習志野市
成田市
野田市
富津市
船橋市
松戸市
南房総市
茂原市
八街市
八千代市
四街道市
一宮町
大多喜町
御宿町
鋸南町
九十九里町
神崎町
栄町
酒々井町
芝山町
白子町
多古町
長南町
長柄町
東庄町
睦沢町
横芝光町
長生村

◆**茨城県**（44）
水戸市
石岡市

潮来市
稲敷市
小美玉市
牛久市
笠間市
鹿嶋市
かすみがうら市
神栖市
北茨城市
古河市
桜川市
下妻市
常総市
高萩市
筑西市
つくば市
つくばみらい市
土浦市
取手市
行方市
坂東市
那珂市
日立市
常陸太田市
常陸大宮市
ひたちなか市
鉾田市
守谷市
結城市
龍ケ崎市
阿見町
茨城町
大洗町
河内町
五霞町
境町
城里町
大子町
利根町
八千代町
東海村
美浦村

◆**栃木県**（25）
宇都宮市
足利市
大田原市
小山市
鹿沼市
さくら市
佐野市
下野市
栃木市
那須烏山市
那須塩原市
日光市
真岡市
矢板市
市貝町
上三川町
塩谷町
高根沢町
那珂川町
那須町
野木町
芳賀町
益子町
壬生町
茂木町

◆**群馬県**（35）
前橋市
安中市
伊勢崎市
太田市
桐生市
渋川市
高崎市
館林市
富岡市
沼田市
藤岡市
みどり市
板倉町

邑楽町
大泉町
神流町
甘楽町
草津町
下仁田町
玉村町
千代田町
中之条町
長野原町
東吾妻町
みなかみ町
明和町
吉岡町
上野村
片品村
川場村
昭和村
榛東村
高山村
嬬恋村
南牧村

◆**山梨県**（27）
甲府市
上野原市
大月市
甲斐市
甲州市
中央市
都留市
韮崎市
笛吹市
富士吉田市
北杜市
南アルプス市
山梨市
市川三郷町
昭和町
南部町
西桂町
早川町

| | | | | | |
|---|---|---|---|---|---|
| 富士河口湖町 | 長泉町 | 豊橋市 | 羽島市 | 志摩市 | 日野町 |
| 富士川町 | 西伊豆町 | 長久手市 | 飛騨市※ | 鈴鹿市 | 竜王町 |
| 身延町 | 東伊豆町 | 西尾市 | 瑞浪市 | 鳥羽市 | |
| 忍野村 | 松崎町 | 日進市 | 瑞穂市 | 名張市 | ◆京都府 |
| 小菅村 | 南伊豆町※ | 半田市 | 美濃市 | 松阪市 | (25) |
| 丹波山村 | 森町 | 碧南市※ | 美濃加茂市 | 四日市市 | 京都市 |
| 道志村 | 吉田町 | みよし市 | 本巣市 | 朝日町 | 綾部市※ |
| 鳴沢村 | | 弥富市 | 山県市 | 大台町 | 宇治市 |
| 山中湖村 | ◆愛知県 | 阿久比町 | 安八町※ | 川越町 | 亀岡市 |
| | (54) | 大口町 | 池田町 | 木曽岬町 | 木津川市 |
| ◆静岡県 | 名古屋市 | 大治町 | 揖斐川町 | 紀宝町 | 京田辺市 |
| (35) | 愛西市 | 蟹江町 | 大野町 | 紀北町 | 京丹後市 |
| 静岡市 | あま市 | 幸田町※ | 笠松町 | 菰野町 | 城陽市 |
| 熱海市 | 安城市※ | 設楽町 | 川辺町 | 大紀町 | 長岡京市 |
| 伊豆市 | 一宮市 | 武豊町 | 北方町 | 多気町 | 南丹市 |
| 伊豆の国市 | 稲沢市 | 東栄町※ | 岐南町 | 玉城町 | 福知山市 |
| 伊東市 | 犬山市 | 東郷町 | 神戸町 | 東員町 | 舞鶴市 |
| 磐田市 | 岩倉市 | 豊山町 | 坂祝町 | 南伊勢町 | 宮津市 |
| 御前崎市 | 岡崎市 | 東浦町 | 白川町 | 御浜町 | 向日市 |
| 掛川市 | 大府市 | 扶桑町 | 関ヶ原町※ | 明和町 | 井手町 |
| 菊川市 | 尾張旭市 | 美浜町 | 垂井町 | 度会町 | 伊根町 |
| 湖西市 | 春日井市 | 南知多町※ | 富加町※ | | 宇治田原町 |
| 御殿場市 | 蒲郡市※ | 飛島村 | 七宗町 | ◆滋賀県 | 大山崎町 |
| 島田市 | 刈谷市※ | 豊根村※ | 御嵩町 | (18) | 笠置町 |
| 下田市 | 北名古屋市 | | 八百津町 | 大津市 | 京丹波町 |
| 裾野市 | 清須市 | ◆岐阜県 | 養老町※ | 近江八幡市 | 久御山町 |
| 沼津市 | 江南市 | (42) | 輪之内町※ | 草津市 | 精華町 |
| 浜松市 | 小牧市 | 岐阜市 | 白川村※ | 甲賀市 | 与謝野町 |
| 袋井市 | 新城市 | 恵那市※ | 東白川村※ | 湖南市 | 和束町 |
| 藤枝市 | 瀬戸市※ | 大垣市 | | 高島市 | 南山城村 |
| 富士市 | 高浜市 | 海津市※ | ◆三重県 | 長浜市 | |
| 富士宮市 | 田原市※ | 各務原市 | (29) | 東近江市 | ◆大阪府 |
| 牧之原市 | 知多市※ | 可児市 | 津市 | 彦根市 | (43) |
| 三島市 | 知立市 | 郡上市 | 伊賀市 | 米原市 | 大阪市 |
| 焼津市 | 津島市 | 下呂市 | 伊勢市 | 守山市 | 池田市 |
| 小山町 | 東海市※ | 関市 | いなべ市 | 栗東市 | 和泉市 |
| 河津町 | 常滑市※ | 高山市 | 尾鷲市 | 愛荘町 | 泉大津市 |
| 川根本町 | 豊明市 | 多治見市 | 亀山市 | 甲良町 | 泉佐野市 |
| 函南町 | 豊川市 | 土岐市※ | 熊野市 | 多賀町 | 茨木市 |
| 清水町 | 豊田市 | 中津川市 | 桑名市 | 豊郷町 | 大阪狭山市 |

貝塚市　　香芝市　　御坊市　　三田市　　<u>美作市</u>　　岩国市
柏原市　　葛城市　　<u>新宮市</u>※　宍粟市　　鏡野町　　宇部市
交野市　　五條市　　<u>田辺市</u>※　洲本市　　吉備中央町　下松市
門真市　　御所市　　橋本市　　高砂市　　久米南町　　山陽小野田市
河内長野市　桜井市　有田川町　<u>宝塚市</u>　　里庄町　　下関市
<u>岸和田市</u>　天理市　　<u>印南町</u>　　たつの市　　<u>勝央町</u>　　周南市
<u>堺市</u>　　大和郡山市　<u>かつらぎ町</u>　丹波市　　奈義町　　長門市
四條畷市　<u>大和高田市</u>　上富田町　<u>豊岡市</u>※　早島町　　光市
<u>吹田市</u>　　安堵町　　紀美野町　西宮市　　美咲町　　萩市
摂津市　　斑鳩町　　串本町　　西脇市　　和気町　　防府市
泉南市　　王寺町　　九度山町　姫路市　　矢掛町　　美祢市
<u>高石市</u>　　大淀町　　<u>高野町</u>※　三木市　　<u>新庄村</u>　　柳井市
<u>高槻市</u>　　上牧町　　古座川町　南あわじ市　西粟倉村　阿武町
<u>大東市</u>　　河合町　　白浜町　　養父市　　　　　　　上関町
<u>豊中市</u>　　川西町　　すさみ町　市川町　　◆広島県　　<u>周防大島町</u>
富田林市　<u>広陵町</u>　　太地町　　猪名川町　　　(23)　田布施町
<u>寝屋川市</u>　三郷町　　那智勝浦町　稲美町　　<u>広島市</u>　　平生町
<u>羽曳野市</u>　下市町　　日高川町　上郡町　　安芸高田市　和木町
阪南市　　高取町　　日高町　　香美町　　江田島市
<u>東大阪市</u>　田原本町　広川町　　神河町※　<u>大竹市</u>　　◆鳥取県
<u>枚方市</u>　　平群町　　美浜町　　佐用町※　<u>尾道市</u>　　　　(19)
藤井寺市　三宅町　　みなべ町　新温泉町　呉市　　　<u>鳥取市</u>
松原市　　吉野町　　湯浅町　　太子町　　<u>庄原市</u>　　倉吉市
箕面市　　明日香村　由良町　　多可町※　<u>竹原市</u>　　境港市
守口市　　上北山村　北山村　　播磨町　　<u>廿日市市</u>　米子市
<u>八尾市</u>　　川上村　　　　　　　福崎町　　<u>東広島市</u>　岩美町
河南町　　黒滝村　　◆兵庫県　　　　　　福山市　　江府町
熊取町　　下北山村　　　(41)　◆岡山県　<u>府中市</u>　　琴浦町
<u>島本町</u>　　曽爾村　　神戸市　　　(27)　<u>三原市</u>　　大山町
太子町　　天川村　　相生市　　<u>岡山市</u>　　<u>三次市</u>　　智頭町
田尻町　　十津川村　明石市　　赤磐市　　<u>安芸太田町</u>　南部町
<u>忠岡町</u>　　野迫川村　赤穂市　　浅口市　　<u>大崎上島町</u>　日南町
豊能町　　御杖村　　朝来市　　井原市　　<u>海田町</u>　　日野町
能勢町　　東吉野村　芦屋市　　笠岡市　　北広島町　伯耆町
岬町　　　山添村　　尼崎市　　倉敷市　　<u>熊野町</u>　　北栄町
千早赤阪村　　　　　淡路市　　瀬戸内市　<u>坂町</u>　　　三朝町
　　　　　◆和歌山県　<u>伊丹市</u>　　総社市　　神石高原町　八頭町
◆奈良県　　　(30)　小野市　　高梁市　　世羅町　　湯梨浜町
　　(39)　<u>和歌山市</u>　加古川市　玉野市　　<u>府中町</u>　　若桜町
<u>奈良市</u>　　有田市　　<u>加西市</u>　　津山市　　　　　　　日吉津村
<u>生駒市</u>　　岩出市　　<u>加東市</u>　　新見市　　◆山口県
宇陀市　　海南市　　川西町　　備前市　　　(19)　◆島根県
橿原市　　紀の川市　篠山市　　<u>真庭市</u>　　山口市　　　(19)

157

松江市
出雲市
雲南市
大田市
江津市
浜田市
益田市
安来市
海士町
飯南町※
邑南町
隠岐の島町
奥出雲町
川本町※
津和野町※
西ノ島町
美郷町
吉賀町※
知夫村※

**◆徳島県**
(24)
徳島市
阿南市
阿波市
小松島市
鳴門市
美馬市
三好市
吉野川市
藍住町
石井町
板野町
海陽町
勝浦町
上板町
上勝町
神山町

北島町
つるぎ町
那賀町
東みよし町
松茂町
美波町
牟岐町
佐那河内村

**◆香川県**
(17)
高松市
観音寺市
坂出市
さぬき市
善通寺市
東かがわ市
丸亀市
三豊市
綾川町※
宇多津町
琴平町
小豆島町
多度津町
土庄町
直島町
まんのう町※
三木町

**◆愛媛県**
(20)
松山市
今治市
伊予市
宇和島市
大洲市
西条市

四国中央市
西予市
東温市
新居浜市
八幡浜市
愛南町
伊方町
内子町
上島町
鬼北町
久万高原町
砥部町
松前町
松野町

**◆高知県**
(34)
高知市
安芸市
香美市
香南市
四万十市
宿毛市
須崎市
土佐市
土佐清水市
南国市
室戸市
いの町※
大月町
越知町
大豊町
黒潮町
佐川町
四万十町
田野町
津野町※

土佐町
東洋町
中土佐町
※
奈半利町
※
仁淀川町
※
本山町
安田町
梼原町
馬路村
大川村
北川村
芸西村
三原村
日高村

**◆福岡県**
(60)
福岡市
朝倉市
飯塚市
糸島市
うきは市
大川市
小郡市
大野城市
大牟田市
春日市
嘉麻市
北九州市
久留米市
古賀市
田川市
太宰府市
筑後市
筑紫野市
中間市
直方市

豊前市
福津市
みやま市
宮若市
宗像市
柳川市
八女市
行橋市
芦屋町
糸田町
宇美町
大木町
大任町
岡垣町
遠賀町
粕屋町
川崎町
香春町
苅田町
鞍手町
桂川町
上毛町
小竹町
篠栗町
志免町
新宮町
須恵町
添田町
大刀洗町
築上町
筑前町
那珂川町
久山町
広川町
福智町
水巻町
みやこ町
吉富町
赤村
東峰村

**◆佐賀県**
(20)
佐賀市
伊万里市
嬉野市
小城市
鹿島市
唐津市
神埼市
多久市
武雄市
鳥栖市
有田町
上峰町
大町町
玄海町
江北町
白石町
太良町
みやき町
基山町
吉野ヶ里町

**◆長崎県**
(20)
長崎市
壱岐市
諫早市
雲仙市
大村市
五島市
西海市
島原市
対馬市
平戸市
松浦市
南島原市

小値賀町
新上五島町
川棚町
佐々町
時津町
長与町
波佐見町
東彼杵町

◆大分県
(18)
大分市
宇佐市
臼杵市
杵築市
国東市
佐伯市
竹田市
津久見市
中津市
日田市
豊後大野市
豊後高田市
別府市
由布市
玖珠町
九重町
日出町
姫島村

◆熊本県
(45)
熊本市
阿蘇市

天草市
荒尾市
宇城市
宇土市
上天草市
菊池市
合志市
玉名市
人吉市
水俣市
八代市
山鹿市
あさぎり町
芦北町
大津町
小国町
嘉島町
菊陽町
甲佐町
玉東町
高森町
多良木町
長州町
津奈木町
和水町
南関町
錦町
氷川町
益城町
美里町
南小国町
御船町
山都町
湯前町

苓北町
五木村
産山村
球磨村
相良村
西原村
水上村
南阿蘇村
山江村

◆宮崎県
(26)
宮崎市
えびの市
串間市
小林市
西都市
日南市
延岡市
日向市
都城市
綾町
門川町
川南町
木城町
五ヶ瀬町
国富町
新富町
高千穂町
高鍋町
高原町
都農町
日之影町
美郷町

三股町
椎葉村
西米良村
諸塚村

◆鹿児島県
(43)
鹿児島市
姶良市
阿久根市
奄美市
伊佐市
出水市
いちき串木野市
指宿市
鹿屋市
霧島市
薩摩川内市
志布志市
曽於市
垂水市
西之表市
日置市
枕崎市
南九州市
南さつま市
天城町
伊仙町
大崎町
喜界町
肝付町
錦江町
さつま町
瀬戸内町

龍郷町
知名町
徳之島町
中種子町
長島町
東串良町
南大隅町
南種子町
屋久島町
湧水町
与論町
和泊町
宇検村※
十島村
三島村
大和村

◆沖縄県
(40)
那覇市
石垣市
糸満市
沖縄市
浦添市
うるま市
嘉手納町
金武町
宜野湾市
久米島町※
豊見城市

名護市
南城市
宮古島市
竹富町
北谷町
西原町
南風原町
本部町
八重瀬町
与那原町
粟国村
伊江村
伊是名村
伊平屋村
大宜味村
恩納村
北大東村
北中城村
宜野座村
国頭村
座間味村
多良間村
渡嘉敷村
渡名喜村
中城村
今帰仁村
東村
南大東村
読谷村

合計：
1732 自治体

# 23. 非核宣言自治体の活動と事業

以下は、日本の非核宣言自治体がこれまでとり組んだ主要な活動や
事業を分類整理したものである。すべてが網羅されているわけでは
ない。他にユニークなとり組みをご存知の方は、ピースデポまでご一
報いただければ幸いである。

## 1.宣言や条例の制定

### ●宣言
（手続きにより3種類のものがある）
①首長提案、議会決議のもの。
②市民または議員提案・議会決議のもの。
③再度の宣言を議会が決議したもの。
（内容）核兵器の廃絶と恒久平和、非核
三原則の遵守などを訴える、非核港湾
を訴える、放射性物質等の持ち込みや
原子力関連施設の立地を拒否する、な
ど。

### ●条例
（内容によりほぼ3種類に分類できる）
・非核平和条例（核兵器の通過などを具
体的に禁止している。市民や市長の不
断の努力を規定し、企画の段階からの
市民参加を明文化している）
・平和条例（平和行政、予算化を明記）
・平和基金条例（億単位の基金を制定
し、利息による平和事業の実施、募金
の拡大をめざす）

## 2.首長・議長の抗議や要請行動
・核爆発実験への抗議文の持参や送付
・未臨界核実験やZマシン新型核実験に
対する中止要請文、抗議文の持参、送
付
・北東アジア非核兵器地帯を求める申
し入れ。自治体首長署名の提出。
・日印原子力協定の中止要請。
・NPT再検討会議への参加と要請
・核兵器禁止条約（TPNW）への署名・批
准要請

・他の自治体への非核宣言実施の依頼

## 3.議会の決議など
・非核三原則の堅持を求める意見書
・北東アジア非核兵器地帯の設立を求
める意見書
・ミサイル発射実験、核爆発実験に抗議
する決議
・包括的核実験禁止条約（CTBT）の制
定を求める意見書
・非核法の制定を求める意見書
・核兵器禁止条約（TPNW）への署名・批
准を求める決議
・核兵器搭載艦船の入港を認めない港
湾条例を求める決議
・プルトニウム輸送の情報公開を求め
る意見書
・高速増殖炉「もんじゅ」の安全管理に
関する意見書
・核燃料再処理事故に関する意見書
・福島第1原発事故避難者への住宅支援
の継続を求める意見書
・原発再稼動に反対する決議
・平和首長会議への加盟

## 4.市民への情報発信
・宣言文の掲示（プレート、垂幕、碑など）
・図書館の平和関連コーナー設置
・ホームページ、広報誌、ローカル誌、
ケーブルテレビを使った情報発信
・市民キャンペーン（祭りなど市民の集
まるところで広報活動）
・平和の映画ビデオや図書の貸出

## 5.啓発プログラムの強化

- 平和に関する各種講演会・セミナー、被爆体験・戦争体験を聞く会、戦時中の食事体験講座、原爆パネル・資料展（海外含む）、移動原爆展、ミニミニ原爆展、映画会、朗読劇、コンサート、書道展、ミュージカルなど
- インターネットテレビ会議システムを利用した平和学習講座
- 平和啓発ステッカーの公用車への貼り付け
- 市製封筒に「非核平和宣言都市」と印字
- 無料電車「平和号」の運行
- 啓発用品の市民・公共施設への配布（パンフレット、カレンダー、花の種、文具、カードなど）
- 平和副読本の作成、平和マップの作成、マンガの発行、日本国憲法の冊子作成と配布
- 戦争体験の証言集・ビデオ・絵の作成
- 国内ジャーナリスト研修
- 被爆アオギリ・クスノキ二世植樹
- 平和記念館の開設
- バーチャル平和資料館（ホームページ）
- 広報誌、市内ケーブルテレビ、FMラジオでの平和特集
- 平和の灯火（キャンドルナイト）

## 6.情報収集・管理

- 平和資料館、展示室、資料コーナーの運営。企画展などの実施
- 平和関連資料（海外のものも含む）の収集・貸出

## 7.フィールドワーク

- 市民（子ども、若者、親子、留学生を含む）、自治体職員、議員の広島・長崎・沖縄への派遣。親子記者など
- 戦跡、米軍基地、平和資料館・美術館・博物館などの見学ツアー
- 他の非核自治体や海外の姉妹都市との市民交流や非核の共同事業
- NPT再検討会議への派遣と報告会

## 8.市民参加

- ヒバクシャ国際署名への協力
- 平和賞、平和標語・作文コンクール、平和の絵、メッセージ、俳句・短歌の募集
- 折り鶴コーナーの設置、千羽鶴の作成
- 平和基金の募金活動
- スポーツ大会の開催
- 平和ボランティアの募集、育成、派遣
- 平和へのメッセージの募集

## 9.市民との協力事業、および支援

- 市民団体・文化団体との共催事業（国際会議、平和のつどい、講演会、映画会、コンサート、原爆展、スポーツなど）
- 小・中学校の平和学習への補助金
- 市民団体への補助金の交付、事業費の一部負担
- 市民団体への事業委託
- 市民海外インターンシップ制度補助金
- 平和行進の受け入れと激励

## 10.被爆者支援

- 見舞金、助成金等の支給
- 栄養食品の支給
- 被爆者団体への育成補助

## 11.記念式典

- 黙祷の実施、半旗の掲揚
- 平和記念式、戦没者追悼式、慰霊祭
- 平和の鐘の打鐘
- 原爆死没者サイレンの吹鳴

# 24. 北東アジア非核兵器地帯を支持する自治体首長署名

2016年12月31日現在

## ●署名文

### 北東アジアの非核兵器地帯化を支持します

　私たちは、北東アジアに非核兵器地帯を設立するための努力を支持します。それは、「核兵器のない世界」に向けた国際的気運を高めるとともに、北東アジア地域の安定と平和を実現するための緊急で時宜を得たイニシャティブです。

　北東アジア非核兵器地帯を設立するという目標を掲げることは、現在行われている韓国、朝鮮民主主義人民共和国（北朝鮮）、日本、中国、ロシア、米国による「6か国協議」に新しい積極的な次元をもたらすでしょう。6か国協議が掲げている「朝鮮半島の検証可能な非核化」（6か国共同声明。05年9月19日）という目標がより大きなビジョンの下に置かれるからです。

　「核兵器のない世界」の実現は、核兵器保有国だけでなく、とりわけ安全保障を核の傘に依存している国を含む全ての国の責務です。そのためには、すべての国が核兵器に依存しない安全保障政策に移行する道を追求する責任があります。北東アジア非核兵器地帯は、日本、韓国など北東アジアの関係国にこのような道筋を提供することになります。

　北東アジア非核兵器地帯の現実的な一つの形として「3+3」の枠組みがあります。それは韓国、北朝鮮、日本の3か国が中心となって非核兵器地帯を形成し、近隣核兵器国（中国、ロシア、米国）がこれを支持して安全の保証を与えるというものです。この形は1992年の「朝鮮半島の非核化南北共同宣言」と日本の非核三原則を基礎にできる利点があります。

　私たちは、世界中の国政、地方政治にたずさわる政治家の皆さん、市民団体及び個人の皆さんが、北東アジア非核兵器地帯を支持し、その実現のためにともに力を出しあうことを呼びかけます。

（呼びかけ）日本：ピースデポ、ピースボート
韓国：平和ネットワーク、参与・連帯

● **自治体関係団体の賛同（2団体）**

平和首長会議　　　日本非核宣言自治体協議会

● **自治体首長の賛同（546名）**※

●…政令指定都市（合計5）
★…道府県庁所在地（合計16）

（※市町村首長545名、県知事1名の合計。首長氏名は賛同した時点のもの。）

## 【北海道】（54）

★● 秋元勝弘（札幌市長）　　清澤茂宏（芦別市長）　　嶋 保（余市町長）　　中村 博（占冠村長）
安久津勝彦（足寄町長）　工藤 広（稚内市長）　　新村卓実（奥尻町長）　　西川将人（旭川市長）
伊藤喜代志（比布町長）　工藤壽樹（函館市長）　　菅原章嗣（喜茂別町長）　能登芳昭（富良野市長）
井上久男（置戸町長）　　小谷毎彦（北見市長）　　鈴木直道（夕張市長）　　濱谷一治（江差町長）
上野正三（北広島市長）　小林 実（中標津町長）　高橋定敏（留萌市長）　　本間順司（古平町長）
蝦名大也（釧路市長）　　小林康雄（士幌町長）　　高橋貞光（せたな町長）　福島世二（倶知安町長）
小笠原春一（登別市長）　斉藤純雄（浦臼町長）　　高橋正夫（本別町長）　　伏見悦夫（大樹町長）
岡和夫（幕別町長）　　　酒井芳秀（新ひだか町長）髙橋幹夫（美唄市長）　　牧野勇司（士別市長）
勝井勝丸（池田町長）　　坂下一幸（様似町長）　　髙澤 渡（清水町長）　　真屋敏春（洞爺湖町長）
金平嘉則（沼田町長）　　佐々木智雄（剣淵町長）　竹中 貢（上士幌町長）　水澤一廣（浦幌町長）
川村 茂（鹿部町長）　　佐藤聖一郎（仁木町長）　田村光義（中札内村長）　村瀬 優（広尾町長）
菊川健一（当麻町長）　　佐藤多一（津別町長）　　舟橋泰博（羽幌町長）　　米沢則寿（帯広市長）
菊池一春（訓子府町長）　佐藤広高（釧路町長）　　中松義治（小樽市長）
北 良治（奈井江町長）　佐藤芳治（上川町長）　　中宮安一（七飯町長）

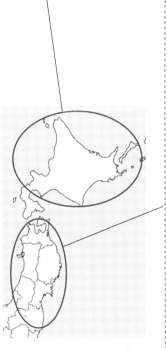

## 【東北】（48）

**青森（4）**

大川喜代治（平川市長）　　平山誠敏（五所川原市長）
小山田久（十和田市長）　　吉田 満（深浦町長）

**岩手（7）**

小田佑士（野田村長）
菅原正義（平泉町長）
髙橋敏彦（北上市長）
野田武則（釜石市長）
水上信宏（洋野町長）
山内隆文（久慈市長）
山本正徳（宮古市長）

**秋田（7）**

五十嵐忠悦（横手市長）
門脇光浩（仙北市長）
栗林次美（大仙市長）
齊藤滋宣（能代市長）
齋藤光喜（湯沢市長）
長谷部 誠（由利本荘市長）
横山忠長（にかほ市長）

**宮城（12）**

安部周治（涌谷町長）
伊勢 敏（大河原町長）
伊藤拓哉（色麻町長）
大友喜助（角田市長）
齋藤邦男（亘理町長）
佐々木功悦（美里町長）
佐藤勇（栗原市長）
佐藤英雄（村田町長）
菅原茂（気仙沼市長）
鈴木勝雄（利府町長）
滝口 茂（柴田町長）
布施孝尚（登米市長）

**山形（7）**

安部三十朗（米沢市長）
★ 市川昭男（山形市長）
遠藤直幸（山辺町長）
後藤幸平（飯豊町長）
佐藤 清（村山市長）
佐藤誠七（白鷹町長）
内谷重治（長井市長）

**福島（11）**

井関庄一（柳津町長）　　桜井勝延（南相馬市長）　　前後 公（猪苗代町長）
遠藤雄幸（川内村長）　　宍戸良三（小野町長）　　　高橋宣博（桑折町長）
大宅宗吉（南会津町長）　鈴木義孝（三春町長）　　　目黒吉久（只見町長）
佐藤 力（国見町長）　　須藤一夫（浅川町長）

163

●…政令指定都市（合計5）
★…道府県庁所在地（合計16）

**【近畿】**
（55）

**京都（7）**

井上正嗣（宮津市長）　　中山　泰（京丹後市長）
太田貴美（与謝野町長）　松山正治（福知山市長）
●★門川大作（京都市長）　山崎善也（綾部市長）
寺尾富爾（京丹波町長）

**滋賀（5）**

泉　峰一（米原市長）
西澤久夫（東近江市長）
橋川　渉（草津市長）
藤澤直広（日野町長）
宮本和宏（守山市長）

**兵庫（6）**

泉　房穂（明石市長）
酒井隆明（篠山市長）
嶋田雅義（福崎町長）
中川智子（宝塚市長）
西村和平（加西市長）
山中　健（芦屋市長）

**奈良（15）**

岩﨑万勉（平群町長）　　松井正剛（桜井市長）
太田好紀（五條市長）　　南　佳策（天理市長）
小城利重（斑鳩町長）　　森　宏範（三郷町長）
竹内幹郎（宇陀市長）　　西本安博（安堵町長）
★仲川げん（奈良市長）　　山下和弥（葛城市長）
東川　裕（御所市長）　　山下　真（生駒市長）
平井康之（王寺町長）　　吉田誠克（大和高田市長）
平岡　仁（広陵町長）

**大阪（9）**

岡本泰明（柏原市長）
神谷　昇（泉大津市長）
阪口伸六（高石市長）
竹内　脩（枚方市長）
多田利喜（富田林市長）
田中誠太（八尾市長）
馬場好弘（寝屋川市長）
福山敏博（阪南市長）
吉田友好（大阪狭山市長）

**三重（8）**

岩田昭人（尾鷲市長）　　田代兼二朗（朝日町長）
尾上武義（大台町長）　　田中俊行（四日市市長）
亀井利克（名張市長）　　中井幸充（明和町長）
鈴木健一（伊勢市長）　　中村順一（度会町長）

**和歌山（5）**

井本泰造（かつらぎ町長）　田嶋勝正（串本町長）
岩田　勉（すさみ町長）　　日裏勝己（印南町長）
小出隆道（上富田町長）

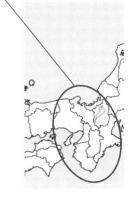

**【中部】（93）**

**福井（1）**

奈良俊幸（越前市長）

**石川（2）**

粟　貴章（野々市町長）
武元文平（七尾市長）

**富山（4）**

桜井森夫（小矢部市長）
澤﨑義敬（魚津市長）
堀内康男（黒部市長）
脇　四計夫（朝日町長）

**岐阜（11）**

石川道政（美濃市長）
岡崎和夫（池田町長）
林　宏優（山県市長）
日置敏明（郡上市長）
広江正明（笠松町長）
藤原　勉（本巣市長）
古川雅典（多治見市長）
堀　孝正（瑞穂市長）
水野光二（瑞浪市長）
南山宗之（坂祝町長）
室戸英夫（北方町長）

**愛知（9）**

石川英明（豊明市長）
江戸　満（扶桑町長）
大野紀明（稲沢市長）
片岡聡一（岩倉市長）
神谷明彦（東浦町長）
榊原純夫（半田市長）
田中志典（犬山市長）
林　郁夫（知立市長）
籾山芳輝（武豊町長）

**新潟（13）**

会田　洋（柏崎市長）
上村憲司（津南町長）
上村清隆（湯沢町長）
大平悦子（魚沼市長）
佐藤邦義（田上町長）
●★篠田　昭（新潟市長）
鈴木　力（燕市長）
関口芳史（十日町市長）
二階堂　馨（新発田市長）
入村　明（妙高市長）
森　民夫（長岡市長）
谷井靖夫（小千谷市長）
吉田和夫（胎内市長）

## 【関東】(95)

### 群馬 (10)
阿久津貞司（渋川市長）
新井利明（藤岡市長）
市川宣夫（南牧村長）
岡田義弘（安中市長）
岡野光利（富岡市長）
千明金造（片品村長）
富岡賢治（高崎市長）
星野巳喜雄（沼田市長）
安樂岡一雄（館林市長）
★ 山本龍（前橋市長）

### 栃木 (12)
阿久津憲二（那須塩原市長）
市村隆（岩舟町長）
大久保寿夫（小山市長）
大豆生田実（足利市長）
岡部正英（佐野市長）
小菅一弥（壬生町長）
斎藤文夫（日光市長）
佐藤信（鹿沼市長）
鈴木俊美（栃木市長）
津久井富雄（大田原市長）
豊田征夫（芳賀町長）
真瀬宏子（野木町長）

### 埼玉 (6)
石津賢治（北本市長）
川合善明（川越市長）
小島進（深谷市長）
小峰孝雄（鳩山町長）
久喜邦康（秩父市長）
高畑博（ふじみ野市長）

### 東京 (5)
阿部裕行（多摩市長）
小林正則（小平市長）
馬場一彦（東久留米市長）
邑上守正（武蔵野市長）
矢野裕（狛江市長）

### 神奈川 (17) ●
黒岩祐治（神奈川県知事）
青木健（真鶴町長）
阿部孝文（川崎市長）
大木さとる（大和市長）
大矢明夫（清川村長）
落合克宏（平塚市長）
加藤憲一（小田原市長）
加藤修平（南足柄市長）
木村俊雄（寒川町長）
小林常良（厚木市長）
鈴木恒夫（藤沢市長）
中﨑久雄（大磯町長）
服部信明（茅ヶ崎市長）
平井竜一（逗子市長）
府川裕一（開成町長）
古谷義幸（秦野市長）
山口昇士（箱根町長）

### 茨城 (17)
阿久津藤男（城里町長）
天田富司男（阿見町長）
海野徹（那珂市長）
大久保太一（常陸太田市長）
久保田健一郎（石岡市長）
小林宜夫（茨城町長）
島田穣一（小美玉市長）
染谷森雄（五霞町長）
高杉徹（常総市長）
★ 高橋靖（水戸市長）
保立一男（神栖市長）
益子英明（大子町長）
宮嶋光昭（かすみがうら市長）
村上達也（東海村長）
中島栄（美浦村長）
中山一生（龍ヶ崎市長）
吉原英一（坂東市長）

### 千葉 (28)
相川勝重（芝山町長）
秋葉就一（八千代市長）
伊澤史夫（白井市長）
井崎義治（流山市長）
石井俊雄（長生村長）
石井裕（南房総市長）
石田義廣（御宿町長）
岩井利雄（東庄町長）
太田洋（いすみ市長）
金坂昌典（大網白里町長）
北村新司（八街市長）
小泉一成（成田市長）
越川信一（銚子市長）
齊藤隆（横芝光町長）
猿田寿男（勝浦市長）
佐渡斉（四街道市長）
椎名千収（山武市長）
志賀直温（東金市長）
菅澤英毅（多古町長）
玉川孫一郎（一宮町長）
出口清（袖ヶ浦市長）
根本崇（野田市長）
星野順一郎（我孫子市長）
本郷谷健次（松戸市長）
松崎秀樹（浦安市長）
水越勇雄（木更津市長）
山崎山洋（印西市長）
蕨和雄（佐倉市長）

### 山梨 (11)
石田壽一（西桂町長）
角野幹男（昭和町長）
久保眞一（市川三郷町長）
志村学（富士川町長）
田中久雄（中央市長）
田辺篤（甲州市長）
中込博文（南アルプス市長）
堀内茂（富士吉田市長）
望月仁司（身延町長）
横内公明（韮崎市長）
渡邊凱保（富士河口湖町長）

### 長野 (30)
青木悟（下諏訪町長）
足立正則（飯山市長）
井出玄明（北相木村長）
今井竜五（岡谷市長）
牛越徹（大町市長）
太田紘熙（白馬村長）
岡庭一雄（阿智村長）
菊池毅彦（南相木村長）
熊谷元尋（高森町長）
栗屋德也（木祖村長）
近藤清一郎（千曲市長）
清水澄（原村長）
下平喜隆（豊丘村長）
白鳥孝（伊那市長）
菅谷昭（松本市長）
杉本幸治（駒ヶ根市長）
曽我逸郎（中川村長）
田上正男（上松町長）
竹節義孝（山ノ内町長）
田中勝巳（木曽町長）
羽田健一郎（長和町長）
平林明人（松川村長）
富井俊雄（野沢温泉村長）
藤澤泰彦（生坂村長）
藤巻進（軽井沢町長）
牧野光郎（飯田市長）
松本久志（小谷村長）
宮川正光（南木曽町長）
山田勝文（諏訪市長）
山村弘（坂城町長）

### 静岡 (12)
栗原裕康（沼津市長）
齊藤栄（熱海市長）
清水泰（焼津市長）
鈴木尚（富士市長）
須藤秀忠（富士宮市長）
佃弘巳（伊東市長）
豊岡武士（三島市長）
原田英之（袋井市長）
松井三郎（掛川市長）
三上元（湖西市長）
森延彦（函南町長）
若林洋平（御殿場市長）

第3部

165

## 【九州】（104）

### 佐賀（7）

江頭正則（吉野ヶ里町長）　　谷口太一郎（嬉野市長）
江里口秀次（小城市長）　　樋口久俊（鹿島市長）
小林純一（基山町長）　　樋渡啓祐（武雄市長）
田代正昭（有田町長）

### 長崎（20）

一瀬政太（波佐見町長）　　西 浩三（小値賀町長）
井上俊昭（新上五島町長）　　葉山友昭（長与町長）
奥村槇太郎（雲仙市長）　　平瀬 研（時津町長）
黒田成彦（平戸市長）　　藤原米幸（南島原市長）
財部能成（対馬市長）　　古庄 剛（佐々町長）
白川博一（壱岐市長）　　松本 崇（大村市長）
★ 田上富久（長崎市長）　　宮本明雄（諫早市長）
田中隆一（西海市長）　　山口文夫（川棚町長）
友広郁洋（松浦市長）　　横田修一郎（島原市長）
中尾郁子（五島市長）　　渡邊 悟（東彼杵町長）

### 熊本（23）

愛甲一典（あさぎり町長）　　田中信孝（人吉市長）　　前畑淳治（荒尾市長）
荒木義行（合志市長）　　徳田正臣（相良村長）　　松本照彦（水俣市長）
家入 勲（大津町長）　　中逸博光（長洲町長）　　宮本勝彬（水俣市長）
北里耕亮（小国町長）　　中嶋憲正（山鹿市長）　　元松茂樹（宇土市長）
草村大成（高森町長）　　長野敏也（南阿蘇村長）　　森本完一（錦町長）
後藤三雄（菊陽町長）　　福島和敏（八代市長）　　安田公寛（天草市長）
髙嵜哲哉（玉名市長）　　福村三男（菊池市長）　　横谷 巡（山江村長）
田嶋章二（苓北町長）　　廣瀬親吾（水上村長）

### 鹿児島（13）

荒木耕治（屋久島町長）　　霜出勘平（南九州市長）　　前田終止（霧島市長）
川下三業（中種子町長）　　隈元 新（伊佐市長）　　元田信有（宇検村長）
笹山義弘（姶良市長）　　豊留悦男（指宿市長）　　★ 森 博幸（鹿児島市長）
渋谷俊彦（出水市長）　　長野 力（西之表市長）
嶋田芳博（鹿屋市長）　　東 靖弘（大崎町長）

## 福岡（23）

有吉哲信（宮若市長）　　長﨑武利（新宮町長）
伊藤信勝（田川市長）　　中嶋裕史（須恵町長）
井上利一（桂川町長）　　春本武男（赤村長）
浦田弘二（福智町長）　　平安正和（小郡市長）
小田幸男（川崎町長）　　松岡 賛（嘉麻市長）
釜井健介（豊前市長）　　三浦 正（篠栗町長）
齊藤守史（飯塚市長）　　三田村統之（八女市長）
篠﨑久義（粕屋町長）　　南里辰己（志免町長）
高木典雄（うきは市長）　　森田俊介（朝倉市長）
田頭喜久己（筑前町長）　　八並康一（行橋市長）
竹下司津男（古賀市長）　　安川 博（宇美町長）
徳島眞次（鞍手町長）

## 大分（7）

是永修治（宇佐市長）
坂本和昭（九重町長）
佐藤陽一（日田市長）
首藤勝次（竹田市長）
首藤奉文（由布市長）
橋本祐輔（豊後大野市長）
吉本幸司（津久見市長）

## 宮崎（11）

飯干辰己（五ヶ瀬町長）
黒木健二（日向市長）
首藤正治（延岡市長）
谷口義幸（日南市長）
★ 戸敷 正（宮崎市長）
長峯 誠（都城市長）
野辺修光（串間市長）
橋田和実（西都市長）
肥後正弘（小林市長）
日髙光浩（高原町長）
安田 修（門川町長）

## 【沖縄】（18）

安里 猛（宜野湾市長）　　宜保晴毅（豊見城市長）
新垣邦男（北中城村長）　　古謝景春（南城市長）
石嶺傳實（読谷村長）　　島袋義久（大宜味村長）
稲嶺 進（名護市長）　　島袋俊夫（うるま市長）
★ 翁長雄志（那覇市長）　　城間幹安（南風原町長）
上原裕常（糸満市長）　　東門美津子（沖縄市長）
上間 明（西原町長）　　中山義隆（石垣市長）
川満栄長（竹富町長）　　野国昌春（北谷町長）
儀間光男（浦添市長）　　浜田京介（中城村長）

## 【中国】(41)

### 山口(6)
井原健太郎（柳井市長）
白井博文（山陽小野田市長）
野村興兒（萩市長）
松浦正人（防府市長）
山田健一（平生町長）
★ 渡辺純忠（山口市長）

### 島根(3)
宇津徹男（浜田市長）
近藤宏樹（安来市長）
田中増次（江津市長）

### 鳥取(3)
★ 竹内 功（鳥取市長）
竹内敏朗（江府町長）
松本昭夫（北栄町長）

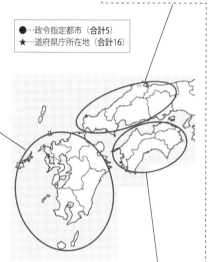

● …政令指定都市（合計5）
★ …道府県庁所在地（合計16）

### 広島(19)
入山欣郎（大竹市長）
藏田義雄（東広島市長）
小坂政司（竹原市長）
五藤康之（三原市長）
高田幸典（大崎上島町長）
滝口季彦（庄原市長）
竹下正彦（北広島町長）
羽田 皓（福山市長）
浜田一義（安芸高田市長）
平谷祐宏（尾道市長）
牧野雄光（神石高原町長）
眞野勝弘（廿日市市長）
増田和俊（三次市長）
●★ 松井一實（広島市長）
三村裕史（熊野町長）
山岡寛次（海田町長）
山口寛昭（世羅町長）
吉田隆行（坂町長）
和多利義之（府中町長）

### 岡山(10)
井出紘一郎（真庭市長）
片岡聡一（総社市長）
栗山康彦（浅口市長）
黒田 晋（玉野市長）
高木直矢（笠岡市長）
武久顕也（瀬戸内市長）
西田 孝（勝央町長）
道上政男（美作市長）
山﨑親男（鏡野町長）
山本雅則（吉備中央町長）

第3部

## 【四国】(38)

### 愛媛(9)
石橋寛久（宇和島市長）　高須賀 功（東温市長）
井原 巧（四国中央市長）　中村剛志（砥部町長）
大城一郎（八幡浜市長）　中村 佑（伊予市長）
清水雅文（愛南町長）　山下和彦（伊方町長）
清水 裕（大洲市長）

### 香川(7)
綾 宏（坂出市長）　　　白川晴司（観音寺市長）
新井哲二（丸亀市長）　　平岡政典（善通寺市長）
大山茂樹（さぬき市長）　藤井秀城（東かがわ市長）
★ 大西秀人（高松市長）

### 徳島(3)
河野俊明（石井町長）
玉井孝治（板野町長）
原 仁志（佐那河内村長）

### 高知(19)
今西芳彦（本山町長）　　小松幹侍（室戸市長）　　橋詰壽人（南国市長）
大石弘秋（仁淀川町長）　笹岡豊徳（須崎市長）　　松延宏幸（東洋町長）
★ 岡﨑誠也（高知市長）　塩田 始（いの町長）　　松本憲治（安芸市長）
沖本年男（宿毛市長）　　杉村章生（土佐清水市長）矢野富男（梼原町長）
門脇槇夫（香美市長）　　高瀬満伸（四万十町長）　吉岡珍正（越知町長）
上治堂司（馬路村長）　　田中 全（四万十市長）
清水真司（香南市長）　　戸梶眞幸（日高村長）

# 25. 北東アジア非核兵器地帯を求める
# 宗教者声明

私たち日本の宗教者は、日本が「核の傘」依存を止め、
北東アジア非核兵器地帯の設立に向かうことを求めます

2016年2月12日

核兵器は、そのいかなる使用も壊滅的な人道上の結末をもたらすものであり、私たちの宗教的価値、道義的原則、そして人道法に反します。従って、宗教者にとって核兵器の禁止と廃絶は、神聖な責務であります。

「核兵器のない世界」実現のためには、すべての国が核兵器に依存しない安全保障政策をとる必要があります。被爆を経験した日本は尚更であり、一日も早く「核の傘」から出ることが求められます。北東アジア非核兵器地帯の設立は、日本の安全を確保しつつ「核の傘」から出ることを可能にする政策です。それは、「核兵器のない世界」に向けた国際的な気運を高めるとともに、深刻化した北東アジア情勢を打開する有効な方法でもあります。

2013年7月、国連事務総長の軍縮諮問委員会が「事務総長は、北東アジア非核兵器地帯の設立に向けた適切な行動を検討すべきである」との画期的な勧告を行いました。また、2013年9月の国連ハイレベル会合において、モンゴルのエルベグドルジ大統領は、北東アジア非核兵器地帯の設立への支援を行う準備があると表明しました。さらには、米国、オーストラリア、日本、韓国などの著名な研究者たちが北東アジア非核兵器地帯設立への包括的なアプローチを提案しています。

私たち日本の宗教者は、北東アジア非核兵器地帯の設立を支持し、これによって日本が非人道兵器である核兵器への依存から脱し、被爆国として積極的に「核兵器のない世界」実現に貢献することを求めます。

代表呼びかけ人(50音順)
　小橋 孝一(日本キリスト教協議会議長)
　杉谷 義純(元天台宗宗務総長、世界宗教者平和会議軍縮安全保障常設委員会委員長)
　高見 三明(カトリック長崎大司教区大司教)
　山崎 龍明(浄土真宗本願寺派僧侶)

## 呼びかけ人・賛同人一覧（50音順、2018年10月1日現在、計153名）

青木 敬介（浄土真宗本願寺派西念寺元住職）

赤岩 聰（カトリック司祭）

秋葉 正二※（日本基督教団代々木上原教会牧師）

秋山 徹※（日本キリスト教団上尾合同教会牧師、関東教区議長、世界宣教委員会委員長）

朝倉 真知子※（カトリック市川教会信徒、平和といのちイグナチオ9条の会）

浅田 秋彦（宗教法人大本代表役員・人類愛善会会長）

旭 日重※（日蓮宗大本山重須本門寺貫首）

荒川 庸生（日本宗教者平和協議会理事長）

安藤 英明（日蓮宗碑文谷向原教会担任）

安藤 麻友美（日蓮宗碑文谷向原教会副担任）

池住 義憲※（元立教大学大学院キリスト教学研究所特任教授）

石川 勇吉（真宗大谷派報恩寺住職）

石川 清章（妙法慈石会登陵山清川寺法嗣）

石橋 秀雄（日本基督教団総会議長、越谷教会牧師）

石渡 一夫（創価学会平和委員会議長）

泉 哲朗（念仏者九条の会・山口代表、光明寺住職）

伊藤 幸慶（曹洞宗永福寺住職）

伊東 永子（日本キリスト教団神奈川教区翠ケ丘教会信徒）

伊藤 信道（アーユス仏教国際協力ネットワーク理事・浄土宗西山禅林寺派僧侶）

井上 豊※（キリスト教会広島長束教会牧師）

猪子 恒※（大本東京センター次長）

今村 公保（日本山妙法寺僧侶）

梅林 真道※（浄土真宗本願寺派浄光寺住職）

江崎 啓子（熊本YWCA会長、日本福音ルーテル熊本教会信徒）

遠藤 恭（大船教会所属カトリック信徒）

大江 真道※（日本宗教者平和協議会代表委員、日本聖公会司祭）

大倉 一美※（カトリック東京教区司祭、カトリック正義と平和協議会事務局長）

大月 純子※（日本基督教団上下教会牧師、西中国教区性差別問題特別委員会委員長）

大西 英玄（音羽山清水寺執事補）

大原 光夫（浄土真宗本願寺派布教使浄泉寺住職）

大森 良輔（浄土真宗本願寺派教師）

小笠原 敦輔（なか伝道所信徒）

小笠原 公子（教会員）

岡田 仁（富坂キリスト教センター総主事）

大來 尚順（土真宗本願寺派大見山超勝寺衆徒）

小武 正教※（浄土真宗本願寺派西善寺住職）

小野 文珖※（日蓮宗天龍寺院首）

小畑 太作（日本基督教団牧師）

堅田 晃英（念仏者九条の会・大谷派九条の会会員、浄土真宗信徒）

勝谷 太治※（日本カトリック正義と平和協議会会長、カトリック札幌司教区司教）

加藤 順教（浄土真宗本願寺派布教使）

加藤 大典（曹洞宗永林寺住職）

加藤 真規子（日本キリスト教団上大岡教会信徒）

加納 美津子（日本聖公会東京聖十字教会）

鎌野 真※（日本基督教団福山延広教会牧師）

神谷 昌道※（世界宗教者平和会議国際委員会軍縮安全保障常設委員会シニアアドバイザー）河合 公明（創価学会平和委員会事務局長）

川崎 洋平（真宗大谷派衆徒）

河田 尚子（アル・アマーナ代表）

川野 安子（（公財）日本キリスト教婦人矯風会理事長）

神崎 正弘（真宗大谷派法生寺住職）

菊地 純子（日本キリスト教協議会ドイツ委員会委員長）

岸 俊彦（日本基督教団東京教区総会議長、日本基督教団経堂北教会牧師）

岸野 亮淳（浄土宗西山禅林寺派）

木津 博充（日本山妙法寺僧侶）

くじゅう のりこ（カトリック東京正義と平和委員会、平和といのち・イグナチオ9条の会）

久保 博夫（日本キリスト教団神奈川教区高座渋谷教会）

栗原 通了（日本基督教団福山東教会役員）

黒住 昭子（黒住教婦人会会長）

郡島 恒昭※（浄土真宗本願寺派光照寺元住職）

古賀 健一郎（日本キリスト教団紅葉坂教会役員）

小島 教昌（日蓮宗本山妙覺寺執事）

小島 寛（浄土宗西山禅林寺

派良恩寺住職）

小西 望（日本基督教団仙台北教会牧師）

小橋 孝一\*\*（日本キリスト教協議会議長）

小林 恵太（アトンメントのフランシスコ会副地区長修道士）

小林 克哉（日本基督教団呉平安教会牧師）

小宮 一子（名古屋YWCA総幹事）

近藤 理恵子（真言宗寺族）

齋藤 昭俊\*（大正大学名誉教授、真言宗智山派寶蓮寺住職）

齋藤 眞 浄土真宗本願寺派光尊寺住職）

斉藤 寿代（日本基督教団雪ノ下教会信徒）

坂上 良\*（浄土真宗本願寺派布教使）

佐々木 孝始（浄土真宗本願寺派大覚寺住職）

佐々木 雅子（鎌倉恩寵教会信徒）

塩出 大作（創価学会広島平和委員会委員長）

茂田 真澄\*（アーユス仏教国際協力ネットワーク理事長・浄土宗勝楽寺住職）

芝 幸介（椿大神社禰宜）

島田 茂\*（日本YMCA同盟総主事）

島村 眞知子\*（日本基督教団広島牛田教会役員、日本基督教団西中国教区常置委員）

釈 徹宗（浄土真宗本願寺派如来寺住職・相愛大学教授・NPO法人リライフ代表）

赤銅 聖治（(宗)円応教円応青年会会長）

白戸 清\*（宗教法人日本基督教団野辺地教会牧師）

城山 大賢\*（真宗報正寺住職）

菅原 龍憲\*（浄土真宗本願寺派僧侶、真宗遺族会代表、東西本願寺を結ぶ非戦・平和共同行動(共同代表)）

菅原 智之（アーユス仏教国際協力ネットワーク理事・浄土真宗本願寺派髙林寺住職）

杉谷 義純\*\*（元天台宗宗務総長、世界宗教者平和会議軍縮安全保障常設委員会委員長）

杉谷 義恭（天台宗国際平和宗教協力協会専門委員）

鈴木 怜子（平和を実現するキリスト者ネット前事務局代表、元日本キリスト教協議会議長）

鈴木 孝（真宗大谷派推進員）

平良 愛香\*（平和を実現するキリスト者ネット事務局代表、日本キリスト教団、三・一教会牧師）

高石 彰也（浄土真宗正円寺前住職）

高橋 悦堂（曹洞宗普門寺副住職）

高見 三明\*\*（カトリック長崎大司教区大司教）

立石 明日香\*（真宗誠心寺副住職）

田中 庸仁（真正会会長）

田中 美津次（鎌倉恩寵教会員）

田邊 修一（西山浄土宗布教使）

谷川 寛敬（日蓮宗真成寺副住職）

谷川 修真（真宗大谷派円光寺住職）

月下 美孝\*（日本基督教団広島東部教会牧師、広島市キリスト教会連盟代表）

出口 玲子（日本宗教者平和協議会常任理事、キリスト教信徒）

土井 桂子\*（日本基督教団廿日市教会役員、日本基督教団西中国教区常置委員）

釈 恵子（真宗誠心寺）

徳永 翔（真宗大谷派門徒）

冨田 成美（日本宗教者平和協議会常任理事）

豊田 靖史（浄土真宗本願寺派西光寺住職）

長岡 裕之（浄土真宗本願寺派龍雲寺住職）

中野 東禅（曹洞宗僧侶）

中村 憲一郎（立正佼成会常務理事）

中村 淑子（鎌倉雪ノ下教会員）

西口 のぞみ（仏教徒）

西嶋 佳弘\*（日本基督教団広島牛田教会牧師）

西田 多戈止\*（一燈園当番、WCRP JAPAN顧問、サンメッセ日南代表取締役）

西原 廉太\*（立教学院副院長・立教大学文学部長・日本聖公会司祭）

忍関 崇（浄土真宗本願寺派崇徳寺住職）

橋本 直行\*（日本基督教団光教会牧師、日本基督教団西中国教区核問題特別委員会委員長）

幡多 哲也\*（浄土真宗本願寺派西方寺住職）

樋口 作（(宗)日本ムスリム協会理事、前会長）

平井 俊江（日本キリスト教団船越教会員）

平野 晶男（日本キリスト教団（東京教区・北支区）「百人町教会」教会員）

平松 達美（カトリック鶴見教会主任司祭）

昼間 範子（日本カトリック正義と平和協議会事務局）

深水 正勝（カトリック東京大司教区志村教会主任司祭）

福井 智行（真宗興正派称名寺住職）

藤 大慶*（浄土真宗本願寺派西福寺前住職）

藤田 桂一郎（立正佼成会墨田教会教務副部長）

藤谷 佐斗子*（日本YWCA会長）

藤原 玲子（静岡YWCA会長）

古川 明*（生長の家信徒）

牧野 美登里*（日本キリスト教会神奈川教区なか伝道所）

松岡 広也（曹洞宗光明寺住職、全日本仏教青年会国際委員長）

故・松下 日肆（本門法華宗大本山妙蓮寺貫首）

松島 正雄（鎌倉恩寵教会客員）

松本 智量（アーユス仏教国際協力ネットワーク副理事長・浄土真宗本願寺派延立寺住職）

光延 一郎（イエズス会司祭）

宮城 泰年*（聖護院門跡門主）

三宅 善信（金光教泉尾教会総長）

三吉 小祈（日本基督教団広島府中教会牧師）

村上 雅子（国際基督教大学名誉教授）

村瀬 俊夫*（平和を実現するキリスト者ネット事務局副代表）持田 貫信（アーユス仏教国際協力ネットワーク理事・日蓮宗本久寺住職）

矢野 太一*（日本宗教者平和協議会代表委員、天理教平和の会会長）

山崎 龍明**（浄土真宗本願寺派僧侶）

山崎 美由紀（日蓮教学研究所研究員）

吉岡 輝彦（創価学会長崎平和委員会委員長）

吉澤 道子（名古屋YWCA会長）

吉田 達也（公益財団法人庭野平和財団プログラムオフィサー）

吉田 敬一（浄土真宗単立西栄寺僧括）

吉田 行典（日本山妙法寺大僧伽首座）

和田 洋子（鎌倉雪ノ下教会員）

渡辺 幸子（日本キリスト教団なか伝道所）

渡辺 誉一（日本キリスト教団鎌倉恩寵教会牧師）

第3部

# 第4部

## 資料

1. 基礎資料

2. 新資料

# 4-1 基礎資料

核兵器の不拡散に関する条約

採択　1968年7月1日
発効　1970年3月5日

## 前文

　この条約を締結する国(以下「締約国」という。)は、

　核戦争が全人類に惨害をもたらすものであり、したがつて、このような戦争の危険を回避するためにあらゆる努力を払い、及び人民の安全を保障するための措置をとることが必要であることを考慮し、

　核兵器の拡散が核戦争の危険を著しく増大させるものであることを信じ、

　核兵器の一層広範にわたる分散の防止に関する協定を締結することを要請する国際連合総会の諸決議に従い、

　平和的な原子力活動に対する国際原子力機関の保障措置の適用を容易にすることについて協力することを約束し、

　一定の枢要な箇所において機器その他の技術的手段を使用することにより原料物質及び特殊核分裂性物質の移動に対して効果的に保障措置を適用するという原則を、国際原子力機関の保障措置制度のわく内で適用することを促進するための研究、開発その他の努力に対する支持を表明し、

　核技術の平和的応用の利益(核兵器国が核爆発装置の開発から得ることができるすべての技術上の副産物を含む。)が、平和的目的のため、すべての締約国(核兵器国であるか非核兵器国であるかを問わない。)に提供されるべきであるという原則を確認し、

　この原則を適用するに当たり、すべての締約国が、平和的目的のための原子力の応用を一層発展させるため可能な最大限度まで科学的情報を交換することに参加し、及び単独で又は他の国と協力してその応用の一層の発展に貢献する権利を有することを確信し、

　核軍備競争の停止をできる限り早期に達成し、及び核軍備の縮小の方向で効果的な措置をとる意図を宣言し、

　この目的の達成についてすべての国が協力することを要請し、

　千九百六十三年の大気圏内、宇宙空間及び水中における核兵器実験を禁止する条約の締約国が、同条約前文において、核兵器のすべての実験的爆発の永久的停止の達成を求め及びそのために交渉を継続する決意を表明したことを想起し、

　厳重かつ効果的な国際管理の下における全面的かつ完全な軍備縮小に関する条約に基づき核兵器の製造を停止し、貯蔵されたすべての核兵器を廃棄し、並びに諸国の軍備から核兵器及びその運搬手段を除去することを容易にするため、国際間の緊張の緩和及び諸国間の信頼の強化を促進することを希望し、

　諸国が、国際連合憲章に従い、その国際関係において、武力による威嚇又は武力の行使を、いかなる国の領土保全又は政治的独立に対するものも、また、国際連合の目的と両立

しない他のいかなる方法によるものも慎まなければならないこと並びに国際の平和及び安全の確立及び維持が世界の人的及び経済的資源の軍備のための転用を最も少なくして促進されなければならないことを想起して、

　次のとおり協定した。

## 第１条

　締約国である各核兵器国は、核兵器その他の核爆発装置又はその管理をいかなる者に対しても直接又は間接に移譲しないこと及び核兵器その他の核爆発装置の製造若しくはその他の方法による取得又は核兵器その他の核爆発装置の管理の取得につきいかなる非核兵器国に対しても何ら援助、奨励又は勧誘を行わないことを約束する。

## 第２条

　締約国である各非核兵器国は、核兵器その他の核爆発装置又はその管理をいかなる者からも直接又は間接に受領しないこと、核兵器その他の核爆発装置を製造せず又はその他の方法によつて取得しないこと及び核兵器その他の核爆発装置の製造についていかなる援助をも求めず又は受けないことを約束する。

## 第３条

1　締約国である各非核兵器国は、原子力が平和的利用から核兵器その他の核爆発装置に転用されることを防止するため、この条約に基づいて負う義務の履行を確認することのみを目的として国際原子力機関憲章及び国際原子力機関の保障措置制度に従い国際原子力機関との間で交渉しかつ締結する協定に定められる保障措置を受諾することを約束する。この条の規定によつて必要とされる保障措置の手続は、原料物質又は特殊核分裂性物質につき、それが主要な原子力施設において生産され、処理され若しくは使用されているか又は主要な原子力施設の外にあるかを問わず、遵守しなければならない。この条の規定によつて必要とされる保障措置は、当該非核兵器国の領域内若しくはその管轄下で又は場所のいかんを問わずその管理の下で行われるすべての平和的な原子力活動に係るすべての原料物質及び特殊核分裂性物質につき、適用される。

2　各締約国は、(a)原料物質若しくは特殊核分裂性物質又は(b)特殊核分裂性物質の処理、使用若しくは生産のために特に設計され若しくは作成された設備若しくは資材を、この条の規定によつて必要とされる保障措置が当該原料物質又は当該特殊核分裂性物質について適用されない限り、平和的目的のためいかなる非核兵器国にも供給しないことを約束する。

3　この条の規定によつて必要とされる保障措置は、この条の規定及び前文に規定する保障措置の原則に従い、次条の規定に適合する態様で、かつ、締約国の経済的若しくは技術的発展又は平和的な原子力活動の分野における国際協力(平和的目的のため、核物質及びその処理、使用又は生産のための設備を国際的に交換することを含む。)を妨げないような態様で、実施するものとする。

4　締約国である非核兵器国は、この条に定める要件を満たすため、国際原子力機関憲章に従い、個々に又は他の国と共同して国際原子力機関と協定を締結するものとする。その協定の交渉は、この条約が最初に効力を生じた時から百八十日以内に開始しなければならない。この百八十日の期間の後に批准書又は加入書を寄託する国については、その協

定の交渉は、当該寄託の日までに開始しなければならない。その協定は、交渉開始の日の後十八箇月以内に効力を生ずるものとする。

## 第4条

1 この条約のいかなる規定も、無差別にかつ第一条及び第二条の規定に従つて平和的目的のための原子力の研究、生産及び利用を発展させることについてのすべての締約国の奪い得ない権利に影響を及ぼすものと解してはならない。

2 すべての締約国は、原子力の平和的利用のため設備、資材並びに科学的及び技術的情報を可能な最大限度まで交換することを容易にすることを約束し、また、その交換に参加する権利を有する。締約国は、また、可能なときは、単独で又は他の国若しくは国際機関と共同して、世界の開発途上にある地域の必要に妥当な考慮を払つて、平和的目的のための原子力の応用、特に締約国である非核兵器国の領域におけるその応用の一層の発展に貢献することに協力する。

## 第5条

各締約国は、核爆発のあらゆる平和的応用から生ずることのある利益が、この条約に従い適当な国際的監視の下でかつ適当な国際的手続により無差別の原則に基づいて締約国である非核兵器国に提供されること並びに使用される爆発装置についてその非核兵器国の負担する費用が、できる限り低額であり、かつ、研究及び開発のためのいかなる費用をも含まないことを確保するため、適当な措置をとることを約束する。締約国である非核兵器国は、特別の国際協定に従い、非核兵器国が十分に代表されている適当な国際機関を通じてこのような利益を享受することができる。この問題に関する交渉は、この条約が効力を生じた後できる限り速やかに開始するものとする。締約国である非核兵器国は、希望するときは、二国間協定によつてもこのような利益を享受することができる。

## 第6条

各締約国は、核軍備競争の早期の停止及び核軍備の縮小に関する効果的な措置につき、並びに厳重かつ効果的な国際管理の下における全面的かつ完全な軍備縮小に関する条約について、誠実に交渉を行うことを約束する。

## 第7条

この条約のいかなる規定も、国の集団がそれらの国の領域に全く核兵器の存在しないことを確保するため地域的な条約を締結する権利に対し、影響を及ぼすものではない。

## 第8条

1 いずれの締約国も、この条約の改正を提案することができる。改正案は、寄託国政府に提出するものとし、寄託国政府は、これをすべての締約国に配布する。その後、締約国の三分の一以上の要請があつたときは、寄託国政府は、その改正を審議するため、すべての締約国を招請して会議を開催する。

2 この条約のいかなる改正も、すべての締約国の過半数の票(締約国であるすべての核

兵器国の票及び改正案が配布された日に国際原子力機関の理事国である他のすべての締約国の票を含む。)による議決で承認されなければならない。その改正は、すべての締約国の過半数の改正の批准書(締約国であるすべての核兵器国の改正の批准書及び改正案が配布された日に国際原子力機関の理事国である他のすべての締約国の改正の批准書を含む。)が寄託された時に、その批准書を寄託した各締約国について効力を生ずる。その後は、改正は、改正の批准書を寄託する他のいずれの締約国についても、その寄託の時に効力を生ずる。

3 前文の目的の実現及びこの条約の規定の遵守を確保するようにこの条約の運用を検討するため、この条約の効力発生の五年後にスイスのジュネーヴで締約国の会議を開催する。その後五年ごとに、締約国の過半数が寄託国政府に提案する場合には、条約の運用を検討するという同様の目的をもつて、更に会議を開催する。

### 第9条

1 この条約は、署名のためすべての国に開放される。この条約が3の規定に従つて効力を生ずる前にこの条約に署名しない国は、いつでもこの条約に加入することができる。

2 この条約は、署名国によつて批准されなければならない。批准書及び加入書は、ここに寄託国政府として指定されるグレート・ブリテン及び北部アイルランド連合王国、ソヴィエト社会主義共和国連邦及びアメリカ合衆国の政府に寄託する。

3 この条約は、その政府が条約の寄託者として指定される国及びこの条約の署名国である他の四十の国が批准しかつその批准書を寄託した後に、効力を生ずる。この条約の適用上、「核兵器国」とは、千九百六十七年一月一日前に核兵器その他の核爆発装置を製造しかつ爆発させた国をいう。

4 この条約は、その効力発生の後に批准書又は加入書を寄託する国については、その批准書又は加入書の寄託の日に効力を生ずる。

5 寄託国政府は、すべての署名国及び加入国に対し、各署名の日、各批准書又は各加入書の寄託の日、この条約の効力発生の日、会議の開催の要請を受領した日及び他の通知を速やかに通報する。

6 この条約は、寄託国政府が国際連合憲章第百二条の規定に従つて登録する。

### 第10条

1 各締約国は、この条約の対象である事項に関連する異常な事態が自国の至高の利益を危うくしていると認める場合には、その主権を行使してこの条約から脱退する権利を有する。当該締約国は、他のすべての締約国及び国際連合安全保障理事会に対し三箇月前にその脱退を通知する。その通知には、自国の至高の利益を危うくしていると認める異常な事態についても記載しなければならない。

2 この条約の効力発生の二十五年後に、条約が無期限に効力を有するか追加の一定期間延長されるかを決定するため、会議を開催する。その決定は、締約国の過半数による議決で行う。

### 第11条

この条約は、英語、ロシア語、フランス語、スペイン語及び中国語をひとしく正文とし、

寄託国政府に寄託される。この条約の認証謄本は、寄託国政府が署名国政府及び加入国政府に送付する。

以上の証拠として、下名は、正当に委任を受けてこの条約に署名した。

1968年7月1日にロンドン市、モスクワ市及びワシントン市で本書三通を作成した。

出典：外務省HP
https://www.mofa.go.jp/mofaj/gaiko/treaty/pdfs/B-S51-0403.pdf
原文：国連ＨＰ
https://www.un.org/disarmament/wmd/nuclear/npt/text
アクセス日：ともに2019年12月1日

---

## 資料1-2　国連憲章(抜粋)　序、第1章、第7章　第39〜42条、第51条

1945年6月26日　署名
1945年10月24日　発効

### 序

　国際連合憲章は、国際機構に関する連合国会議の最終日の、1945年6月26日にサンフランシスコにおいて調印され、1945年10月24日に発効した。国際司法裁判所規程は国連憲章と不可分の一体をなす。

　国連憲章第23条、第27条および第61条の改正は、1963年12月17日に総会によって採択され、1965年8月31日に発効した。1971年12月20日、総会は再び第61条の改正を決議、1973年9月24日発効した。1965年12月20日に総会が採択した第109条の改正は、1968 年6月12日発効した。

　第23条の改正によって、安全保障理事会の理事国は11から15カ国に増えた。第27条の改正によって、手続き事項に関する安全保障理事会の表決は9理事国(改正以前は7)の賛成投票によって行われ、その他のすべての事項に関する表決は、5常任理事を含む9理事国(改正以前は7)の賛成投票によって行われる。

　1965年8月31日発効した第61条の改正によって、経済社会理事会の理事国数は18から27に増加した。1973年9月24日発効した2回目の61条改正により、同理事会理事国数はさらに、54に増えた。

第109条1項の改正によって、国連憲章を再審議するための国連加盟国の全体会議は、総会構成国の3分の2の多数と安全保障理事会のいずれかの9 理事国(改正前は7)の投票によって決定される日と場所で開催されることになった。但し、第10通常総会中に開かれる憲章改正会議の審議に関する109条 3項中の「安全保障理事会の7理事国の投票」という部分は改正されなかった。1955年の第10総会及び安全保障理事会によって、この項が発動された。

## 国際連合憲章

われら連合国の人民は、われらの一生のうちに二度まで言語に絶する悲哀を人類に与えた戦争の惨害から将来の世代を救い、基本的人権と人間の尊厳及び価値と男女及び大小各国の同権とに関する信念をあらためて確認し、正義と条約その他の国際法の源泉から生ずる義務の尊重とを維持することができる条件を確立し、一層大きな自由の中で社会的進歩と生活水準の向上とを促進すること
並びに、このために、寛容を実行し、且つ、善良な隣人として互いに平和に生活し、国際の平和及び安全を維持するためにわれらの力を合わせ、共同の利益の場合を除く外は武力を用いないことを原則の受諾と方法の設定によって確保し、すべての人民の経済的及び社会的発達を促進するために国際機構を用いることを決意して、これらの目的を達成するために、われらの努力を結集することに決定した。

よって、われらの各自の政府は、サン・フランシスコ市に会合し、全権委任状を示してそれが良好妥当であると認められた代表者を通じて、この国際連合憲章に同意したので、ここに国際連合という国際機構を設ける。

## 第1章　目的及び原則
### 第1条
国際連合の目的は、次のとおりである。

国際の平和及び安全を維持すること。そのために、平和に対する脅威の防止及び除去と侵略行為その他の平和の破壊の鎮圧とのため有効な集団的措置をとること並びに平和を破壊するに至る虞のある国際的の紛争又は事態の調整または解決を平和的手段によって且つ正義及び国際法の原則に従って実現すること。
人民の同権及び自決の原則の尊重に基礎をおく諸国間の友好関係を発展させること並びに世界平和を強化するために他の適当な措置をとること。
経済的、社会的、文化的または人道的性質を有する国際問題を解決することについて、並びに人種、性、言語または宗教による差別なくすべての者のために人権及び基本的自由を尊重するように助長奨励することについて、国際協力を達成すること。
これらの共通の目的の達成に当たって諸国の行動を調和するための中心となること。

### 第2条
この機構及びその加盟国は、第1条に掲げる目的を達成するに当っては、次の原則に

第
4
部

179

従って行動しなければならない。

　この機構は、そのすべての加盟国の主権平等の原則に基礎をおいている。
　すべての加盟国は、加盟国の地位から生ずる権利及び利益を加盟国のすべてに保障するために、この憲章に従って負っている義務を誠実に履行しなければならない。
　すべての加盟国は、その国際紛争を平和的手段によって国際の平和及び安全並びに正義を危うくしないように解決しなければならない。
　すべての加盟国は、その国際関係において、武力による威嚇又は武力の行使を、いかなる国の領土保全又は政治的独立に対するものも、また、国際連合の目的と両立しない他のいかなる方法によるものも慎まなければならない。
　すべての加盟国は、国際連合がこの憲章に従ってとるいかなる行動についても国際連合にあらゆる援助を与え、且つ、国際連合の防止行動又は強制行動の対象となっているいかなる国に対しても援助の供与を慎まなければならない。
　この機構は、国際連合加盟国ではない国が、国際の平和及び安全の維持に必要な限り、これらの原則に従って行動することを確保しなければならない。
　この憲章のいかなる規定も、本質上いずれかの国の国内管轄権内にある事項に干渉する権限を国際連合に与えるものではなく、また、その事項をこの憲章に基く解決に付託することを加盟国に要求するものでもない。但し、この原則は、第7章に基く強制措置の適用を妨げるものではない。

（略）

## 第7章　平和に対する脅威、平和の破壊及び侵略行為に関する行動

### 第39条
　安全保障理事会は、平和に対する脅威、平和の破壊又は侵略行為の存在を決定し、並びに、国際の平和及び安全を維持し又は回復するために、勧告をし、又は第41条及び第42条に従っていかなる措置をとるかを決定する。

### 第40条
　事態の悪化を防ぐため、第39条の規定により勧告をし、又は措置を決定する前に、安全保障理事会は、必要又は望ましいと認める暫定措置に従うように関係当事者に要請することができる。この暫定措置は、関係当事者の権利、請求権又は地位を害するものではない。安全保障理事会は、関係当時者がこの暫定措置に従わなかったときは、そのことに妥当な考慮を払わなければならない。

### 第41条
　安全保障理事会は、その決定を実施するために、兵力の使用を伴わないいかなる措置を使用すべきかを決定することができ、且つ、この措置を適用するように国際連合加盟国に要請することができる。この措置は、経済関係及び鉄道、航海、航空、郵便、電信、無線通信その他の運輸通信の手段の全部又は一部の中断並びに外交関係の断絶を含むことができる。

### 第 42 条

安全保障理事会は、第41条に定める措置では不充分であろうと認め、又は不充分なことが判明したと認めるときは、国際の平和及び安全の維持又は回復に必要な空軍、海軍または陸軍の行動をとることができる。この行動は、国際連合加盟国の空軍、海軍又は陸軍による示威、封鎖その他の行動を含むことができる。

（略）

### 第51条

この憲章のいかなる規定も、国際連合加盟国に対して武力攻撃が発生した場合には、安全保障理事会が国際の平和及び安全の維持に必要な措置をとるまでの間、個別的又は集団的自衛の固有の権利を害するものではない。この自衛権の行使に当って加盟国がとった措置は、直ちに安全保障理事会に報告しなければならない。また、この措置は、安全保障理事会が国際の平和及び安全の維持または回復のために必要と認める行動をいつでもとるこの憲章に基く権能及び責任に対しては、いかなる影響も及ぼすものではない。

（略）

出典: 国際連合広報センター HP
https://www.unic.or.jp/info/un/charter/text_japanese/ (日本語)
アクセス日：2019年12月1日

---

## 資料1-3　INF全廃条約（抜粋）

**中距離及び準中距離ミサイルの廃棄に関するアメリカ合衆国とソビエト社会主義共和国連邦との間の条約**

1987年12月8日

（前略）

アメリカ合衆国及びソビエト社会主義共和国連邦は、核戦争がすべての人類に壊滅的な結果をもたらすことを認識し、戦略的安定性を強化するという目的に導かれ、本条約に規定された諸措置が、戦争勃発の危険を減少し国際の平和と安全を強化するのに寄与することを確信し、ならびに核兵器の不拡散に関する条約の第6条の下における義務に留意し、以下の通り協定した。

### 第1条[基本的義務]

各締約国は、本条約ならびにその不可分の一部を構成する了解覚書及び議定書の規定に従い、中距離及び準中距離ミサイルを廃棄し、その後そのようなシステムを所有せず、な

第4部

らびに本条約に規定されたその他の義務を履行する。
（中略）

### 第4条［中距離ミサイルの廃棄］

各締約国は、すべての中距離ミサイル（※射程能力が1000km~5500kmの地上発射弾道ミサイル（GLBM）または地上発射巡航ミサイル（GLCM））及びそのようなミサイルの発射基、ならびにそのようなミサイル及び発射基に関連し了解覚書の中に表示された種類のすべての支援構造物及び支援装置を廃棄し、その結果、本条約発効後3年以内に及びそれ以降、いずれの締約国もいかなるそのようなミサイル、発射
基、支援構造物または支援装置をも所有しない。

### 第5条［準中距離ミサイルの廃棄］

各締約国は、すべての準中距離ミサイル（ ※ 射程能力が500km~1000kmのGLBMまたはGLCM）及びそのようなミサイルの発射基、ならびにそのようなミサイル及び発射基に関連し了解覚書の中に表示された種類のすべての支援構造物及び支援装置を廃棄し、その結果、本条約発効後18カ月以内に及びそれ以降、いずれの締約国もいかなるそのようなミサイル、発射基、支援構造物または支援装置をも所有しない。

### 第6条［生産・飛行実験の禁止］

1. 本条約の発効時及びそれ以降、いずれの締約国も、

(a)いかなる中距離ミサイルをも生産または飛行実験してはならず、そのようなミサイルのいかなる段もしくはそのようなミサイルのいかなる発射基をも生産してはならない。

(b)いかなる準中距離ミサイルをも生産または飛行実験してはならず、そのようなミサイルのいかなる段もしくはそのようなミサイルのいかなる発射基をも生産してはならない。

### 第7条［計算の基準］

（中略）

11. 地上基地様式で用いられるミサイルではない弾道ミサイルは、実験目的のためにのみ用いられかつGLBM発射基と区別しうる固定式地上基地発射基から実験場でそれが実験発射される場合には、GLBMであるとはみなされない。地上基地様式で用いられるミサイルではない巡航ミサイルは、実験目的のためにのみ用いられかつGLC発射基と区別しうる固定
式地上基地発射基から実験場でそれが実験発射される場合には、GLCMとはみなされない。
（中略）

### 第10条［廃棄の方法］

各締約国は、廃棄に関する議定書に規定された手続きに従い、中距離及び準中距離ミサイル、そのようなミサイルの発射基、ならびにそのようなミサイル及び発射基に関連する支援構造物及び支援装置を廃棄する。

## 第11条[現地査察]

本条約の規定の遵守の検証を確保するため、各締約国は現地査察を行う権利を有する。
（中略）

## 第13条[特別検証委員会]

1. 本条約の規定の目的及びその履行を促進するため、締約国はここに「特別検証委員会」を設置する。締約国は、いずれかの締約国が要求する場合には以下のために特別検証委員会の枠内で会合することに合意する。
（中略）

## 第15条[期限・脱退]

1. 本条約の期限は無制限とする。

2. 各締約国は、本条約の対象である事項に関連する異常な事態が自国の至高の利益を危うくしていると認めるときは、その主権の行使として、本条約から脱退する権利を有する。その締約国は、本条約から脱退する6か月前に自国の決定を他の締約国に通知する。その通知には、通告する締約国が自国の至高の利益を危うくしていると認める異常な事態についての記載を含まなければならない。
（後略）

出典: 藤田久一・浅田正彦編（1997）『軍縮条約・資料集』（第3版）有信堂
原文: https://2009-2017.state.gov/t/avc/trty/102360.htm#text
アクセス日：2019年12月1日

## 資料1-4　国際司法裁判所(ICJ)勧告的意見（抜粋）

**核兵器の威嚇または使用の合法性に関する国際司法裁判所の勧告的意見**

1996年7月8日

（略）

**99.**このような状況のもとで、核不拡散条約第6条の「誠実に核軍縮交渉をおこなう義務」という認識がきわめて重要であると、本法廷は考える。この条項は以下のように述べている。

「各締約国は、核軍備競争の早期の停止及び核軍備の縮小に関する効果的な措置につき、並びに厳格かつ効果的な国際管理の下における全面的かつ完全な軍備縮小に関する条約について、誠実に交渉を行うことを約束する。」

この義務の法的重要性は、単なる行為の義務という重要性をこえたものである。すな

わちここで問題となる義務とは、あらゆる分野における核軍縮という正確な結果を、誠実な交渉の追求という特定の行為をとることによって達成する義務である。

100.交渉を追求しかつ公式に達成するというこの二重の義務は、核不拡散条約に参加する182カ国、いい換えれば国際社会の圧倒的多数にかかわるものである。

さらに、核軍縮に関する国連総会決議がくり返し全会一致で採択されてきたとき、事実上国際社会全体がそれに関与してきたのである。実際、全面的かつ完全な軍縮、とくに核軍縮の現実的な追求には、すべての国家の協力が必要である。

(略)

105.これらの理由により、裁判所は、

(1)勧告的意見の要請に従うことを決定する。(13票対1票)

(2)総会の諮問に次の方法で答える。

　A　核兵器の威嚇または使用のいかなる特別の権限も、慣習国際法上も条約国際法上も存在しない。(全会一致)

　B　核兵器それ自体の威嚇または使用のいかなる包括的または普遍的禁止も、慣習国際法上も条約国際法上も、存在しない。(11票対3票)

　C　国連憲章2条4項に違反し、かつ、その51条のすべての要請を満たしていない、核兵器による武力の威嚇または武力の行使は、違法である。(全会一致)

　D　核兵器の威嚇または使用は、武力紛争に適用される国際法の要請とくに国際人道法の原則および規制の要請、ならびに、核兵器を明示的にとり扱う条約および他の約束の特別の義務と、両立するものでなければならない。(全会一致)

　E　上述の要請から、核兵器の威嚇または使用は、武力紛争に適用される国際法の諸規則、そしてとくに人道法の原則および規則に、一般に違反するであろう。しかしながら、国際法の現状および裁判所の有する事実の諸要素を勘案して、裁判所は、核兵器の威嚇または使用が、国家の存亡そのものがかかった自衛の極端な状況のもとで、合法であるか違法であるかをはっきりと結論しえない。(7票対7票、裁判所長のキャスティング・ボート)

　F　厳格かつ効果的な国際管理の下において、すべての側面での核軍縮に導く交渉を誠実におこないかつ完結させる義務が存在する。(全会一致)

出典:国際司法裁判所HP

https://www.icj-cij.org/files/case-related/95/095-19960708-ADV-01-00-BI.pdf

アクセス日:2019年12月1日

## 資料1-5　95年NPT再検討会議「中東決議」

**中東に関する決議**

NPT/CONF.1995/32（PartⅠ）付属文書
1995年5月11日採択

核不拡散条約（NPT）の加盟国会議は、

NPTの目的及び諸条項を強調し、

条約第7条にしたがい、非核兵器地帯の設立が国際的な不拡散体制の強化に貢献することを認識し、

安全保障理事会が、1992年1月31日付の声明において、核及び他のすべての大量破壊兵器の拡散が国際の平和と安全に対する脅威であると確認したことを想起し、

また中東非核兵器地帯の設立を支持する全会一致採択の総会決議（最新は1994年12月15日付49/71）を想起し、

中東におけるIAEA保障措置の適用に関する、IAEA総会採択の関連決議（最新は1994年9月23日付GC（XXXVⅢ）/RES/21）を想起し、また、核不拡散が、とりわけ緊張した地域においてもたらす危険に留意し、

安保理決議687（1991）、特にその14節に留意し、

安保理決議984（1995）及び1995年5月11日に会議が採択した「核不拡散と核軍縮のための原則と目標」決定の第8節に留意し、

1995年5月11日に会議が採択した他の諸決定に留意し、

1.中東和平プロセスの目的及び目標を支持するとともに、この点における努力が、他の努力とともに、とりわけ中東非核・非大量破壊兵器地帯に貢献することを認識する。

2.会議の主委員会Ⅲが、「条約未加盟国に対し、加盟によって核兵器あるいは核爆発装置を取得せず、すべての核活動にIAEA保障措置を受け入れるという国際的に法的拘束力のある誓約を受諾するよう求める」ことを会議に勧告したことを満足をもって留意する。

3.中東において保障措置下に置かれていない核施設が引き続き存在していることに懸念をもって留意するとともに、これに関連し、保証措置下に置かれていない核施設を運転しているNPT未加盟国に対し包括的なIAEA保障措置の受諾を要求した主委員会Ⅲ報告の第6項第3節に盛り込まれた勧告を強調する。

4.NPTの普遍的加盟を早期に実現する重要性を強調し、未だそれを行っていないすべての中東諸国に対し、例外なく、可能な限り早期にNPTに加盟し、自国の施設を包括的なIAEA保障措置の下に置くよう求める。

5.中東におけるすべての加盟国に対し、とりわけ中東に効果的に検証可能な大量破壊兵器、すなわち核・化学・生物兵器、ならびにそれらの運搬システムが存在しない地帯を設立するために前進を図るべく、適切な場において実際的措置を講じるよう、また、この目的の達成を妨げるようないかなる措置をとることも控えるよう求める。

6.すべてのNPT加盟国、とりわけ核兵器国に対し、協力を拡大し、地域諸国による中東非核・非大量破壊兵器及び非運搬システム地帯の早期設立に向けた最大限の努力を行うこ

とを求める。

出典:国連HP

https://documents-dds-ny.un.org/doc/UNDOC/GEN/N95/178/16/PDF/N9517816.pdf?OpenElement

アクセス日:2019年12月1日

## 資料1-6　国連軍縮委員会による非核兵器地帯に関する報告書

### 地域の関係国間の自由意志による取り決めに基づく非核兵器地帯の設立

国連軍縮委員会 1999年5月6日

N042(A/54/42)付録I

### A.一般的概観

1.近年の、とりわけ軍縮と不拡散の分野における国際関係の進展は、地域の関係国間の自由意志による取り決めに基づいて設立された現存する非核兵器地帯を強化し、かつ新しい非核兵器地帯を設立する努力を強める結果を生み出し、またそのような地帯の重要性に対するよりよい理解を生み出している。

2.国連総会第10回特別会議の最終文書は、地域の関係国間の自由意志による合意あるいは取り決めに基づく非核兵器地帯の設立、またこれらの合意あるいは取り決めが完全に遵守され、その地帯が核兵器から真に自由であることの確認、そして核兵器国によるそうした地帯の尊重は、重要な軍縮手段となる、と述べた。

3.1993年に、軍縮委員会は、「グローバルな安全保障の文脈における軍縮に向けた地域的アプローチに関するガイドライン及び勧告」を全会一致で採択した。それは、核兵器及び他の大量破壊兵器のない地帯についての実質的な考察を含むものであった。

4.国連総会は長年にわたり、世界の様々な地域における非核兵器地帯の設立の問題に関する数々の決議を採択してきた。そのことは、非核兵器地帯の設立に対する国際社会の継続的な関心を反映している。

5.非核兵器地帯はグローバルな戦略環境において次第に例外的なものではなくなった。現在までに、既存の非核兵器地帯を設立する諸条約に107カ国が署名または加盟している。南極条約によって非軍事化されている南極大陸を加えると、非核兵器地帯は今や地球上の全陸地面積の50パーセント以上をカバーしている。

### B.目標及び目的

6.広く認識されてきたように、非核兵器地帯は、その目標において、国際的な核不拡散体制の強化、核軍縮の達成、そして、核兵器の廃絶、さらに大きく言えば、厳格かつ効果的な国際的管理の下における全面的かつ完全な軍縮という究極の目標を達成しようとするグローバルな努力に対して、重要な貢献をしてきたし、現在も貢献し続けている。

7.それぞれの非核兵器地帯は、関係する地域の具体的な環境の産物であり、異なった地域

における状況の多様性を照らし出している。その上、非核兵器地帯の設立はダイナミックな過程である。現存する非核兵器地帯の経験は、これらが静的な構造ではないということ、そしてまた、地域ごとの状況の多様性にもかかわらず、地域の関係国間の自由意志による取り決めに基づく新しい非核兵器地帯の設立が、実現可能であることを明白に示している。

8.非核兵器地帯は、地帯に属する諸国家の安全保障を強化するのに役立つ。

9.非核兵器地帯は、地域の平和と安全保障を強化するという第一義的な目的に貢献し、その延長として、国際的な平和と安全保障に貢献するという、一つの重要な軍縮手段である。それらはまた、重要な地域的信頼醸成措置であると考えられる。

10.非核兵器地帯はまた、核軍縮、軍備管理及び不拡散の分野における共通の価値を表現し、促進する手段となりうる。

11.核不拡散条約(NPT)の加盟国にとっては、非核兵器地帯は、NPTを補足する重要な手段である。なぜならばNPT第7条は、加盟国の領域における核兵器の完全な不在を保証するために地域的な条約を締結する権利を認めることを明記しているからである。NPTの1995年再検討・延長会議の最終文書における「核不拡散と軍縮に関する原則と目標」に関する決定(1995年採択)は、地域の関係国間の自由意志による取り決めに基づいて設立され、国際的に認知された非核兵器地帯の設立は、グローバル及び地域的な平和と安全保障を高める、というNPT加盟国の確信を再確認した。

12.非核兵器地帯は、核兵器を取得せず、国際原子力機関(IAEA)によって設立された保障措置にしたがって核エネルギーを平和目的のためだけに開発し使用するという、NPTに加盟する非核兵器国の核不拡散義務を大幅に強化し、増進する。

13.非核兵器地帯は、核兵器のいかなる実験的爆発、あるいは他のいかなる核爆発をも禁止する国際的枠組みへの有用な補助手段である。

14.非核兵器地帯条約に関係する議定書への署名と批准によって、核兵器国は非核兵器地帯の地位を尊重し、非核兵器地帯条約の加盟国に対して核兵器の使用もしくは使用の威嚇を行わないという法的拘束力のある誓約を行う。

15.現在の非核兵器地帯は、新しい地帯の設立のための手本としての役割を果たしてきたし、今も果たしている。同時に、それらは他の地域で非核兵器地帯を設立する提案もしくは手順を検討している諸国に対して、支援と彼らの経験からくる便宜を提供する。

16.非核兵器地帯は、それぞれの条約が規定している限りにおいて、その地域における平和目的のための核エネルギーの利用に関する国際的な協力の枠組みとして役立つことができる。それは加盟国の経済的、科学的、技術的発展を促進するだろう。

17.非核兵器地帯はまた、当該地域が放射性廃棄物や他の放射性物質による環境汚染のない状態を保つことを保証すること、そして適切な場合には、そうした物質の国際的な輸送を規制する国際的に合意された基準を施行することを目的とした協力を促進するのに役立つことができる。

## C.原則と指針

18.以下に示される原則と指針は、非核兵器地帯の発展の最新段階における一般に受け入れられている考え方の網羅的ではないリストにすぎないと考えるべきものである。また、これらの原則と指針は、最新の実践と入手可能な諸経験に基づいており、非核兵器

地帯を設立するプロセスは各原則と指針の調和的な履行を考慮すべきだということを念頭に置いたものである。

19.非核兵器地帯の設立は、目的の多様性と矛盾しない。国際的な不拡散体制の強化と地域的及び世界的な平和と安全保障に対する非核兵器地帯の重要な貢献はあまねく認められている。

20.非核兵器地帯は、地域の関係国間の自由意志による取り決めに基づいて設立されるべきである。

21.非核兵器地帯を設立しようとするイニシアティブは、地域の関係国からのみ発せられるべきであり、その地域の全ての国によって追求されるべきである。

22.ある特定の地域において非核兵器地帯を設立するという目標について、地域の全ての国の一致した合意が存在する場合には、非核兵器地帯を設立しようとする地域の関係国によって行われる努力は国際社会によって奨励され支持されるべきである。適切な場合には、国連の不可欠な役割を通して行うことも含めて、非核兵器地帯を確立しようと努力する地域の関係国に支援が提供されるべきである。

23.全ての地域の関係国は、地域の関係国間の自由意志による取り決めに基づく非核兵器地帯についての交渉とその設立に参加すべきである。

24.非核兵器地帯の地位は、その地帯を設立する条約の全加盟国のみならず地域の外部の国によっても尊重されるべきである。地域外部の国には、非核兵器地帯が最大限の効果を発揮するためにその協力と支持が不可欠な全ての国、すなわち、核兵器国と、もしあるならば、当該地帯内に領域を持つか、地帯内の領域に国際的に責任を負っている国などが含まれる。

25.条約の関連議定書への核兵器国の署名と批准を容易にするために、非核兵器地帯を設立する各条約及び関連議定書の交渉の期間において、核兵器国との協議がなされるべきである。この議定書を通じて、核兵器国はその非核兵器地帯の地位を尊重し、その条約の加盟国に対して核兵器の使用もしくは使用の威嚇を行わないという法的拘束力のある誓約を行うことになる。

26.もし当該地帯内に領域を持つか、あるいは地帯内の領域に国際的に責任を負っている国があるならば、非核兵器地帯を設立する各条約と関連する議定書の交渉の期間において、条約の関連議定書へのこれらの国の署名と批准を容易にするという観点から、これらの国家との協議がなされるべきである。

27.非核兵器地帯を設立するプロセスは、当該地域の関連する全ての諸特性を考慮に入れるべきである。

28.新しい非核兵器地帯の設立においては、その地帯に属する諸国が、加盟している核不拡散と核軍縮の分野において現に有効な他の国際文書から由来する法的義務を尊重するという誓約を再確認する。

29.非核兵器地帯を設立する条約の全加盟国の義務は明確に定義され、法的拘束力がなければならない。また、加盟国はそのような合意を完全に遵守しなければならない。

30.非核兵器地帯に関連する取り決めは、国連海洋法条約を含む、国際法の諸原則と諸規則に一致したものであるべきである。

31.無害通航、群島航路帯通航もしくは国際的な航行のために使用されている海峡の通過通航の諸権利は完全に保証されているが、非核兵器地帯の加盟国は、その主権を行使

し、また非核兵器地帯の目的と目標を損なうことなく、外国艦船や航空機がその国の港湾や飛行場に寄港すること、外国の航空機が領空を一時通過すること、外国艦船が領海及び国際的な航行に使用される群島水域あるいは海峡を航行し、または一時通過することを許可するかどうかについて、自身で決定する自由を保持している。

32.地域の関係国間の自由意志による取り決めに基づく非核兵器地帯を設立し、かつ、そうした諸国家が現存する地域的、及び国際的取り決めの下で負っている他のあらゆる義務を完全に考慮に入れている条約は、もし該当する場合は、当該加盟各国の憲法上の要請に従って履行されるべきであり、また国際法と国連憲章で認められた諸権利と諸義務に合致すべきである。現行の非核兵器地帯の加盟国は、他の国際的、及び地域的諸協定への加盟が、非核兵器地帯条約の下で負う彼らの義務に反するようないかなる義務も伴っていないことを明確にするべきである。

33.非核兵器地帯は、いかなる目的のいかなるタイプの核爆発装置であれ、条約加盟国が、それを開発、製造、管理、保有、実験、配置あるいは輸送することを実効的に禁止することを定めなければならない。また、条約加盟国は、地帯内において、他のいかなる国によるいかなる核爆発装置の配置をも許可しないことを規定すべきである。

34.非核兵器地帯は、条約加盟国によってなされた誓約の遵守を効果的な検証について定めるべきであり、とりわけ、地帯内の全ての核関連活動に対するIAEAの包括的（フルスコープ）保障措置の適用を通して行われるべきである。

35.非核兵器地帯は、他の関係諸国との十分な協議をしながら、非核兵器地帯条約に加盟が見込まれる諸国によって地帯の境界線が明確に定義付けられるような地理的実体を構成すべきである。とりわけ地帯内に係争中の領域が含まれる場合には、関係諸国の合意を促進するという観点から十分な協議が行われるべきである。

36.核兵器国の側においては、関連議定書に署名し、批准すると同時に、非核兵器地帯の条項を厳格に遵守することなどを含む、非核兵器地帯に関する義務を完全に負うべきである。また、関連議定書に署名することを通じて、非核兵器地帯に属する諸国に対しては核兵器の使用もしくは使用の威嚇を行わないという拘束力のある法的義務を負うべきである。

37.非核兵器地帯は平和目的のための核科学と核技術の利用を妨げるべきではない。また、もし非核兵器地帯を設立する条約の中で規定されているならば、加盟国の社会経済的、科学的、技術的な発展を促進するために、地帯内における核エネルギーの平和利用のための二国間、地域的、国際的な協力を促進することもできるであろう。

## D.将来への展望

38.新しい非核兵器地帯を設立するためのイニシアティブの数の多さは、軍縮、軍備管理及び不拡散を促進するための現在の国際的努力に対する非核兵器地帯の重要性の明確な証拠である。

39.全ての既存の非核兵器地帯はできる限り早急に発効すべきである。既存の非核兵器地帯を設立する条約及び関連議定書の署名もしくは批准（あるいはその両方）をいまだ検討中である諸国は、直ちに実行することが奨励される。この文脈で、関係する全ての国の協力と努力が不可欠である。

40.中東や中央アジアのような国連総会の全会一致による決議が存在する地域における

非核兵器地帯の設立は、すべての大量破壊兵器のない地帯の発展はもちろんのこと、奨励されるべきことである。

41.非核兵器地帯条約の加盟国及び署名国の間での協力と調整を確保するための精力的な努力が、それら諸国の共通の目的を促進するためになされるべきである。非核兵器地帯の構成国はまた、他の地域の諸国と経験を共有し、さらなる非核兵器地帯を設立しようとする諸国の努力を支援するために共に努力することもできる。

42.ある関心地域のいかなる国家も、その地域における非核兵器地帯の設立を提案する権利を持つ。

43.自由意志による取り決めに基づく非核兵器地帯の設立についてのいかなる提案も、当該地域内における広範な協議の中で目的についての合意が得られた後にのみ、考慮されるべきである。

44.公海における自由の原則を含む国連海洋法条約の諸条項や他の適用可能な諸条約を侵害することなく、非核兵器地帯条約への加盟国及び署名国間の政治的関係や協力は、とりわけ南半球とその隣接地域において、全ての核兵器の廃絶という究極目標の文脈において拡大され強化されることができる。

45.国際社会は、他の大量破壊兵器と同様に全ての核兵器から世界全体を解放するという究極の目標、そして、さらに大きく言えば、厳格で効果的な国際的管理の下での全面的かつ完全な軍縮という究極の目標の実現に向けた努力の一つとして、世界中で非核兵器地帯の創造を促進し続けるべきである。そうすることで将来の世代がより安定的で平和な環境で生きることができるのである。

出典: 梅林宏道『非核兵器地帯─核なき世界への道筋』岩波書店、2011年
原文: http://www.nonproliferation.org/wp-content/uploads/2016/05/UNDC_1999_NWFZ.pdf
アクセス日：2019年12月1日

# 資料1-7 2000年NPT再検討会議最終文書・(13+2)項目（抜粋）

2000年5月19日、NPT/CONF.2000/28

### 第1部の内容
（条文ごとに、過去5年間の評価と将来の課題とが混在して記載されている。）

■「1995NPT再検討・延長会議における決定と決議を考慮に入れた、条約運用の再検討」

- 第1、2条および前文第1節から3節―（全11節）
- 第3条および前文第4、5節。とりわけ第4条および前文第6、7節との関係で。―（全56節）
- 第4条および前文第6、7節
  - ・NPTと核エネルギーの平和利用―（全11節）
  - ・核と放射線の安全性/放射性物質の安全な輸送/放射性廃棄物と責任―（全16節）
  - ・技術協力―（全11節）
  - ・核物質の平和利用への転換―（全4節）
- 第5条―（全1節）
- 第6条および前文第8～12節―（全15節）
  （核軍縮を論じた部分。第1～14節が過去5年間の評価。最後の第15節が将来の核軍縮措置を全13項目にわたってあげている。以下に、第15節全体を訳出する。）
- 第7条および非核兵器国の安全保証―（全16節）
  （このうち、第2節（消極的安全保証）と第6節（非核地帯）の2つを訳出する。第16節「地域的課題」の中に、「中東問題」として全10項目、「南アジア問題その他」（北朝鮮を含む）として全16項目含む。）
- 第9条―（全10節）

■「強化されたNPT再検討過程の有効性の改善」―（全9節）

<第Ⅰ巻>
第1部
「1995年のNPT再検討延長会議で採択された決定と決議を考慮に入れた、NPTの運用の再検討/強化されたNPT再検討過程の有効性の改善」
第2部
「会議の組織と作業」
<第Ⅱ巻>
第3部
「会議で出された文書」
<第Ⅲ巻>
第4部「概略の記録」

## 第6条および前文第8～12節
## 第15節

会議は、核不拡散条約（NPT）第6条、および、1995年の決定「核不拡散と核軍縮のための原則と目標」第3節と第4節(c)の履行のための体系的かつ前進的な努力に向けた、以下の実際的な諸措置について合意する。

1. 包括的核実験禁止条約（CTBT）の早期発効を達成するために、遅滞なく、無条件に、憲法上の過程にしたがって、署名し批准することの重要性と緊急性。

2. CTBTが発効するまでの、核兵器の爆発実験またはその他のあらゆる核爆発の一時停止。

3. ジュネーブ軍縮会議（CD）において、1995年の専門コーディネーターの声明とそこに含まれる任務に従って、核兵器用およびその他の核爆発装置用の核分裂性物質の生産を禁止する、差別的でなく、多国間の、国際的かつ効果的に検証可能な、条約のための交渉を、核軍縮および核不拡散という両方の目的を考慮して、行うことの必要性。CDは、5年以内に妥結する見通しをもって、このような条約の交渉を即時に開始することを含んだ作業プログラムに合意することが求められる。

4. CDにおいて核軍縮を扱う任務をもった適切な下部機関が設置されることの必要性。CDは、このような機関の即時設置を含んだ作業プログラムに合意することが求められる。

5. 核軍縮、核およびその他の軍備管理と削減措置に適用されるべき、不可逆性の原則。

6. すべての締約国が第6条の下で誓約している核軍縮につながるよう、核兵器国は保有核兵器の完全廃棄を達成するという明確な約束をおこなうこと。

7. 戦略的安定の基礎として、また、戦略的攻撃兵器のさらなる削減の基盤として、条約の規定に従いつつABM条約を維持し強化しながら、STARTⅡを早期に発効させ完全に履行し、STARTⅢを可能な限り早期に妥結すること。

8. アメリカ合衆国、ロシア連邦および国際原子力機関（IAEA）の三者構想の完成と履行。

9. 国際的安定を促進するような方法で、また、すべてにとって安全保障が減じないとの原則に則って、すべての核兵器国が核軍縮へつがなる諸措置をとること:

-核兵器国による、保有核兵器の一方的な削減のさらなる努力。

-核兵器能力について、また、第6条にもとづく合意事項の履行について、核軍縮のさらなる前進を支えるための自発的な信頼醸成措置として、核兵器国が透明性を増大させること。

-一方的な発議にもとづいて、また、核軍備削減と軍縮過程の重要な一部分として、非戦略核兵器をさらに削減すること。

-核兵器システムの作戦上の地位をさらに低めるような具体的な合意された諸措置。

-核兵器が使用される危険を最小限に押さえるとともに、核兵器の完全廃棄の過程を促進するために、安全保障政策における核兵器の役割を縮小すること。

-すべての核兵器国を、適切な早い時期において、核兵器の完全廃棄につながる過程に組みこむこと。

10. すべての核兵器国が、もはや軍事目的に必要でないと各核兵器国が認めた核分裂性物質を、そのような物質が永久に軍事プログラムの外に置かれることを保証するために、実際可能な早期において、IAEAまたは関連する国際的検証の下に置くという制度。および、そのような物質を平和目的に移譲するという制度。

11. 軍縮過程における国の努力の究極的な目標は、効果的な国際的管理の下で全面かつ完全な軍縮であることの再確認。

12. 強化されたNPT再検討過程の枠組みの中で、すべての締約国が、第6条、および、1995年の決定「核不拡散と核軍縮のための原則と目標」の第4節（c）の履行について、1996年7月8日の国際司法裁判所（ICJ）の勧告的意見を想起しつつ、定期報告をおこなうこと。

13. 核兵器のない世界を達成し維持するための核軍縮協定の遵守を保証するために必要な、検証能力のさらなる開発。


## 第7条および非核兵器国の安全保証

### 第2節

本（再検討）会議は、核兵器の完全廃棄が、核兵器の使用または威嚇を防止する唯一の絶対的な保証であることを再確認する。会議は、5核兵器国による、NPT締約国である非核兵器国への法的拘束力を持った安全の保証が、核不拡散体制を強化することに同意する。会議は、準備委員会に対して、この問題についての勧告を2005年再検討会議に提出することを要請する。

### 第6節

本（再検討）会議は、さらなる非核地帯条約を締結しようとして1995年以来とられてきた措置を歓迎しまた支持し、地域の関係諸国間で自由意思によって達成された制度に基づ

いて、国際的に認知された非核地帯を設立することが、世界の、また地域の平和と安全を強化し、核不拡散体制を強化し、核軍縮の目的の実現に貢献するとの確信を再確認する。

出典：国連軍縮局HP
https://undocs.org/NPT/CONF.2000/28%20(Parts%20I%20and%20II)
アクセス日：2019年12月1日

## 資料1-8　2010年NPT再検討会議最終文書「行動勧告」

### 第1巻　第1部　結論ならびに今後の行動に向けた勧告

2010年5月28日採択
NPT／CONF.2010/50（vol.Ⅰ）

### Ⅰ.核軍縮

　会議は、本条約第6条ならびに1995年の「核不拡散と核軍縮に向けた原則と目標」決定第3及び4(c)項の完全で、効果的、かつ速やかな履行を目指し、2000年再検討会議の最終文書で合意された実際的措置を基礎として、核兵器の完全廃棄への具体的措置を含む核軍縮に関する以下の行動計画に合意する。

### A.原則と目的

i.会議は、条約の目的にしたがい、すべてにとって安全な世界を追求し、核兵器のない世界の平和と安全を達成することを決意する。

ii.会議は、すべての加盟国が第6条の下で誓約している核軍縮につながるよう、保有核兵器の完全廃棄を達成するという核兵器国の明確な約束を再確認する。

iii.会議は、2000年NPT再検討会議の最終文書で合意された実際的措置が引き続き有効であることを再確認する。

iv.会議は、核兵器国による核軍縮につながる重要措置が、国際の安定、平和、安全を促進し、また、すべてにとって強化され、減じない安全という原則に基づくべきであることを再確認する。

v.会議は、核兵器のいかなる使用も壊滅的な人道的結果をもたらすことに深い懸念を表明し、すべての加盟国がいかなる時も、国際人道法を含め、適用可能な国際法を遵守する必要性を再確認する。

vi.会議は、NPTの普遍性の死活的重要性を確認するとともに、条約の非加盟国に対し、即時かつ無条件に非核兵器国として条約に加盟し、すべての核兵器の完全廃棄を達成することを誓約するよう求める。また、加盟国に対し条約の普遍的加盟を促進し、条約の普遍化の見通しに否定的影響を与えうるいかなる行動もとらないよう求める。

会議は以下を決定する。

**\*行動1:**すべての加盟国は、NPT及び核兵器のない世界という目的に完全に合致した政策を追求することを誓約する。

**\*行動2:**すべての加盟国は、条約義務の履行に関して、不可逆性、検証可能性、透明性の原則を適用することを誓約する。


## B.核兵器の軍縮

i.会議は、国際の安定、平和、安全を促進する形で、また、すべてにとって安全が減じず、強化されるという原則に基づき、核兵器国が2000年NPT再検討会議の最終文書で合意された核軍縮につながる措置を履行することが早急に必要であることを再確認する。

ii.会議は、核兵器国があらゆる種類の核兵器を削減、廃棄する必要性を強調するとともに、とりわけ最大の核保有国に対し、これに関する努力を率先して行うよう奨励する。

iii.会議は、具体的な軍縮努力の実行をすべての核兵器国に求める。また会議は、核兵器のない世界を実現、維持する上で必要な枠組みを確立すべく、すべての加盟国が特別な努力を払うことの必要性を強調する。会議は、国連事務総長による核軍縮のための5項目提案、とりわけ同提案が強固な検証システムに裏打ちされた、核兵器禁止条約についての交渉、あるいは相互に補強しあう別々の条約の枠組みに関する合意、の検討を提案したことに留意する。

iv.会議は、核兵器国が核兵器の開発及び質的改良を抑制すること及び、高性能新型核兵器の開発を終了させることに対し、非核兵器国が抱く正統な関心を認識する。

会議は以下を決定する。

**\*行動3:**保有核兵器の完全廃棄を達成するとの核兵器国による明確な約束の履行において、核兵器国は、一方的、二国間、地域的、また多国間の措置を通じ、配備・非配備を含むあらゆる種類の核兵器を削減し、究極的に廃棄するため、いっそうの努力を行うことを誓約する。

**\*行動4:**ロシア連邦及びアメリカ合衆国は、戦略兵器削減条約の早期発効ならびに完全履行を追求することを誓約する。両国は、保有核兵器のいっそうの削減を達成するための爾後の措置について議論を継続するよう奨励される。

**\*行動5:**核兵器国は、国際の安定と平和や、減じられることなく強化された安全を促進する形で、2000年NPT再検討会議の最終文書に盛り込まれた核軍縮につながる措置について、確固たる前進を加速させることを誓約する。この実現に向け、核兵器国はとりわけ以下をめざし速やかに取り組むことが求められる。

　　　　　a.行動3で確認されたように、あらゆる種類の核兵器の世界的備蓄の総体的削減に速やかに向かう。

　　　　　b.全面的な核軍縮プロセスの不可欠な一部として、種類や場所を問わずあらゆる核兵器の問題に対処する。

　　　　　c.あらゆる軍事及び安全保障上の概念、ドクトリン、政策における核兵器の役割と重要性をいっそう低減させる。

　　　　　d.核兵器の使用を防止し、究極的にその廃棄につながり、核戦争の危険を低下させ、核兵器の不拡散と軍縮に貢献しうる政策を検討する。

　　　　　e.国際の安定と安全を促進するような形で、核兵器システムの作戦態勢をいっそう緩和することに対する非核兵器国の正統な関心を考慮する。

f.核兵器の偶発的使用の危険性を低下させる。

　　g.透明性をいっそう高め、相互の信頼を向上させる。

　　　核兵器国は、上記の履行状況について、2014年の準備委員会に報告するよう求められる。2015年の再検討会議は、第6条の完全履行に向けた次なる措置を検討する。

**\*行動6:**すべての加盟国は、ジュネーブ軍縮会議が、合意された包括的かつバランスのとれた作業計画の文脈において核軍縮を扱う下部機関を、即時に設置すべきであることに合意する。

## C.安全の保証

i.会議は、核兵器の完全廃棄が核兵器の使用あるいは使用の威嚇を防止する唯一の保証であることを再確認し認識するとともに、核不拡散体制を強化しうる、明確かつ法的拘束力のある安全の保証を核兵器国から供与されることに対する非核兵器国の正統な関心を再確認し認識する。

ii.会議は、NPT加盟国である非核兵器国に対し、核兵器の使用や使用の威嚇を行わないという条件付あるいは無条件の安全の保証を供与するという、核兵器国による一方的宣言に留意するとした国連安保理決議984（1995）を想起する。また、非核兵器地帯においては安全の保証が条約に基づいて供与されることを認識し、各非核兵器地帯のために設定された関連議定書を想起する。

NPTの枠内における諸努力を毀損することなく、会議は以下を決定する。

**\*行動7:**すべての加盟国は、合意された包括的かつバランスのとれた作業計画の文脈において、ジュネーブ軍縮会議（CD）が核兵器の使用あるいは使用の威嚇から非核兵器国の安全を保証するための効果的な国際取極めに関する協議を即時開始すべきであることに合意する。また、制限を排し、法的拘束力のある国際条約を除外することなく、この問題のあらゆる側面を扱う勧告をより良いものにすることをめざした実質的な議論を行うことに合意する。再検討会議は、国連事務総長に対しCDの作業を支援するためのハイレベル会議を2010年9月に開催するよう求める。

**\*行動8:**すべての核兵器国は、安全の保証に関する既存の誓約を完全に尊重することを誓約する。条約加盟国である非核兵器国に安全の保証を供与していない核兵器国は、そうした行動をとるよう奨励される。

**\*行動9:**地域の関係諸国間の自由意志で合意された取極めに基づき、また、国連軍縮委員会の1999年指針にしたがい、適切な地域に非核兵器地帯を追加して設立することが奨励される。すべての関連国は、非核兵器地帯条約ならびに関連議定書を批准するよう、また消極的安全保証を含む、すべての非核兵器地帯条約における法的拘束力のある関連議定書の発効に向けて系統的に協議し、協力するよう奨励される。関係国は、関連するいかなる留保をも見直すことが奨励される。

## D.核実験

**i.** 会議は、すべての核爆発実験ならびに他の核爆発の中止が、核兵器の開発と質的改良を抑制し、高性能新型核兵器の開発を終了させることにより、あらゆる側面において核軍縮と不拡散の有効な措置となることを認識する。

**ii.** 会議は、国際的な核軍縮・不拡散体制の中心要素である包括的核実験禁止条約(CTBT)の早期発効の死活的重要性を再確認するとともに、CTBTの発効までの間、それぞれの核爆発実験モラトリアムを堅持するという核兵器国の決定を再確認する。

会議は以下を決定する。

**\*行動10:**すべての核兵器国は、核兵器国による肯定的な決定がCTBTの批准に向けた有益な効果を生むであろうこと、また、核兵器国が付属文書2の国家、とりわけNPTに参加しておらず、保障措置下にない核施設の運用を継続している国家の署名と批准を奨励するという特別の責任を有することに留意しつつ、CTBTを批准することを約束する。

**\*行動11:**CTBTの発効までの間、すべての加盟国は、核爆発実験あるいは他の核爆発、核兵器に関する新技術の利用及びCTBTの目標と目的を損ういかなる行動をも慎むことを誓約する。また、核兵器爆発実験に関するすべての既存のモラトリアムは継続されるべきである。

**\*行動12:**すべてのCTBT批准国は、CTBT発効促進会議ならびに2009年9月の同会議で全会一致で採択された措置の貢献を認識するとともに、CTBT早期発効への進展を2011年の会議において報告することを誓約する。

**\*行動13:**すべてのCTBT批准国は、国家、地域、世界レベルでCTBTの発効ならびに履行を促進することを約束する。

**\*行動14:**包括的核実験禁止条約機関(CTBTO)準備委員会は、同委員会の任務にしたがい、国際監視システム(IMS)の早期完成及び暫定運用を含め、CTBT検証体制を完全に確立することが奨励される。CTBTO準備委員会は、条約発効の暁には、効果的で信頼性があり、直接参加的で、差別的でない、世界を網羅した検証組織として機能し、CTBT遵守の確保主体となるべきである。

## E.核分裂性物質

**i.** 会議は、核兵器あるいは他の核爆発装置のための核分裂性物質の生産を禁止する、差別的でなく、多国間の、国際的かつ効果的に検証可能な条約を交渉し、妥結することが早急に必要であることを再確認する。

会議は以下を決定する。

**\*行動15:**すべての加盟国は、合意された、包括的かつバランスのとれた作業計画の文脈において、1995年の専門コーディネーターの声明とそこに含まれる任務にしたがい、核兵器用及びその他の核爆発装置用の核分裂性物質の生産を禁止する条約の交渉をCDが即時に開始すべきであることに合意する。また、これに関して、再検討会議は、CDの作業を支援するためのハイレベル会議を2010年9月に開催するよう国連事務総長に求める。

**\*行動16:**核兵器国は、軍事的にもはや不要と各国が判断したすべての核分裂性物質について、国際原子力機関(IAEA)に適宜申告することを誓約するよう奨励される。また、これら物質が恒久的に軍事計画の外に置かれることを確保すべく、可能な限り早期に、当該物質をIAEAあるいは他の関連する国際検証及び平和目的への転換取極めの下に置くことが奨励される。

**\*行動17:**行動16の文脈の中で、すべての加盟国は、それぞれの核兵器国で軍事的にもはや不要と判断された核分裂性物質の不可逆的廃棄を確保すべく、IAEAの文脈において、適切かつ法的拘束力のある検証取極めの開発を援助するよう奨励される。

**\*行動18:**核兵器あるいは他の核爆発装置に使用される核分裂性物質の生産施設の解体あるいは平和利用への転換に向けたプロセスを開始していないすべての国家は、そのような行動を取るよう奨励される。

## F.核軍縮を支える他の措置

i.会議は、核軍縮ならびに核兵器のない世界の平和と安全の達成には、公開と協調が不可欠であることを認識し、透明性向上と効果的な検証を通じた信頼を強化することの重要性を強調する。

会議は以下を決定する。

**\*行動19:**すべての加盟国は、信頼の増進、透明性の向上、核軍縮に関する効果的な検証能力の開発をめざした各国政府、国連、他の国際及び地域機構、そして市民社会による協力関係を支援してゆくことの重要性について合意する。

**\*行動20:**加盟国は、強化された条約再検討プロセスの枠組みにおいて、本行動計画ならびに第6条、1995年の決定「核不拡散と核軍縮のための原則と目標」の4(c)項及び2000年再検討会議の最終文書で合意された実際的措置の履行について、1996年7月8日の国際司法裁判所(ICJ)の勧告的意見を想起しつつ、定期報告を提出しなければならない。

**\*行動21:**すべての核兵器国は、信頼醸成措置として、報告の標準様式について可能な限り早期に合意するとともに、国家安全保障を損なわずに、標準化された情報を自発的に提供するという目的において、適切な報告提出の間隔を決定することが奨励される。国連事務総長は、核兵器国から提供される情報を含め、公衆からアクセス可能な情報集積サイトを確保するよう求められる。

**\*行動22:**すべての加盟国は、核兵器のない世界の実現を支持し、条約の目標を前進させるために、軍縮・不拡散教育に関する国連の研究に関する国連事務総長報告(A/57/124)に盛り込まれた勧告を履行することが奨励される。

## II.核不拡散

会議は、「核不拡散と核軍縮のための原則と目標」と題された1995年の再検討・延長会議の決定を想起し、再確認する。会議は、同原則の第1節ならびに条約第3条に関連する要素、とりわけ9-13節及び17-19節、そして第7条に関連した部分、とりわけ5-7節に留意する。

会議は、1995年会議で採択された中東に関する決議を想起し、再確認する。会議は、2000年NPT再検討会議の成果についても想起し、再確認する。

**\*行動23:**会議は、条約の普遍的支持の促進に向けたあらゆる努力を払い、条約の普遍化の見通しに否定的影響を与えうるいかなる行動も慎むよう、すべての加盟国に求める。

**\*行動24:**会議は、第3条の規定にしたがい、加盟国のすべての平和的核活動におけるあらゆる原料物質または特殊核分裂性物質にIAEA包括的保障措置を適用するよう求めた過去の再検討会議の決定を支持する。

**\*行動25:**会議は、18の条約加盟国が包括的保障措置協定を未だ発効させていないことに留意し、可能な限り早期に、さらなる遅滞なく、そうした行動を取るよう当該諸国に強く求める。

**\*行動26:**会議は、条約の一体性や保障措置システムの権威を堅持するべく、あらゆる遵守問題に対応し、不拡散義務を遵守することの重要性を強調する。

**\*行動27:**会議は、IAEA憲章や各加盟国の法的義務に完全に合致した形で、保障措置義務に関するすべての不遵守問題を解決することの重要性を強調する。これに関して、会議は、IAEAとの協力を拡大するよう加盟国に求める。

**\*行動28:**会議は、追加議定書を未だ締結、発効させていないすべての国家に対し、可能な限り早期にそうした行動を取るよう、また、発効までの間、追加議定書を暫定的に履行するよう奨励する。

**\*行動29:**会議は、IAEAに対し、包括的保障措置協定及び追加議定書の締結と発効を促進し、加盟国を支援することを奨励する。会議は、加盟国に対し、包括的保障措置協定の普遍性を促進しうる具体的措置についての検討を求める。

**\*行動30:**会議は、IAEAの諸資源確保の可能性を考慮しつつ、自発的申し出に基づく関連保障措置協定の下、可能な限りもっとも経済的かつ実際的な方法で、核兵器国の平和的核施設への保障措置の適用拡大を求める。また、核兵器の完全廃棄が達成された際には、包括的保障措置及び追加議定書が普遍的に適用されるべきことを強調する。

**\*行動31:**会議は、少量議定書を修正あるいは破棄していないすべての加盟国に対し、適宜、可能な限り早期に、そのような行動を取るよう奨励する。

**\*行動32:**会議は、IAEA保障措置は定期的に検討、評価されるべきであると勧告する。IAEA保障措置のさらなる有効性強化と能力向上を目的としてIAEAの政策機関が採択した決定は支持され、履行されるべきである。

**\*行動33:**会議は、すべての加盟国に対し、IAEAが条約第3条の求める保障措置適用の責務を効果的に果たせるよう、同機関に対するあらゆる政治的、技術的、財政的支援を確実に継続することを求める。

**\*行動34:**会議は、IAEA憲章の枠組みの中で、加盟国間やIAEAとの協力を通じ、高度な保障措置に向けた、強力で、柔軟性と適応性があり、対費用効果の高い国際技術基盤の開発をいっそう進めるよう、すべての加盟国に奨励する。

**\*行動35:**会議は、すべての加盟国に対し、自国の核関連輸出を、直接的にも間接的にも核兵器あるいは他の核爆発装置の開発を支援しておらず、また、当該輸出が条約第1、2、3条及び1995年再検討・延長会議で採択された「核不拡散と軍縮に関す

る原則と目標」決定に特に明記された条約の目標と目的に完全に合致したものとするよう強く求める。

**\*行動36:**会議は、加盟国に対し、自国の国家的輸出管理を確立させる上で、多国間で交渉され、合意された指針や了解事項を活用することを奨励する。

**\*行動37:**会議は、加盟国に対し、核輸出に関する決定を行う際には、受領国がIAEAの保障措置義務を履行しているか否かを考慮するよう奨励する。

**\*行動38:**会議は、すべての加盟国に対し、条約の目的を履行すべく行動するなかで、平和目的の核物質、装置、技術情報に対する完全なアクセスという、すべての国家、とりわけ発展途上国の正統な権利を守るよう求める。

**\*行動39:**加盟国は、条約第1条、2条、3条、4条にしたがい、核技術及び物質の移転ならびに加盟国間の国際協力を促進するよう奨励される。また、これに関して、条約と相反するいかなる不当な制限をも排除することが奨励される。

**\*行動40:**会議は、すべての加盟国に対し、核物質や施設の保安や物理的防護について、可能な限り最も高い水準を維持することを奨励する。

**\*行動41:**会議は、すべての加盟国に対し、核物質及び核施設の物理的防護に関するIAEA勧告（INFCIR/225/Rev.4（Corrected））ならびに他の関連国際条約を、可能な限り早期に適用するよう奨励する。

**\*行動42:**会議は、核物質防護条約の全加盟国に対し、同条約の改正を可能な限り早期に批准するよう要請するとともに、発効までの間、改正の目標と目的に合致した行動をとるよう奨励する。

**\*行動43:**会議は、すべての加盟国に対し、2004年のIAEA理事会で採択された改正「放射線源の安全とセキュリティに関するIAEA行動規範」ならびに「放射線源の輸出入ガイダンス」の原則を履行するよう強く求める。

**\*行動44:**会議は、すべての加盟国に対し、関連する国際法上の義務に合致した形で、自国領土全域における核物質の違法取引を探知し、抑止し、阻止するための能力を育成することを求める。また、このことにおける国際的な連携や能力育成の強化に取り組むべき立場にある国々が、それらに取り組むことを求める。会議はまた、加盟国に対し、関連国際法の義務に合致した形で、核兵器の拡散防止に向けた効果的な国内管理を確立するよう求める。

**\*行動45:**会議は、「核によるテロリズム行為等の防止に関する国際条約」に未だ加盟していないすべての加盟国が、可能な限り早期に同条約に加盟するよう奨励する。

**\*行動46:**会議は、IAEAに対し、核物質の計量及び管理にかかる国内システム、または地域レベルのシステムについて、それらの確立や維持を含めた核物質の国内法制による管理強化の面で加盟国に継続的な支援を行うよう奨励する。

## III.原子力の平和利用

　会議は、NPTが、核エネルギーの平和利用を可能にする信頼と協力の枠組みをもたらすことによって、平和利用の発展を促進していることを再確認する。会議は、すべての加盟国に対し、条約の全条項に合致する形で行動し、以下を行うよう求める。

**\*行動47:**核エネルギーの平和利用や燃料サイクル政策に関する各国の政策や国際協力合

意及び取極めを侵害することなく、核エネルギーの平和利用の分野における各国の選択や決定を尊重する。

*行動48:核エネルギーの平和利用に向けた機器、物質、科学的・技術的情報の最大限の交換を促進し、それに参加する加盟国の権利を再確認することを約束する。

*行動49:世界の発展途上地域の需要を考慮し、平和目的の核エネルギーのさらなる開発に向けて他の加盟国や国際機関と協力する。

*行動50:発展途上国の需要を特に考慮しつつ、条約加盟国である非核兵器国を優先的に扱う。

*行動51:条約第1条、2条、3条、4条に従い、核技術の移転や加盟国間での国際協力を促進するとともに、これに関して条約に相反するいかなる制約も排除する。

*行動52:IAEA内部における、同機関の技術協力計画の有用性や効率を向上させるための努力を継続する。

*行動53:核エネルギーの平和利用に関して発展途上の加盟国を支援するというIAEAの技術協力計画を強化する。

*行動54:技術協力活動へのIAEAの諸資源を十分に確保し、不確定要因の除去を確実にするためのあらゆる努力を払い、具体的な措置をとる。

*行動55:IAEAの活動の支援として各国あるいは国家グループが既に誓約した拠出を歓迎しつつ、それをなすべき立場にあるすべての加盟国に対し、今後5年間にIAEA活動への予算外拠出として1億ドルを調達するイニシアチブに対する追加拠出を奨励する。

*行動56:核エネルギー平和利用の発展に不可欠な特殊技能を有する労働力を訓練するための国内、二国間、国際努力を奨励する。

*行動57:原子力発電を含む核エネルギーの開発にあたっては、核エネルギーの使用は、国内法及び各国の国際的義務にしたがい、保障措置ならびに適切かつ有効な水準の安全と保安に対する誓約と、それらの履行の継続が伴うものでなければならないことを確認する。

*行動58:IAEAまたは地域機構の支援の下、差別的でなく透明性のある方法で、核燃料供給の保証のためのメカニズムを構築する可能性や、条約上の権利に影響を与えず、国家の燃料サイクル政策を阻害しない核燃料サイクルのバックエンド計画を含む、核燃料サイクルの多国間アプローチに関するさらなる議論を継続する。その一方で、IAEAの包括的保障措置の要求を含む、これらの問題をめぐる技術的、法的、財政的諸課題に取り組む。

*行動59:「原子力安全条約」、「原子力事故の早期通報に関する条約」、「原子力事故または放射線緊急事態の場合における援助に関する条約」、「使用済燃料管理および放射性廃棄物管理の安全に関する条約」、「核によるテロリズム行為等の防止に関する国際条約」、「核物質防護条約（CPPNM）」の未加盟国は加盟を検討する。また、早期の発効を可能とするべく、CPPNMの改正を批准する。

*行動60:原子力産業や民間部門との対話を通じたものを含め、核安全と保安の分野における最良慣行の適宜共有を促進する。

*行動61:関係国に対し、技術的及び経済的に可能な限り、自由意志を原則として、民生用備蓄及び使用における高濃縮ウランを最小化するためのさらなる努力を奨励する。

**\*行動62:**安全、保安、環境保護に関する国際基準にしたがって放射性物質を輸送する。また、信頼を醸成するとともに、輸送上の安全、保安、緊急時対応に関する懸念に対処すべく、輸送国と沿岸国間の意思疎通を継続する。

**\*行動63:**関連する主要な国際諸条約で確立された原則に基づき、関連する国際条約の加盟国となり、もしくは適切な国内法を採択することによって民生用核に関する責任体制を実効化する。

**\*行動64:**会議は、すべての加盟国に対し、2009年9月18日のIAEA総会で全会一致採択された「運転中あるいは建設中の核施設に対する軍事攻撃あるいは攻撃の威嚇の禁止」に関する決定に従うことを求める。

## Ⅳ.中東、とりわけ1995年中東決議の履行

**1.**会議は、1995年再検討・延長会議における中東に関する決議の重要性を再確認し、その目的と目標が2000年NPT再検討会議で再確認されたことを想起する。会議は、これら目的と目標が達成されるまで決議が有効であり続けることを強調する。NPTの寄託国(ロシア連邦、英国、アメリカ合衆国)により共同提案された同決議は、1995年会議の成果の重要な要素であり、1995年の条約の無投票の無期限延長の基礎の重要な要素でもある。加盟国は、個別あるいは協働して、その速やかな履行に向けたあらゆる必要な措置に着手するとの決意を新たにする。

**2.**会議は、中東和平プロセスの目的と目標への支持を再確認し、この努力が、関連する他の努力とともに、とりわけ中東非核・非大量破壊兵器地帯に貢献することを認識する。

**3.**会議は、2010再検討会議において、1995年の中東決議の完全な履行に向けた5つの核兵器国の誓約が再確認されたことに留意する。

**4.**会議は、1995年の中東決議の履行に向けた進展がほとんど達成されていないことに遺憾の意を表明する。

**5.**会議は、イスラエルによる条約加盟ならびに同国のすべての核施設をIAEAの包括的保障措置の下に置くことの重要性が2000年再検討会議で再確認されたことを想起する。会議は、条約の普遍性を達成することの緊急性と重要性を再確認する。会議は、条約の普遍性を早期に達成すべく、中東における条約未加盟国に対し、非核兵器国として条約に加盟するよう求める。

**6.**会議は、条約に基づく自国の義務と誓約がすべての加盟国によって厳格に遵守されることの必要性を強調する。会議は、地域のすべての加盟国に対し、1995年決議の目標の実現に貢献する関連措置ならびに信頼醸成措置を講じるよう強く求める。また、この目的の達成を阻むいかなる措置もとらないよう、すべての加盟国に求める。

**7.**会議は、1995年決議の完全履行につながるプロセスの重要性を強調する。会議はこの目的に向けた以下の実際的措置を支持する。

（a）国連事務総長ならびに1995年中東決議の共同提案国は、地域国家との協議に基づき、中東の全国家の参加の下、中東非核・非大量破壊兵器地帯の設立に関する会議を2012年に開催する。これは、地域国家の自由意思による取極めに基づくものであり、また、核兵器国の全面的支援及び関与を得るものである。2012年会議は、1995年中東決議を委任された議題とする。

(b) 地域国家との協議に基づき、国連事務総長並びに1995年中東決議の共同提案国は
ファシリテーター（調停人）を任命する。ファシリテーターは、地域国家との協議
を行い、2012年会議の開催準備を通じて1995年決議の履行を支援するという任務
を持つ。ファシリテーターはまた、2012年会議に参加した地域国家で合意された
後継措置の履行も支援する。ファシリテーターは2015年再検討会議ならびにその
準備委員会において報告を行う。

(c) 国連事務総長ならびに1995年中東決議の共同提案国は、地域国家との協議に基づ
き、2012年会議の主催国を指名する。

(d) 過去の実績やそこで得られた経験を踏まえ、非核・非大量破壊兵器及び運搬手段地
帯のあり方に関して、IAEA、化学兵器禁止機関（OPCW）、及びその他の関連する
国際組織に2012年会議に向けた背景文書の準備を要請することなど、決議の履行
を支援することを目的とした追加的措置を講じる。

(e) 欧州連合による2008年6月のフォローアップセミナーの主催の申し出を含め、決議
の履行を支援することを目的としたあらゆる提案を検討する。

8.会議は、核、化学、生物という、地域におけるすべての大量破壊兵器の全面的かつ完全
な廃棄の達成につながる過程においては、内容的にも時期的にも並行した進展を維持
することが求められることを強調する。

9.会議は、条約のすべての加盟国、とりわけ核兵器国と地域国家が、決議の履行に向け
て行った措置について、国連事務局を通じ、2015年再検討会議の議長ならびに再検討
会議に先立って行われる準備委員会の議長に継続して報告すべきであることを再確認
する。

10.会議は、決議の履行に対する貢献として、市民社会が果たす役割の重要性をいっそ
う認識し、この点におけるあらゆる努力を奨励する。


## 他の地域的問題

1.会議は、朝鮮民主主義人民共和国（DPRK）に対し、2005年9月の共同声明にしたがい、
あらゆる核兵器ならびに現存する核計画の完全かつ検証可能な廃棄を含む、6か国協
議に基づく誓約を履行するよう強く求める。また、DPRKに対し、NPTとIAEA保障措
置協定の遵守に早期に復帰するよう強く求める。会議はまた、DPRK及びすべての加
盟国に対し、関連するすべての核不拡散・核軍縮義務を完全に履行するよう求める。会
議は、6か国協議への強固な支持を再確認するとともに、外交的手段を通じてこの事案
が包含する諸問題に対する十分かつ包括的な解決を達成することを引き続き誓う。

## 資料1-9　核兵器禁止条約(TPNW)

A/CONF.229/2017/8
採択　　　2017年7月7日
署名開放　2017年9月20日

**核兵器の禁止に関する条約**

この条約の締約国は、

国際連合憲章の目的及び原則の実現に貢献することを決意し、

核兵器のいかなる使用もがもたらす壊滅的な人道上の帰結を深く憂慮し、その結果として核兵器が完全に廃絶されることが必要であり、このことがいかなる場合にも核兵器が決して再び使用されないことを保証する唯一の方法であり続けていることを認識し、

核兵器が継続的に存在することによりもたらされる危険(事故による、誤算による又は意図的な核兵器の爆発によりもたらされるものを含む。)に留意し、これらの危険はすべての人類の安全に関わり、すべての国が核兵器のあらゆる使用を防止する責任を共有していることを強調し、

核兵器の壊滅的な帰結は、適切に対処できないものであること、国境を越えること、人類の生存、環境、社会経済的な発展、世界経済、食料の安全及び現在と将来の世代の健康に重大な影響を与えること、並びに女性及び少女に不均衡な影響(電離放射線の結果としての影響を含む。)を及ぼすことを認識し、

核軍縮を求める倫理上の要請があること及び核兵器のない世界を達成しかつ維持する緊急性があることを認め、このことが、世界の最上位にある公共善であり、国および集団双方にとっての安全保障上の利益に資することを認め、

核兵器の使用の被害者(ヒバクシャ)及び核兵器の実験により影響を受ける者にもたらされる容認し難い苦しみと害に留意し、

先住民に対する核兵器活動の不均衡な影響を認識し、

すべての国がいかなる時も適用可能な国際法(国際人道法及び国際人権法を含む。)を遵守する必要があることを再確認し、

国際人道法の諸原則及び諸規則、特に武力紛争の当事者が戦闘の方法及び手段を選ぶ権利は無制限ではないという原則、区別の規則、無差別攻撃の禁止、攻撃の際の均衡性及び予防措置の規則、その性質上過度の傷害又は無用の苦痛を与える兵器を用いることは

禁止されているという規則並びに自然環境を保護する規則に立脚し、

核兵器のいかなる使用も武力紛争に適用される国際法の規則、特に国際人道法の原則及び規則に違反するであろうことを考慮し、

また、核兵器のいかなる使用も人道の諸原則及び公共の良心に反するであろうことを再確認し、

国は、国際連合憲章に従い、その国際関係において、武力による威嚇又は武力の行使を、いかなる国の領土保全又は政治的独立に対するものも、また、国際連合の目的と両立しない他のいかなる方法によるものも慎まなければならないこと、並びに国際の平和及び安全の確立及び維持は、世界の人的及び経済的資源を軍備のために転用することを最も少なくして促進されるべきことを想起し、

また、1946年1月24日に採択された国際連合総会の最初の決議及び核兵器の廃絶を求めるその後の決議を想起し、

核軍縮の進展が緩慢であること、軍事上及び安全保障上の概念、教義及び政策において継続的に核兵器に依存していること、並びに核兵器システムの生産、維持及び近代化の計画のために経済的及び人的資源を浪費していることを憂慮し、

核兵器の法的拘束力のある禁止は、核兵器の不可逆的で、検証が可能であり、かつ透明性を有する廃絶を含む、核兵器のない世界の達成及び維持に向けた重要な貢献となることを認識し、この目的に向けて行動することを決意し、

厳重かつ効果的な国際管理の下における全面的かつ完全な軍縮に向けての効果的な前進を達成する目的をもって行動することを決意し、

厳重かつ効果的な国際管理の下におけるあらゆる点での核軍縮に至る交渉を誠実に追求しかつ完結させる義務が存在することを再確認し、

また、核兵器の不拡散に関する条約は核軍縮及び不拡散体制の礎石として機能しており、その十分かつ効果的な実施は、国際の平和及び安全の促進において不可欠な役割を果たしていることを再確認し、

核軍縮及び不拡散体制の中核的要素としての包括的核実験禁止条約及びその検証体制の不可欠な重要性を認識し、
当該地域の諸国間で自由に締結される取極を基礎として、国際的に承認された非核兵器地帯を創設することは、世界及び地域の平和及び安全を強固にし、核不拡散体制を強化し、並びに核軍縮の目標を実現することに対して貢献する、という確信を再確認し、

この条約のいかなる規定も、無差別に平和的目的のための原子力の研究、生産及び利用

を発展させることについてのすべての締約国の奪い得ない権利に影響を及ぼすものと解してはならないことを強調し、

　女性及び男性の双方による平等、十分かつ効果的な参加は、持続可能な平和及び安全を促進し及び達成することにとり不可欠な要素であることを認識し、女性の核軍縮への効果的な参加を支援しかつ強化することを約束し、

　また、あらゆる点での平和及び軍縮教育の重要性並びに核兵器が現在及び将来の世代にもたらす危険及び帰結についての意識を高めることの重要性を認識し、この条約の原則及び規範の周知を図ることを約束し、

　核兵器の全面的な廃絶の要請に示された人道の諸原則の推進における公共の良心の役割を強調し、また、このために国際連合、国際赤十字・赤新月運動、その他の国際機関及び地域的機関、非政府機関、宗教指導者、議員、学術研究者、及びヒバクシャが行っている努力を認識し、

　次のとおり協定した。

## 第1条（禁止）
　締約国は、いかなる場合にも、次のことを行わないことを約束する。
(a) 核兵器その他の核爆発装置を開発し、実験し、生産し、製造し、その他の方法によって取得し、保有し又は貯蔵すること。
(b) 核兵器その他の核爆発装置又はその管理をいずれかの者に対して直接又は間接に移譲すること。
(c) 核兵器その他の核爆発装置又はその管理を直接又は間接に受領すること。
(d) 核兵器その他の核爆発装置を使用すること又は使用するとの威嚇を行うこと。
(e) この条約によって締約国に対して禁止されている活動を行うことにつき、いずれかの者に対して、いかなる様態によるかを問わず、援助し、奨励し又は勧誘すること。
(f) この条約によって締約国に対して禁止されている活動を行うことにつき、いずれかの者から、いかなる様態によるかを問わず、いずれかの援助を求めること又は援助を受けること。
(g) 自国の領域又は自国の管轄若しくは管理の下にある場所において、核兵器その他の核爆発装置を配置し、設置し又は配備することを許可すること。

## 第2条（申告）
1　締約国は、この条約が自国について効力を生じた後30日以内に、国際連合事務総長に対して申告を行うものとし、当該申告において、
(a) この条約が自国について効力を生じる前に、核兵器その他の核爆発装置を所有していたか否か、占有していたか否か又は管理していたか否か、及び核兵器に関連するすべての施設の除去若しくは転換を含む自国の核兵器計画の除去を行っていたか否かを申告する。

(b)前条(a)にかかわらず、核兵器その他の核爆発装置を所有しているか否か、占有しているか否か又は管理しているか否かを申告する。

(c)前条(g)にかかわらず、自国の領域又は自国の管轄若しくは管理の下にある場所に、他の国が所有し、占有し又は管理する核兵器その他の核爆発装置が存在するか否かを申告する。

2　国際連合事務総長は、前項の規定に基づき受領したすべての申告を全締約国に対して送付する。

## 第3条（保障措置）

1　次条1又は2が適用されない締約国は、将来において自国が採択する追加の関連する文書に影響を及ぼすことなく、少なくとも、この条約が効力を生じた時点において自国について効力を有する国際原子力機関の保障措置に関する義務を維持する。

2　次条1又は2が適用されない締約国であって、国際原子力機関と包括的な保障措置協定（INFCIRC/153(Corrected)）を締結していないか、又は同協定の効力が生じていない締約国は、同機関と同協定を締結しかつ発効させる。その協定の交渉は、この条約が当該当事国につき効力を生じた時から180日以内に開始しなければならない。その協定は、この条約が当該締約国につき効力を生じた時から18箇月以内に効力を生ずるものとする。締約国は、その後は、将来において自国が採択する追加の関連する文書に影響を及ぼすことなく、この義務を維持する。

## 第4条（核兵器の全面的な廃絶に向けた措置）

1　2017年7月7日の後に、核兵器その他の核爆発装置を所有し、占有し又は管理しており、かつこの条約が自国につき効力を有する前に、核兵器に関連するすべての施設の除去若しくは不可逆的な転換を含む自国の核兵器計画の除去を行った締約国は、自国の核兵器計画を不可逆的に除去したことを確認することを目的として、この条の6に従って指定された権限のある国際当局と協力する。この当局は、全締約国に対して報告する。当該締約国は、申告された核物質が平和的な核活動から転用されていないこと及び当該締約国全体において申告されていない核物質又は活動が存在しないことにつき信頼できる保証を供与するに十分な保障措置協定を国際原子力機関と締結する。その協定の交渉は、当該締約国につきこの条約が効力を生じた時から180日以内に開始しなければならない。その協定は、この条約が当該締約国につき効力を生じた時から18箇月以内に効力を生ずるものとする。締約国は、その後は、将来において自国が採択する追加の関連する文書に影響を及ぼすことなく、この義務を維持する。

2　第1条(a)にかかわらず、核兵器その他の核爆発装置を所有し、占有し又は管理している締約国は、直ちにその核兵器その他の核爆発装置を運用上の地位から撤去し、可及的速やかにかつ最初の締約国会合により決定される期日までに、当該締約国の核兵器計画についての検証を伴いかつ不可逆的に除去を行うための法的な拘束力を有しかつ期限を伴う計画（核兵器に関連するすべての施設の除去又は不可逆的な転換を含む。）に従い、その核兵器その他の核爆発装置を廃棄する。当該締約国は、この条約が自国につき効力を生じた後60日以内にこの計画を全締約国又は全締約国が指定する権限のある国際当局に提出する。その後に、この計画はこの権限のある国際当局と交渉され、同当局は、後に最も早く開催される締約国会合又は検討会合のいずれかに対して、これら会合の手続規則に基づ

く承認のために、この計画を提出する。

3　前項が適用される締約国は、申告された核物質が平和的な核活動から転用されていないこと及び当該締約国全体において申告されていない核物質又は活動が存在しないことにつき信頼できる保証を供与するに十分な保障措置協定を国際原子力機関と締結する。その協定の交渉は、前項に定める計画の実施が完了する期日までに開始しなければならない。その協定は、交渉開始の日の後18箇月以内に効力を生ずるものとする。締約国は、その後は、将来において自国が採択する追加の関連する文書に影響を及ぼすことなく、この保障措置に関する義務を維持する。この項に定める協定の効力が生じた後、締約国は、この条に基づく自国の義務の履行につき国際連合事務総長に対して最終申告を提出する。

4　第1条(b)及び(g)にかかわらず、自国の領域又は自国の管轄若しくは管理の下にある場所に、他の国が所有し、占有し又は管理する核兵器その他の核爆発装置が存在する締約国は、可及的速やかにかつ最初の締約国会合により決定される期日までに、その核兵器その他の核爆発装置の速やかな撤去を確保する。その核兵器その他の核爆発装置の撤去に際して、この条に基づく自国の義務の履行につき国際連合事務総長に対して申告を提出する。

5　この条が適用される締約国は、この条に基づく自国の義務の履行が完了するまで、この義務の実施の進捗状況につき締約国会合及び検討会合に報告する。

6　全締約国は、この条の1、2及び3に従い、核兵器計画の不可逆的な除去（核兵器に関連するすべての施設の除去又は不可逆的な転換を含む。）につき交渉し及びこの除去を確認する権限のある国際当局を指定する。この条の1又は2の規定が適用される締約国につきこの条約の効力が生じる前に、この指定が行われない場合は、国際連合事務総長は、必要な決定を行うために締約国による特別の会合を招集する。

## 第5条（国内の実施措置）

1　締約国は、この条約に基づく自国の義務を履行するために必要な措置をとる。

2　締約国は、この条約によって締約国に対して禁止されている活動であって、自国の管轄若しくは管理の下にある者による活動又は自国の管轄若しくは管理の下にある領域における活動を防止し、及び抑止するため、立法上、行政上その他の措置（罰則を設けることを含む。）をとる。

## 第6条（被害者に対する援助及び環境の回復）

1　締約国は、核兵器の使用又は実験により影響を受けた自国の管轄の下にある個人について、適用可能な国際人道法及び国際人権法に従い、年齢及び性別に配慮した援助（医療、リハビリテーション及び心理的な支援を含む。）を適切に提供し、並びにこれらの者が社会的及び経済的に包容されるようにする。

2　締約国は、核兵器その他の核爆発装置の実験又は使用に関係する活動の結果として汚染された自国の管轄又は管理の下にある地域に関して、汚染された地域の環境上の回復に向けた必要かつ適切な措置をとる。

3　この条の1及び2に基づく義務は、国際法又は二国間の協定に基づく他の国の義務に影響を及ぼさない。

## 第7条（国際協力および援助）

**1**　締約国は、この条約の実施を促進するために他の締約国と協力する。

**2**　締約国は、この条約に基づく義務を履行するに当たり、可能な場合には他の締約国からの援助を求め及び受ける権利を有する。

**3**　援助を提供することのできる締約国は、この条約の実施を促進するために、核兵器の使用又は実験により影響を受けた締約国に対して技術的、物的及び財政的援助を提供する。

**4**　援助を提供することのできる締約国は、核兵器その他の核爆発装置の使用又は実験の被害者のための援助を提供する。

**5**　この条に基づく援助は、特に、国際連合及びその関連機関、国際的な、地域的な若しくは国の機関、非政府機関、赤十字国際委員会、国際赤十字・赤新月社連盟若しくは各国赤十字・赤新月社を通じて又は二国間で提供することができる。

**6**　締約国が国際法に基づき負う他の義務に影響を与えることなく、核兵器その他の核爆発装置を使用し又は実験した締約国は、被害者の援助及び環境の回復を目的として、影響を受けた締約国に対して適切な援助を提供する責任を有する。

## 第8条（締約国会合）

**1**　締約国は、関連する規定に従いこの条約の適用又は実施に関する問題について、並びに核軍縮のための更なる措置について検討するため及び必要な場合には決定を行うために定期的に会合する。これには次の事項を含む。

**(a)** この条約の実施及び締結状況

**(b)** 核兵器計画の検証及び期限を伴いかつ不可逆的な除去のための措置（この条約に対する追加の議定書を含む。）

**(c)** この条約の規定に従いかつ適合する他の事項

**2**　最初の締約国会合については、この条約が効力を生じた後1年以内に国際連合事務総長が招集する。更なる締約国による会合は、締約国による別段の合意がある場合を除き、2年毎に、同事務総長が招集する。締約国会合は最初の会期において手続規則を採択する。その採択に至るまでの間、核兵器の全面的な廃絶に向けた核兵器を禁止する法的拘束力のある条約を交渉する国際連合会議の手続規則を適用する。

**3**　締約国の特別の会合は、必要と認められる場合、締約国からの書面による要請に基づき、かつ締約国の少なくとも3分の1がその要請を支持するとき、国際連合事務総長により、招集される。

**4**　この条約が効力を生じてから5年の期間の後、国際連合事務総長は、この条約の運用及びこの条約の目的の達成についての進展を検討するために会合を招集する。締約国による別段の合意がある場合を除き、国際連合事務総長は、同一の目的で6年毎に更なる検討会合を招集する。

**5**　締約国会合及び検討会合には、この条約の締約国でない国並びに国際連合その他関連する国際機関、地域的機関、赤十字国際委員会、国際赤十字・赤新月社連盟及び関連する非政府機関を、オブザーバーとして出席するよう招請する。

## 第9条（費用）

**1**　締約国会合、検討会合及び締約国の特別の会合の費用については、適切に調整された

国際連合の分担率に従い、締約国及びこれらの会合にオブザーバーとして参加するこの条約の締約国でない国が負担する。

2 　この条約の第2条に基づく申告、第4条に基づく報告及び第10条に基づく提案された改正の送付につき国際連合事務総長が要する費用は、適切に調整された国際連合の分担率に従って締約国が負担する。

3 　第4条に基づき必要とされる検証措置の実施に関する費用並びに核兵器その他の核爆発装置の廃棄及び核兵器計画の除去（核兵器に関連するすべての施設の除去又は転換を含む。）に関する費用は、これらが適用される締約国が負担する。

## 第10条（改正）

1 　いずれの締約国も、この条約が効力を生じた後いつでもこの条約の改正を提案することができる。提案された改正の条文については、国際連合事務総長に通報するものとし、同事務総長は、当該条文をすべての締約国に送付し、当該提案を検討するべきか否かについての締約国の見解を求める。締約国の過半数が当該提案を更に検討することを支持する旨を当該提案の送付の後90日以内に同事務総長に通報する場合には、当該提案は、次回の締約国会合又は検討会合のいずれか最も早く開催される会合において検討される。

2 　締約国会合又は検討会合は、締約国の3分の2の多数による賛成投票により採択される改正につき合意することができる。寄託者は採択された改正をすべての締約国に通報する。

3 　改正は、改正の時点における締約国の過半数により改正の批准書又は受諾書が寄託された90日の後、改正の批准書又は受諾書を寄託した締約国について効力を生ずる。その後、この改正は、改正の批准書又は受諾書を寄託した他の締約国につき、その批准書又は受諾書が寄託された90日の後効力を生ずる。

## 第11条（紛争の解決）

1 　この条約の解釈又は適用に関して二以上の締約国間で紛争が生ずる場合には、関係締約国は、交渉によって又は国際連合憲章第33条に従い当該関係締約国が選択するその他の平和的手段によって紛争を解決するために協議する。

2 　締約国会合は、この条約及び国際連合憲章の関係規定に従って、あっせんを提供し、関係締約国に対して当該関係締約国が選択する解決のための手続を開始するよう要請し及び合意された手続に従って解決するための期限を勧告することによる貢献を含み、紛争の解決に貢献することができる。

## 第12条（普遍性）

　締約国は、すべての国によるこの条約への普遍的な参加を得ることを目標として、この条約の締約国でない国に対し、この条約を署名し、批准し、受諾し、承認し、又はこれに加入するよう奨励する。

## 第13条（署名）

　この条約は、2017年9月20日からニューヨークにある国際連合本部においてすべての国に署名のために開放しておく。

## 第14条（批准、受諾、承認又は加入）

この条約は、署名国によって批准され、受諾され又は承認されなければならない。この条約は加入のために開放しておく。

## 第15条（効力発生）

1　この条約は、50番目の批准書、受諾書、承認書又は加入書が寄託された後90日で効力を生ずる。

2　50番目の批准書、受諾書、承認書又は加入書が寄託された日の後に批准書、受諾書、承認書又は加入書を寄託する国については、この条約は、その批准書、受諾書、承認書又は加入書が寄託された日の後90日で効力を生ずる。

## 第16条（留保）

この条約の各条の規定については、留保を付することができない。

## 第17条（有効期間及び脱退）

1　この条約の有効期間は、無期限とする。

2　締約国は、この条約の対象である事項に関連する異常な事態が自国の至高の利益を危うくしていると認める場合には、その主権を行使してこの条約から脱退する権利を有する。当該締約国は、寄託者に対しその脱退を通知する。その通知には、自国の至高の利益を危うくしていると認める異常な事態についても記載しなければならない。

3　脱退は、寄託者が脱退の通告を受領した日の後12箇月で効力を生ずる。ただし、脱退する締約国が当該12箇月の期間の満了の時において、武力紛争の当事者である場合には、当該締約国は、武力紛争の当事者でなくなる時まで、この条約の義務及び追加される議定書の義務に引き続き拘束される。

## 第18条（他の協定との関係）

この条約の実施は、締約国が当事国である既存の国際協定との関係で当該締約国が負う義務に影響を及ぼすものではない。但し、当該義務がこの条約と両立する場合に限る。

## 第19条（寄託者）

国際連合事務総長は、ここに、この条約の寄託者として指名される。

## 第20条（正文）

この条約は、アラビア語、中国語、英語、フランス語、ロシア語及びスペイン語をひとしく正文とする。

2017年7月7日にニューヨークで作成された。

訳注:他の軍縮条約との条文上の異同や関係を明確にするために、既存の公定訳における訳語をなるべく採用した。但し、核兵器の"elimination"は「廃絶」とした（NPTの公定訳では「除去」）。また、原語を示すことが正確な理解に資すると判断した場合にはその語の初出箇所の後に〔　〕で原語を示した。（編集部注:本誌では省略）

出典：日本反核法律家協会(JALANA)による17年7月20日現在暫定訳
http://www.hankaku-j.org/data/01/170720.pdf
アクセス日：2019年12月1日
原文：https://undocs.org/A/CONF.229/2017/8
アクセス日：2019年12月1日

## 資料1-10　オバマ米大統領・プラハ演説(抜粋)

2009年4月5日、プラハ

（前略）

　20世紀に我々が自由をめざし闘ったように、21世紀において我々は、恐怖から解き放たれて生きるというすべての人々の権利をめざし共に闘わなければならない。核保有国として、核兵器を使用した唯一の核保有国として、米国には行動する道義的責任がある。我々だけではこの努力を成功に導くことはできない。しかし我々は先導できる。スタートを切ることができる。

　そこで本日、私ははっきりと、信念を持って、アメリカは核兵器のない世界の平和と安全を追求することを誓約したい。私はナイーブな人間ではない。この目標は直ちに達成できるものではない、おそらく私の生きている間には。忍耐と粘り強さが必要である。しかし我々は今、世界は変わらないと我々にささやく声に惑わされてはならない。我々は主張し続けなければならない、「そう、我々にはできる」と。

　では、進むべき道筋について説明しよう。第一に、米国は核兵器のない世界に向けた具体的措置を講じる。冷戦思考に終止符を打つべく、我が国の国家安全保障戦略における核兵器の役割を低下させ、他の国家にも同調するよう要請する。誤解のないよう言っておきたいが、核兵器が存在する限り、米国はいかなる敵をも抑止できる安全、安心で効果的な核兵器保有を継続する。また、チェコ共和国を含め、我々の同盟国に対する防衛を保証する。だが我々は米国の保有核兵器を削減する作業を開始する。

　我々の弾頭と備蓄の削減に向けて、我々は今年、ロシアとの間で新たな戦略兵器削減条約を交渉する。メドベージェフ大統領と私はロンドンでこのプロセスを開始した。今年末までに、法的拘束力を有するとともに十分に大胆な新合意を達成する。これはさらなる削減への足場となるものであり、我々はこの努力にすべての核兵器国を参加させるべく努める。

　核実験のグローバルな禁止を実現するために、私の政権は速やかに、かつ果敢に、包括的核実験禁止条約（CTBT）の批准を追求する。50年以上にもわたる協議を経て、核兵器実験を禁止する時がついに来たのである。

　また米国は、核兵器製造に必要な原料の生産禁止に向けて、核兵器としての使用を意図した核分裂性物質の生産を検証可能なかたちで禁止する新たな条約を追求する。我々がこれらの兵器の拡散防止を真剣に望むのであれば、それらの原料である兵器級物質の生産に終止符を打たなければならない。それが最初の一歩である。

第二に、我々は協力の礎である核不拡散条約（NPT）をともに強化してゆく。

核兵器を持つ国は軍縮に向かって進み、核兵器を持たない国はそれらを取得せず、すべての国は平和的核エネルギーへのアクセスを有する。この基本的取引は確固たるものである。NPTを強化するために、我々はいくつかの原則を受け入れなければならない。国際査察を強化するためには、我々にはさらなる資源と権限が必要である。正当な理由なくルールを破り、条約からの脱退を試みる国家は現実的かつただちに報いを受けなければならない。

我々はまた、国際燃料バンクなど民生核協力のための新たな枠組を構築すべきである。これにより各国は拡散の危険性を増大させることなく平和的な核エネルギーにアクセスできる。これは、核兵器を放棄したすべての国、とりわけ平和目的の計画に着手しようとする発展途上国の権利でなければならない。ルールに従って行動している国家の権利を否定するようなアプローチは決して成功しない。核エネルギーは、気候変動とたたかい、あらゆる人々に平和利用の機会を与える我々の努力に資するように、活用されてゆくべきだ。（略）

最後に、我々はテロリストが核兵器を絶対に入手しないようにしなければならない。これはグローバルな安全保障にとって最も緊急かつ危機的な脅威である。一発の核兵器を持つテロリストが一人いれば、甚大な破壊がもたらしうる。アルカイダは爆弾を追求し、使用することも辞さないと述べている。さらに、保安が確保されていない核物質が地球上のあちこちに存在していることを我々は知っている。我々の国民を守るために、我々は、遅滞なく、目的を定めて行動しなければならない。

私は本日、攻撃対象となりうる世界各地の核物質すべての保安を4年以内に確保するという新たな国際努力について発表したい。これらの機微物質の厳重管理をめざして我々は新たな基準を設け、ロシアとの協力を拡大し、新たなパートナーシップを追求する。

我々はまた、闇市場を解体し、輸送中の物質を検知・阻止し、こうした危険な取引を途絶させるための資金上の手段を講じる努力を強化しなければならない。こうした脅威は長期にわたるものであるから、我々は拡散防止構想（PSI）や核テロリズムに対抗するためのグローバル・イニシャチブといった努力を永続的な国際機構へと変えるべく力を合わせなければならない。我々は、来年中に核安全保障に関する世界サミットを米国主催で行うことで、その一歩を踏み出すべきである。

このような広範な課題に取り組むことができるのかと疑問に思う人もいるだろう。国家間の相違は抜き難くあるのだから、真の国際協力の可能性に異を唱える人もいるだろう。核兵器のない世界という議論を聞いて、達成不可能に思える目標を設定することの意義を疑う人もいるだろう。

しかし間違いのないように言っておきたい。我々は道がどこに向かっているかを知っている。国家あるいは人々が、相違点をもって自らが定義されると考えるならば、溝はさらに深まってゆく。我々が平和の追求を断念すれば、それは永遠に我々の手の届かないところに留まる。恐怖ではなく希望を選ぶ道を我々は知っている。協力の求めを非難し軽んじることは簡単だが、それは臆病者のすることだ。戦争はそのようにして始まる。そこで人類の前進は止まる。

我々の世界には立ち向かうべき暴力と不正義がある。我々は分断を受け入れるのではなく、自由な国家、自由な人々として協力して立ち向かってゆかなければならない。武器をとれと呼びかける方が、武器を捨てろと呼びかけるよりも人々の心を奮い立たせるこ

とを私は知っている。しかしだからこそ、平和と進歩を求める声をともに高めていかなければならないのである。（後略）

出典：ホワイトハウスHP
https://obamawhitehouse.archives.gov/the-press-office/remarks-president-barack-obama-prague-delivered
アクセス日：2019年12月1日

## 資料1-11　オバマ政権の核態勢見直し（NPR）要約

**核態勢見直し（NPR）報告書2010**

2010年4月6日　米国防総省

　2009年4月のプラハでの演説において、オバマ大統領は21世紀における核の危険に焦点を当て、これら深刻で増大しつつある脅威に打ち勝つために、合衆国は核兵器のない世界の平和と安全を追求すると宣言した。大統領はこのような野心的な目標はすぐには―その言葉を借りれば、自らの生きている間には―達成できないであろうことを認めた。しかし大統領はこの目標に向けて、核兵器の数と合衆国の国家安全保障戦略における核兵器の役割の縮小を含む具体的な措置をとるとの決意を明らかにした。同時に大統領は、核兵器が存在する限り、合衆国は、潜在的敵国を抑止するとともに同盟国及び安全保障パートナーに合衆国の安全保障コミットメントが信頼しうるとの安心を提供するため、安全、安心で効果的な保有核兵器を維持すると誓約した。

　2010「核態勢見直し（NPR）」は、核の危険を減少しつつ核兵器のない世界という目標を追求することと同時に、より広範な合衆国の安全保障上の利益を増進するための大統領の政策課題を促進する政権の方針の大枠を示すものである。NPRには、大統領の安全保障における優先課題と、2010「4年毎の国防見直し」（QDR）によって示された、それらを支える戦略目標が反映されている。

　本NPR報告書は、国際安全保障環境の基本的な変化を述べた後、我々の核兵器政策及び態勢における5つの主要目標に焦点を当てる：

　　1.核拡散及び核テロリズムを防止する。
　　2.合衆国の国家安全保障戦略における核兵器の役割を縮小する。
　　3.縮小された核戦力によって戦略的抑止及び安定を維持する。
　　4.地域的な抑止を強化し、同盟国及びパートナーに改めて安心を提供する。
　　5.安全かつ安心で、効果的な保有核兵器を引き続き保持する。

　NPRの一義的焦点は今後5年から10年の間にとるべき措置に置かれているが、同時に、より長期的な核戦略及び態勢に向かう道筋もまた考慮されている。合衆国と同盟国、パートナーの安全を確保しつつ核の危険の縮小に向けて前進しつづけるためには、今後の政権交代によっても揺るぐことのない取り組みが求められる。したがって将来にわたって持続可能なコンセンサスを形成することが緊要である。

## 変化した、今も変化しつつある、国際安全保障環境

　冷戦終結後、国際安全保障環境は劇的に変化した。世界的核戦争の脅威は遠のいた。しかし、核攻撃の危険は高まった。

　オバマ大統領が明らかにしたように、今日における最も差し迫った、極限的な危険は核テロリズムである。アルカイダとその同盟者の過激派たちは核兵器を欲している。一度彼らが核兵器を手に入れたならば、彼らはそれらを使うであろうと考えておかねばならない。世界中に存在する核物質は窃盗や強奪に対して脆弱であり、機微な機器や技術は核の闇市場をとおして入手可能である。その結果、テロリストが核兵器を作るために必要な物を手にする危険は深刻なレベルにまで高まっている。

　もう一つの差し迫った脅威は核拡散である。米国及び同盟国とパートナー、そして幅広い国際社会と対立関係にある国家が新たに核兵器を入手する可能性がある。北朝鮮とイランは、核への野望を果たすために、不拡散義務に違反し、国連安全保障理事会の要求を無視して、ミサイルによる運搬能力を追求しつつ、彼らが作り出した国際的危機を外交的に解決するための諸努力に抵抗してきた。彼らの挑発的行動は、周辺地域に不安定をもたらし、近隣諸国が自ら核抑止力を選択するような圧力をうみだす。北朝鮮、イランその他による不拡散軌範の継続的な不履行は、核不拡散条約（NPT）を弱体化させ、合衆国及び国際社会の安全に悪影響をもたらすであろう。

　核テロリズムと核拡散という喫緊の増大する脅威に直面する一方で、合衆国は現存する核兵器国、とりわけロシアと中国との戦略的関係の安定を確保するという、慣れ親しんだ課題に取り組まねばならない。ロシアは、合衆国と拮抗する核兵器能力を持つ唯一の国である。しかし、冷戦時に比して、米ロ関係は根本的に変化した。二国間の政策上の相違は依然として存在し、ロシアは強力な核戦力の近代化を継続している。しかし、ロシアと合衆国はもはや敵同志ではなく、軍事対決の可能性は劇的に減少した。両国は核テロリズムと核拡散防止を含む、共通の利益に資する分野における強力を強めている。

　合衆国と中国は、相互依存を深めており、大量破壊兵器（WMD）の拡散と対テロリズムといったグローバルな安全保障課題への対処における共通の責任を拡大しつつある。その一方で、中国に隣接するアジア諸国と合衆国は、保有核兵器の量的・質的近代化を含む中国の軍近代化に引き続き懸念を抱いている。中国の保有核兵器数はロシア及び合衆国のそれに比べてはるかに少ない。しかし、核計画の速度と範囲、さらにはそれらの指針となる戦略やドクトリンといった、中国の核計画をとりまく透明性が欠如しているため、中国の将来の戦略的意図について疑問が持ち上がっている。

　以上のような核の脅威における環境の変化によって、合衆国の核への関心と戦略目標の優先順位は変わった。今後数年間、我々は新しい核能力保有国の出現とテロリスト集団による核爆弾もしくは核爆弾製造用物質の入手の防止を最優先課題としなければならない。同時に我々はロシア、中国との戦略的関係の安定を維持するとともに、新たな核武装国の登場に対抗することによって、合衆国と同盟国及びパートナーを核の脅威もしくは脅迫から守るとともに彼ら自身の核抑止力追求の誘因を減少させなければならない。

## 米国の核兵器政策及び戦力態勢への影響

我々が、二極軍事対決の冷戦時代から引き継いだ膨大な保有核兵器は、核兵器を志向する、自滅的なテロリストや非友好的な国家体制による挑戦に対処するには適していない。従って、我々の核兵器政策と態勢は、核テロリズムと核拡散の防止という最優先課題に適したものへと再編されなければならない。

　これは、我々の核抑止力が時代遅れであるということを意味しない。事実、核兵器が存在する限り、合衆国は安全、安心で、効果的な核戦力を維持しつづけるであろう。これら核戦力は潜在的敵国を抑止し、世界中の同盟国及びパートナーに改めて安心を提供するための不可欠な役割を引き続き果たすであろう。

　しかし、合衆国の通常軍事能力の比類なき成長、ミサイル防衛における重要な進歩、そして冷戦時代の敵対関係の緩和を含む国際安全保障環境の根本的な変化の結果、上記の戦略目標は従来よりもはるかに少ないレベルの核戦力と、縮小された核兵器の役割によって達成することが可能である。したがって、我々は、伝統的な抑止及び安心の確保という目標を損なうことなく、最も差し迫った安全保障上の挑戦に合致するよう核兵器政策と核戦力態勢を形成することができる。

- 合衆国の核兵器の役割と数を縮小する―すなわち、核軍縮を前進させるというNPT第6条の下での義務に従う―ことによって、我々は不拡散レジームの再強化と世界中の核物質の保安を確立するための措置への参画をNPT加盟諸国に促しうる、より強い立場を確立することができる。
- 信頼性ある核抑止力の維持及びミサイル防衛、その他の通常軍事能力による地域的安全保障構造（アーキテクチャー）の強化によって、我々は世界中の核兵器を持たない同盟国、パートナーに対する安全保障公約を再確認するとともに、それら諸国が自らの核抑止力を必要としないことを確認することができる。
- 合衆国の核兵器の寿命を延長するための確固とした備蓄核兵器管理プログラムを遂行することによって、新しい核兵器の開発や核実験なしに安全、安心、かつ効果的な抑止力を確保することができる。
- 老朽化した核施設の近代化と人的資源への投資によって、技術的もしくは地政学的な突発事態に備えるために確保する核兵器の数を著しく減少させることが可能となり、退役核弾頭の解体を加速し、他国の核活動に関する知見を改善することが可能となる。
- ロシア及び中国との戦略的関係の安定化と透明性、相互信頼の向上によって、核兵器のない世界へと進むための条件整備と核拡散及び核テロリズムに対処するための基盤を強化することが可能となる。
- 国際問題における核兵器の重要性を減じ、核兵器廃絶へと段階的に進むことによって、核兵器保有国が存在する世界に住むことを宿命視する考えを逆転させ、将来の不確定さに備えるために自ら核オプションを手にしようと考える国々にとっての誘因を減少させることができる。

## 核拡散及び核テロリズムの防止

　核兵器のない世界に向けた努力における不可欠の要素として、合衆国はグローバルな核不拡散レジームの再建と強化のための国際的努力の拡大を主導する。そして2010NPRは、これを初めて 合衆国の核政策における最優先事項とする。我々が核の崖っぷちに近

づいているとの危機感が高まっている。それは、今日の危険な傾向に歯止めをかけ、逆転させなければ、我々は、遠からず核武装国が着実に増加し、テロリストが核兵器を手にする世界に住むことになるだろうという危機感である。

核拡散と核テロリズムを防止するための合衆国のアプローチには、3つの要素がある。第1に、我々は北朝鮮とイランの核の野望を挫き、IAEA保障措置とその遵守を強化し、核の闇取引を阻止し、拡散リスクの拡大無しに核の平和利用を促進することによって、NPTを中心とする不拡散レジームの強化を追求する。第2に、我々は世界中のすべての脆弱な核物質の保安を4年以内に確立するとしたオバマ大統領のイニシャチブの履行を加速する。

そして第3に、我々は、新戦略兵器削減条約（新START）、包括的核実験禁止条約（CTBT）の批准と発効、そして検証可能な核分裂性物質生産禁止条約の交渉を含む、軍備管理の努力を遂行する。これらは、不拡散レジームと核物質の世界的保安を強化するために必要な措置に対する広範な国際的支持を勝ちとるための我々の力を強化する手段である。

わが政府のイニシャチブには以下が含まれる:

- グローバル脅威削減イニシャチブ（GTRI）、国際核物質防護及び協力プログラムの加速を含む世界中の脆弱核物質の保安確立のためのオバマ大統領のイニシャチブを積極的に推進する。これにはエネルギー省の2011会計年予算における核不拡散プログラムへの27億ドル支出増（25％以上）が含まれる。
- 不法な拡散ネットワークを寸断し、核物質の密輸を阻止するための国家的及び国際的能力を向上させ、テロリストの核爆発デバイスに使用され、もしくは使用されようとしている核物質の出所を特定する能力を向上させる、核鑑識能力の拡大を継続する。
- 核兵器のない世界へと前進し続けることを支援する、検証技術の研究強化や透明化措置の開発を含む包括的研究開発プログラムを立ち上げる。
- 大量破壊兵器を入手したり使用したりしようとするテロリストの努力を、手助け、資金援助、もしくは専門知識や安全地帯の提供によって、支援もしくは幇助するすべての国家、テロリスト集団もしくは他の非国家主体に対して、合衆国は全面的に責任追求を行うとの誓約を再確認する。

## 合衆国の核兵器の役割を縮小する

過去数十年間にわたり、合衆国は国家安全保障及び軍事戦略における核兵器の役割を大幅に縮小してきた。しかし現段階においてさらになすべきこと、できること、がある。

核兵器が存在する限り継続する合衆国の核兵器の基本的役割とは、合衆国、同盟国及びパートナーに対する核攻撃を抑止することである。

冷戦期においては、米国はソ連及びワルシャワ条約機構の同盟国による大規模な通常攻撃に対する反撃に核兵器を使用する権利を留保していた。さらに、合衆国が国際諸条約に従い自らの化学・生物兵器（CBW）を放棄した後においては合衆国、同盟国及びパートナーに対するCBW攻撃を抑止するために核兵器を使う権利を留保していた。

冷戦終結後、戦略環境は根本的に変化した。合衆国の通常軍事力の圧倒的優位、ミサイル防衛能力のたえざる向上、CBWの効果を低減する能力の向上によって、非核一通常、

化学、生物—攻撃の抑止における核兵器の役割は大幅に縮小された。合衆国は引き続き非核攻撃の抑止における核兵器の役割を縮小してゆくであろう。

　さらに合衆国は、NPTに加盟し不拡散義務を遵守している非核兵器国に対して、核兵器の使用も使用の威嚇も行わないことを宣言することによって、長期わたって続けてきた「消極的安全保証」を強化する用意がある。

　この安全保証の強化は、NPTを全面的に遵守することによって得られる安全保障上の利益を裏書きし、NPTに加盟する非核兵器国に対して、米国及び他の関係諸国とともに不拡散レジームの強化のために協働するよう促すことを意図するものである。

　このように安全保証を強化するにあたって、合衆国は安全保証を提供される資格を有しながら化学生物兵器を合衆国もしくは同盟国及びパートナーに対して使用する国は、通常兵器による熾烈な反撃を受ける可能性に直面するであろうこと、また国家指導者もしくは軍司令官を問わず、このような攻撃に責任を有するいかなる個人の責任も全面的に問われるであろうことを合衆国は断言する。生物兵器の破滅的な潜在能力とバイオ・テクノロジーの急速な進歩を考えたとき、生物兵器の脅威の進化と拡散、そしてその脅威に対する合衆国の対処能力が要求する場合には、合衆国は前記安全保証に必要な変更を加える権利を留保する。

　合衆国の核兵器は、ごく限られた非常事態において、上記の安全保証の対象から除外される国——すなわち核兵器を保有する国、及び核不拡散義務を遵守しない国——による合衆国もしくは同盟国及びパートナーに対する通常攻撃もしくは化学・生物兵器攻撃を抑止する役割を果たす可能性がある。したがって、合衆国は現段階においては、核攻撃の抑止を核兵器の唯一の目的とするという普遍的な政策を採用する用意はない。しかし、合衆国は、このような政策を安全に採用できるような条件を確立するために努力するであろう。

　しかし、これは新しい安全保証の対象とならない国々に対して核兵器を使用するという我々の意思の高まりを意味するものではない。強調したいのは、合衆国は、合衆国もしくは同盟国及びパートナーの死活的な利益を守るという極限的な状況においてのみ核兵器を使用するであろうということである。過去65年以上つづいてきた核兵器不使用の記録をさらに更新することこそが、合衆国とすべての国にとっての利益である。

　したがって、NPRの主要な結論には以下が含まれる:

- 合衆国は、核兵器の唯一の目的を合衆国もしくは同盟国及びパートナーに対する核攻撃の抑止に限定することを目指しつつ、通常兵器能力の強化を継続し、非核攻撃の抑止における核兵器の役割を縮小しつづけるであろう。
- 合衆国は、合衆国もしくは同盟国及びパートナーの死活的な利益を守るという極限的な状況においてのみ核兵器の使用を考慮するであろう。
- 合衆国は、NPTに加盟し不拡散義務を遵守している非核兵器国に対しては、核兵器の使用もしくは使用の威嚇を行わないであろう。

## 削減された核戦力レベルにおいて戦略的抑止と安定を維持する

　冷戦終結以降、米国とロシアは作戦配備の戦略核兵器を約75%削減してきたが、いまだ両国とも抑止に必要とする以上の数の核兵器を保有している。政権は、大幅に削減され

た戦力レベルにおける安定性の確保に向けてロシアと協力することを誓約する。

## 新START

　このプロセスの次の一歩は、すでに失効した1991年の第1次戦略兵器削減条約（START
Ⅰ）を新たな検証可能な条約、すなわち新STARTに置き換えることである。NPR策定に
向けた初期段階の作業は、この新START交渉における米国の立場を確立し、新条約が規
定する削減に照らしていかなる戦力構成が可能であるかを検討することにあった。NPR
は次のような結論に達した：

- 米国の戦略的運搬手段、すなわち大陸間弾道ミサイル（ICBM）、潜水艦発射弾道ミ
サイル（SLBM）、核搭載可能な重爆撃機をSTARTⅠレベルから約50%削減し、また、
条約上の削減義務を負う 戦略核弾頭をモスクワ条約レベルから約30%削減しても、
安定した抑止を維持することは可能である。
- NPRの分析に基づき、米国は、新STARTの条約上の義務を負う戦略核弾頭数の上
限を1550発、配備戦略運搬手段の上限を700基（機）とすること、また、配備及び非配
備の戦略発射装置数の合計の上限を800基（機）とすることでロシアと合意した。
- ICBM、SLBM、核搭載可能な重爆撃機で構成される米国の核の三本柱は新
STARTにおいても維持される。
- 安定性の増大をめざし、すべての米国のICBMには、一基に搭載される核弾頭数を
一発とする「非多弾頭化」措置が講じられる。
- 米国の地域的抑止ならびに安全の再保証という目的への非核システムの寄与は、
ミサイル防衛に対する制限を回避し、重爆撃機や長距離ミサイルシステムを通常兵
器に使用する選択肢を維持することによって保持される。

## 大統領の決定時間を最大化する

　NPRは、現在の米戦略部隊の警戒態勢——重爆撃機の常時警戒態勢は解除され、ほぼ
すべてのICBMが警戒態勢に置かれ、また、いかなる時にも相当数の戦略原子力潜水艦
（SSBM）が海洋に出ている——が当面維持されるべきであると結論づけた。NPRはまた、
事故、無認可の行動、誤認識などによる核発射の可能性をいっそう低下させるとともに、
核兵器使用を許可するか否かの検討において大統領に与えられる時間を最大化するべく
引き続き努力がなされるべきであると結論づけた。重要な措置には以下が含まれる：

- すべてのICBMならびにSLBMについて、「外洋に向けた標的設定」の実施を継続
する。これにより、万一の無認可あるいは偶発的発射の際にミサイルは外洋に着弾す
る。また、ロシアにこの慣行に対する誓約を再確認するよう求める。
- 核危機における大統領の決定時間を最大化するよう米国の指揮統制システムを
いっそう強化する。
- 生き残りの可能性 を強化し、即時発射の誘因をさらに低減するようなICBM基地
の新しい様態を探求する。

## 戦略的安定性の強化

　ロシアと中国が現在自国の核能力の近代化を行い、さらには両国がともに米国のミサ
イル防衛や通常軍備のミサイル計画を不安定化要因と主張している中、これら2国との戦
略的安定性を維持することが今後の重要な課題である。

● 米国は、さらなる安定性、柔軟性、透明性を伴った戦略的関係を促進することをめざし、ロシア及び中国と戦略的安定性に関するハイレベルの二国間対話を追求してゆく。

米国にとって、ロシアとの戦略対話は、米国のミサイル防衛及び将来におけるいかなる米国の通常兵器搭載長距離弾道ミサイルシステムも、新たに浮上した地域的脅威への対処を目的に設計されたものであり、ロシアとの戦略バランスに影響を与えることを意図したものではないことを説明する機会となる。また、ロシアの側においては、近代化計画について説明し、現在の軍事ドクトリン（とりわけ核兵器の重要性をどのように位置づけているのか）を明確にし、国境から離れたロシア国内の少数の安全な施設に非戦略システムをまとめているといったような、同国の非戦略保有核兵器に対する西側諸国の懸念を緩和するためにとりうる諸措置について議論する機会となる。

他方、中国との戦略的安定性に関する対話の目的は、双方にとって、相手側の核兵器ならびに他の戦略能力に関する戦略、政策、計画をめぐる見解を伝える場やメカニズムを提供することにある。このような対話のめざすところは、信頼性と透明性の向上、不信の低減にある。2010「弾道ミサイル防衛見直し」(MDR)報告が述べるように、「本政権にとって、米中関係における戦略的安定性を維持することは、他の主要国との戦略的安定性を維持することと同等に重要である」。

## 将来における核削減

大統領は、核兵器のさらなる削減の検討に向けて、新START後の軍備管理目標に関する見直しを命じた。新STARTのレベルを超えて米国が将来的な核戦力の削減を行う上では、いくつかの要素がその規模や速度に影響を与える。

第1に、いかなる将来的な核削減も、地域の潜在的な敵への抑止、ロシアや中国との戦略的安定性、米国の同盟国及びパートナーへの安心の提供を強化し続けるものでなければならない。これには、抑止に求められる能力に関する最新の評価、米国ならびに同盟国、パートナーにおける非核能力のさらなる強化、戦略及び非戦略兵器の焦点を絞った削減、そして同盟国及びパートナーとの緊密な協議が必要である。米国は、いかなる潜在的な敵対者が計算したとしても、米国、あるいは同盟国及びパートナーに対する攻撃から期待される利益より、米国からの報復による耐え難いコストの方がはるかに勝るとの結論に達せしめるような能力を引き続き確保する。

第2に、備蓄核兵器維持プログラムの遂行ならびにNPRの勧告する核兵器インフラへの投資は、技術的あるいは地政学的突発事態に備えるために大量の非配備弾頭を維持するという米政策の転換をもたらし、備蓄核兵器の大幅な削減を可能にする。これらの投資は新START及びその後において、抑止を維持しつつ核兵器削減を促進する上で不可欠なものである。

第3に、ロシアの核戦力は、米国が自国の核戦力削減の幅及び速度を決定する上で引き続き重要な要素である。両国関係の改善を背景に、2国間における厳密な数字上の均衡の必要性は冷戦時代のように絶対的なものではない。しかし、核能力における大きな不均衡は、双方にとって、また、合衆国の同盟国及びパートナーとの間において懸念を生じさせるものであり、安定的かつ長期的な戦略関係の維持に貢献するものとはならないであろう。したがって、我々は合衆国がより低いレベルに移行する際には、ロシアも我々に

同調することを重要視するであろう。

NPRの主要な勧告には以下が含まれる:
- 新STARTが予定しているレベル以下に将来的な核削減目標を定めるための、継続的な分析を実施するべきである。同時に、地域における潜在的な敵に対する抑止、ロシアと中国に対する戦略的安定性、我々の同盟国及びパートナーへの保証を強化してゆくべきである。
- ロシアとの間で新START後の交渉を行う際には、双方の側の非配備核兵器とならんで非戦略核兵器の問題を取り上げるべきである。
- 米核戦力の削減は、我々の同盟国及びパートナーへの安全の安全の保証における信頼性と有効性を維持する形で実施するべきである。米国は、新START後の交渉に向けたアプローチを確立するにあたって、同盟国及びパートナーと協議してゆくべきである。

## 地域的抑止を強化し、同盟国・パートナーに安全を再確認する

合衆国は、2国間及び地域的な安全保障関係を強化してゆくとともに、これらの関係を21世紀型の挑戦に適合させるべく同盟国及びパートナーと協力しあうことを全面的に公約する。このような安全保障関係は潜在的脅威を抑止する上で不可欠であり、また、それら脅威に隣接する諸国に対して、核兵器を求めることが自国の軍事的あるいは政治的利益を損なうものにしかならないこと知らしめ、また、合衆国の非核の同盟国及びパートナーに対しては自らが核抑止能力を持たずとも安全保障上の利益を確保できるとの保証を提供することによって、我々の不拡散上の目標にも寄与する。

米国の核兵器は、核兵器を保有し、あるいは保有を追求している地域国家による核攻撃あるいは核を背景とした脅しに対する拡大抑止を同盟国及びパートナーに提供する上で重要な役割を担ってきた。信頼性のある合衆国の「核の傘」は、「三本柱」の戦略軍、重要地域に前方配備された非戦略核兵器、そして地域的紛争に応じて即時に前方配備可能な米国内の核兵器といった手段の組み合わせによって提供されてきた。

欧州においては、冷戦終結後、前方配備された米国の核兵器は劇的に削減された。しかし少数の核兵器が引き続き残されている。NATO加盟国に対する核攻撃の危険性はかつてなく低下した。しかし、合衆国の核兵器の存在は、NATOの非核加盟国が核計画に参加し、核兵器運搬能力を持つ特殊仕様の航空機を保有するというNATO特有の核分担(ニュークリア・シェアリング)取極めとの組み合わされることによって同盟国間の結束を強化するとともに、地域的な脅威を感じている同盟国及びパートナーに対し安心を提供するものとなっている。NATO加盟国を防衛する上での核兵器の役割は、NATOの「戦略概念」見直しとの関係で本年議論されることになる。NATOの核態勢におけるいかなる変更も、加盟国間での徹底した再検討と決定を経てなされるべきである。

アジア及び中東——これらの地域にはNATOに類似した多国間の同盟構造は存在しない——については米国は二国間同盟及び安全保障関係を通じて、また、前方配備の軍事的プレゼンスと安全の保証を通じて拡大抑止を維持してきた。冷戦が終焉を迎えたとき、米国は、海軍の洋上艦や一般目的用の潜水艦からの核兵器撤去を含め、太平

洋地域に前方配備された核兵器を撤退させた。以来、合衆国は、危機への対処は中央の戦略戦力及び東アジアへの核システムの再配備能力に依存してきた。

　核兵器は同盟国及びパートナーに対する合衆国による安全の保証の重要な構成要素であることが示されてきた一方で、米国は、通常戦力のプレゼンス及び効果的な戦域弾道ミサイル防衛を含む、地域的な安全保障構造(アーキテクチャー)の強化をめざし、非核要素への依存を高めてきた。核兵器の役割が米国の国家安全保障戦略の中で縮小されるにしたがい、これら非核要素は抑止の分担においていっそう大きな位置を占めるようになろう。さらに、効果的な地域的抑止にとっては、非核戦力による抑止にとどまらず、非軍事的抑止、すなわち米国とその同盟国、パートナーとの間での強固で信頼性のある政治的関係の構築が欠くべからざる要素である。

### 非戦略核兵器

　冷戦終結後、米国は非戦略(または「戦術」)核兵器を劇的に削減してきた。今日では、世界中の同盟国及びパートナーに対する拡大抑止の一環として、限定された数の核兵器が欧州に前方配備されているのと、海外配備が可能な少数の核兵器が米国内で保管されているのみである。ロシアははるかに多くの非戦略核戦力を維持しており、そのうち相当数はいくつかのNATO加盟国の領土近くに配備されている。

　NPRは、米国のとるべき行動について以下のとおり結論づけた:

- 戦術戦闘爆撃機ならびに重爆撃機に搭載された前方配備の米核兵器の能力を維持するとともに、安全、保安、使用管理の改善などを伴ったB-61核弾頭の全面的寿命延長を進める。
- 海洋発射核巡航ミサイル(TLAM-N)を退役させる。
- 米国の前方軍事プレゼンスを補完し、地域的抑止を強化する長距離攻撃能力の維持と開発を継続する。
- 米国の拡大抑止の信頼性及び有効性を確保する方策について、同盟国及びパートナーとの協議を継続し、適当な場合には拡大する。米国の拡大抑止におけるいかなる変更も同盟国及びパートナーとの緊密な協議なしには行われない。

## 安全、安心、かつ効果的な保有核兵器を維持する

　合衆国は安全、安心、かつ効果的な保有核兵器を維持することを誓約する。1992年に核実験を中止して以降、我々は、弾頭をほぼ当初の設計仕様になるよう改修することによって弾頭の寿命を延長する備蓄兵器維持プログラムを通じて、核弾頭を維持し安全性と信頼性を認証してきた。30年後を見通して、NPRは、議会が命じた備蓄兵器管理プログラムならびに合衆国の不拡散目的に合致した形で既存の核弾頭の寿命を延長させるための最善の方策を検討し、次のような結論に達した:

- 合衆国は核実験を実施せず、包括的核実験禁止条約の批准と発効を遂行する。
- 米国は新型核弾頭を開発しない。寿命延長計画(LEP)は、これまでに実験された設計に基づく核部品のみを使用し、新たな軍事的任務を支援したり新たな能力を準備したりしない。

- 合衆国は、核弾頭の安全性、保安、信頼性を個別事例ごとに、議会が命じた備蓄管理プログラムに合致した形で確保するための選択肢について研究する。LEPにおいては全ての範囲のアプローチを考慮する。すなわち、既存の弾頭の改修、別の弾頭の核部品の再利用、及び核部品の交換、である。
- 核弾頭のLEPを工学的開発へと進行させるいかなる決定においても、合衆国が最優先で選択するのは改修あるいは再利用である。核部品の交換は備蓄兵器管理プログラムの重要目標がその他の手段では達成できない場合においてのみ、そして大統領による具体的な認可ならびに議会の承認が得られた場合にのみ実施される。

これらの結論に沿って、NPRは次の通り勧告する:
- 現在進行中の潜水艦発射弾頭W-76のLEP、ならびにB-61爆弾のLEPに関する研究及びそれに続く活動には満額の資金が提供されるべきである。
- ICBM用弾頭W-78のLEPに関する選択肢についての研究を開始するべきである。研究には、当該LEPの結果作られた弾頭をSLBMで使用することによって、弾頭の種類を減らす可能性の検討も含まれる。

安全、安心で、かつ効果的でありつづけるために、合衆国の備蓄核兵器は、国家安全保障に関する諸研究所と支援施設の複合体で構成される近代的な物的インフラや、核抑止維持に求められる専門的能力を持つ優秀な労働力に支えられなければならない。

人的資源もまた懸案である。国家安全保障に関する諸研究所では、次世代の、最も将来有望な科学者やエンジニアを引きつけ、確保することがますます困難になっている。備蓄兵器管理に関する明確な長期計画や、拡散及び核テロリズムの防止に関する政権の誓約は、挑戦的で有意義な研究開発活動に従事する機会を与えることによって、明日を担う科学者やエンジニアの獲得と確保を強化することに繋がる。

NPRは以下の結論に達した:
- 備蓄兵器維持にとって極めて重要であり、不拡散をめざす上での見識を提供する、科学、技術及び工学の基盤を強化する必要がある。
- 核兵器複合施設及び要員に対する投資の増額は、我々の保有核兵器の長期的な安全、保安と有効性を確保するために必須である。新たな施設は、国家核安全保障管理局が開発中の備蓄核兵器の維持及び管理計画の要求を支援できるよう規模を定めることになる。
- 建設後50年を経過した施設を更新するロスアラモス国立研究所における化学冶金研究施設更新計画およびテネシー州オークリッジのY-12プラントにおける新たなウラニウム処理施設の拡充のための資金の増額が必要である。

## 未来を見据える:核兵器のない世界に向けて

2010「核態勢の見直し」の勧告を遂行することにより、合衆国、同盟国、及びパートナーの安全保障は強化され、大統領の示した核兵器のない世界というビジョンに向けた大きな一歩がもたらされるであろう。

国際的な不安定や安全の欠如を拡大させるというリスクを犯すことなく、究極的に米国や他の国々による核兵器放棄を可能にするためには、極めて多くの条件が必要である。

それらの条件の中には、核兵器拡散の阻止における成功、主たる関係国の計画や能力に関する透明性の飛躍的な向上、軍縮義務違反の探知を可能とする検証手段及び技術、それら違反を抑止するに十分な強さと信頼性を備えた執行手段、そして究極的には対立する国家を核兵器の取得や維持へと導くような地域的紛争の解決が含まれる。これらの条件が現在において存在しないのは明らかである。

　しかし我々は、これらの条件を創出するために積極的に行動することができるし、しなければならない。我々は2010年NPRに示された実際的措置を実行することができる。これら実際的措置は世界におけるあらゆる核兵器の廃絶という究極的目標へと我々を導くのみならず、それ自身によって、グローバルな核不拡散レジームを再活性化させ、テロ集団による核兵器ならびに核物質取得に対してより高い防壁を築き、米国と国際の安全保障を強化する。

https://www.hsdl.org/?abstract&did=777468

アクセス日：2019年12月1日

## 資料1-12　日本国憲法　前文、第9条

公布　　1946年11月3日
施行　　1947年 5月3日

前文
　日本国民は、正当に選挙された国会における代表者を通じて行動し、われらとわれらの子孫のために、諸国民との協和による成果と、わが国全土にわたつて自由のもたらす恵沢を確保し、政府の行為によつて再び戦争の惨禍が起ることのないやうにすることを決意し、ここに主権が国民に存することを宣言し、この憲法を確定する。そもそも国政は、国民の厳粛な信託によるものであつて、その権威は国民に由来し、その権力は国民の代表者がこれを行使し、その福利は国民がこれを享受する。これは人類普遍の原理であり、この憲法は、かかる原理に基くものである。われらは、これに反する一切の憲法、法令及び詔勅を排除する。

　日本国民は、恒久の平和を念願し、人間相互の関係を支配する崇高な理想を深く自覚するのであつて、平和を愛する諸国民の公正と信義に信頼して、われらの安全と生存を保持しようと決意した。われらは、平和を維持し、専制と隷従、圧迫と偏狭を地上から永遠に除去しようと努めてゐる国際社会において、名誉ある地位を占めたいと思ふ。われらは、全世界の国民が、ひとしく恐怖と欠乏から免かれ、平和のうちに生存する権利を有することを確認する。

　われらは、いづれの国家も、自国のことのみに専念して他国を無視してはならないのであつて、政治道徳の法則は、普遍的なものであり、この法則に従ふことは、自国の主権を維持し、他国と対等関係に立たうとする各国の責務であると信ずる。

　日本国民は、国家の名誉にかけ、全力をあげてこの崇高な理想と目的を達成することを誓ふ。

第9条

　日本国民は、正義と秩序を基調とする国際平和を誠実に希求し、国権の発動たる戦争と、武力による威嚇又は武力の行使は、国際紛争を解決する手段としては、永久にこれを放棄する。

　2　前項の目的を達するため、陸海空軍その他の戦力は、これを保持しない。国の交戦権は、これを認めない。

## 資料1-13　日米安全保障条約　第5条、第6条

日本国とアメリカ合衆国との間の相互協力及び安全保障条約

署名　1960年1月19日
発効　1960年6月23日

第5条（共同防衛）

　各締約国は、日本国の施政の下にある領域における、いずれか一方に対する武力攻撃が、自国の平和及び安全を危うくするものであることを認め、自国の憲法上の規定及び手続に従つて共通の危険に対処するように行動することを宣言する。

　前記の武力攻撃及びその結果として執つた全ての措置は、国際連合憲章第51条の規定に従つて直ちに国際連合安全保障理事会に報告しなければならない。その措置は、安全保障理事会が国際の平和及び安全を回復し及び維持するために必要な措置を執つたときは、終止しなければならない。

第6条（基地許与）

　日本国の安全に寄与し、並びに極東における国際の平和及び安全の維持に寄与するため、アメリカ合衆国は、その陸軍、空軍及び海軍が日本国において施設及び区域を使用することを許される。前記の施設及び区域の使用並びに日本国における合衆国軍隊の地位は、1952年2月28日に東京で署名された日本国とアメリカ合衆国との間の安全保障条約第3条に基く行政協定（改正を含む。）に代わる別個の協定及び合意される他の取極により規律される。

## 資料1-14　日本の核基本政策：佐藤栄作首相の国会答弁（抜粋）

　1968年1月30日、佐藤榮作首相は、日本の核政策の柱として、以下の4点をあげた。以後、現在まで、この4項目が日本の核の基本政策とされている。

　1. 非核三原則/2. 核軍縮への努力/3. 米国の「核の傘」への依存/4. 核エネルギーの平和利用

**佐藤榮作首相による答弁（抜粋）**

1968年1月30日、第58回衆議院本会議。大平正芳議員（自民）からの質問に対する答弁の抜粋。

　御承知のように、わが国の核政策につきましては、大体四本の柱、かようこ申してもいいかと思います。

　第一は、核兵器の開発、これは行なわない。また核兵器の持ち込み、これも許さない。また、これを保持しない。いわゆる非核三原則※でございます。うそを言うなというやじが飛んでおりますが、さようなことはございません。この点ははっきりしております。（※1967年12月11日、衆・予算委の佐藤首相答弁に発する。）

　第二は、核兵器による悲惨な体験を持つ日本国民は、核兵器の廃棄、絶滅を念願しております。しかし、現実問題としてはそれがすぐ実現できないために、当面は実行可能なところから、核軍縮の点にわれわれは力を注ぐつもりでございます。したがいまして、国際的な規制あるいは管理などについていろいろ意見を述べておる次第でございます。このこともなかなか容易なことではありませんから、粘り強く取り組んでいかねばならないのであります。

　第三に、平和憲法のたてまえもありますが、私どもは、通常兵器による侵略に対しては自主防衛の力を堅持する。国際的な核の脅威に対しましては、わが国の安全保障については、引き続いて日米安全保障条約に基づくアメリカの核抑止力に依存する。これが第三の決定であります。

　第四に、核エネルギーの平和利用は、最重点国策として全力をあげてこれに取り組む、そして世界の科学技術の進歩に寄与し、みずからその実益を享受しつつ、国民の自信と国の威信を高め、平和への発言権を強める、以上の四つを私は核政策の基本にしておるのであります。

出典：衆議院HP
https://kokkai.ndl.go.jp/#/detailPDF?minId=105805254X00319680130&page=11&spkNum=9&current=1
アクセス日：2019年12月1日

---

## 資料1-15　日朝平壌宣言

2002年9月17日、平壌

　小泉純一郎日本国総理大臣と金正日朝鮮民主主義人民共和国国防委員長は、2002年9月17日、平壌で出会い会談を行った。
両首脳は、日朝間の不幸な過去を清算し、懸案事項を解決し、実りある政治、経済、文化的関係を樹立することが、双方の基本利益に合致するとともに、地域の平和と安定に大きく寄与するものとなるとの共通の認識を確認した。

1. 双方は、この宣言に示された精神及び基本原則に従い、国交正常化を早期に実現させる

ため、あらゆる努力を傾注することとし、そのために2002年10月中に日朝国交正常化交渉を再開することとした。

　双方は、相互の信頼関係に基づき、国交正常化の実現に至る過程においても、日朝間に存在する諸問題に誠意をもって取り組む強い決意を表明した。

2. 日本側は、過去の植民地支配によって、朝鮮の人々に多大の損害と苦痛を与えたという歴史の事実を謙虚に受け止め、痛切な反省と心からのお詫びの気持ちを表明した。

　双方は、日本側が朝鮮民主主義人民共和国側に対して、国交正常化の後、双方が適切と考える期間にわたり、無償資金協力、低金利の長期借款供与及び国際機関を通じた人道主義的支援等の経済協力を実施し、また、民間経済活動を支援する見地から国際協力銀行等による融資、信用供与等が実施されることが、この宣言の精神に合致するとの基本認識の下、国交正常化交渉において、経済協力の具体的な規模と内容を誠実に協議することとした。

　双方は、国交正常化を実現するにあたっては、1945年8月15日以前に生じた事由に基づく両国及びその国民のすべての財産及び請求権を相互に放棄するとの基本原則に従い、国交正常化交渉においてこれを具体的に協議することとした。

　双方は、在日朝鮮人の地位に関する問題及び文化財の問題については、国交正常化交渉において誠実に協議することとした。

3. 双方は、国際法を遵守し、互いの安全を脅かす行動をとらないことを確認した。また、日本国民の生命と安全にかかわる懸案問題については、朝鮮民主主義人民共和国側は、日朝が不正常な関係にある中で生じたこのような遺憾な問題が今後再び生じることがないよう適切な措置をとることを確認した。

4. 双方は、北東アジア地域の平和と安定を維持、強化するため、互いに協力していくことを確認した。

　双方は、この地域の関係各国の間に、相互の信頼に基づく協力関係が構築されることの重要性を確認するとともに、この地域の関係国間の関係が正常化されるにつれ、地域の信頼醸成を図るための枠組みを整備していくことが重要であるとの認識を一にした。

　双方は、朝鮮半島の核問題の包括的な解決のため、関連するすべての国際的合意を遵守することを確認した。また、双方は、核問題及びミサイル問題を含む安全保障上の諸問題に関し、関係諸国間の対話を促進し、問題解決を図ることの必要性を確認した。

　朝鮮民主主義人民共和国側は、この宣言の精神に従い、ミサイル発射のモラトリアムを2003年以降も更に延長していく意向を表明した。

　双方は、安全保障にかかわる問題について協議を行っていくこととした。

日本国　　　　　　　　　　　　　　　　　　朝鮮民主主義人民共和国
総理大臣　　　　　　　　　　　　　　　　　　国防委員会　委員長

　小泉　純一郎　　　　　　　　　　　　　　　　　　　金　正日

出典：外務省HP
https://www.mofa.go.jp/mofaj/kaidan/s_koi/n_korea_02/sengen.html
アクセス日：2019年12月1日

## 資料1-16　朝鮮半島の非核化に関する南北共同宣言

1992年1月20日署名
2月19日発効

　南と北は、朝鮮半島を非核化することにより核戦争の危険を除去し、我が国の平和と平和統一に有利な条件と環境をつくり、アジアと世界の平和と安全に資するため、次のように宣言する。

　　1.南と北は、核兵器の実験、製造、生産、持ち込み、保有、貯蔵、配備、使用をしない。
　　2.南と北は、核エネルギーを平和目的のみに利用する。
　　3.南と北は、核再処理施設とウラン濃縮施設を保有しない。
　　4.南と北は、朝鮮半島の非核化を検証するために、相手側が選定し双方が合意する対象に対して、南北核統制共同委員会が規定する手続きと方法で査察を実施する。
　　5.南と北は、この共同宣言の履行のために、共同宣言の発効後1ヶ月以内に、南北核統制共同委員会を構成・運営する。
　　6.この共同宣言は、南と北がそれぞれ発効に必要な手続きを経て、その文書を交換した日から効力を発する。

南北高位級会談　　　　　　　　　　　　　　　　　　　　北南高位級会談
南側代表団、主席代表　　　　　　　　　　　　　　　　　北側代表団、団長
大韓民国　　　　　　　　　　　　　　　　　　　　朝鮮民主主義人民共和国
国務総理　鄭元植　　　　　　　　　　　　　　　　政務院総理　延亨黙

出典：データベース「世界と日本」（代表：田中明彦）
http://worldjpn.grips.ac.jp/documents/texts/JPKR/19920120.D1J.html
アクセス日：2019年12月1日

## 資料1-17　9.19　第4回「6か国協議共同声明」

**第4回6か国協議共同声明**

2005年9月19日、北京

　第4回6か国協議は、北京において、中華人民共和国、朝鮮民主主義人民共和国、日本国、大韓民国、ロシア連邦及びアメリカ合衆国の間で、2005年7月26日から8月7日まで及び9月13日から19日まで開催された。
　武大偉中華人民共和国外交部副部長、金桂冠朝鮮民主主義人民共和国外務副相、佐々江賢一郎日本国外務省アジア大洋州局長、宋旻淳大韓民国外交通商部次官補、アレクサンドル・アレクセーエフ・ロシア連邦外務次官及びクリストファー・ヒル・アメリカ合衆国東アジア太平洋問題担当国務次官補が、それぞれの代表団の団長として会合に参加した。

武大偉外交部副部長が会合の議長を務めた。

　朝鮮半島及び東北アジア地域全体の平和と安定のため、6者は、相互尊重及び平等の精神の下、過去三回の会合についての共通の理解に基づいて、朝鮮半島の非核化に関する真剣かつ実務的な協議を行い、この文脈において、以下のとおり合意した。

**1.** 6者は、6か国協議の目標は、平和的な方法による、朝鮮半島の検証可能な非核化であることを一致して再確認した。

　朝鮮民主主義人民共和国（北朝鮮）は、すべての核兵器及び既存の核計画を放棄すること、並びに、核兵器不拡散条約及びIAEA保障措置に早期に復帰することを誓約した。

　アメリカ合衆国は、朝鮮半島において核兵器を持っていないこと、及び、朝鮮民主主義人民共和国に対して核兵器または通常兵器による攻撃または侵略を行う意図を持っていないことを確認した。

　大韓民国（南朝鮮）は、その領域内に核兵器が存在しないことを確認するとともに、1992年の朝鮮半島の非核化に関する共同宣言に従って核兵器を受領せず、かつ、配備しないとの誓約を再確認した。

　1992年の朝鮮半島の非核化に関する共同宣言は、遵守され、かつ、実施されるべきである。

　朝鮮民主主義人民共和国は、原子力の平和的利用の権利を有する旨発言した。他の参加者は、この発言を尊重する旨述べるとともに、適当な時期に、朝鮮民主主義人民共和国への軽水炉提供問題について議論を行うことに合意した。

**2.** 6者は、それらとの関係において、国連憲章の目的及び原則並びに国際関係について認められた規範を遵守することを約束した。

　朝鮮民主主義人民共和国及びアメリカ合衆国は、相互の主権を尊重すること、平和的に共存すること、及び二国間関係に関するそれぞれの政策に従って国交を正常化するための措置をとることを約束した。

　朝鮮民主主義人民共和国及び日本国は、平壌宣言に従って、不幸な過去及び懸案事項を解決することを基礎として、関係を正常化するための措置をとることを約束した。

**3.** 6者は、エネルギー、貿易及び投資の分野における経済的協力を、二国間又は多数国間で推進することを約束した。

　中華人民共和国、日本国、大韓民国、ロシア連邦及びアメリカ合衆国は、朝鮮民主主義人民共和国に対してエネルギー支援をする意向があることを述べた。大韓民国は、朝鮮民主主義人民共和国に対する200万キロワットの電力供給に関する2005年7月12日の提案を再確認した。

**4.** 6者は、東北アジア地域の永続的な平和と安定のための共同の努力を誓約した。直接の当事者は、適当な別個の話合いの場で、朝鮮半島における恒久的な平和体制について協議する。

　6者は、東北アジア地域における安全保障面の協力を促進するための方策について探求していくことに合意した。

5. 6者は、「誓約対誓約、行動対行動」の原則に従い、前記の意見が一致した事項について、これらを段階的に実施していくために、調整された措置をとることに合意した。

6. 6者は、第5回6か国協議を、北京において、2005年11月初旬の今後の協議を通じて決定される日に開催することに合意した。

出典：外務省HP

https://www.mofa.go.jp/mofaj/area/n_korea/6kaigo/ks_050919.html (仮訳・日文)

https://www.mofa.go.jp/region/asia-paci/n_korea/6party/joint0509.html (英文)

アクセス日：2019年12月1日

---

## 資料1-18　モデル北東アジア非核兵器地帯条約(草案5)

以下の案は、多くの専門家や関心のある市民が継続的に議論してゆくためのたたき台となることを希望して作成、改訂されている。2004年7月4日の草案4から変更のある主要部分に下線を引いた。(梅林宏道)

NPO法人ピースデポ

2008年12月13日

### 前文

この条約の締約国は、

北東アジアは、核兵器が実際に使用された世界で唯一の地域であることを想起し、

また、二つの都市の破壊と数10万人の市民の被爆によってもたらされた、約60年を経た現在にも続く人間的、社会的な形容しがたい苦難に思いを致し、

日本と朝鮮半島には、今なお多くの被爆者が不安に包まれて生きていることに思いを致し、

現在の核兵器は、当時よりもはるかに強力な破壊力を持ち、人類の築いた文明を破壊しうる唯一の兵器であることを認識し、

また、核兵器の先制使用を含め、実際に核兵器が使用されるという新たな軍事的脅威が生まれつつあることを危惧し、

さらにまた、核兵器を用いるか通常兵器を用いるかを問わず、核兵器を保有する国からの武力攻撃の脅威が、核兵器の拡散の誘因となりうる国際社会の現実を直視しながら、

朝鮮半島においては「朝鮮半島の非核化に関する南北共同宣言」が1992年2月に発効し、日本においては、今日国是とされる非核三原則が1967年以来確立していることを想起し、

さらに、この地域に関係する6か国が2005年9月に共同声明を発し、1992年南北共同声明の遵守と実行を再確認するとともに、「北東アジア地域における安全保障面の協力を促進するための方策について探求していくことに合意した」ことを想起し、

したがって、この地域に関係国の自発的合意に基づいて非核兵器地帯を設立することは、歴史的経緯から極めて自然な希求であるという認識を共有し、

一方、過去の一時期においてこの地域で行われた侵略戦争と植民地支配から発生したさまざまな困難を直視し、

229

同時に未来に向かってそれらを克服するために積み重ねられてきた地域内諸国家の歴代の政府による努力を想起し、

　それらの中における最良のものを継承しつつ、その基礎の上に地域諸国家の友好と平和的協力をさらにいっそう発展させることの重要性を痛感し、

　非核兵器地帯の設立が、そのような地域的な協調的安全保障を築くために優先されるべき第一歩であると固く信じ、

　その設立が、1997年に発効した「化学兵器の発展、生産、貯蔵及び使用の禁止並びに廃棄に関する条約」、また1972年に発効した「細菌兵器及び毒素兵器の発展、生産及び貯蔵の禁止並びに廃棄に関する条約」を初めとする、すでに存在する国際的軍縮・軍備管理条約への普遍的な加盟と遵守を、この地域において促進するであろうことを希求し、

　その設立が、1970年発効の「核兵器の不拡散に関する条約」第6条に規定され、1996年7月8日に出された国際司法裁判所の「核兵器の使用と威嚇に関する合法性」に関する勧告的意見によって再確認された核軍縮に関する義務の履行の促進に貢献するであろうことを信じ、

　さらに、その設立は、その他多くの国際条約や国際機関の決議に具現されてきた、一日も早い核兵器の全面的禁止と完全廃棄を求める世界の人民の熱望を実現するための一つの追加的な貢献となることを確信し、

　次のとおり協定した。

## 第1条　用語の定義
　この条約及びその議定書の適用上、

---

### メモ

1. 第1条(b)　他の非核兵器地帯条約には領海の他に「群島水域」が領域として含まれているが、北東アジア非核兵器地帯には、「群島水域」は存在しないので削除した。

2. 第1条(c)　国名を列記するときには、必然的な理由のない場合は人口の大きい順に書いた。

3. 第1条(c)(d)(e)　この条約の一つの特徴は、(e)の締約国が、「地帯内国家」と「近隣核兵器国」に大別されていることである。このモデル条約草案では、地帯内国家を南北朝鮮と日本の3か国としたが、モンゴルを加えて4か国にする案も検討に十分に値する。モンゴルを加えることによって発生する利害得失を、情報に基づいて冷静に考察することが重要である。

4. 第1条(f)　「核爆発装置」の定義は、基本的にはラロトンガ条約によった。

5. 第1条(g)(h)　「放射性物質」及び「放射性廃棄物」の定義は、バンコク条約によった。

6. 第1条(i)(j)　「核物質」及び「核施設」の定義は、ペリンダバ条約によった。

7. 第2条3項　「海洋の自由」の部分は、ペリンダバ条約によった。

8. 第3条1項(a)　ここに列記されている義務項目は、「南北共同宣言」に、研究と発展を加えたものである。

9. 第3条1項(c)　これは、他の非核兵器地帯条約にはない条項である。2000年NPT再検討会議の最終文書において、加盟国が「安全保障政策における核兵器の役割を縮小する」ことに合意したことを受けて導入した。この条項は、いわゆる「核の傘」依存の放棄を意味する。核兵器保有国の核抑止力に依存することを禁止することによって、地域の緊張緩和をいっそう促進することができる。

(a)「北東アジア非核兵器地帯」とは、日本、大韓民国及び朝鮮民主主義人民共和国の領域で形成される地域を意味する。

(b)「領域」とは、領土、内水、領海、これらの海底及び地下、並びにこれらの上空を意味する。

(c)「地帯内国家」とは、日本、大韓民国及び朝鮮民主主義人民共和国を意味する。

(d)「近隣核兵器国」とは、NPT条約上の核兵器国のうち中華人民共和国、アメリカ合衆国及びロシア連邦を意味する。

(e)「締約国」とは、「地帯内国家」と「近隣核兵器国」とを合わせた六か国のうち、本条約の規定にしたがって批准書を寄託した国家を意味する。

(f)「核爆発装置」とは、その使用目的を問わず、核エネルギーを放出することのできる、あらゆる核兵器またはその他の爆発装置を意味する。その中には、組み立てられていない形及び部分的に組み立てられた形における核兵器または爆発装置は含まれるが、それらの輸送または運搬手段がそれらと分離可能であり、かつそれらの不可分の一部をなしていない場合は、含まれない。

(g)「放射性物質」とは、国際原子力機関(IAEA)の勧告するクリアランス・レベルまたはイグゼンプション・レベルを超える放射性核種を含む物質を意味する。

(h)「放射性廃棄物」とは、IAEAの勧告するクリアランス・レベルを超える濃度または放射能をもった放射性核種を含む物質、あるいはそれで汚染された物質であり、いかなる利用価値も予想されない物質を意味する。

(i)「核物質」とは、IAEA憲章第20条において定義され、IAEAによって折に触れて修正された、あらゆる原料物質、あるいは特殊核分裂性物質を意味する。

(j)「核施設」とは、発電用原子炉、研究用原子炉、臨界施設、再処理施設、核燃料加工施設、使用済み燃料貯蔵施設、核燃料廃棄物貯蔵施設、その他すべての相当量の核物質、照射された核物質、放射性物質、または放射性廃棄物が存在する施設を意味する。

## 第2条　条約の適用

1. 別段の規定がない限り、この条約及び議定書は「北東アジア非核兵器地帯」に適用される。

2. 領土に関する争いがある場合、この条約のいかなる規定も、領有権の解釈に関する現状を変更するものではない。

3. この条約のいかなる規定も、海洋の自由に関する国際法上の国家の権利または権利の行使を害するものではなく、どのような形においても影響を与えるものではない。

4. 地帯内国家の領域内にある近隣核兵器国の管理下にある軍事施設もまた「北東アジア非核兵器地帯」の一部として条約の適用を受ける。

## 第3条　核爆発装置に関する基本的義務

1. 地帯内国家の義務

地帯内国家は、次のことを約束する。

(a)北東アジア非核兵器地帯の内であるか外であるかを問わず、核爆発装置の研究、発展、実験、製作、生産、受領、保有、貯蔵、配備、使用を行わない。

(b)他の国家、あるいは国家以外の集団や個人が、地帯内国家の領域内において、本条1項(a)記載の行為を行うことを禁止する。

(c) 自国の安全保障政策のすべての側面において、核兵器、またはその他の核爆発装置に依存することを完全に排除する。

(d) 1945年の原子爆弾投下が都市や市民に与えた被害の実相を、現在及び将来の世代に伝達することを含め、核軍縮の緊急性に関する教育の世界的普及に努力する。

2. 近隣核兵器国の義務

近隣核兵器国は、次のことを約束する。

(a) 核爆発装置によるか通常兵器によるかを問わず、北東アジア非核兵器地帯に対して武力攻撃を加えない。また、武力攻撃の威嚇を行わない。

(b) 地帯内国家に対する本条1項の諸義務を尊重し、その履行の妨げとなるいかなる行為にも寄与しない。

(c) 北東アジア非核兵器地帯において、核爆発装置を搭載する船舶または航空機を寄港、着陸、領空通過、または無害通行権または通過通行権に含まれない方法によって地帯内国家の領海を一時通過させない。

(d) 核不拡散条約（NPT）第6条を含む国際合意にしたがい、核兵器完全廃棄への交渉を誠実に追求し、かつ合意を達成する。

---

**メモ**

10. 第3条2項（a）　この条項は、他の非核兵器地帯条約においては付属議定書に含まれている消極的安全保証の規定であるが、三つの核兵器国がこの地域に有する安全保障上の関与の深さを考慮し、条約本体に包含させることとした。また、6か国協議の2005年9月19日共同声明を踏まえて、通常兵器にまで安全保証の範囲を拡大した。その理由となる論理を前文に追加されている。

　安全の保証を条約本体に入れることで、北朝鮮や日本の安心感が増加し、条約交渉へのインセンティブが増すというメリットが考えられる一方、米国が条約の成立についてより慎重になるというデメリットがあるであろう。

11. 第3条2項（c）　6か国協議の経過を踏まえて、寄港などの禁止を採択した。

　北東アジア非核兵器地帯に接する海域（黄海、東シナ海、日本海（東海）、太平洋）は、すべて公海を通じて不便く接近可能である。朝鮮海峡（対馬海峡西水道）では、日本、韓国とも領海3海里、対馬海峡東水道、津軽海峡、大隅海峡、宗谷海峡（ラ・ペルーズ海峡）では日本が領海3海里を採用しているため、これらすべての海峡において公海である航路が存在する。

　草案4で採用した事前協議方式も代替案として用意しておく。これは、現在、日本政府がとっている方法であり、これをすべての地帯内国家に適用することは可能であると考えられる。日米間に事前協議を義務づけない秘密合意があるとする主張があるが、日本政府は繰り返しこれを公式に否定している。

　　　第3条2項（c）　近隣核兵器国が、核爆発装置を搭載する船舶または航空機を地帯内国家に寄港、着陸、領空通過、または無害通行権または通過通行権に含まれない方法によって地帯内国家の領海を一時通過させる場合には、当該地帯内国家に事前通告し、許可を求めて協議を行う。協議の結果許可するか否かは、当該地帯内国家の主権的権利に基づく判断に委ねられる。

　さらに、この条項を第3条2項からはずし、他の非核兵器地帯条約と同じように、第3条1項（e）として、次のように規定する、より保守的な案も可能である。

　　　第3条1.（e）　地帯内国家は、その主権的権利の行使において、外国の船舶あるいは航空機による寄港、着陸、領空通過、あるいは無害通行、通過通行の権利に含まれない方法での領海の一時通過を許可するか否かを自ら決定する自由をもつ。

　なお、当然のことながら、この条項が変化すれば、議定書の第3条もそれに従って変えなければならない。

## 第4条　原子力の非軍事的利用

1. 本条約のいかなる規定も、締約国が原子力を非軍事的に利用する権利を害しない。
2. 地帯内国家は、核不拡散条約(NPT)第3条に定められた保障措置の下においてのみ、原子力の非軍事的利用を行うものとする。
3. IAEAとの間に包括的保障措置協定及び追加議定書を締結していない地帯内国家は、本条約発効後18か月以内にこれらを締結しなければならない。
4. 地帯内国家は、それぞれの国家の安定的で持続的なエネルギーの確保について、地帯内国家間の誠意を持った協力を発展させなければならない。

## 第5条　放射性物質の海洋投棄と空中放出

地帯内国家は、次のことを行わないことを約束する。

(a) 北東アジア非核兵器地帯のいかなる場所であれ、放射性物質または放射性廃棄物を、海洋に投棄すること、また空中に放出すること。

(b) 北東アジア非核兵器地帯のいかなる場所であれ、他の国家、あるいは国家以外の集団や個人が、放射性物質または放射性廃棄物を、海洋に投棄、または空中に放出することを許可すること。

## 第6条　核施設への武力攻撃の禁止

締約国は、北東アジア非核兵器地帯内に存在する核施設に対して、いかなる方法であれ、武力攻撃を目的とする行動をとらないこと、そのような行動を支援しないこと、また奨励しないことを約束する。

## 第7条　北東アジア非核兵器地帯委員会の設立

本条約の履行を確保するために北東アジア非核兵器地帯条約委員会(以下、「委員会」と言う)を設立する。

(a) 委員会はすべての締約国によって構成される。各締約国は、外務大臣又はその代理によって代表され、代表代理及び随員を伴う。

(b) 委員会の任務は、本条約の履行を監視し、その諸条項の遵守を確保することにある。また、そのことと関係して、必要な場合、本条約の前文に述べられた事項に関して協

**第4部**

---

### メモ

12. 第4条4項　この条項は、1992年の「南北共同宣言」においては、ウラン濃縮施設や再処理施設が禁止されていたにもかかわらず、日本はすでにそれを持っている現状からくる、エネルギー政策上の不平等をどう解決してゆくかという重要な問題に関係している。この問題の具体的解決策を盛り込むことは極めて膨大な作業を必要とし、おそらくこの条約の範囲を超える課題であると考えられる。モデル条約は、この問題に協力して取り組むことを定めた。

13. 第7条、第8条及び第9条　「北東アジア非核兵器地帯委員会」「執行委員会」に関しては、バンコク条約の関係条項を参考にした。

14. 第7条 (b)　「北東アジア非核兵器地帯委員会」の任務の中に、前文に記されている地域の平和と安全保障や核兵器の世界的な廃絶への関心を含めて条約の遵守について協議することを唱った。前文には、化学兵器、生物兵器への関心も記されている。

15. 第7条 (e)　「北東アジア非核兵器地帯委員会」の議長を締約国の中の地帯内国家から選ぶことによって、地帯内国家が運営の中心を担うべきものであることを示した。

議を行う。
　(c)委員会は、いずれかの締約国の要請によるか、あるいは第8条によって設立される
　　執行委員会の要請により開催される。
　(d)委員会は、すべての締約国の出席をもって成立し、コンセンサスによって合意を形
　　成する。コンセンサスが達成できない場合は、1か国を除くすべての締約国の合意に
　　よって決定することができる。
　(e)委員会は、各会合の冒頭に議長及びその他の必要な役員を選出する。議長は、締約
　　国の内、三つの地帯内国家から選出される。彼らの任期は、その次の会議で議長及び
　　その他の役員が新たに選出されるまでとする。
　(f)委員会は、本部の所在地、委員会及び下部機関の財政、並びに運営に必要なその他
　　の事項に関する規則及び手続きを決定する。

## 第8条　執行委員会の設立

1 .委員会の下部機関として執行委員会を設立する。
　(a)執行委員会はすべての締約国によって構成される。各締約国は、高官一人をもって
　　その代表とし、代表は、代表代理と随員を伴うことができる。
　(b)執行委員会は、その任務の効率的な遂行に必要とされるときに開催する。
　(c)執行委員会の議長には、構成員の内、委員会の議長を代表する者が就任する。締約
　　国から執行委員会議長に宛てられたすべての提出物または通報は、他の執行委員会
　　構成員に配布される。
　(d)執行委員会は、すべての締約国の出席をもって成立し、コンセンサスによって合意
　　を形成する。コンセンサスが成立しない場合は、1か国を除くすべての締約国の合意
　　によって決定することができる。
2. 執行委員会の任務は次の通りとする。
　(a)第9条に掲げる本条約遵守を検証する管理制度の適切な運用を確保すること。
　(b)第9条2項(b)に掲げる「説明の要請」あるいは「事実調査団に関する要請」があった
　　場合、それについて検討しかつ決定すること。
　(c)本条約の「管理制度に関する付属書」にしたがって、事実調査団を設置すること。
　(d)事実調査団の調査結果について検討しかつ決定して、委員会に報告すること。
　(e)適切かつ必要な場合に、委員会に対して委員会会合の招集を要請すること。
　(f)委員会からしかるべく授権を得た後、委員会のために、IAEAその他の国際機関と
　　の間で協定を締結すること。
　(g)委員会の委任するその他の任務を遂行すること。

## 第9条　管理制度の確立

1. 本条約に基づく締約国の義務遵守を検証するために管理制度を確立する。
2. 管理制度は、以下のものからなる。
　(a)第4条3項に規定するIAEAの保障措置制度
　(b)本条約の「管理制度に関する付属書」に規定された諸制度。それには、本条約の履行
　　に影響すると考えられる事態に関する情報の報告と情報交換、本条約の遵守に関す
　　る疑念が生じたときにおける説明の要請、本条約の遵守に関する疑念が生じた事態

を究明しかつ解決するための事実調査団に関する要請、執行委員会が違反を認定したときの改善措置、その他必要な事項が規定される。

## 第10条　署名、批准、寄託及び発効

1. 本条約は、中華人民共和国、アメリカ合衆国、ロシア連邦、日本、大韓民国及び朝鮮民主主義人民共和国による署名のために開放される。
2. 本条約は、署名国の憲法上の手続きにしたがって批准されなければならない。批准書はここに寄託国として指定される●●に寄託される。
3. 本条約は、すべての地帯内国家と少なくとも二つの近隣核兵器国が批准書を寄託した日に発効する。

## 第11条　留保の禁止

本条約には留保を付してはならない。

## 第12条　条約の改正

1. すべての締約国は、「管理制度に関する付属書」を含む本条約及びその議定書の改正を提案することができる。改正案は、執行委員会に提出され、執行委員会は改正案を討議するための委員会の会合を招集するよう速やかに委員会に要請するものとする。改正のための委員会はすべての締約国の出席をもって成立し、改正案の採択は、コンセンサスの決定によって行われる。
2. 採択された改正は、寄託国が締約国の5か国以上の受託書を受領した日から30日で発効する。

## 第13条　再検討会議

本条約の発効後10年に、本条約の運用を検討するため委員会の会合を開催する。委員会を構成する締約国すべてのコンセンサスがあれば、その後同一の目的を持った再検討会議を随時開催することができる。

## 第14条　紛争の解決

---

**メモ**

16. 第8条2項（c）及び第9条2項（b）「管理制度に関する付属書」の案は、未完である。

17. 第9条2項（b）　第7条（b）において、前文に書かれた内容も委員会の協議の対象となったことに関連して、この条項における「情報の報告と情報交換」には、前文の内容に関わる事項も含まれる。

18. 第10条3項　発効の要件として、3つの地帯内国家の参加を掲げた。本条約のもっとも重要な義務を負う国だからである。米国だけが批准しないまま条約が発効する場面が想定されるが、そのときでも、すでに米国も署名している状況における規範的効果が期待できることと、国際圧力をかけて米国に批准を促すのにも、条約が発効した状況が有利であると考えられる。

19. 第11条、12条、13条、第14条及び第15条　「留保の禁止」「条約の改正」「再検討会議」「紛争解決」「有効期間」に関しては、バンコク条約を参考にした。脱退規定については今後の課題として、今回の草案には含めなかった。

20. 議定書　議定書に関しては、バンコク条約を参考にし、それを簡略化した。

本条約の規定に起因するいかなる紛争も、紛争当事国である締約国の合意する平和的手段によって解決するものとする。紛争当事国が交渉、仲介、審査、調停などの平和的手段によって1か月以内に解決に達することができない場合には、いずれの紛争当事国も、他の紛争当事国の事前の同意を得て、当該紛争を仲裁裁判または国際司法裁判所に付託するものとする。

## 第15条　有効期間

本条約は無期限に効力を有する。

---

# 北東アジア非核兵器地帯条約に対するモデル議定書（案）（草案5）

本議定書締約国は、
核兵器の全面的禁止と完全廃棄の達成に向けた努力に貢献し、それによって北東アジアを含む国際の平和と安全を確保することを希望し、●年●月●日に○○において署名された北東アジア非核兵器地帯条約に留意して、
次のとおり協定した。

## 第1条　北東アジア非核兵器地帯条約の尊重

議定書締約国は、北東アジア非核兵器地帯条約（以下「条約」という）を尊重し、条約締約国による条約への違反または議定書締約国による本議定書への違反となるいかなる行為にも寄与しないことを約束する。

## 第2条　安全の保証

議定書締約国は、核爆発装置によるか通常兵器によるかを問わず、北東アジア非核兵器地帯に対して武力攻撃を加えない。また、武力攻撃の威嚇を行わないことを約束する。

## 第3条　寄港と通過

議定書締約国は、北東アジア非核兵器地帯において、核爆発装置を搭載する船舶または航空機を寄港、着陸、領空通過、または無害通行権または通過通行権に含まれない方法によって地帯内国家の領海を一時通過させない。

## 第4条　署名、批准、発効

1. 本議定書は、フランス共和国とグレートブリテン・北アイルランド連合王国による署名のために開放される。
2. 本議定書は批准されなければならない。批准書は条約寄託国に寄託される。
3. 本議定書は、各議定書締約国が批准書を寄託した日に発効する。

出典：『核兵器・核実験モニター』第381号（2008年12月15日）。
http://www.peacedepot.org/wp-content/uploads/2017/06/nmt318.pdf
アクセス日：2019年12月1日

| 年 | 月日 | 事項 |
|---|---|---|
| 1945年 | 7月16日 | 米国が世界最初の核実験(アラモゴールド) |
| | 8月6日 | 広島に原爆投下 |
| | 8月9日 | 長崎に原爆投下 |
| 1949年 | 8月29日 | ソ連が最初の核実験 |
| 1951年 | 5月8日 | 米国が最初のブースト型爆弾 |
| 1952年 | 10月3日 | 英国が最初の核実験 |
| | 10月31日 | 米国が最初の水爆実験 |
| 1953年 | 8月12日 | ソ連が最初のブースト型実験 |
| | 12月8日 | アイゼンハワー米大統領の国連演説「アトムズ・フォア・ピース」 |
| 1954年 | 1月21日 | 世界最初の原子力潜水艦ノーチラス号進水 |
| | 3月1日 | 米国のビキニ環礁水爆実験。第五福竜丸被爆 |
| 1955年 | 7月9日 | ラッセル・アインシュタイン宣言 |
| | 11月22日 | ソ連が最初の水爆実験 |
| 1957年 | 7月29日 | IAEA(国際原子力機関)憲章発効 |
| | 10月4日 | ソ連、世界初の人工衛星(スプートニク1号)打ち上げ |
| 1959年 | 6月9日 | 米、最初のポラリス弾道ミサイル原潜進水 |
| | 12月1日 | 南極条約署名 |
| 1960年 | 2月13日 | フランスが最初の核実験 |
| 1961年 | 6月23日 | 南極条約発効 |
| 1962年 | 10月 | キューバ危機 |
| 1963年 | 8月5日 | 部分的核実験禁止条約署名 |
| | 10月10日 | 部分的核実験禁止条約発効 |
| 1964年 | 10月16日 | 中国が最初の核実験 |
| 1967年 | 1月27日 | 宇宙条約署名 |
| | 2月14日 | ラテン・アメリカおよびカリブ地域における核兵器禁止条約署名 |
| 1968年 | 7月1日 | 核不拡散条約(NPT)署名 |
| 1969年 | 4月25日 | ラテン・アメリカおよびカリブ地域における核兵器禁止条約発効 |
| 1970年 | 3月5日 | 核不拡散条約(NPT)発効 |
| 1971年 | 2月11日 | 海底核兵器禁止条約署名 |
| 1972年 | 4月10日 | 生物兵器禁止条約(BWC)署名 |
| | 5月26日 | 米ソ、戦略核兵器制限交渉(SALT)I諸条約署名 |
| | 5月26日 | 米ソ、対弾道弾ミサイルシステム制限条約(ABM条約)署名 |
| 1974年 | 5月18日 | インドが最初の核実験 |
| | 7月3日 | 米ソ、ABM条約議定書に署名 |
| | | 米ソ、地下核実験制限条約署名 |
| 1976年 | 5月28日 | 米ソ、平和目的核爆発条約署名 |
| 1977年 | 9月21日 | 核供給国グループ(NSG)設立 |
| | 10月3日 | SALT I 失効 |
| 1978年 | 5月23日 | |
| | 6月30日 | 第1回国連軍縮特別総会 |
| 1979年 | 3月28日 | 米、スリーマイル島の原子力発電所事故 |
| | 6月18日 | 米ソ、SALT II 条約署名 |
| | 12月5日 | 月協定署名 |
| 1980年 | 3月3日 | 核物質の防護に関する条約署名 |
| 1982年 | 6月7日 | 第2回国連軍縮特別総会 |
| | 7月10日 | |
| 1983年 | 3月23日 | レーガン米大統領、戦略防衛構想(SDI)発表 |
| 1985年 | 8月6日 | 南太平洋非核地帯条約署名 |
| 1986年 | 4月26日 | チェルノブイリ原発事故 |
| | 10月11日 | 米ソ、レイキャビク首脳会議 |
| | 12日 | |
| | 12月11日 | 南太平洋非核兵器地帯条約発効 |
| 1987年 | 4月 | ミサイル技術管理レジーム(MTCR)発足 |
| | 12月8日 | 米ソ、中距離核戦力(INF)全廃条約署名 |
| 1990年 | 7月31日 | 米ソ、第1次戦略兵器削減条約(START I)署名 |
| | 10月24日 | ソ連、最後の地下核実験実施 |
| 1991年 | 11月26日 | 英、最後の地下核実験実施 |
| 1992年 | 1月20日 | 朝鮮半島非核化共同宣言署名 |
| | 5月23日 | リスボン議定書署名 |
| | 9月23日 | 米、最後の地下核実験実施 |
| 1993年 | 1月3日 | 米ロ、START II 条約署名 |
| | 1月13日 | 化学兵器禁止条約(CWC)署名 |
| | 3月24日 | 南アフリカ政府、保有核器の廃棄を公表 |
| 1994年 | 7月25日 | 第1回ASEAN地域フォーラム(ARF)開催 |
| | 10月21日 | 米朝枠組み合意 |
| | 12月5日 | START I 発効 |
| | | リスボン議定書発効 |
| | 12月15日 | 最初の国連総会日本決議が採択 |
| 1995年 | 4月11日 | 非核兵器国の安全保証に関する安保理決議採択 |
| | 4月17日 | NPT再検討・延長会議開催 |
| | 5月12日 | |
| | 5月11日 | NPT無期限延長を決定 |
| | 9月5日 | フランス、核実験を再開 |
| | 12月15日 | 東南アジア非核地帯条約署名 |
| 1996年 | 1月17日 | フランス、最後の地下核実験実施 |
| | 4月11日 | アフリカ非核兵器地帯条約署名 |
| | 7月8日 | 核兵器の使用に関する国際司法裁判所(ICJ)勧告的意見 |
| | 7月29日 | 中国、最後の地下核実験実施 |
| | 8月14日 | キャンベラ委員会、報告書発表 |
| | 9月24日 | 包括的核実験禁止条約(CTBT) |

第4部

署名開放

| | | |
|---|---|---|
| 1997年 | 3月21日 | 米ロ、STARTⅢの枠組みに合意 |
| | 3月27日 | 東南アジア非核兵器地帯条約発効 |
| | 5月14日 | IAEAモデル追加議定書採択 |
| | 7月2日 | 米国が初の未臨界核実験 |
| | 9月26日 | STARTⅡ条約議定書署名 |
| | | ABM関係協定署名 |
| | 12月3日 | 対人地雷禁止条約署名 |
| 1998年 | 4月6日 | 英仏、核兵器国で初めてCTBT批准 |
| | 5月11・13日 | インドが地下核実験を実施 |
| | 5月28・30日 | パキスタンが地下核実験を実施 |
| | 6月9日 | 新アジェンダ声明 |
| 1999年 | 7月25日 | 東京フォーラム報告書発表 |
| 2000年 | 4月24日<br>～5月19日 | 第6回NPT再検討会議開催 |
| | 6月13日 | 南北朝鮮首脳会談 |
| 2001年 | 9月11日 | 米同時多発テロ |
| | 10月8日 | 米英、アフガニスタン空爆開始 |
| | 12月13日 | 米、ABM条約脱退通告 |
| 2002年 | 5月24日 | モスクワ条約(SORT)署名 |
| | 6月13日 | ABM条約失効 |
| | 9月17日 | 日朝平壌宣言 |
| | 12月17日 | 米、ミサイル防衛初期配備決定を発表 |
| 2003年 | 1月10日 | 北朝鮮、NPTからの脱退を宣言 |
| | 3月20日 | 米、イラク戦争開始 |
| | 6月1日 | モスクワ条約(SORT)発効 |
| 2004年 | 10月1日 | 米、MD初期配備 |
| 2005年 | 4月26日<br>～28日 | 初の非核地帯加盟国会議開催 |
| | 5月2日<br>～27日 | 第7回NPT再検討会議開催 |
| | 9月19日 | 6か国協議、初の共同声明を発表 |
| 2006年 | 9月8日 | 中央アジア非核兵器地帯条約署名 |
| | 10月9日 | 北朝鮮が初の地下核実験 |
| 2007年 | 1月4日 | 米4高官、「核兵器のない世界」投稿 |
| | 1月11日 | 中国が衛星破壊実験を実施 |
| 2008年 | 2月20日 | 米国が自国の衛星を撃墜 |
| | 9月6日 | NSG総会、ガイドライン修正案採択 |
| | 10月10日 | 米印、核協力協定に署名 |
| | 12月3日<br>～4日 | クラスター弾に関する条約署名 |
| 2009年 | 3月21日 | 中央アジア非核兵器地帯条約発効 |
| | 4月5日 | オバマ大統領、プラハ演説 |
| | 5月25日 | 北朝鮮、2度目の地下核実験 |
| | 7月15日 | アフリカ非核兵器地帯条約発効 |
| | 12月6日 | 米印核協力協定が発効 |
| | 12月15日 | 核不拡散・核軍縮に関する国際委員会(ICNND)が最終報告発表 |
| 2010年 | 4月6日 | 米、核態勢見直し(NPR)発表 |
| | 4月8日 | 米ロ、新START条約に署名(プラハ) |
| | 4月12・13日 | 核保安サミット(ワシントン) |
| | 5月3日<br>～28日 | 第8回NPT再検討会議開催 |
| | 8月1日 | クラスター弾禁止条約発効 |
| | 11月18日 | 米国、初のZマシン新型核実験 |
| 2011年 | 2月5日 | 米ロ、新START条約発効 |
| | 3月11日 | 東日本大震災、東京電力福島第1原発事故発生 |
| 2012年 | | |
| | 3月26・27日 | 第2回核保安サミット(ソウル) |
| | 5月20・21日 | NATO首脳会議、「防衛・抑止態勢見直し」策定 |
| | 9月17日 | モンゴル非核地位に関する共同宣言にP5署名 |
| | 12月12日 | 北朝鮮、人工衛星「光明星3号」2号機の軌道投入成功 |
| 2013年 | 2月12日 | 北朝鮮、3度目の地下核実験 |
| | 3月4・5日 | 核兵器の人道上の影響に関する国際会議開催(オスロ) |
| | 7月26日 | 国連軍縮諮問委員会、北東アジア非核兵器地帯設立の検討を勧告 |
| | 10月21日 | 4回目の「核兵器の不使用」共同声明に日本が初めて賛同 |
| 2014年 | | |
| | 2月13・14日 | 第2回核兵器の人道上の影響に関する国際会議(ナヤリット) |
| | 3月24・25日 | 第3回核保安サミット(ハーグ) |
| | 12月8・9日 | 第3回核兵器の人道上の影響に関する国際会議(ウィーン) |
| 2015年 | | |
| | 4月27日<br>～5月22日 | 第9回NPT再検討会議開催 |
| 2016年 | | |
| | 1月6日 | 北朝鮮、4度目の地下核実験 |
| | 3月31日・4月1日 | 第4回核保安サミット(ワシントンDC) |
| | 9月9日 | 北朝鮮、5度目の地下核実験 |
| | 12月26日 | 国連総会、核兵器禁止条約交渉の17年開始を決議 |
| 2017年 | | |
| | 7月7日 | 核兵器禁止条約採択 |
| | 9月3日 | 北朝鮮、6度目の地下核実験 |
| 2018年 | | |
| | 2月2日 | 米国「核態勢の見直し」(NPR)発表 |
| | 4月27日 | 朝鮮半島の平和と繁栄、統一のための南北板門店宣言 |
| | 6月12日 | シンガポールで初の米朝首脳会談開催、共同声明 |
| | 9月19日 | 9月平壌共同宣言、板門店宣言履行のための軍事分野合意書 |

# 4-2 新資料

## A. 朝鮮半島情勢

---

### 資料2A-1　朝鮮半島の平和と繁栄、統一のための板門店宣言

2018年4月27日
板門店

　朝鮮民主主義人民共和国（以下、北朝鮮）の金正恩国務委員長と大韓民国の文在寅大統領は、平和と繁栄、統一を願う全同胞の一様な志向を込め、朝鮮半島で歴史的な転換が起きている意義深い時期である2018年4月27日に、板門店の「平和の家」で南北首脳会談を行った。

　南北首脳は、朝鮮半島にこれ以上戦争はなく、新たな平和の時代が開かれたことを8千万のわが同胞と全世界に厳粛に宣明した。

　南北首脳は、冷戦の産物である長年の分断と対決を一日も早く終わらせ、民族的和解と平和繁栄の新たな時代を果敢に切り開き、南北関係をより積極的に改善し発展させなければならないという確固たる意志を込め、歴史の地、板門店で次のように宣言した。

**1. 南と北は、南北関係の全面的で画期的な改善と発展を実現することで、断たれた民族の血脈をつなぎ、共同の繁栄と自主統一の未来を早めていくであろう。**

　南北関係を改善し発展させることは、全同胞の一様な願いであり、これ以上先送りできない時代の差し迫った要求である。

(1) 南と北は、わが民族の運命はわれわれ自ら決定するという民族自主の原則を確認し、既に採択された南北宣言や全ての合意などを徹底的に履行することで、関係改善と発展の転換的局面を切り開いていくことにした。

(2) 南と北は、高位級会談をはじめとする各分野の対話と協議を早期に開催し、首脳会談で合意した内容を実践するため、積極的な対策を立てていくことにした。

(3) 南と北は、当局間協議を緊密に行い、民間交流と協力を十分に保障するため、双方の当局者が常駐する南北共同連絡事務所を開城地域に設置することにした。

(4) 南と北は、民族の和解と団結の雰囲気を高めていくため、各界各層の多方面の協力と交流、往来や接触を活性化することにした。

　対内的には、6・15をはじめ、南と北に共に意義がある日を契機に、当局と議会、政党、地

方自治体、民間団体など、各界各層が参加する民族共同行事を積極的に推進し、和解と協力の雰囲気を高める。対外的には2018年アジア競技大会をはじめとする国際大会に合同で出場し、民族の知恵と才能、団結した姿を全世界に誇示することにした。

(5) 南と北は、民族分断により生じた人道問題を早急に解決するために努力し、南北赤十字会談を開催して離散家族・親戚再会をはじめとする諸問題を協議、解決していくことにした。

差し当たって、来る8・15を契機に離散家族・親戚の再会を行うことにした。

(6) 南と北は民族経済の均衡的な発展と、共同繁栄を成し遂げるため、10.4宣言で合意した事業を積極的に推進していき、一次的に朝鮮東海・西海線鉄道と道路などを連結し、現代化し、活用するための実践的な対策を講じていくことにした。

**2. 南と北は、朝鮮半島で先鋭化した軍事的緊張状態を緩和し、戦争の危険を実質的に解消するため共同で努力していくであろう。**

朝鮮半島の軍事的緊張状態を緩和し戦争の危険を解消することは、民族の運命と関連する非常に重大な問題であり、わが同胞の平和で安定した生命を保障するための鍵となる問題である。

①南と北は、陸上と海上、空中をはじめとする全ての空間で、軍事的緊張と衝突の根源となる相手に対する一切の敵対行為を全面的に中止することにした。

差し当たって、5月1日から軍事境界線一帯で拡声器放送やビラ散布をはじめとするすべての敵対行為を中止し、その手段を撤廃し、今後非武装地帯を実質的な平和地帯としていくことにした。

②南と北は、西海の「北方限界線」一帯を平和水域とし、偶発的な軍事衝突を防止し、安全な漁業活動を保障するための実質的な対策を立てていくことにした。

③南と北は、相互協力と交流、往来と接触が活性化することに伴うさまざまな軍事的保障対策を講じることにした。

南と北は、双方間に提起される軍事的問題を遅滞なく協議、解決するため、人民武力相（国防相）会談をはじめとする軍事当局者会談を頻繁に開催し、5月中にまず将官級軍事会談を開くことにした。

**3. 南と北は、朝鮮半島の恒久的で強固な平和体制の構築のため、積極的に協力していくであろう。**

朝鮮半島で非正常な現在の停戦状態を終わらせ、確固たる平和体制を樹立することは、これ以上先送りできない歴史的課題である。

(1) 南と北は、いかなる形態の武力も互いに使用しないという不可侵合意を再確認し、厳格に順守していくことにした。

(2) 南と北は、軍事的緊張が解消され、互いの軍事的信頼が実質的に構築されるのに伴い、段階的に軍縮を実現していくことにした。

(3) 南と北は、停戦協定締結65周年となる今年、終戦を宣言し、停戦協定を平和協定に転換し、恒久的で強固な平和体制を構築するため、南北米3者、または南北中米4者会談の開催を積極的に推進していくことにした。

(4) 南と北は、完全な非核化を通して核のない朝鮮半島を実現するという共同の目標を確認した。

　南と北は、北側が講じている主動的な措置が朝鮮半島非核化のために非常に意義があり重大な措置だという認識を共にし、今後それぞれ自らの責任と役割を果たすことにした。

　南と北は、朝鮮半島非核化に向けた国際社会の支持と協力を得るため、積極的に努力することにした。

　南北首脳は、定期的な会談と直通電話を通じ、民族の重大事を随時、真しに議論し、信頼を強固にし、南北関係の持続的な発展と朝鮮半島の平和と繁栄、統一に向けた良い流れをさらに拡大していくために共に努力することにした。

　差し当たって、文在寅大統領は今秋、平壌を訪問することにした。

2018年4月27日　板門店
朝鮮民主主義人民共和国　国務委員会　委員長　金正恩
大韓民国　大統領　文在寅

第4部

出典：朝鮮新報【朝鮮半島の平和と繁栄、統一のための板門店宣言】2018年4月28日記事
http://chosonsinbo.com/jp/2018/04/yr20180428-1/
アクセス日：2019年12月1日

2018年6月12日
セントサ島、シンガポール

**シンガポールにおける米合衆国・ドナルド・J・トランプ大統領と北朝鮮・金正恩国務委員長による共同声明**

　米合衆国・トランプ大統領と北朝鮮金正恩国務委員長は、2018年6月12日、史上初の、歴史的な首脳会談をシンガポールにおいて開催した。

　トランプ大統領と金委員長は、新たな米朝関係の確立と朝鮮半島における恒久的かつ強固な平和体制の構築に向けた課題について包括的で、詳細、かつ誠実な意見交換を行った。トランプ大統領は北朝鮮に対する体制の保証を与えることを約束し、金委員長は、朝鮮半島の完全な非核化への確固とした揺るぎのない決意を再確認した。

　新たな米朝関係の確立は、朝鮮半島と世界の平和と繁栄に資することを確信するとともに、相互の信頼醸成によって朝鮮半島の非核化を促進できることを認識した上で、トランプ大統領と金委員長は以下を表明する。

1.両国は、平和と繁栄を望む両国民の意思に従い、新たな米朝関係を確立すると約束する。

2.両国は、朝鮮半島における持続的で安定した平和体制構築のために共に努力する。

3.北朝鮮は、2018年4月27日の板門店宣言を再確認し、朝鮮半島の完全な非核化に向けて努力を約束する。

4.両国は、戦時捕虜・行方不明兵(POW／MIA)の遺骨の回収に取り組む。身元確認済み遺骨の即時返還を行う。

　新たな未来を切り開くために開催された史上初の米朝会談は両国間の数十年に渡る緊張と敵対関係を克服し、大きな歴史的転換点であると認識し、トランプ大統領と金委員長は、この共同声明に明記したことを完全、かつ迅速に実行することを約束する。米朝首脳会談の成果を履行するため、米国と北朝鮮は、マイク・ポンペオ米国務長官と、それに相応する北朝鮮高官との間で可能な限り早期に更なる交渉を行う。

　トランプ大統領と金正恩委員長は、新たな米朝関係の発展、及び朝鮮半島と世界の平和と繁栄、そして安全の促進に向けて協力することを約束する。

ドナルド・J・トランプ
米合衆国大統領

金正恩
DPRK国務委員会委員長

2018年6月12日
セントサ島、シンガポール

出典：ホワイトハウスHP
https://www.whitehouse.gov/briefings-statements/joint-statement-president-donald-j-trump-united-states-america-chairman-kim-jong-un-democratic-peoples-republic-korea-singapore-summit/
アクセス日：2019年12月1日

## 資料2A-3　南北9月平壌宣言

### 9月平壌共同宣言

2018年9月19日
平壌

　朝鮮民主主義人民共和国の金正恩国務委員長と大韓民国の文在寅大統領は、2018年9月18日から20日まで平壌で南北首脳会談を行った。

　両首脳は、歴史的な板門店宣言後、南北当局間の緊密な対話と協議、多方面な民間交流と協力が行われ、軍事的緊張緩和のための画期的な措置が取られるなど、立派な成果が収められたと評価した。

　両首脳は、民族自主と民族自決の原則を再確認し、南北関係を民族の和解と協力、確固たる平和と共同繁栄のために一貫して持続的に発展させていくことにし、現在の南北関係の発展を統一につなげていくことを願う全ての同胞の志向と念願を政策的に実現するために努力していくことにした。

　両首脳は、板門店宣言を徹底的に履行し、南北関係を新たな高い段階に前進させていくための諸般の問題と実践的な対策を虚心坦懐に深く議論し、今回の平壌首脳会談が重要な歴史的な転機になるものとの認識を同じくし、次のように宣言した。

**1. 南と北は、非武装地帯をはじめ対峙地域での軍事的な敵対関係の終息を朝鮮半島の全地域での実質的な戦争の危険除去と根本的な敵対関係の解消につなげていくことにした。**

①南と北は今回の平壌首脳会談を契機に締結した「板門店宣言軍事分野履行合意書」を平壌共同宣言の付属合意書として採択し、これを徹底的に遵守して誠実に履行するとともに、朝鮮半島を恒久的な平和地帯にするための実践的な措置を積極的に講じていくことにした。

②南と北は南北軍事共同委員会を速やかに稼動させて軍事分野合意書の履行の実態を点検し、偶発的な武力衝突防止のための恒常的な連携と協議を行うことにした。

**2. 南と北は、互恵と共利・共栄の原則に基づいて交流と協力をさらに増大させ、民族経済を均衡的に発展させるための実質的な対策を講じていくことにした。**

①南と北は、今年中に東・西海線鉄道および道路連結と現代化のための着工式を行うことにした。

②南と北は、条件が整い次第、開城工業地区と金剛山観光事業をまず正常化し、西海経済共同特区および東海観光共同特区を造成する問題を協議していくことにした。

③南と北は、自然生態系の保護および復元のための南北環境協力を積極的に推し進めることにし、優先的に現在進行中の山林分野協力の実践的成果のために努力することにした。

④南と北は、伝染性疾病の流入および流行防止のための緊急措置をはじめ、防疫および保健医療分野の協力を強化することにした。

**3. 南と北は離散家族・親せき問題を根本的に解決するための人道的な協力をいっそう強化していくことにした。**

①南と北は、金剛山地域の離散家族・親せき常設面会所を早期に開所することにし、このために面会所の施設を速やかに復旧することにした。

②南と北は、赤十字会談を通じて離散家族・親せきのテレビ面会とビデオレターを交換する問題を優先的に協議、解決していくことにした。

**4. 南と北は和解と団結の雰囲気を盛り上げ、わが民族の気概を内外に誇示するために多様な分野の協力と交流を積極的に推進していくことにした。**

①南と北は、文化および芸術分野の交流をさらに増進させていくことにし、まず初めに10月中に平壌芸術団のソウル公演を行うことにした。

②南と北は、2020年夏季オリンピックをはじめとする国際大会に共同で積極的に進出し、32年夏季オリンピックの南北共同開催の誘致に協力することにした。

③南と北は、10.4宣言発表11周年を意義深く記念する行事を有意義に開催し、3.1人民蜂起100周年を南北が共同で記念することにし、そのための実務的な方案を協議していくことにした。

**5. 南と北は朝鮮半島を核兵器と核の脅威のない平和の地にしていくべきであり、このために必要な実質的な進展を速やかに遂げなければならないという認識を共にした。**

①北側は、東倉里エンジン試験場とロケット発射台を関係国専門家たちの立ち会いの下に、永久的に廃棄することにした。

②北側は、米国が6.12朝米共同声明の精神に従って相応の措置を取れば、寧辺核施設の永久的な廃棄のような追加措置を引き続き講じていく用意があることを表明した。

③南と北は、朝鮮半島の完全な非核化を推進していく過程で共に緊密に協力していくことにした。

**6. 金正恩国務委員長は文在寅大統領の招請により、近い時期にソウルを訪問することにした。**

朝鮮民主主義人民共和国　国務委員会　委員長　金正恩

大韓民国　大統領　文在寅

2018年9月19日

第4部

*「朝鮮新報」(2018年9月20日)の日本語訳をもとにピースデポが作成
出典：朝鮮新報　2018年9月20日記事
http://chosonsinbo.com/jp/2018/09/yr20180920-2/
アクセス日：2019年12月1日

---

### 資料2A-4　南北軍事分野合意書（抜粋）

**歴史的な板門店宣言履行のための軍事分野合意書**

2018年9月19日

南と北は、朝鮮半島における軍事的緊張状態を緩和し信頼を構築することが恒久的で強固な平和を保障する上で必須という共通認識のもとに、「朝鮮半島の平和と繁栄、統一のための板門店宣言」を軍事的に徹底して履行するために、次の通り包括的に合意した。

1. 南と北は、地上と海上、空中をはじめとする全ての空間において、軍事的緊張と衝突の根源となる相手方に対する一切の敵対行為を全面的に中止することとした。

① 双方は、地上と海上、空中をはじめとする全ての空間において、武力衝突を防止するために様々な対策を講じることとした。

双方は軍事的衝突を引き起こすこととなる全ての問題を平和的な方法で協議・解決し、いかなる場合にも武力を使わないこととした。

　双方はいかなる手段や方法をしても、相手方の管轄区域に侵入または攻撃、占領する行為を行わないこととした。

　双方は相手方を狙った大規模な軍事訓練ならびに武力増強問題、多様な形態の封鎖、遮断や航海の妨害、相手方に対する偵察行為の中止などについて、「南北軍事共同委員会」を稼働させ、協議することとした。

　双方は軍事的緊張の解消及び信頼構築により、段階的軍縮を実現することに合意した板門店宣言を具現するために、これと関連した多様な実行対策を継続して協議することとした。

② 双方は、2018年11月1日から軍事分界線一帯において、相手方を狙った各種の軍事演習を中止することとした。

地上では、軍事分界線から5km内で、砲兵射撃訓練や連隊級以上の野外機動訓練を全面的に中止することとした。

海上では、西海南側のトクチョク島[徳積島]以北から北側のチョ島[椒島]以南までの水域、東海南側のソクチョ［束草]以北から北側のトンチョン[通川]以南までの水域において、砲撃ならびに海上機動訓練を中止し、海岸砲と艦砲の砲口と砲身へのカバー設置や砲門の閉鎖措置を行うこととした。

空中では、軍事分界線の東、西部地域の上空に設定された飛行禁止区域内で、固定翼航空機の空対地誘導武器射撃など、実弾射撃を伴う戦術訓練を禁止することとした。

③ 双方は、2018年11月1日から軍事分界線上空において、全ての機種の飛行禁止区域を次の通り設定することとした。

固定翼航空機は軍事分界線から
東部地域(軍事分界線標識物第0646号から第1292号までの区間)は40km、
西部地域(軍事分界線標識物第0001号から第0646号までの区間)は20kmを適用
し、飛行禁止区域を設定する。

回転翼航空機は軍事分界線から10kmに、無人機は東部地域で15km、西部地域で10kmに、気球は25kmとする。

但し、山火事の鎮火、地上・海上での遭難救助、患者の搬送、気象観測、営農支援などにより飛行機の運用が必要な場合には、相手側に事前通報を行い飛行できることとする。民

間旅客機(貨物機を含む)については、上記の飛行禁止区域を適用しない。

④ 双方は、地上と海上、空中を含む全ての空間で、いかなる場合にも偶発的な武力衝突の状況が発生しないよう対策を講じることとした。

このため地上と海上においては警告放送 → 2次警告放送 → 警告射撃→2次警告射撃 → 軍事的措置の5段階に、空中においては警告交信ならびに信号→遮断飛行→警告射撃→軍事的措置の4段階の手順を適用することとした。

双方は修正された手順について、2018年11月1日から施行することとした。

⑤ 双方は、地上と海上、空中をはじめとする全ての空間において、いかなる場合でも偶発的衝突が発生しないよう常時連絡体系を稼働させ、非正常な状況が発生した場合には即時に通報するなど、全ての軍事的問題を平和的に話し合って解決することとした。

2. 南と北は、非武装地帯を平和地帯につくるための実質的な軍事的対策を講じることとした。

① 双方は、非武装地帯内で監視所(GP)を全部撤収するための試験的措置として、相互1km以内の近接する南北監視所を完全に撤収することとした。　【添付1】

② 双方は、板門店共同警備区域を非武装化することとした。【添付2】

③ 双方は、非武装地帯内において試験的に南北共同で遺骨発掘を行うこととした。
【添付3】

④ 双方は、非武装地帯内の歴史遺跡についての共同調査及び発掘と関連した軍事的保障対策を継続協議することとした。

3. 南と北は、西海の北方限界線一帯を平和水域につくり、偶発的な軍事的衝突を防止し、安全な漁労活動を保障するための軍事的対策を講じることとした。

① 双方は、2004年6月4日の第2回南北将官級軍事会談で署名した「西海海上での偶発的衝突防止」関連合意を再確認し、全面的に復元・履行することとした。

② 双方は、西海海上において平和水域と試験的共同漁労区域を設定することとした。
【 添付4】

③ 双方は、平和水域と試験的漁労水域に立ち入る人員や船舶に対する安全を徹底して保障することとした。

④ 双方は、平和水域と試験的共同漁労区域内で不法漁労の遮断や南北漁民の安全な漁労

活動を保障するために、南北共同の巡視方策を整備、施行することとした。

4. 南と北は、交流協力ならびに接触、往来活性化に必要な軍事的保障対策を講じることとした。

① 双方は南北管理区域における通行、通信、通関(3通)を軍事的に保障するための対策を備えることとした。

② 双方は東、西海線の鉄道、道路連結と現代化のための軍事的保障対策を講じることとした。

③ 双方は北側船舶のヘジュ［海州］直航路利用とジェジュ［済州］海峡の通過問題などを南北軍事共同委員会で協議し、対策を講じることとした。

④ 双方は、漢江(臨津河)河口の共同利用のための軍事的保障対策を講じることとした。
【添付5】

5. 南と北は、相互軍事的信頼構築のための多様な措置を講じて行くこととした。

① 双方は、南北軍事当局者間における直通電話の設置や運営問題について継続して協議することとした。

② 双方は、南北軍事共同委員会の構成ならびに運営と関連した問題を具体的に協議・解決することとした。

③ 双方は、南北軍事当局間で採択した全ての合意を徹底して履行し、その履行状態を定期的に点検、評価することとした。

6. この合意書は双方が署名し、それぞれ発効に必要な手続きを経てその文本を交換した日から効力が発生する。

① 合意書は双方の合意により修正ならびに補充することが出来る。

② 合意書は2部作成され、同じ効力を有する。

2018年9月19日
　　　大韓民国　　　　　　　　朝鮮民主主義人民共和国
　　　国防部長官　　　　　　　　　人民武力相
　　ソン・ヨンム(宋永武)　　朝鮮人民軍　大将　ノ・グァンチョル(努光鉄)

(原文韓国語。訳:大畑正姫)
出典:韓国国防部『板門店宣言履行のための軍事分野合意書に関する解説資料』より

## 資料2A-5　文在寅韓国大統領の第73回国連総会一般演説（抜粋）

第４部

2018年9月26日
ニューヨーク

（略）

　金正恩委員長と私は、戦争の影を取り除いた。また、平和と繁栄の時代への先導役を務
める決意を固めた。米朝首脳会談において、両国は、敵対関係を終わらせ、永続的な平和
体制を構築し、朝鮮半島における完全な非核化の達成に向けて取り組むことに合意し
た。トランプ大統領と金委員長は行動を起こし、世界中の平和を願う人びとに希望を与
えた。

　北朝鮮は、国際社会の監視の下、豊渓里核実験場を解体した。米国と大韓民国は、大規
模な合同軍事演習を中止し、信頼を築いた。（略）

　先週、私は平壌で金委員長と3回目の会談を行い、今一度、朝鮮半島を核兵器と核の脅
威のない平和の地に変えることに合意した。金委員長は、経済発展に集中するために、で
きるだけ早く非核化を達成したいという望みを口にした。

　その上、金委員長は、非核化を促進するための第一段階として、国際社会の監視の下、
東倉里にあるミサイル・エンジン実験場及び発射台を永久に解体するという約束を表明
した。

　加えて、金委員長は、米国がセントーサ合意の精神に基づいて相応の措置を取るなら
ば、寧辺の核施設を永久に解体することを含む、非核化のための追加的措置を継続する
という固い意思を示した。（略）

　4月20日、北朝鮮は公式に核開発政策を終了し、それ以来、経済発展のために努力を傾
けている。9月9日、北朝鮮の建国70周年を祝う式典において、北朝鮮は自国の核能力を
誇示する代わりに、平和及び繁栄に向けて努力することを表明した。北朝鮮は、自ら長年
に渡る孤立から抜け出し、再び国際社会の前に立っている。（略）

　韓国と北朝鮮の両国にとって、国連は他のいかなる国際機関よりもはるかに重要であ
る。1991年9月17日の第46回国連総会において、全ての国連加盟国159カ国が満場一致で、
韓国と北朝鮮の国連同時加盟の決議を採択した。その日は、偶然にも「世界平和の日」で
あった。

　南北の代表は、それぞれの演説の中で、韓国と北朝鮮は別々の加盟国としてスタート
したが、和解、協力及び平和を通して、いつの日か最終的には一つの国になると誓った。

（略）

出典：国連HP

http://statements.unmeetings.org/GA73/KR_EN.pdf

アクセス日：2019年12月1日

## 資料2A-6　李容浩（リヨンホ）北朝鮮外相の第73回国連総会一般演説

2018年9月29日
ニューヨーク

（略）

　今年の4月、朝鮮民主主義人民共和国国務委員長の金正恩同志は、あらゆる努力を社会主義経済建設に集中するという新たな戦略的路線を打ち出した。（略）

　経済に集中するという北朝鮮政府の政策路線は、何にもまして平和的な環境を必要とする。同志金委員長は、朝鮮半島を、核兵器及び核の脅威のない平和の地に変えるという固い決意を持ち、精力的に首脳会談レベルの外交活動を行った。北南関係及び朝米関係の改善と、隣国との友好的で協力的な関係の再活性化において、重要な飛躍的進展を成し遂げ、その結果、朝鮮半島の緊張を劇的に緩和するための転機をもたらした。（略）

　朝鮮半島における平和と安全を確かなものにするための鍵は、6月にシンガポールで行われた歴史的な朝米首脳会談において採択された朝米共同声明を完全に実施することにある。朝米共同声明には、数十年間にわたる両国間の敵対関係を終わらせ、新たな朝米関係を築き、朝鮮半島に強固な平和体制を構築し、朝鮮半島の完全な非核化を実現し、両国間での人道的活動を実現するといった、朝鮮半島の様々な問題の最終的な解決に関する、原則的な諸問題が全て含まれている。（略）

　朝米首脳会談以前においてでさえ、北朝鮮政府は核実験及び大陸間弾道ミサイル発射実験を中止し、透明性のある方法で核実験場を解体し、いかなる条件下においても核兵器及び核関連技術を移転せず、信頼醸成のための努力を継続することを確約するなどの、有意義で善意に基づく措置を実施してきた。

　しかしながら、米国側からは、こうした措置に応えるような反応が全くない。

　それどころか、米国は、朝鮮半島に平和体制が存在しないことに対する我われの懸念に応える代わりに、「非核化が第一」だと主張して、強制的な方法で米国の目的を達成するために制裁による圧力のレベルを上げ、「終戦宣言」に反対さえしている。（略）

　北朝鮮政府の非核化の約束は、揺るぎなく固い。しかしながら、非核化は、米国が、我われの米国に対する十分な信頼を確実なものにした場合にのみ可能である。（略）

　米国の政治上敵対する勢力は、政治上の敵を攻撃するという目的のためだけに、常に北朝鮮のことを信用できないと主張して我われを中傷し続け、北朝鮮に対して不当で一方的な要求を突きつけるようトランプ政権に強要し、そうすることで、対話及び交渉のスムーズな進展を妨げている。

出典：国連HP

http://statements.unmeetings.org/GA73/KP_EN.pdf

アクセス日：2019年12月1日

## 資料2A-7　ピースデポの日本政府への要請書（18年4月16日）

**外務大臣　河野太郎様**

### 朝鮮半島の平和と非核化に関わる要請

　韓国に文在寅政権が登場して以来、朝鮮半島の平和・非核化問題の対話による解決が大きく動き出しました。（後略）。

　長期にわたってこの問題をフォローしてきたシンクタンクとして、私たちは、今回訪れようとしている機会は、きわめて貴重な歴史的好機であると考えます。日本政府の努力によってこの機会をぜひとも有効に活かして頂きたく、別紙のように要請する次第です。

NPO法人ピースデポ共同代表　湯浅一郎
山中悦子
特別顧問　梅林宏道

&lt;別紙&gt;
北東アジアの非核化・平和に関する要請書

2018年4月16日　NPO法人ピースデポ

　朝鮮半島の平和・非核化問題の対話による解決が大きく動き出しています。3月26日の中朝首脳会談によって、朝鮮民主主義人民共和国（DPRK、あるいは北朝鮮）の金正恩国務委員長の究極的な非核化の意思と米朝首脳会談開催の意向が確認され、4月27日の南北首脳会談、そして5月中の米朝首脳会談の行方が、大きな関心事となっています。

　私たちNPO法人ピースデポは、20年以上、北東アジアの非核化と平和の問題に取り組んできました。私たちは、相次ぐ首脳会談が行われる現在の機会は、きわめて貴重な歴史的好機であると考えます。日本政府の努力によって、この機会を北東アジアの非核化と平和のために有効に活かして頂きたく、以下の5項目を要請します。

(1) 包括的視点での取り組みを要請します。北朝鮮の核武装の歴史を考えると、問題の解決には「北朝鮮の非核化」という狭い視点からではなく、より包括的な視点とアプローチが要求されます。

(2) 交渉の失敗の歴史を事実に則して正しく総括して下さい。1990年代以来、度重なる朝鮮半島の非核化交渉は失敗してきました。過去の交渉から正しく学ぶことが不可欠です。そのためには失敗を北朝鮮のせいのみに帰するのではなく、事実に則し、双方の問題として教訓を引き出すべきです。

(3) 拙速を戒め、粘り強い交渉へのリーダーシップを要請します。積年の相互不信が続く中での非核化交渉においては一足飛びの解決は困難であり、「誓約対誓約、行動対行動」の原則による一歩一歩の積み重ねが必要です。「部分的な透明性と検証」の方法論が要求されます。

(4) 6か国首脳宣言の必要性を主張して下さい。長期にわたる交渉が予想されるなか、交渉の原則と最終目標について早期に合意することが必要です。6か国首脳宣言によってその

合意を確立するのが適切であり、そのための日本政府のイニシャチブを要請します。

(5) この機会を日本の新しいアジア外交の起点と位置付けた取り組みを要請します。現在の機会は、日本がいつかは解決しなければならない北朝鮮との戦後処理、関係正常化への好機になります。さらに北東アジア非核兵器地帯設立など、より持続的な地域の緊張緩和と平和に向かう新しいアジア外交への起点とすることが可能です。

　以下に、詳しく説明します。

(1) 包括的な視点での取り組みを要請します。

　「北朝鮮の非核化」という狭い視点をもって現在の流動する朝鮮半島、北東アジアの情勢に対処するのは、誤りであると私たちは考えます。解決には、より包括的な視点とアプローチが要求されます。

　北朝鮮の核・ミサイル開発の一貫した論理は、米国の脅威の除去と安全の保証、そして体制の維持のための自衛の措置というものです。この論理は、2006年の最初の地下核実験の予告声明の時から一貫しています。最近の例では、2017年9月の国連総会で、李容浩（リ・ヨンホ）外務大臣は、「我が国核戦力の唯一の意図と目的は、米国の核の脅威を終わらせ軍事的侵略を阻止するための戦争抑止力である。従って、我々の究極的な目的は、米国と力のバランスを確立することである」と述べています。また、「南北会談に関する韓国政府発表文」（2018年3月6日）では「3．北は、朝鮮半島の非核化に向けた意志を明らかにし、北に対する軍事的脅威が解消され、北の体制の安全が保証されるなら、核を保有する理由がないという点を明確にした」とあります。つまり、北朝鮮の主張は、一貫して「北朝鮮の非核化」だけを切り離すことはできず、朝鮮半島の平和と安全全体にかかわる他の課題が同時に解決されることを求めるものでした。韓国政府もまた、そのような広い視点からの非核化議論に合意しています。

　すでに6か国協議もそのような包括的な視点で「朝鮮半島の非核化」に取り組んだことは、日本政府もご存知の通りです。2005年9・19共同声明は、「朝鮮半島及び北東アジア地域全体の平和と安定のため」、朝鮮半島の非核化と密接に関係する諸問題を包括的に協議しました。そのために実施過程では6つの作業部会が設置されました。

　学者や研究者も、朝鮮半島の非核化には戦略的にいくつかの要素をセットにした包括的アプローチが必要であると論じています。米国のモートン・ハルペリン元大統領補佐官は、①朝鮮半島における戦争状態の終結、②常設の安全保障協議体の創設、③敵視しないという相互宣言、④北東アジア非核兵器地帯などを盛り込んだ「北東アジアにおける平和と安全保障に関する包括的協定」を提案しています（2011年）。また、長崎大学核兵器廃絶研究センター（RECNA）は、「北東アジアの非核化については、北朝鮮の非核化のみをめざすのではなく、北東アジア非核化に密接に関係した懸案の同時解決をめざす『北東アジア非核化への包括的枠組み協定』の締結をめざすべきである」として、4章よりなる包括的枠組み協定を提言しています（2015年。提言の「要約」*を添付）。

* http://www.recna.nagasaki-u.ac.jp/recna/bd/files/Summary_J.pdf

(2) 交渉の失敗の歴史を事実に則して正しく総括して下さい。

　日本政府も周知のように、1990年代以来、朝鮮半島の非核化に関する多国間の努力は失敗を経験してきました。私たちは、今後、日本政府も関与して新しい交渉が始まることを期待しますが、過去の交渉から正しく学ぶことが不可欠です。その際、過去の失敗を北朝鮮のせいのみに帰する考え方ではなくて、失敗には双方の責任があるという原則で臨

むべきです。

　失敗の背景には、相互の積年の不信があります。1994年の米朝枠組み合意の米国側の代表者であるロバート・ガルーチ大使は「姜錫柱（カン・ソクチュ）外務副大臣は、私に対し『米国を信用していない』と話し、私も、勿論、彼に『我々は北朝鮮を信用していない』と言った。では、これをどう交渉するのか」と回顧しています（2002年5月「Arms Control Today」）。この状況は今後も交渉の前提となります。いかなる合意も、このように相互に信用しない相手同士であることを前提に交渉され、薄氷の合意が作られ、合意を順守する過程で信頼を回復してゆくことが必要になります。そうであれば、過去の失敗の歴史を事実に即して振り返る必要があります。

　この観点から、私たちは2017年9月の安倍首相の国連総会演説に強い懸念を抱きました。1994年の米朝枠組み合意から1995年の朝鮮半島エネルギー開発機構（KEDO）が2002年に機能停止に至る過程や6か国協議（2003年〜2008年）が実施の第2段階から第3段階に移行する過程で行き詰まった過程に対する日本政府の見解は、客観性を欠き、一方的に北朝鮮を非難することに終始したものでした。

　KEDO過程は紆余曲折があったとはいえ、2000年10月には米朝が相互に敵対しないことを誓う共同声明を発し、オルブライト国務長官が訪朝して金正日総書記と会談し、国交正常化に向かうところまで米朝関係を好転させました。2001年、ブッシュ政権初代のパウエル国務長官もこれを引き継ぐことを表明しました。この成果をイデオロギー的な意図をもって一方的に崩壊に導いたのは米ブッシュ政権を主導したネオコン勢力でした。これは多くの歴史的検証が示しているところです。

　一方、6か国協議に関しては、この失敗を繰り返さないために、6か国は「誓約対誓約、行動対行動の原則」によって2005年9・19共同声明を一歩一歩実行してゆくことに合意しました。この方法により、寧辺の核施設が米議会調査局の評価によっても8割方無能力化するところまで進展しました。しかし、第2段階で合意した「北朝鮮のすべての核計画の完全かつ正確な申告」について、北朝鮮の申告内容の検証をめぐって行き詰まりました。検証の方法を第3段階のテーマにすることも可能であったと思われますが、双方が相互不信を克服できませんでした。この失敗は北朝鮮だけに責任を負わせることはできず、関係者全体の問題として捉えなおすことが必要だと私たちは考えます。これらの過去の経緯を冷静に分析して、将来への教訓を引き出すよう日本政府に要請いたします。

(3) 拙速を戒め、粘り強い交渉へのリーダーシップを要請します。

　すべての非核化はCVID（完全、検証可能、不可逆的）であるべきという主張に、私たちも異論はありません。根強い相互不信があるなかでこれを実現するためには努力が必要となります。拙速ではなく粘り強く知恵を絞った外交が求められます。米国で政権が変わると過去の合意が覆されるという経験があるなかで、北朝鮮は自国の安全と安心を積み重ねつつ段階を踏む非核化にしか応じないと思われます。3月26日の中朝首脳会談で、金正恩氏が「平和実現のために段階的、同時的措置を講じるならば、朝鮮半島の非核化問題は解決に至ることが可能となるだろう」と述べたとされるのは、それを示しています。

　したがって、6か国協議で採択された「誓約対誓約、行動対行動」という段階的な履行の原則は、今日でも大切な方法論となります。　私たちは、段階的な履行において発生すると予想される困難に関連して、「部分的な透明性と検証」という概念を定着させるべきであると考えます。北朝鮮に対しても他の国と同様な権利として将来的には認められるべき

行為が、現在は安保理決議などにおいて禁じられている場合の扱いが問題となります。たとえば、宇宙条約に合致する人工衛星の開発、発電用実験原子炉の開発・運転、準中距離・短距離弾道ミサイルの発射実験、などについて、長い交渉期間中に北朝鮮がこれを行った時、それが交渉全体を崩壊させないために何らかのリスク管理の概念が必要です。究極的なCVIDではなく、「部分的な透明性と検証」を積み重ねるという方法論が必要になります。日本政府がこのような考え方をリードするよう求めます。

　また、米トランプ政権の政策の不安定さが、北東アジアの非核化・平和に必要とされる粘り強い交渉に対する大きな不安要因の一つであることが否めません。この状況において、米国と太い信頼関係を有すると自負されている日本政府の主導的な役割が求められます。日本政府が、米国政府に対して、対北朝鮮交渉において「戦略的忍耐」をもって臨むようリーダーシップを発揮されるよう要請します。

(4) 6か国首脳宣言の必要性を主張して下さい。

　北東アジアをめぐる現在の国際情勢は、この地域に存続してきた歴史的な諸課題の解決を首脳レベルの大局に立つ政治交渉によって飛躍的に前進させることができる可能性を孕んでいます。このような首脳レベルの外交展開は、2017年7月、韓国の文在寅大統領がベルリンで朝鮮半島平和ビジョンを提案して以来、急速に進みました。2017年9月の国連総会における文大統領の北朝鮮への平昌オリンピックへの参加要請をうけて、2018年1月1日、金正恩委員長は年頭演説でオリンピックへの参加と南北間の軍事的緊張を訴えました。その後、オリンピック開会式への金委員長特使の出席と文大統領との会談、文大統領特使の平壌訪問と金委員長との会談を経て、4月末の南北首脳会談の開催が決定されました。引き続き、金委員長と面会した韓国大統領特使がワシントンを訪問して金委員長の米朝首脳会談開催の希望が伝えられ、3月8日、トランプ大統領の即答によって5月中の米朝首脳会談が実現する見通しとなりました。さらに、金委員長は電撃的に中国を訪問し、3月26日に中朝首脳会談を行い、朝鮮半島問題の飛躍的な解決の基盤がさらに強まりました。米朝中韓4か国の間の2国間首脳会談が順次進もうとしているこのような動きは、かつてなかったことです。これらを通じて北東アジアの非核化と平和に関する包括的な協議が進む可能性があります。

　そこで私たちは、日本政府がこの機会を捉えて6か国首脳宣言を発するイニシャチブをとることを要請します。

　6か国首脳宣言は、この地域の持続的な平和と安全保障についての最終目標（エンド・ピクチャー）と原則について合意するためのふさわしい形態であると考えます。それは、その後長く続くであろう外交交渉の目標と原則についての基本合意となるものです。最終目標としては、戦争状態の終結とすべての2国間関係の正常化や検証システムを備えた北東アジア非核兵器地帯の設立（例えば、南北朝鮮と日本が非核地帯を形成し、地帯に米ロ中が消極的安全保証を供与する）などが考えられます。原則としては相互の主権尊重、敵対的な意図の解消などが考えられます。

　首脳宣言の機会としては、ASEAN地域フォーラム（夏、シンガポール）における首脳会議などが考えられます。

(5) この機会を日本の新しいアジア外交の起点と位置付けた取り組みを要請します。

　現在の機会は、日本がいつかは解決しなければならない北朝鮮との戦後処理、関係正常化への好機でもあると考えます。のみならず、中国との関係を含む日本の新しいアジア外

交の起点とすることができる機会でもあります。6か国協議の9・19声明で「北朝鮮及び日本国は、平壌宣言に従って、不幸な過去および懸案事項を解決することを基礎として、関係を正常化するための措置を取る」と合意したことを実行に移すために、政府はこの情勢を活かしてください。日本にとって拉致問題の解決も重要な懸案の一つです。核・ミサイル問題と拉致問題の関係は、いずれかの前進が他の問題への障害となるようなものではなく、一方の前進が他方の前進への好材料になるものと考えられます。その意味では相互にリンクさせない並行的な努力が求められます。

　また、この機会は地域の非核兵器国である日本と韓国が、朝鮮半島の非核化へのより安定で持続可能な形態として北東アジア非核兵器地帯の設立に取り組む好機でもあります。とりわけ日本は、それによって「核の傘」から出て昨年成立した核兵器禁止条約に参加することが可能になり、被爆国としての懸案を達成することができます。また、北東アジア非核兵器地帯はミサイル防衛の必要を軽減させ、ミサイル防衛をめぐる中国、ロシアとの地域的緊張を緩和することにも貢献します。

以上

出典：ピースデポHP

http://www.peacedepot.org/wp-content/uploads/2018/04/2bdd7ccc5a01d3811b4ee9bfd309fee1.pdf

アクセス日：2019年12月1日

第4部

## 資料2A-8　ピースデポの日本政府への要請書（18年11月8日）

外務大臣　河野太郎様

北東アジアの非核化・平和へ日本の積極的関与を要請します

NPO法人ピースデポ共同代表　湯浅一郎
山中悦子
特別顧問　梅林宏道

　2018年4月16日に私たちが、朝鮮半島の平和・非核化について要請して以来、関係国の間の対話が始まり、情勢は急速に好転しました。4月27日に韓国の文在寅大統領と朝鮮民主主義人民共和国（DPRK、あるいは北朝鮮）の金正恩国務委員長の首脳会談が開かれ、板門店宣言が出されました。6月12日にはトランプ米大統領と金正恩国務委員長がシンガポールにおいて歴史上初めての米朝首脳会談を行い、共同声明が出されました。

　2つの首脳会談と共同声明によって、朝鮮半島における核戦争の危機が回避され、新しい対話と交渉の時代が到来しました。私たちはこの変化を心から喜んでいます。

　韓国と北朝鮮は、それ以後も9月19日の首脳会談による「9月平壌宣言」をはじめ、板

門店宣言の履行のための努力を積み重ねています。とりわけ非武装地帯近辺の緊張緩和措置が進み、朝鮮国連軍司令部も協力して、11月1日から板門店の共同警備区域では新しい非武装の警備体制に入りました。

　一方で、米国と北朝鮮によるシンガポール合意の履行は順調には進んでいません。これまでのところ、米国と北朝鮮はそれぞれの善意を示すために、一方的措置を行ってきました。北朝鮮は、核実験、弾道ミサイル発射実験の中止を宣言し、核実験場の坑道爆破を伴う解体を行い、東倉里ミサイル発射場における一部施設の解体を行いました。解体については外国専門家の検証の受け入れも表明されています。米国は大型の米韓合同軍事演習の中止を継続しています。しかし、北朝鮮が強く要請している朝鮮戦争の終結宣言について、米国は積極的な反応をしていません。

　この経過の中で、私たちがもっとも懸念するのは、第一に今後の交渉の進め方について、米朝の間にどのような一致点があるのかが極めてはっきりしない点です。第二に、南北が板門店宣言を積極的に履行しようとしても、米朝合意が前進しなければ行き詰まってしまうことが明らかなことです。板門店宣言の履行には、朝鮮戦争の終結と平和体制の構築や、南北経済協力を可能にする北朝鮮への経済制裁の段階的解除などが不可欠だからです。

　私たちは、北東アジアに新しい平和な国際秩序を形成するために、千載一遇のチャンスとも言える今回の機会を、国際社会は逸してはならないと思います。安倍首相が10月24日の臨時国会冒頭における所信表明演説において述べている通り、日本にとってもまた、戦後が「置き去りとなった」北東アジアを転換し、「北朝鮮との国交正常化をめざす」チャンスです。そのため、現局面における上記のような懸念を克服するために、日本政府に対して以下の4点を要請致します。

（1）日本政府が南北の板門店宣言とシンガポールにおける米朝首脳共同声明を心から支持し、その実現のために協力するという明確な意思表示を行って下さい。この点に関して日本の立場が未だ国際社会において極めて曖昧です。

　安倍首相は、上記の所信表明演説において「歴史的な米朝首脳会談」に言及しましたが、板門店宣言には言及しませんでした。9月26日の安倍首相の国連総会演説では、2つの首脳宣言にはともに言及せず、北朝鮮に対して一方的に拉致、核・ミサイルの解決を要求しました。11月1日に国連総会第1委員会において採択された日本がリードする総会決議案（いわゆる「核軍縮日本決議」）においては、前文において両首脳会談に言及してそれらを歓迎しましたが（前文14節）、主文において極めて異常な形で北朝鮮を「もっとも強い言葉で非難」しました（主文28節）。それは、北朝鮮がすでに明確に中止を発表した、過去の「核実験と弾道ミサイル技術を用いた発射」に対する非難でした。昨年の同じ決議が総会で採択されたのが12月12日でしたから、北朝鮮は今年の決議が対象とする過去1年に一度も核実験も弾道ミサイル実験も行っていません。さらに今後も行わないことを誓って、国際社会が今日の好ましい情勢を歓迎しているなかで、日本は「もっとも強い言葉」で北朝鮮を非難することをリードしたのです。北朝鮮はこの中に日本の真意を読み取ったとしても不思議ではありません。

　日本政府がこの好機をどう活かそうとしているのか、その首尾一貫した姿勢を国際社会に明確に伝える必要があります。現状では、北朝鮮に対する冷静を欠いた批判的態

度が際立っています。過去の北朝鮮の非難すべき核・ミサイル実験を忘れてはならないことはもちろんです。それを踏まえたうえで、私たちは、新しい北東アジア秩序形成への転換の可能性を秘めている現在の契機を活かそうとする、日本の積極姿勢の表明を求めます。

（２）米朝首脳共同声明が「米国による安全の保証の供与」と「北朝鮮による朝鮮半島の非核化の責務」という相互の約束を基礎に成り立っていることを日本政府の基本認識として下さい。この認識が、今日の流れを後戻りさせないために、全ての国に求められる立脚点であると考えます。日本政府に見られる安保理決議を根拠に北朝鮮にのみ非核化を迫る方法は、この流れに即さなくなっています。

　今年の国連総会演説において、安倍首相は「昨年この場所から、拉致、核・ミサイルの解決を北朝鮮に強く促し、国連安保理決議の完全な履行を訴えた私は、北朝鮮の変化に最大の関心を抱いています」と述べました。前述した国連総会における日本決議においても、北朝鮮を強く非難したのち「関連する安保理決議の完全な順守」を要求しています。同様な日本政府の論調に私たちはしばしば接します。しかし、安保理決議を根拠に北朝鮮に非核化を迫る方法は、国際社会の今日の努力の方向に即した方法ではなくなっていると私たちは考えます。

　今日に至る好ましい具体的な変化は、平壌から帰国した韓国大統領特使団が、2018年3月6日に金正恩国務委員長の「北に対する軍事的脅威が解消され、北の体制の安全が保証されるなら、核を保有する理由がない」という言葉を伝えたことから始まりました。北朝鮮のその考えは、過去の言動からも推定されてきたことであり、その後も繰り返し表明されてきました。それが、「安全の保証」と「非核化」を盛り込んだ米朝首脳共同声明を生み、今日における朝鮮半島の非核化のプロセスのレールとして敷かれたと考えることができます。いわば、国際社会は、安保理決議の履行を現実化するためにこそ、現実的な新しい対話と交渉の道を歩み始めているのだと思います。

　日本政府が、このような新しい現実認識に立脚した朝鮮半島政策に取り組むことを求めます。

（３）今後の朝鮮半島の非核化交渉の進め方について、相互不信を一歩一歩乗り超えながら前進するために、それぞれの国が達成すべき大枠のベンチマークを確認したうえで、段階的かつ同時行動をとるという方法論を主導するよう、日本政府に要請します。

　報道によると、米国は朝鮮戦争の終結宣言と引き換えに、北朝鮮の核兵器計画の包括的リストの申告を要求していると伝えられます。これは現在の相互不信の関係の中では非現実的な要求であると考えられます。ひとたび申告がなされたときには直ちにその信憑性が問題となり、それ以後、真偽の検証という、強い相互不信のなかでは極めて困難で成果の乏しい過程に突入すると予想せざるを得ません。このアプローチよりは、例えば、次のようなベンチマークを設定することに先ず合意し、そのベンチマークごとに各国が具体的な措置を相互にとる方法論がより適切であると考えます。

　①北朝鮮：存在が知られている核兵器・中長距離ミサイルと関連施設の凍結。
　　米韓：朝鮮戦争の終結宣言と大型米韓合同演習の中止の継続。
　②北朝鮮：凍結施設の無能力化と査察の受け入れ。

米韓：韓国の核関連施設と米軍基地への査察受け入れと経済制裁の一部解除。
　③北朝鮮：保有核兵器とプルトニウム・濃縮ウランの保有量の申告、ワシントン北朝鮮連絡事務所の設置。
　　米韓：平和・不可侵協定交渉開始、平壌米国連絡事務所の設置、経済制裁のさらなる一部解除。
　④北朝鮮：核兵器計画の包括的リストの提出と要求個所への査察受け入れ。
　　米韓：平和協定の締結、経済制裁のさらなる解除。
　⑤北朝鮮：国際的監視下の核兵器・中長距離ミサイル・兵器用核物質生産施設の解体の開始、ワシントン北朝鮮大使館設置。
　　米韓：平壌米大使館設置、経済制裁の完全解除。
　これはあくまでも一例であり、かつ米国、韓国、北朝鮮を関係国として限定したものです。実際には、「安全の保証」問題は3か国を越えた関係国を必要とするし、次項で述べるように、北東アジア非核兵器地帯という枠組みでの議論に発展する可能性があります。

（4）安定的な朝鮮半島の非核化は、日本も参加した北東アジア非核兵器地帯を形成することによって達成されます。これを提案することによって、日本は北東アジアの新秩序形成に大きく貢献することができます。唯一の戦争被爆国である日本が、世界的な核軍縮に貢献するためにも、この好機にこそ北東アジア非核兵器地帯設立を提案することを求めます。
　2つの首脳宣言を基礎にして、「朝鮮半島の非核化」と「安全の保証」が、検証可能で不可逆的な形で実現した形は、朝鮮半島非核兵器地帯が国際条約によって確立した形であると理解することができます。ところが、韓国に対する米国の「核の傘」（拡大核抑止力）は、北朝鮮に対してのみならずロシアや中国に対する傘でもあったことを考えると、朝鮮半島非核兵器地帯への安全の保証は、ロシアや中国も参加する形になると思われます。したがって、この非核兵器地帯の構成国は米、韓、朝、中、ロの5か国となり、6か国協議参加国から日本のみ除外された形になります。これは、①在韓米軍が検証対象になるにもかかわらず、一体運用が可能な在日米軍が対象から外れる、②とりわけ非核化された南北朝鮮が懸念する日本の核武装問題が放置される、③非核兵器地帯機構が核を越えてこの地域の安全保障問題を話し合う場へと発展する可能性を封じるなど、弱点の多い不安定なものになります。
　日本は積極的に日本が参加する6か国非核兵器地帯を提案すべき時です。そうすることによって、この地域の安定的国際秩序の形成に大きく貢献することができます。また、拡大核抑止力依存の安保政策から脱却して、唯一の戦争被爆国としての使命である世界的軍縮への指導力を強めることができます。　　──以上

出典：ピースデポHP
http://www.peacedepot.org/wp-content/uploads/2018/11/7cab7df140fd3049af65dbd290bfcbbe-1.pdf
アクセス日：2019年12月1日

# B. 米露の核兵器および軍事政策

---

### 資料2B-1　米国家防衛戦略・要約

---

アメリカ合衆国2018国家防衛戦略

2018年1月27日

**戦略的環境**

国家防衛戦略は、自由で開かれた国際秩序に対する公然の挑戦と、国家間の長期間に渡る戦略的な競争が再び出現したことに特徴づけられる世界の安全保障環境が、日々複雑さを増しつつあると認識する。このような挑戦に対処するには、我われが直面する脅威を適切に評価し、戦争の性質が変化しつつあることを認識し、国防総省の業務の仕方を転換させる必要がある。

米国の繁栄と安全保障に対する中心的な挑戦は、国家安全保障戦略が修正主義国家と分類する国家による長期的で戦略的な競争の再出現である。中国とロシアが、他国の経済的、外交的及び安全保障上の決定に対する拒否権力を獲得して、自国の権威主義モデルに沿った世界の形成を目指していることがますます明らかになりつつある。

中国は、インド太平洋地域において中国に有利な秩序を強制的に近隣諸国に再構築させるために、軍事力の近代化、影響作戦及び収奪的経済を活用している。中国は、全国家的な長期戦略による権力を行使し、経済的及び軍事的成長を続けつつ、近い将来におけるインド太平洋地域の覇権を目指し、また将来は地球規模での優位を確立し米国に取って代わることを目指した軍の近代化計画を推進し続けるだろう。本戦略の最も遠大な目標は、二国間の軍事上の関係を、透明性と不可侵の道に向かわせることである。

同時に、ロシアは、NATOを粉砕し、欧州と中東の安全保障と経済上の構造を自国に有利なものに変えるために、周辺国の政府、経済、及び外交上の決定において拒否権力を手に入れようとしている。ロシアがジョージア、クリミア及び東ウクライナにおける民主的プロセスの信頼性を損ない覆すために新しい技術を使用していることだけでも懸念を引き起こすのに十分だが、それにロシアによる保有核兵器の拡大及び近代化が加わると、ことの重大性は明白である。

戦略環境における別の変化は、回復力はあるけれど、弱体化しつつある第二次世界大戦後の国際秩序である。第二次世界大戦においてファシズムが打倒された後の数十年の間、米国と同盟国及びパートナー国は、侵略と強制から自国の自由と国民をよりよく保護するため自由で開かれた国際秩序を構築した。第二次世界大戦終結以来、現行国際秩序は進化し続けているが、米国の同盟国及びパートナー国とのネットワークが世界規模の安全保障のためのバックボーンであることに変わりない。中国とロシアは、現在、現行国際秩序の恩恵を利用しつつ、同時に秩序の内部からその原則と「交通規則」を骨抜きにして現行国際秩序を弱体化させつつある。

北朝鮮やイランなどのならず者政権は、核兵器の追求、またはテロへの支援により、地域を不安定化させている。北朝鮮は、核、生物、化学、通常、非通常の全てを混ぜた兵器を追求することによって、また、韓国、日本及び米国に対する強制力を獲得するため弾道ミサイル能力を高めようとすることによって、政権の生き残りを保証し、影響力を増大しよ

うとしている。中東においては、イランが、国家支援のテロ活動、拡大しつつある代理勢力のネットワーク及び自国の目標を達成するためのミサイル開発計画を使い、地域での覇権を求め争う一方で、影響力と不安定の弧を主張しつつ、周辺国と競っている。

修正主義国家及びならず者政権は、権力のあらゆる側面において競っている。これらの国家及び政権は、新たな前線に対する強制力を拡大し、主権の原則を犯し、曖昧さを利用し、非軍事と軍事の境界線を意図的に曖昧にしながら、武力紛争までには至らないレベルでの努力を増している。

米国の軍事的優位に対する挑戦は、世界の安全保障環境における別の転換を表している。数十年間に渡り、米国は、あらゆる作戦の領域において、圧倒的あるいは支配的な優位性を享受してきた。一般的に、米国は、米軍を好きな時に配備し、好きな場所で招集し、好きなように作戦を行うことができた。今日、空、陸、海、宇宙及びサイバー空間のあらゆる領域が競争にさらされている。

米国国民は、領域をまたいで、速度と範囲を増しつつある、これまでより多くの死傷者を出す、より破壊的な戦場に直面しており、その範囲は、接近戦から、海外の戦域中に広がり、米国の本土に到達しつつある。競争相手や敵の中には、目的達成のために、戦闘状態までには至らない他の競争の分野も利用する一方で（例えば、情報戦争、曖昧なまたは関与を否認している、代理勢力による活動、及び転覆）、米国の戦闘ネットワークと作戦概念を標的にすることを最大限に活用しようとしているものもいる。こうした傾向は、もし何の取り組みもなされなければ、米国の侵攻を抑止する能力に対する挑戦となるだろう。

（略）

今日、米国本土がもはや聖域でないことは否定できない。米国国民を攻撃しようとしているテロリストにしろ、個人の、商業の、または政府のインフラに対する悪意のあるサイバー活動にしろ、あるいは政治的な転覆や情報破壊活動にしろ、米国はその標的になっている。生活、ビジネス、政府及び軍のあらゆる側面において、コンピューター・ネットワークへの接続が増大しつつあることが、重大な脆弱性を生み出している一方で、商業的または軍事的な宇宙の利用に対する新たな脅威が出現しつつある。紛争の最中には、死活的に重要である米国の防衛、政府及び経済インフラに対する攻撃を予想しなければならない。

北朝鮮などのならず者政権は、核、化学及び生物兵器などの大量破壊兵器及び、長距離ミサイル能力を求め続け、また開発し続けている。また、イランによる長距離ミサイルの輸出に見られるように、こうした能力を悪意のある行為者に拡散している場合もある。同様に、核兵器関連技術及び進んだ製造技術の拡散が慢性的な問題になっている一方で、テロリストも大量破壊兵器を入手しようとし続けている。最近の生物工学の進歩により、化学兵器を入手する潜在的可能性が増し、入手方法がより多様になり、また入手がより簡単になりつつあり、別の懸念を引き起こしている。国防総省の防衛目標本戦略を支持して、国防総省は米国本土を防衛し、世界において傑出した軍事大国であり続け、勢力の均衡が我が国に有利であり続けることを確実にし、我が国の安全保障及び繁栄を最も助長する国際秩序を推し進める準備。

中国及びロシアとの長期的な戦略的競争が、国防総省にとっての主要な優先課題であり、米国の安全保障と繁栄に対して両国が今日もたらしている脅威の重大さ、及びこう

した脅威が将来増大する可能性のため、投資を増やし維持することが必要である。同時に、国防省は、北朝鮮やイランなどのならず者政権を抑止して反撃し、米国へのテロリストの脅威
を打破し、資源的に持続可能な方法に移行しつつ、イラク及びアフガニスタンにおいて米国の利益を確固としたものにするための努力を維持する。

防衛目標は、以下の項目を含む。

・米国本土を攻撃から防衛すること

・世界及び要となる地域の両方において、統合軍の優位性を維持すること・敵が我が国の死活的利益に侵略するのを抑止すること

・国内の関係省庁のカウンターパートが、米国の影響力と利益を促進することを可能にすること

・インド洋・太平洋地域、ヨーロッパ、中東及び西半球において、米国にとり有利な、地域における勢力の均衡を維持すること

・同盟国を軍事的侵攻から防御すること、強制に対抗してパートナー国を支援すること、及び共通の防衛に対する責任を公平に分担すること

・敵国及び非国家的行為者による大量破壊兵器の入手、拡散または使用を説得して断念させ、防止または抑止すること

・テロリストが米国本土及び米国市民、海外の同盟国とパートナー国に対する国外での作戦行動を指示または援助するのを防ぐこと

・公共の領域が自由で開かれていることを確実にすること国防総省における考え方、文化及び管理体制を変革しつつ、引き続き低コストで・迅速に成果を達成すること、そして

・国防総省の業務を効果的に支え、安全保障及び支払い能力を維持する、比類ない21世紀の国家安全保障上のイノベーション基盤の拠点を確立すること。

戦略的アプローチ

長期間の戦略的競争においては、外交、情報、経済、金融、インテリジェンス、法の執行及び軍事という、国力における多数の要素を切れ目なく統合することが必要である。他のどの国よりも多く、米国は、我われが有利であり競争相手が強さに欠ける場所において競争相手に挑戦するイニシャチブを握り、競争力のある空間を拡大することができる。より強力な軍隊、強固な同盟及びパートナーシップ、米国流技術革新、及び結果を出す文化が、決定的かつ持続的な米国の軍事的優位性を生み出すだろう。米国が競争力のある空間を拡大する際、競争相手及び敵に対して協力の機会を受け入れる手を差しのべ続けるが、それは強い立場から、そして米国の国益に基づいてのことである。万一、協力が失敗した場合でも、我われは、米国市民、米国の価値、及び利益を防衛する準備を整えておくだろう。ライバルが攻撃をあきらめるか否かは、米国の強さ及び我われの同盟国やパートナーシップの活力をどう認識するかにかかっている。戦略的には予測可能、作戦上は予測不可能に　長期的な戦略的競争相手を抑止する、または打ち負かすということは、前回の国防戦略において焦点であった地域的な敵を抑止する、または打ち負かすこととは根本的に異なる課題である。米国の強さと同盟国との統合された行動は、侵攻を抑制することに対する米国
の本気度を示すだろう。しかし、米国のダイナミックな軍の使用、軍事的態勢、及び軍事作戦には、敵の決定者にとっての予測不可能性を取り入れるべきである。競争者を巧み

に不利な立場に置き、競争者の努力を妨げ、米国の選択肢を広げる一方で競争相手の選択肢をなくし、かつ、競争者を不利な条件下で紛争に対峙せざるを得ないようにすることで、同盟国及びパートナー国とともに、米国は競争者に挑戦する。

国内の関係省庁と統合する　競争の空間を効果的に拡大するには、国力のあらゆる要素を利用するため、国内の関係省庁と共同で行動する必要がある。国防総省は、国務省、財務省、法務省、国土安全保障省、商務省、米国国際開発庁、及びインテリジェンス・コミュニティー、法執行機関などによる、経済的、技術上、及び情報上の脆弱な部分の改善に取り組むためのパートナーシップを見出し構築する努力を支援する。

強制と転覆を阻止する　武力紛争にまでは至らない競争において、修正主義国家及びならず者政権は、汚職、収奪的な経済手法、プロパガンダ、政治的な転覆、代理勢力、及び、現場での事実を換えるための軍事力の使用または使用の脅威を使用している。米国の安全保障上のパートナー国の中の多くの国との経済上の関係を利用することにたけているものもいる。国防総省は、国内関係省庁による取り組みを支援し、米国の利益を確保し、こうした強制を阻止するために、米国の同盟国とパートナー国のために、同盟国とパートナー国とともに、及び同盟国とパートナー国を通して業務を行う。

競争的な考え方を育てる　今日出現しつつある安全保障環境において成功するためには、国防総省と統合軍は、修正主義国家、ならず者政権、テロリスト及び脅威を与える行為者よりもよく考え、策略において勝り、より多くのパートナー国を確保し、イノベーションにおいて勝らなければならないだろう。国防総省は、以下の3つの異なる方針に沿った努力を継続しつつ、米国優位の空間を拡大する

・第一に、より強力な統合軍を建設しつつ軍事的準備態勢を再建し、・第二に、新たなパートナー国を惹きつけつつ同盟を強化し、そして・第三に、国防総省の業務手法をより低コストでよりよい成果を出すために改革すること。

より強力な軍隊の構築戦争を防止するための最も確実な方法は、戦争に勝利する準備を整えておくことである。そのためには、優位性のある方法で軍の発展に取り組み、かつ戦闘準備態勢を回復し、殺傷力の高い軍隊を戦場に送るための、多年にわたる一貫した投資を行うことが必要である。米軍の規模が重要である。米国は、敵を打ち負かし、米国国民と米国の死活的利益を防衛する維持可能な結果を出すために十分で有能な軍隊を戦場に送らなければならない。国防総省の目標は、紛争のあらゆる領域において高い能力を維持する

一方で、起こりうる全ての紛争において決定的な優位性を有する統合軍である。戦争準備態勢を優先する　強さにより平和を達成するには、統合軍が戦争準備態勢により紛争を抑止することが必要である。平時の通常の日々の作戦においては、統合軍は3つの要となる領域、すなわちインド太平洋地域、ヨーロッパ及び中東、において侵攻を抑止し、テロリ

ストと大量破壊兵器による脅威を弱め、武力衝突以下のレベルの挑戦から米国の利益を守るために、持続可能な形で競う。戦時には、完全に動員された統合軍は、主要国からの侵攻を打破し、その他の場所における日和見的な侵攻を抑止し、差し迫ったテロリストと大量破壊兵器の脅威を阻止することができる。平時及び戦時においては、統合軍は核兵器による及び非核の戦略的な攻撃を抑止し、米国本土を防衛する。これらの任務を支えるため、統合軍は、情報上の優位性を確立して維持し、かつ米国の安全保障上の関係を構築、強化及び維持しなければならない。

要となる能力を近代化する　過去の兵器や装備で未来の紛争を戦っていては、勝利を期待できない。米国の競争相手及び敵国の野望や能力の範囲と速度に対処するためには、長期的で予測可能な予算により要となる能力の近代化に投資しなければならない。未だに対処

できていない、据え置かれたままの準備体制、調達、及び近代化の必要がこの15年間の間に増大し、これ以上無視できなくなっている。国防総省は、能力とキャパシティの必要性に答えるために、的を絞った規律ある人員及びプラットフォームの増加を行う。2018年度版国防戦略は、国防総省の近代化プログラムを加速させ、米国の競争上の優位を強固にするためのたゆまぬ努力に追加的な資源を投入して、計画されている国防総省の会計年度2019年から2023年までの予算の根拠を与えている。

・核戦力　国防総省は、核の指揮、統制、通信、及び支援インフラを含む、戦略核兵器の三本柱を近代化する。核戦力の近代化には、核兵器使用の脅し、または戦略的な非核攻撃に基づいた、競争相手による強制的な戦略に反撃するための選択肢を増やすことを含む。

・戦争遂行領域としての宇宙とサイバー空間　国防総省は、米国の宇宙での能力を確実にするため、回復力、再構成及び作戦への投資を優先する。また、サイバー空間での防衛と回復力、及びサイバー機能の軍事作戦における全領域への継続的な統合に投資する。

・指令、統制、通信、コンピュータ及び諜報、監視、及び偵察（C41SR）　戦術レベルから戦略的計画の立案までにおいて、回復力のある、残存可能な連邦型ネットワークと情報エコシステムの発展に対する投資を優先する。また、情報を得て活用し、競争相手がそうした同様の優位性を持つことを阻止し、サイバー攻撃から防御し、かつ、国家及び非国家的行為者にサイバー攻撃の責任を課す一方で、サイバー攻撃中に攻撃者の属性を知ることを可能にする能力に対する投資を優先する。

・ミサイル防衛　戦域ミサイルの脅威と北朝鮮の弾道ミサイルの脅威の両方に対応するための、多層的ミサイル防衛及び破壊能力に集中的に投資を
行う。

・戦闘環境下での統合軍の殺傷能力　統合軍は、動く戦力投射プラットフォームを破壊するために、敵の空中とミサイル防衛ネットワークの中で多様な標的を攻撃できなければなら
ない。これには、複雑な地形での接戦における殺傷能力を高めることを含む。

・前方戦力の機動と態勢の回復力　攻撃を受ける中で、全ての領域において展開でき、生き残ることができ、軍事行動を実行し、機動でき、かつ再生で
きる陸軍、空軍、海軍及び宇宙軍への投資を優先する。大規模で中央集権的な、強化防御設備を施していないインフラから、能動的及び受動的防衛を含む、より小規模で分散した、回復力と順応性のある、基地の設置への移行も優先される。

・最新の自律システム　国防総省は、競争上の軍事的優位性を得るため、民間の新発見の迅速な応用を含む、自律システム、人工知能、機械学習の軍事利用に幅広く投資する。

・回復力と機敏さに富む兵站　事前集積した前方備蓄と弾薬、戦略的輸送力アセット、パートナー国と同盟国による支援とともに、複数領域に対する持続的な攻撃を受ける中でのロジスティックスの持続性を確実にするための、民間部門に依存しない分散型のロジスティックスとメンテナンスに対する投資を優先する。（略）殺傷力の高い、機動的で回復力のある軍の態勢及び使用を発展させる　軍の態勢と使用は、変化しつつある世界の戦略環境に存在する不確実性に対して責任を負うために適応性がなくてはならない。

米軍の使用のモデルと態勢の大部分は、米国の軍事的な優位が圧倒的であり、主要な脅威がならず者政権であった冷戦直後の時代に生まれたものである。

・ダイナミックな軍の使用　ダイナミックな軍の使用は、予防的及び規模変更可能な統合軍の使用の選択肢を提供する一方、大規模な戦闘のための能力を維持することを優先する。近代化され、戦闘において信頼でき、柔軟性のある戦域内での態勢である世界作戦モデルは、国の政策決定者によりよい軍事上の選択肢を提供することで、我々の競う能力、及び戦闘中に作戦の自由を提供する能力を高める。

　世界の戦略環境は、戦略上の柔軟性と行動の自由を増すことを必要としている。ダイナミックな軍の使用の概念は、優先度の高い任務のための予防的で規模変更可能な選択肢を提供するために、国防総省が統合軍を使用する方法を変える。ダイナミックな軍の使用は、偶発的な出来事に対応する準備体制を維持し、かつ長期的な戦闘準備体制を確実なものにする一方で、戦略環境を予防的に形作るためにより柔軟に機動的な軍隊を使用する。世界作戦モデル　世界作戦モデルは、競争における及び戦時の任務を達成するためにいかに統合軍を配置し使用するかを説明している。基本的な能力には、核、サイバー、宇宙、C41システム、戦略的機動性、及び大量破壊兵器拡散対策を含む。モデルは、接触、弱体化、増派、本土の4つの層から成る。それぞれが、我々が武力紛争にまで至らないレベルにおいてより効果的に競争するのを助けるよう設計されている。敵の侵攻を遅らせ、弱めまたは阻止し、戦いに勝利する軍を増派し、紛争の拡大をコントロールし、米国本土を防衛する。(略)

**結論**

国家防衛戦略は、緊急かつ重要な変革を大規模に達成しようとする私(国防長官ジム・マティス)の意思を戦略として定めたものである。国防総省は、創造的な方法を用いなければならず、持続的な投資を行わなければならず、また、複雑さを増す安全保障環境の下で、競い、抑止し、勝利できる、我々の時代にふさわしい統合軍を戦場に送るという職務の執行において規律正しくなければならない。支配的な統合軍は、米国の安全保障を守り、米国の影響力を高め、米国国民の生活水準を高める市場へのアクセスを維持し、同盟国間とパートナー国間の団結を強化する。いかなる戦略も実行において適応性が必要ではあるが、本要約は、米国国民が現在享受している自由を無傷のままより若い世代に引き継ぐためになすべきことの要点を述べている。しかし、(その内容に)特に目新しいことはない。本戦略は米国国民による持続的な投資を必要とするが、米国国民が今日の生活様式を享受できるようにより大きな犠牲を払った過去の世代のことを思い起こす。何世代にもわたってそうであったように、米軍の自由な男性と女性は、米国国民を守るために技術と勇敢さを以て戦う。どんな戦略を実行するにも、知恵と資源が潤沢でなければならないと歴史が教えている。私は本戦略が、適切でかつ米国国民の支持を得るに値するものであると確信している。

ジム・マティス

出典:米国防衛総省HP
www.defense.gov/Portals/1/Documents/pubs/2018-National-Defense-Strategy-Summary.pdf
アクセス日:2019年12月1日

## 核態勢見直し（NPR）2018

2018年2月2日　米国防長官府

### 序論

　2017年1月27日、ドナルド・トランプ大統領はジェームズ・マティス国防長官に、新しい核態勢見直し（NPR）の開始を指示した。大統領は、米国、同盟国、パートナーの保護が最優先課題であることを明確にした。さらに、大統領は、長期的な目標としての核兵器の廃絶と、世界から慎重に核兵器が除去されるときが来るまで、安全で安心な、近代的、柔軟かつ弾力性のある核能力を米国が有するという要件の双方を強調した。

　米国は核、生物、化学兵器の究極的で世界的な廃絶を支持する努力に強い決意を維持する。米国は冷戦の最中以降85パーセント以上の核兵器保有量を削減し、20年間以上にわたり新しい核能力を配備していない。それにもかかわらず、直近の2010年NPR以来、潜在的な敵対国からの一層明白な核脅威を含めて、世界的な脅威の状況は明らかに悪化してきた。米国はいま、過去のいかなる時よりもより多様で高度な核脅威の環境に直面しており、潜在的な敵対国の核兵器および運搬システムの開発配備プログラムも相当に動的になってきている。

### 進展しつつも不確定な国際安全保障環境

　米国は核兵器の数と重要性を低減し続けてきたが、ロシアと中国を含む他国は反対の方向に進んできた。他国は保有兵器に新型の核能力を追加し、戦略と計画における核戦力の重要性を増大させ、宇宙空間およびサイバー空間を含めて、これまでにも増して攻撃的行動を行うようになっている。北朝鮮は国連（UN）安全保障理事会の決議に直接違反して非合法な核兵器やミサイル能力の追求を続けている。イランは包括的合同行動計画（JCPOA）において自国の核プログラムへの制約に合意した。にもかかわらず、同国はその気になれば1年以内に核兵器を開発するために必要な技術能力とキャパシティを保持している。

　今では、主要な通常兵器、化学、生物、核兵器、宇宙、サイバーの脅威および暴力的な非政府主体を含めて、これまでになかった範囲と種類の脅威が、存在している。この展開は増大する不確定性とリスクを生み出した。我々が政策と戦略を策定し、米国の核戦力の維持と更新を開始するに当たり、2010年NPR以降の脅威環境のこの急激な悪化が現在、我々の思考を形成するに違いない。この2018年NPRは、より安全な核環境とより友好的な大国関係の中で確立された以前の核政策と要求を評価している。本NPRは、米国、同盟国、パートナー国が直面する悪化しつつある脅威環境の中でアメリカを保護するために必要な核政策、戦略、それに見合った能力を特定することに焦点を当てている。それは戦略主導で、現在と将来に必要な核戦力態勢と政策要求に指針を提するものである。

　米国はロシアや中国を敵対国家と見なすことを望んでおらず、両国と安定した関係を模索している。我々は長年にわたり、米中それぞれの核政策、ドクトリン、能力への理解を強化し、透明性を改善し、誤算と誤解に対するリスク管理を助けるために中国との対話を求めてきた。我々は中国がこの関心を共有し、意味ある対話を開始するこ

とを希望している。米国とロシアは過去において、核競争と核リスクを管理するための戦略的対話を維持した。ロシアのクリミア占領を含む行動により、この建設的な関与は大幅に低下してきた。我々は、ロシアとの透明性ある建設的な関与を再び許容する条件が整うよう期待している。

しかしながら、本見直しでは、ロシア、中国、その他諸国の戦略的政策、プログラム、能力、とりわけ核がもたらす能力に率直に対処している。本見直しは、米国、同盟国、パートナー国を保護し戦略的安定を促進するために目下必要とされる柔軟で調整可能で弾力性のある米国の核能力を提示している。

## 米国の核能力の価値

米国の核能力と抑止戦略が米国、同盟国、パートナー国の安全保障に必要であるという根本的理由は明白である。米国の核能力は、核・非核攻撃の抑止に不可欠の貢献をしている。それが提供する抑止効果は敵対国の核攻撃を防止する上で独特かつ不可欠であり、米国の最優先課題である。

米国の核能力は全ての紛争を防止できるわけではないし、そう期待されるべきでもない。しかし、それは核・非核攻撃の双方の抑止に独特の貢献をする。それはこうした目的のために不可欠であり、予見できる将来にわたってもそうである。非核戦力も不可欠な抑止の役割を果たすが、核抑止時代の到来前に大国間の戦争を防止する通常抑止が過去、断続的かつ壊滅的に失敗してきたことに示されているように、核戦力に比肩できるような抑止効果は提供しない。さらに、自国の安全保障のため米国の拡大核抑止に適切に大きな価値を置く多くの同盟国を安心させるには通常戦力だけでは不十分であり、それに応じて米国の拡大核抑止は不拡散の鍵にもなっている。

## 米国の核能力と 永続化する国家目標

米国の核政策および戦略の最優先課題は、潜在的な敵対国によるあらゆる規模の核攻撃を抑止することである。しかし、核攻撃抑止が核兵器の唯一の目的ではない。現在と将来の脅威環境の多様な脅威と深刻な不確定性を考えると、米国の核戦力は米国家安全保障戦略において次のような重要な役割を果たす。米核戦力は以下に貢献する:› 核・非核攻撃の抑止;› 同盟国およびパートナー国への安心提供;› 抑止が失敗した場合の米国の目標達成;› 不確定な将来に対して防衛手段を講じる能力。

これらの役割は相互補完的で相互関連しており、米核戦力の妥当性は各役割とその達成を目的とする戦略に照らして評価されなければならない。拡散を防止し、テロリストに完成兵器、物質、あるいは専門知識へのアクセスを拒否することも、米国の核政策と要求の詳細における重要な考慮事項である。これら多角的な役割と目標は米国の核政策および要求の指針となる柱を構成する。

## 核および非核攻撃の抑止

核攻撃および非核戦略攻撃に対する米国の効果的な抑止には、潜在的な敵対国が地域や米国自体に対する先行核使用の結果に関して誤算しないよう保証することが必要である。彼らは非核攻撃または限定的核エスカレーションからは何の利益も得られないことを理解しなければならない。このような誤解を正すことは、欧州とアジアにおいて戦略的安定を維持するために現在重要である。

潜在的な敵対国は、脅威と状況が新たに出現する全範囲において、1）米国はそれを識別でき、新形態の攻撃を含む侵略行為に対して彼らの説明責任を問うことができること、2）我々は非核戦略攻撃を撃退すること、3）いかなる核エスカレーションも彼らの目標達成を失敗させ、むしろ彼らにとって受け入れ難い結果をもたらすこと、を認識しなければならない。

　抑止においては「全てに当てはまる」ものはない。結果的に、米国は広範囲にわたる敵対国、脅威、状況を効果的に抑止するためにふさわしい柔軟なアプローチを適用する。ふさわしい抑止戦略は、様々な潜在的な敵対国に対して、彼らの攻撃は彼らのリスクと代価の特定の計算から見て受け入れ難いリスクと容認し得ない代価を伴うことをわからせる。

　米国の核能力および核指揮、統制、通信（NC3）は、抑止戦略を広範囲にわたる潜在的な敵対国や脅威に適合させ、時間経過に伴う調整を可能にできるますます柔軟なものでなければならない。したがって、米国は、米国、同盟国、パートナー国に対する核と非核攻撃がその目標達成に失敗し、現在・将来にわたって潜在的な敵対国にとって容認し得ない結果を生む信頼できるリスクを伴うことを保証するために必要な広範囲にわたる柔軟な核能力を維持する。

　そのために、米国は自国の核能力を持続し更新し、NC3を近代化し、核と非核軍事計画の統合を強化する。戦闘司令部および各構成軍部隊はこの任務のために組織され装備を提供され、敵対国の核脅威や配備に対抗して運用する米国の核と非核戦力を統合するために計画し訓練し演習する。米国は核脅威に直面する同盟国との統合活動を調整し、核抑止任務における同盟国のさらなる責任分担の機会を検討する。

## 同盟国およびパートナー国への保証

　米国は、欧州、アジア、太平洋地域の同盟国を保証するという拡大抑止への正式な強い決意を有している。保証は、我々が直面する脅威を抑止あるいは撃退するための同盟国及びパートナー国との協力に基づいた共通の到達目標である。いかなる国も、我々の拡大抑止への決意の強さ、あるいはいかなる潜在的な敵対国の核や非核攻撃も抑止し、必要であればそれを撃退する米国と同盟国の能力の強さを疑うべきではない。多くの場合、同盟国とパートナー国を効果的に保証することは、米国の拡大核抑止の信ぴょう性に対する彼らの信頼に依存しており、その信頼により殆どの国は核兵器保有を避けることが可能になっており、米国の核拡散防止目標に貢献している。

## 抑止に失敗した場合でも米国の目的を達成

　米国は、米国、同盟国、パートナー国の死活的な利益を守るために極限的な状況においてのみ核兵器の使用を考慮する。　それでも、抑止ができなかった場合、米国は、米国、同盟国、パートナー国にとっての損害を可能な限り最低限の水準に抑え、達成可能な最良の条件で紛争を終結させる努力をする。過去何十年間にわたる米国の核政策は、抑止ができなかった場合に損害を制限するというこの目的を一貫して包含してきている。

## 不確定な将来に対する防衛手段

　米国は、より協力的で良好な安全保障環境の創出に努力を続けるが、同時に予想されるリスクや予期しないリスクに対する防衛手段も講じなければならない。防衛戦略は、

時間の経過とともに浮上しうる地政学的、技術的、作戦的、及びプログラム的なものを含めてのリスクを低減し脅威を回避するのを助ける。それはまた、核能力の"出現"や拡大を通じて優位に立てるという、潜在的な敵対国の自信の低下をもたらすことができる。潜在的な敵対国の防衛政策と戦略における核兵器の増大を続ける重要性と将来の脅威環境の不確実性を考えると、米国の核能力と当該能力を迅速に修正する能力は、予期しないリスクを含めリスクを低減し克服するために不可欠でありうる。

## 米国の核エンタープライズ人員

　効果的な抑止は、戦争抑止と国家の防護のために職業人としての人生を捧げる米国軍の何千人もの兵員と軍属なくしては不可能である。これらの優れた男女は最も厳格な基準を要求され、米国の核能力と抑止に最も重要な貢献をしている。

　核抑止任務に関与する軍人・軍属は、公に認められたり、派手な歓迎を受けたりすることもなく任務を行う。彼らの任務は褒め称えられることもない極めて重要な責務である。彼らは、国家や世界に提供している安全、安心、安定というものに対して米国民の支持を受けるに値する。我々がそれに応じて実施してきた軍の改革は永らく延び延びになっており、国防総省は米国を核脅威から防護する軍人への適切な支援に全面的に取り組み続けている。

## 三本柱：現在と将来

　現在の戦略核の三本柱は主に1980年代かそれ以前に配備されたものだが、潜水艦発射弾道ミサイル（SLBM）を装備した潜水艦（SSBN）、陸上配備型大陸間弾道ミサイル（ICBM）、自由落下爆弾および空中発射巡航ミサイル（ALCM）を運搬する戦略爆撃機から構成される。三本柱と非戦略核戦力は、それを支援するNC3とともに、抑止、保証、抑止が失敗した際の目的遂行、および防衛手段のために米国の戦略に適合させるべく必要な多様性と柔軟性を提供する。

　この多様性と柔軟性の必要性が増大していることは、核の三本柱と非戦略核能力を持続し更新させ、NC3を近代化することが今なぜ必要なのかの中心理由の1つである。三本柱の相乗効果と重複する属性は、攻撃に対する我々の抑止能力と危機や紛争の期間に敵対国の多様な標的を危険に晒す我々の能力の永続的生残り可能性を保証することを助ける。三本柱のいずれかの柱を除去することは、敵対国の攻撃計画を大幅に容易にし、敵対国が資源と関心とを残る二本柱を撃破することに集中させることを可能にする。このため、我々は、計画されている更新プログラムが展開されるまで我々の現有の三本柱体制を持続する。

　米国は現在、14隻のオハイオ級SSBNを運用しており、それがコロンビア級SSBNに交代されるまでオハイオ級SSBNが作戦上有効であり生残可能であることを保証するために必要な措置を講じ続ける。コロンビア・プログラムは、現在のオハイオ級潜水艦群を交代させ、最低限12隻のSSBNを提供し、何十年間にもわたって要求される抑止能力を提供するよう設計されている。

　ICBM戦力は幾つかの州に分散配備され、地下サイロに格納された単弾頭式ミニットマンⅢ型ミサイル400基から成っている。米国は、2029年にミニットマンⅢ型の更新を開始する地上配備戦略抑止（GBSD）プログラムを開始した。GBSDプログラムは400基

のICBMの配備を支援する450基のICBM発射設備の近代化も行う。

　三本柱の爆撃機の柱は46機の核爆弾搭載可能なB-52Hおよび20機の核爆弾搭載可能なB-2A "ステルス" 戦略爆撃機から成っている。米国は次世代爆撃機、B-21レーダーを開発、配備するプログラムを開始した。それは、2020年代半ばから通常兵器および核爆弾搭載可能な爆撃機戦力の要素をまず追加し、最終的に交代させる。

　B83-1およびB61-11自由落下爆弾は、多様な防護された標的を危険に晒すことができる。このため、両爆弾は、少なくとも2020年に使用可能になるB61-12自由落下爆弾に十分な信頼が置けるようになるまで備蓄される。

　B-52H爆撃機は1982年から空中発射巡航ミサイルALCMを搭載するようになった。ALCM装備のB-52Hは敵対国の防空圏外に滞空しながら効果を発揮できる。しかし、ALCMは今では設計寿命から25年以上経過しており、敵対国の継続的に改善されている防空システムに直面している。長距離スタンドオフ（LRSO）巡航ミサイル更新プログラムは、高度統合防空システムに侵入し生残することができるスタンドオフ兵器を運搬する能力を持つ爆撃機戦力を将来まで維持し、爆撃機の柱の長期的な有効性を支援する。

　現在の非戦略核戦力は、専らF-15Eおよび同盟国にある核・非核両用戦術航空機（DCA）により運搬される比較的少数のB61自由落下爆弾から成っている。米国は、現在の老朽化しつつあるDCAの交代機として前方展開可能で核爆弾搭載可能なF-35に核能力を組み込みつつある。B61爆弾用に進行中の寿命延長プログラムと共に、それは継続的な地域抑止の安定性と同盟国への保証に重要な貢献をするものである。

## 柔軟かつ安全な核能力：入手可能な優先課題

　過去何十年間にわたり、米国の高官は、国防総省の最優先課題は核攻撃を抑止し、それに必要な核能力を維持することだと強調してきた。米国の核能力を持続し更新させるプログラムの費用見積りは一様でないが、これら推計の最も高額なものでも将来の費用の最高点を現在の国防総省予算の約6.4%と見積もっている。現在の老朽化しつつある核戦力を維持し運用するには、国防総省予算の2%から3%の間を必要とする。何十年にもわたって活用できるよう三本柱を再構築する交代プログラムは、維持・運用に必要な2%から3%を約4%だけ超過する価額で頂点に達し数年間継続する。長期更新プログラム用の現在の国防総省予算の6.4%というと、連邦予算総額の1%以下である。米国の核能力を更新させるためのこの支出水準は、1980年代の前回の同様な投資期間に必要になった国防総省予算の10.6%、当時の連邦予算のほぼ3.7 %、また1960年代初めに要求された国防総省予算の17.1%と比較しても好ましい数値である。

　米国民、同盟国、パートナー国の安全に対する効果的な米国による核抑止の重要性を考えると、持続・更新プログラムは必要かつ入手可能であると見なされるべきである。非戦略核能力による抑止の強化　核戦力交代プログラムの既存要素は戦略的環境の劇的な悪化よりも前にさかのぼる。米国の戦略の新しい要求を満たすために、核戦力の柔軟性と対応性を強化する更新プログラムに対する選ばれた補完措置を追求する。このはるかに挑戦的な脅威環境で現在控えめな補完措置だけが必要であることは、米国の三本柱の多能性と柔軟性の反映である。

　この補完措置は、低威力兵器を含む限定的な核使用が米国と同盟国に対する優位性を提供するという潜在的な敵対国の誤った自信を否定することによって抑止を強化する。

限定的な核の先行使用がこうした優位性を提供しうるというロシアの信念は、より多くの数量と種類を有する非戦略核システムが危機や低水準の紛争において威圧的優位を提供するというモスクワの認識に部分的に基づいている。この進化する核兵器ドクトリンに関する最近のロシアの声明は、モスクワの核兵器先行使用の敷居を低くしているように見える。ロシアは数多くの演習や声明を通じて、これらのシステムが提供する優位に関する認識を実際の行動に移している。このロシアの誤った認識を正すことは戦略的に肝要である。

これらの挑戦課題に対処し、抑止の安定性を維持するために、米国は目的に適合した抑止オプションの柔軟性と多様性を強化する。誤解のないように言うと、これは"核戦闘"を意図したものでも可能にするものでもない。いま、低威力オプションをも含め米国の柔軟な核オプションを拡大することは、地域侵略に対する信頼できる抑止力の維持にとって重要である。それは核使用の敷居を引き上げ、潜在的な敵対国が限定的核エスカレーションにより優位になりうると考えないよう保証することをもたらし、核使用の可能性を低減するものである。

それゆえに、米国は、世界中で核搭載爆撃機およびDCAを前方配備する能力を維持し、必要に応じて強化する。我々は、DCAを核爆弾搭載可能なF-35戦闘機に切り替えることに取り組む。我々は、欧州に配備されたDCAの即応性、生残性、作戦効率を確実にし、必要に応じて改善するためにNATOと連携する。

さらに、米国は、近いうちに低威力オプションを提供するために少数の既存のSLBM弾頭を改造し、長期的には近代的に核装備した海洋発射巡航ミサイル(SLCM)を追求する。DCAと違って、低威力SLBM弾頭およびSLCMは、抑止効果を提供する上で、受け入れ国支援を必要としたりそれに依存したりする必要がない。それらはプラットフォーム、射程及び生残性における追加的な多様性を提供し、将来の核"出現"シナリオに対する貴重な防衛手段を提供する。

国防総省と国家核安全保障管理局(NNSA)は、敵対国の防衛を突破することが可能な迅速対応を保証するための低威力SLBM弾頭を配備用に開発する。これは、米国の地域的な抑止能力に存在する利用可能な"格差"についての誤った認識への対抗を助長する比較的低コストの短期的な改造である。

この短期措置に加えて、米国は長期的には核装備SLCMを追求し、その費用対効果を確保するために既存技術を活用する。SLCMは保証された対応能力として必要とされる非戦略的な地域プレゼンスを提供する。それはまた、ロシアの中距離核戦力全廃条約違反、非戦略核兵器保有、その他の安定を損なう行動に対する軍備管理に準拠した対応を提供する。

2010年NPRにおいて、米国は従来型の核装備SLCMの退役を発表したが、これは何十年間も抑止と、特にアジアにおける同盟国への保証に貢献した。我々は、近代的SLCMの迅速な開発のための「他にとりうる道の分析」(AoA)につながる能力研究の開始により、この能力を回復する努力を即時開始する。

計画された核戦力更新プログラムのこれらの補完措置は、米国の核能力の柔軟性と多様性を強化するための堅実なオプションである。これらの措置は、全ての条約・協定に準拠しており、合わせて、抑止と保証を適合させる我々の能力を強化する多様な特徴を提供し、核あるいは非核戦略攻撃に対応する信頼できる米国のオプションの範囲を拡

大し、潜在的な敵対国に彼らの限定された核エスカレーションは利用しうるという優位にはならないとのシグナルを送ることによって抑止を強化する。

## 核指揮、統制、通信の近代化

　米国は、核攻撃の多大な緊張状態にあってすら常時、米国の核戦力の統制を行うNC3システムを保持しなければならない。NC3能力は送信される情報の完全性を保証し、核攻撃の効果に信頼できる形で打ち勝つために必要な回復力と生残性を保持しなければならない。平時であれ危機時であれ、NC3システムは5つの重要機能、すなわち検知、警告および攻撃の特徴把握、適応可能な核計画立案、意思決定会議実施、大統領命令の受信、部隊の管理と指揮の発動を遂行する。

　現在のNC3システムは冷戦の遺産であり、前回包括的に更新されたのは約30年前だった。同システムは、警戒衛星とレーダー、通信衛星、航空機、地上局、固定および移動指揮所、核システムの統制センターから成る相互接続された要素を含んでいる。

　NC3システムは、かつては技術的に最先端だったが、今は老朽化しつつあるシステム構成要素、並びに新しく、増大を続ける21世紀の脅威という両方からの挑戦課題の対象である。とりわけ懸念されるのは、宇宙空間とサイバー空間において拡大を続ける脅威、敵対国の限定核エスカレーション戦略、国防総省内におけるNC3システム統治の権限と責任が広範囲にわたって分散していることで、統治機能はその性格上統合されなければならない。

　我々のNC3システムの生残性と効果の維持を保証するという重要な必要性という点から、米国は一連のイニシャティブを追求する。これには、サイバー脅威への防護強化、宇宙空間にある脅威への防護強化、統合された戦術的警告および攻撃評価の強化、指揮所および通信リンクの改善、決定支援技術の推進、計画立案と運用の統合、そして全般的NC3システムの管理の改革が含まれる。

## 核兵器インフラストラクチャー

　効果的で対応性、回復力のある核兵器インフラは、変化する要求に柔軟に適応する米国の能力にとって不可欠である。このようなインフラは、米国の核兵器能力の具体的な証拠を同盟国と潜在的な敵対国両方に示し、それゆえに敵対的な状況変化に対する抑止、保証、防衛手段に貢献する。それはまた、敵対国の軍備競争への関心を思い止まらせる。

　国防総省は、核弾頭を運搬プラットフォームに載せて運搬する軍事的要求を生み出す。NNSAは、国防総省の弾頭要求に対応する研究、開発、試験、評価、生産プログラムを監督する。　過去幾十年にもわたり、米国の核兵器インフラは老朽化と資金不足の影響を受けてきた。NNSAのインフラの半分以上が40年以上経過しており、4分の1はマンハッタン計画時代にまで遡る。過去の全てのNPRは、近代的な核兵器インフラを維持する必要性を強調したが、米国では回復力があり、予期しない展開に対応する能力をもつ近代的インフラを持続することができていない。現在は、戦略物資と米国の核兵器の構成部品を生産するために必要な物理的インフラへの資金増強をこれ以上遅らせる余裕はない。我々の核戦力が入手可能な優先課題であると同じく、回復力のある効果的な核兵器インフラもそうであり、それなくして我々の核抑止は存在し得ない。

　米国は安全で安心な、かつ効果的な核兵器保有を維持し、認証する能力を持たねばならない。米国は、国防総省の更新プログラムと調和させ、以下を実施することにより戦

略的、非戦略的な核能力の双方を支援するために必要な弾頭を予定通りに持続・提供する。›W76-1寿命延長プログラム(LEP)を会計年度(FY)2019年までに完了する。›B61-12LEPを2024年度までに完了する。›W88改造を2024年度までに完了する。›NNSAのW80-4寿命延長を国防総省のLRSOプログラムと調和し、W80-4LEPを2031年度までに完了する。›GBSDの2030年までの実戦配備を支援するため、W78弾頭交代を19年度に1年間前倒しし、海軍航空機への核爆弾パッケージの実戦配備の実現可能性を調査する。›B83-1を現在計画されている退役期日を超えて持続し、適切な代替品が特定されるまで維持する。›空軍および海軍システムの共通再突入システムの可能性を含め、潜在的な敵対国の脅威と脆弱性に基づく将来の弾道ミサイル弾頭の要求を模索する。

　米国は、以下を含め、核兵器インフラの必要な能力、容量、対応性と労働力の必要な技能を保証するイニシャティブを追求する。

› 取り組みが国防総省のニーズを満足させるべく適切に統合されていることを保証するため、国防総省とエネルギー省との合同の高度技術開発能力を追求する。
› 2030年までプルトニウム・ピットを年間80ピット以上の割合で生産する永続的能力と容量を提供する。この作業の遅れはより高額な費用でより高い割合のピット生産が必要となる結果を生じる。
› 米国のリチウム化合物生産能力を再構成する現在の計画が軍事的要求を満たすに十分であることを保証する。
› 軍事的要求を満たすために、ウラン処理施設に全面的に資金提供し、十分な量の低濃縮ウランの入手可能性を確保する。
› 軍事的要求を満たすため、十分な量のトリチウムを生産し供給するに必要な原子炉容量を確保する。
› 備蓄庫近代化を支援するため、2025年以降まで安全で信頼できる戦略的な耐放射線型マイクロエレクトロニクス・システムを開発製造する米国の能力の継続性を確保する。
› 若手科学者および技術者が弾頭設計、開発、生産技能を推進する機会を拡大するため議会によって設置された備蓄応答性プログラムを迅速に追求する。
› 生産容量の規模を近代化と防衛手段の要求に合わせて調整するNNSAロードマップを開発する。
› 抑止の必要を満たすために必要な自由落下核爆弾に対する信頼性を維持する。
› 毎年核兵器を評価するために必要な計算、実験、試験の能力を維持し、強化する。

## 核テロリズム対策

　核テロリズムと戦う米国の戦略は、現在の危険と新たに発生する危険に対する深層防衛などから成る広範囲にわたる活動を含んでいる。米国はこの多層的アプローチにより、テロリストによる核兵器あるいは兵器用に使用可能な物質、技術、専門知識の獲得を防止し、彼らがそれらの資産を取得、移転・活用する努力に対抗し、核装置の所在を突き止め無効化し、若しくは核爆発の結果を管理することにより核事故に対応する。

　効果的な抑止のため、米国は、核装置を獲得・活用するテロリストの努力を支援したり、あるいは可能にするあらゆる国家、テロリスト・グループ、ならびに他の非国家主体に全面的に説明責任を問う。核テロリズム対策における米国の核兵器の役割は限定さ

れているが、我々の敵対国は米国・同盟国、パートナー国に対するテロリストの核攻撃は
"極限的な状況"に該当し、米国が究極的な報復形態を考慮できることを理解しなければ
ならない。

## 不拡散および軍備管理

効果的な核不拡散と軍備管理措置は、核物質・核技術の拡散を制御し、核兵器の生産、
備蓄、配備に制限を課し、誤解と誤算を低減し、不安定化させる核軍備競争を回避するこ
とにより、米国、同盟国、パートナー国の安全保障を支援することができる。米国は、1)
信頼できる米国の拡大された核抑止と保証の維持を含めて、核兵器保有国の数を最低限
に抑え、2)テロリスト組織に核兵器・核物質へのアクセスを拒否し、3)兵器に使用可能
な物質、関連技術、専門知識を厳格に管理し、4)安全保障を強化する検証可能で執行可能
な軍備管理協定を追求する、といった努力を継続する。

核不拡散条約(NPT)は核の拡散防止体制の礎石である。同条約は、拡散防止のための
コンセンサスを構築する上で建設的な役割を果たし、条約外で核兵器を追求しようとす
る者に代価を強いる国際的努力を強化する。

しかし、核拡散防止は現在、深刻な挑戦課題に直面している。最も重要なことは、北朝
鮮が、NPTに直接違反し、数多くの国連安全保障理事会決議に真っ向から反対して、核
保有の道を追求していることである。北朝鮮以外では、イランの挑戦が浮上してきてい
る。JCPOAはテヘランの核兵器プログラムを抑制する可能性があるが、イランがその
気になればすぐに核兵器能力を達成できることにほぼ疑いの余地はない。

核拡散防止への支援を継続する中で、米国は、透明性と予測性を増大させ、適宜、戦略
的対話、リスク低減のための通信経路、核兵器の安全と安全保障に関連した成功事例の
共有を通じて、核兵器保有国と他の非公認核兵器保有国との間の誤算の可能性を回避す
るために努力する。

米国は包括的核実験禁止条約の批准は求めないが、包括的核実験禁止条約機関準備委
員会や国際監視システム、国際データ・センターへの支持は継続する。米国は米国の保
有核兵器の安全性と効果を確保するために必要ない限りは核爆発実験は再開しない。ま
た核兵器を保有する全ての国に核実験の一時停止を宣言するか、維持するよう呼びかけ
る。

軍備管理は、諸国間の戦略的競争の管理を助長することにより、米国の安全保障に貢
献できる。それは、敵対関係における透明性、理解、予測性を促進し、それにより誤解と誤
算のリスクを低減することができる。

米国は、米国、同盟国、パートナー国の安全保障を促進し、検証可能で執行可能であり、
自国の義務を責任をもって順守するパートナー国を含む軍備管理努力に取り組んでい
る。このような軍備管理努力は米国の戦略的安定の持続能力に貢献しうる。しかし、既存
の軍事管理義務および強い決意への重大な順守違反の継続、国境変更を試み既存の規範
を覆す潜在的な敵対国によって特徴となる環境においては、さらなる進歩を想像するこ
とは困難である。

この点に関して、ロシアは一連の軍備管理条約と強い決意に違反し続けている。核関
連では、ロシアの最も重要な違反は、中距離核戦力全廃条約によって禁止されているシ
ステムに関する違反である。より広い分野では、ロシアは数多くの協定で規定された自
国の義務と強い意志を拒絶・回避しており、新戦略兵器削減条約(START)の後継ラウ

ンドの削減交渉を実施し、非戦略核戦力の削減を追求する米国の努力を拒絶した。

　それでも、新STARTは2021年2月まで有効であり、相互合意によりさらに5年、2026年まで延長可能である。米国はすでに同条約の2018年2月5日に発効する中心的な制限を達成しており、新START条約の実施を継続する。米国は、慎重な軍備管理の議題に関与する意思を持ち続けている。我々は、当事国を順守、予測性、透明性に立ち帰らせる軍備管理の機会を考慮する用意があり、条件が整い、潜在的な結果が米国、同盟国、パートナー国の安全保障を改善するならば、さらなる軍備管理交渉を受け入れる用意がある。

出典：長崎大学核兵器廃絶研究センター HP

https://www.recna.nagasaki-u.ac.jp/recna/bd/files/summary_npr_201802.pdf

原文：米国防総省HP

https://media.defense.gov/2018/Feb/02/2001872877/-1/-1/1/EXECUTIVE-SUMMARY.PDF

国防総省訳は、以下

https://media.defense.gov/2018/Feb/02/2001872891/-1/-1/1/EXECUTIVE-SUMMARYTRANSLATION-JAPANESE.PDF

アクセス日：2019年12月1日

---

## 資料2B-3　米国の宇宙統合戦闘軍創設

**米国防総省の国家安全保障宇宙コンポーネントのための組織および管理構造に関する最終報告（抜粋訳）**

2018年8月9日

### 序文

　宇宙は、米国の生活様式、国家の安全保障、そして現代の戦争に不可欠な要素である。米国の宇宙システムは、歴史的に潜在的敵国に比べて技術的な優位を維持してきたが、現在、潜在的敵国は、危機に際して米国の宇宙利用を拒絶する方法を活発に開発している。米国が、自国の利益を守るために、政策、ドクトリン、能力をそれに適合させることが必要不可欠である。この目的に向けて、国防総省は、宇宙における諸資源を整理して一つの宇宙軍へと統合する。(略)

　2018年6月18日、国家宇宙評議会の会合での発言の中で、トランプ大統領は、他の軍事部門から独立し、かつそれらと対等の「米軍の6つ目の部門として宇宙軍を創設するために必要なプロセスを、国防総省及びペンタゴンに直ちに開始する」よう命じた。国防総省は、既に権限を有する部分については大統領の指令を実施するための措置を直ちに開始し、大統領の構想を実現するため議会での法案成立を目指す。

(略)

## 脅威

米国は、我が国の宇宙での能力に対する、急速に高まりつつある脅威に直面している。我が国の戦略的な競争国、中国とロシアは、明らかに紛争時における、米国の宇宙での能力を無力化するための宇宙での戦闘能力を獲得しようとしている。その他の潜在的敵国もまた、ジャミング（電波妨害）、ダズリング（目くらまし）、サイバー攻撃といった宇宙対抗能力を追求している。2017年5月11日の上院情報特別委員会に対する証言において、米国家情報長官は、敵国による宇宙での能力及びその意図に関して以下のような評価を述べた。「ロシアと中国は、軍事、民間、あるいは商業用宇宙システムからもたらされる米国の軍事上のあらゆる優位性を相殺する必要性を認識しており、衛星システムに対する攻撃を将来の戦争のドクトリンの一部として徐々に考慮し始めている。両国は、米軍の有効性を減じるための手段として、様々な対衛星兵器（ASAT）の開発努力を継続するだろう。」(略)

## 戦略的背景

国防総省は宇宙に関して以下の2つの大きな目標を持つ。
●宇宙における米国の重要な国益を保護する。すなわち、米国の安全、経済的繁栄、及び科学的知見を向上させるため、宇宙への自由なアクセスと宇宙における作戦行動の自由を確保する。
●戦争遂行者を支援する次世代の諸能力を配備する。「国防戦略」は、戦場として、また近代化の優先事項として宇宙に焦点を当てている。宇宙能力は、国防総省が進める以下のような近代化の取り組みにとっての基礎となる。
●核戦力
●サイバー空間
●指揮、統制、通信、コンピューター、諜報、監視、偵察（C4ISR）
●ミサイル防衛
●戦闘環境における統合殺傷力
●前方への戦力展開と態勢回復
●最新の自律型システム
●回復力があり機敏な兵站

## 宇宙軍(SPACE FORCE)

トランプ大統領は、米国の宇宙における死活的な利益をより確実に守るため、宇宙軍の創設を命じた。他の軍事部門と同様に、宇宙軍は、宇宙の物理的空間における安全保障上の利益を保護するために戦力を組織し、訓練し、装備する。宇宙軍は、国防総省の宇宙における取り組みを加速・統合し、潜在的敵国が進化を遂げるよりも速く、次世代の宇宙戦闘能力を獲得することを可能にする。宇宙軍は世界で最も能力高い国家安全保障のための戦力要員を育てる。これらの取り組みは、成長、任務の拡大、そして省の構成—要員採用、訓練、責任装備のための省の構成—の基礎となる。

## 変更点

宇宙軍の創設は多次元的かつ段階的に進む。今回の最初の段階では、既存の権限に

よって、国防総省が宇宙軍のいくつかの構成要素を立ち上げる。次の段階においては、議会がこれらの構成要素を統合して軍の6番目の部門にすることを求められる。国防総省は、直ちに次の4つの構成要素を追求する。

●宇宙開発庁（Space DevelopmentAgency）：能力開発と配備

●宇宙作戦指導部隊（Space OperationsForce）：宇宙リーダーと統合宇宙戦争遂行者（joint space warfighters）を育てる

●サービス及び支援（Services andSupport）：リーダーシップおよび支援の構造

●宇宙統合戦闘軍（Space Command）：米国の国益防護のための宇宙軍戦闘作戦を展開する

　まず第1に、国防総省は早急かつ大規模に宇宙能力を開発し配備するために宇宙開発庁を設立する。空軍（省）はすでに宇宙・ミサイルセンター（SMC）の改変を開始した。国防総省は、統合した宇宙開発庁の創設により、この改変を加速させ全ての軍担当省に拡大する。

　第2に、国防総省は戦闘軍（combatantcommand）を支援するために宇宙作戦指導部隊を創設する。これらの統合宇宙戦争遂行者は、宇宙に関する専門知識を戦闘軍司令官と宇宙開発庁に提供する。そして宇宙能力が紛争において効果的に行使されるように、危機に際しては専門知識を一気に集中させる。

　第3に、国防総省は宇宙軍の統治、サービス、支援の機能を創設する。その多くは米国法の改正を必要とする。国防総省は2020年度予算サイクルの一部として、議会審議のための法案を作成する。

　第4に、国防総省は米国宇宙統合戦闘軍を創設する。宇宙統合戦闘軍は4つ星の大将もしくは海軍将官によって率いられ、戦争遂行における宇宙資産の使用を指揮するとともに、宇宙能力の他の戦争遂行部隊への統合を加速する。米国宇宙統合戦闘軍は宇宙軍（省）の運用を監督する責任を持つ。

## 宇宙開発庁（SPACE DEVELOPMENTAGENCY）

　強い技術力と指導力、資源の集中、官僚主義の停止がすぐれた結果をもたらすことを歴史は示している。その例には、バーナード・シュリーバー（BernardSchriever）大将による大陸間弾道ミサイル（ICBM）の開発、ハイマン・リコーバー（Hyman Rickover）海軍大将による海軍核事業の開発、戦略的防衛イニシアチブ機構（SDIO）、ついでミサイル防衛庁（MDA）によるミサイル防衛の開発、そしてより最近の統合即製爆発装置対抗機構（JIEDDO）のようなモデルが含まれる。

## 変更点

　似たような躍進を遂げるために、国防総省は以下のことに取り組む。

●少数の独立した資産への依存から、低コストの商業用宇宙技術とアクセスによって可能となる増殖した構造へと移行する機会を認定する。

●調達機構としての組織や思考態度から、実験や試作、迅速な配備に重点を置く開発機構へと移行する。

●マトリックス状で重なり合った構造から、スピードを増すために集中し分離された構造に変わる。

## 宇宙作戦指導部隊（SPACE OPERATIONSFORCE）

　今日、軍の5部門全てが宇宙に関する専門知識を保有しているが、宇宙分野の中核カードルは全兵力のほんの一部である。歴史的に、国防総省は特殊部隊、サイバー、医療などの能力を、認定、重点的支援、訓練、キャリア開発を通じて育ててきた。

## 変更点

　必要な統合した戦争遂行の専門技量を育てるために、国防総省は宇宙作戦指導部隊を設立する。全ての軍サービスから人員を供給される特殊作戦部隊のように、宇宙作戦指導部隊は全ての軍サービスからの宇宙要員で構成されるが、一つのコミュニティとして育成され管理される。宇宙作戦指導部隊は、宇宙能力を開発し、配備し、多領域での戦争遂行へと統合するのに必要な人的資源を供給する。

宇宙作戦指導部隊は:

● 警備隊、予備役、民間人を含む全ての軍サービスからの人員を含む。
● 作戦、諜報、エンジニアリング、科学、調達、サイバーなど、関連する全ての宇宙専門家を含む宇宙コミュニティのための明確なキャリア・トラックを創設する。
● 国防長官官房による文民統治の下に置かれた米国宇宙統合戦闘軍によって監督される。ただし、宇宙軍省の設立までは人員はそれぞれの軍サービスに属する。

## サービス及び支援（SERVICES ANDSUPPORT）

　6つ目の部門への移行とタイミングは、宇宙開発庁と宇宙作戦指導部隊の規模と効率によって速度が決まる。迅速で継ぎ目のない移行を確実にするために、条件や条項が特定され、設定されなければならない。

　戦争遂行、調達、人事に加えて、既存のそれぞれの軍サービスが提供する様々な支援機能が存在する。これらの能力は以下を含む。

● 新兵採用
● 法務
● 財務
● 兵站
● 医療
● 人事

## 変更点

　軍の6つ目の部門である宇宙軍省のための国防総省による法案の一部として、国防総省はこれらのサービス及び支援をどのように提供するかを概説する。

## 米国宇宙統合戦闘軍（U.S. SPACE COMMAND）

　他の軍サービスのように、宇宙軍は宇宙領域における国の安全保障利益に責任を持つ組織を組織し、訓練し、装備する。大統領は、国防総省の宇宙における戦争遂行の構成要素を向上・進化させるために、組織・訓練・装備を越えた追加の変更が必要だと認識している。これを達成するために、国防総省は宇宙における戦争遂行活動を格上げして強化する。第一次世界大戦と第二次世界大戦の間に起きた技術革新は、航空母艦のような数

多くの重要な技術と能力を創造し、第二次世界大戦における米国と同盟国の勝利を可能とした。新しい米国宇宙統合戦闘軍のリーダーシップは、この技術革新の精神と、戦争遂行者と技術者たちを結合する実験的試みを提供する。「国防戦略」は、「戦略上は予測可能だが作戦上は予測不可能であること」の重要性と、潜在的な敵を「知恵で負かし、機動力で出し抜き、孤立させ、技術革新で凌駕する」ための競争的思考態度を育てることの重要性を指摘した。

## 変更点

　戦争遂行能力をさらに向上させるため、国防総省は新しい米国宇宙統合戦闘軍を創設し、統合戦闘軍に加えることを提案する。米国宇宙統合戦闘軍は宇宙における紛争に備え、抑止し、宇宙での戦争が起きた場合には米軍を指揮する。
米国宇宙統合戦闘軍は：
●宇宙における米国の戦争遂行活動を指導し、宇宙作戦部隊のための指
揮の統一を確立する。
●軍事行動と緊急計画にまたがる宇宙における計画と作戦を統合する。
●作戦部隊を、統合した宇宙戦争の遂行を担当する指揮官に系列化することで、指揮構造を単純化する。
●宇宙ドクトリン、作戦概念、及び宇宙における戦術・技術・手順を作成する。
●軍サービスによって採用される宇宙事業基準を確立し、統合軍の相互運用性を確保する。
●占有空間（フットプリント）を合理化し労働集約型作戦業務を自動化するために、商業慣行とデジタル化を利用する。

出典：米国防総省HP
https://media.defense.gov/2018/Aug/09/2001952764/-1/-1/1/ORGANIZATIONAL-MANAGEMENTSTRUCTURE-DOD-NATIONALSECURITY-SPACE-COMPONENTS.PDF
アクセス日：2019年12月1日

## 資料2B-4　イラン核合意からの離脱声明

**共同包括的行動計画に関するトランプ大統領の声明**

2018年5月8日

　米国の皆さん：今日はイランによる核兵器の獲得を防ぐための我われの努力に関する最新の情報を発表する。

　イラン政権は、世界最大のテロへの資金援助国である。同政権は、危険なミサイルを輸出し、中東全域で紛争を煽り、テロリストの代理勢力及びヒズボラ、ハマス、タリバン、アルカイダといった民兵組織を支援している。

　長年に渡り、イランとその代理勢力は、米国大使館及び軍事施設を爆弾攻撃し、米国軍人を何百人も殺害し、米国国民を誘拐し、投獄し、拷問してきた。　イラン政権は、自国民から富を略奪して、それを長期間に渡る混乱と恐怖による統治のための資金としてきた。

　イラン政権による核兵器及び、その運搬手段の獲得のための継続的な努力ほど、危険な行為はない。

　2015年、米国の前政権は他国とともに、イランの核開発計画に関する合意に参加した。この合意は、共同包括的行動計画あるいはJCPOAとして知られていた。

　理論上では、いわゆるこの「イラン合意」は、イラン政権の存続を危うくするだけの、イランによる核爆弾保有という愚行から、米国および米国の同盟国を守るはずであった。実際には、同合意は、イランがウラン濃縮を継続し、核兵器の製造が可能な状態の一歩手前まで徐々に到達するのを許してしまった。　イラン合意は、イラン政権による核開発活動に対する非常に緩い制限の見返りとして、イランに対する欠陥のある経済制裁を解除し、シリア、イエメン、世界中のその他の場所での悪意のある活動を含む、同政権による敵対的な行動に対しては何の制限も加えなかった。

　言い換えると、米国が最大の影響力を持っていた時に、この破滅的な合意は、イラン政権、この恐怖政治の政権に、何十億ドルも、そしてその一部は現金で与えてしまった。これは米国国民である私、及び全ての米国国民にとって、非常に恥ずかしいことである。

　あの時、建設的な合意が容易に締結できたのに、そうはならなかった。イラン合意の核心とは、殺意を抱いているイラン政権が、平和的な核エネルギー計画のみを望んでいるという大変な作り話であった。

　今日、我われは、このイランによる約束はでたらめだったという決定的な証拠をつかんでいる。先週、イスラエルが、諜報活動により入手した、長い間イランが隠してきた、イラン政権による核兵器獲得のためのこれまでの取り組みを明確に示す文書を公表した。

　実際には、イラン合意は、最悪で、最も一方的な合意で、決して締結されるべきではなかった。同合意は、決して平穏や平和をもたらさなかったし、これからももたらすことはないだろう。

　イラン合意が実現して以来の数年間、イラン経済は非常に不調だった一方で、イランの軍事予算は約40％増えた。制裁が解除された後、独裁政権は、新たに得た資金を核兵器の搭載が可能なミサイルを開発し、テロを支援し、中東全域及びそれ以外の場所において破壊をもたらすことに使用した。

イラン合意のための交渉が不十分だったため、例えイラン政権が合意内容を完全に順守したとしても、同政権はほんの短時間で核兵器製造の寸前まで到達することが可能である。合意の中の(一定期間後に段階的に核開発の制限を解除する)サンセット条項は全く容認できないものである。もし私がこの合意を継続したとしたら、すぐに中東で核兵器開発競争が起きるだろう。誰もが、イランが核兵器を手にするまでに、自国の核兵器を獲得しようとするだろう。

　さらに悪いことに、イラン合意の中の査察の条項は、イランによる違反を防ぎ、発見し、処罰するための十分なメカニズムに欠けており、軍事施設を含む、多くの重要な場所を査察するための無制限の権利さえ含まれていない。

　イラン合意では、イランによる核開発の野望を止められないだけでなく、同政権による核弾頭の運搬を可能にする弾道ミサイル開発に対する措置も講じることができない。

　最後に、イラン合意は、イランによるテロ支援を含む、不安定化をもたらす行動を抑制するための措置を何も講じていない。合意が締結されて以来、イランの血なまぐさい野望は増長する一方である。

(略)

　この数か月に渡り、我われは、フランス、ドイツ、英国を含む世界中の米国の同盟国及びパートナー国と幅広く協働してきた。我われは、また、中東全域にわたる友好国とも協議を重ねてきた。米国とこれらの国ぐには、(イランによる核保有の)脅威を理解し、イランは決して核兵器を手にしてはならないと確信している点で、一致している。

　こうした協議の後、私は、腐りきった現在の合意の構造では、イランによる核爆弾の獲得を阻止できないと確信した。

(略)

　したがって、私は、今日、米国がイラン核合意から離脱することを表明する。

数か月の間に、イラン政権に対する制裁を再開するために、私は大統領覚書(大統領令)に署名する。我われは、最高レベルの経済制裁を実施する予定である。核開発を目指しているイランを手助けするいかなる国も、米国による強力な制裁の対象となる可能性がある。

　米国は、核による脅しの人質に取られることはない。我われは、米国内の都市を破壊すると脅すことを許さない。そして、「米国に死を」とスローガンを唱える政権が、地球上で最も殺傷力の高い兵器を手にすることを許さない。

今日の発表には重大なメッセージが含まれている。米国は、今後口先だけの脅しは行わない。私は約束したら、必ず守る。実際、まさにこの瞬間、ポンペオ国務長官は、もうすぐ開催される私と金正恩との会談の準備のため北朝鮮に向かっている。計画が立てられ、関係が構築されている。何とか合意を成立させ、中国、韓国及び日本の協力を得て、すべての人にとっての繁栄と安全を実現できることを願っている。

　核合意から離脱するにあたり、米国は同盟国とともに、イランによる核の脅威に対する、包括的で永続可能な、本当の解決策を模索することになる。そこには、イランの弾道ミサイル計画による脅威を無くし、世界中でのテロ行為を止めさせ、中東全域での脅迫行為を防ぐための努力も含まれる。それまでの間に、強力な制裁が実施されるだろう。もしイラン政権が核開発を継続すれば、同政権は、かつて経験したことのないような深刻な問題に直面することになるだろう。

（略）

　イランの指導者たちは、当然新たな合意のための交渉を拒絶するだろう。拒絶しても構わない。もし私が彼らの立場だったら、恐らく同じことを言うだろう。しかし、実際にはイランの指導者たちは、イランとイラン国民すべてのためになる、新たな持続可能な合意を締結することを望むことになるであろう。その場合には、私には合意のための交渉に臨む準備があるし、交渉する意思と能力がある。

（略）

出典：ホワイトハウスHP
whitehouse.gov/briefings-statements/remarks-president-trump-jointcomprehensive-plan-action
アクセス日：2019年12月1日

## 資料2B-5　イラン核合意へのポンペオ国務長官の12項目要求

2018年5月21日

① IAEAに過去の核開発計画の軍事面を全て申告し、完全に放棄する。
② ウラン濃縮を中止し、プルトニウム再処理を追求しない。重水炉も閉鎖する。
③ 国内全ての施設に対するIAEAの査察を認める
④ 弾道ミサイルの拡散を止め、核搭載可能なミサイル開発を中止する。
⑤ 虚偽の容疑で拘束されている米国や同盟国などの全市民を解放する。
⑥ レバノンのシーア派組織ヒズボラ、パレスチナのイスラム主義組織ハマスなど中東のテロ組織への支援を中止する。
⑦ イラク政府の主権を尊重し、シーア派民兵の武装解除を容認する。
⑧ イエメンのフーシ派に対する軍事支援を中止し、平和的な政治解決を目指す。
⑨ シリアからイラン指揮下にある全部隊を撤退させる。
⑩ アフガニスタンや周辺でのタリバンや他のテロリストの支援を止め、アル・カーイダ指導者の潜伏容認を中止する。
⑪ イラン革命防衛隊の精鋭コッズ部隊によるテロリストや民兵支援を停止する。
⑫ 米同盟国を多く含む隣国への脅迫行動を中止する。それにはイスラエル破壊の脅迫、サウジアラビアやアラブ首長国連邦へのミサイル発射、国際航行への脅迫、サイバー攻撃などが含まれる。

注：米ヘリテージ財団での講演から抜粋してリスト化。各項目の文言は原文の忠実な訳である。

出典：米国務省HP
https://www.state.gov/secretary/remarks/2018/05/282301.htm
アクセス日：2019年12月1日

## 資料2B-6
### イラン核合意維持を求めるEUと英独仏首脳の共同声明（抜粋）

フェデリカ・モゲリーニ欧州連合外務・安全保障政策上級代表、ジャン・イブ・ル・ドリアン仏外相、ヘイコ・マース独外相、ジェレミー・ハント英外務長官、ブルーノ・ル・メール仏財務相、オラフ・ショルツ独財務相及びフィリップ・ハモンド英財務相による共同声明

2018年11月2日

　我々は米国が包括的共同行動計画（JCPOA）から離脱し、追加の制裁を再開することを大変遺憾に思う。

　JCPOAは世界の核不拡散体制と多国間外交の鍵となる枠組みであり、国連安保理決議2231によって満場一致で支持された。これはヨーロッパと中東、そして全世界の安全にとって重要なものである。

　JCPOAは有効であり、目標を実現しつつある。IAEAは過去12回の報告において、イランは合意を順守していることを確認した。

　我々はイランがJCPOAで定められた核合意を完全に履行し続けることを期待する。

　JCPOAはまた、イランとの貿易・経済関係、そして何よりもイランの人々の生活へ前向きな影響を与えるために、国際的な制裁の解除を規定している。

　（中略）

　我々は国際合意の尊重と世界の安全にとっての問題であるJCPOAの履行に向けて関与し続け、イランがこれに関して建設的な役割を果たすことを期待する。

出典：欧州対外行動庁（EEAS）HP
https://eeas.europa.eu/headquarters/headquarters-homepage/53230/joint-statement-high-representativefederica-mogherini-and-foreignministers-jean-yves-le_en
アクセス日：2019年12月1日

## 資料2B-7　プーチン大統領の年次教書演説（抜粋）

**連邦議会に対する大統領演説**

2018年3月1日

（前略）

　米国が一方的に対弾道ミサイル（ABM）条約から脱退して以来、この十数年間、ロシアは、進んだ設備と武器の開発に集中的に取り組んできた。その結果、戦略兵器の新モデルの開発において大きな躍進を遂げることができた。

　米国は、主に、弾道軌道をえがく戦略兵器を迎撃するため、世界規模のミサイル防衛（以下、BMD）システムを構築しているということを想起してほしい。こうした戦略兵器は、他の核保有国と同様に、ロシアの核抑止力のバックボーンを形成している。

　そのため、ロシアは、BMDシステムを無力化するために、完全で非常に効果的だが、手ごろな価格のシステムを開発し、そのための取り組みを続けている。（後略）

　加えて、ロシアは、次世代ミサイルの開発に乗り出した。例えば、国防省とミサイル及び航空宇宙産業の企業は、重量級の大陸間ミサイルを含む新たなミサイルシステムの実験を活発に行う段階に入っている。我われは、それをサルマートと呼んでいる。

　サルマットは、ソ連で作られたボーボーダ・システムに取って替わることになるだろう。同システムの持つ計り知れない力は全世界に知られていた。（略）

　とは言え、サルマートのミサイル能力はさらに高い。重量は200トン以上で、加速段階が短い。そのためBMDシステムにより迎撃するのがより困難になる。この新しいミサイルの射程距離、戦闘ブロックの数と力はボーボーダより大きい。サルマートは、極超音速の、及びミサイル防衛をかいくぐる最新の方法を含む、広範囲にわたる強力な核弾頭を搭載することになるだろう。（略）

　ビデオを示す（ビデオ再生）。ボーボーダの射程は11,000kmであるが、サルマートの射程は制約がほとんどない。ビデオクリップが示すように、北極と南極の両方を経由してターゲットを攻撃することができる。（略）

　しかし、我々はそれに止まらなかった。ターゲットに向かって移動するときに弾道軌道を全く使用しない新型の戦略兵器の開発を始めた。それ故、BMDシステムはそれに対して役に立たず、無意味である。（略）それらの1つは、最新のX-101空中発射ミサイルや米国のトマホークミサイルのようなミサイルに搭載可能な小規模で頑丈な原子力ユニットである。（略）核弾頭を搭載した低空飛行ステルス・ミサイルで、制約がほとんどない射程、予期せぬ軌道、迎撃境界を迂回する能力を備えている。これは、すべての既存および将来のミサイル防衛システムおよび対空防衛システムに対して無敵である。（略）

　さて、我々は、無人兵器システムの設計と開発が、世界のもう一つの共通の傾向であることを知っている。ロシアは、最速のものを含む潜水艦、最先端の魚雷、あらゆる種類の水上艦の速度よりも数倍の速度で、深く（私は極端な深度と言う）大陸間移動可能な無人潜水機を開発した。（略）それらは静粛で、大いに操縦可能で、敵に対する脆弱性はほとんどない。（略）

　最新の兵器システムの開発において最も重要な段階は、高精度の極超音速空中発射ミサイルシステムの構築であった。（略）。同システムの実験は成功裏に完了し、さらに、昨

年の12月1日、同システムは、南部軍管区内のいくつかの飛行場において試験的な運用を開始した。高速の運搬航空機の持つ飛行上のユニークな特性により、数分以内でミサイルを発射地点に運搬することができる。音速の10倍速い極超音速で飛行するミサイルは、2,000キロ以上の射程距離の中で核及び通常の弾頭を運搬しながら飛行軌道のあらゆる段階で操縦可能であり、そのため、既存の全ての、そして私が思うに、将来開発される対空及びミサイル防衛システムを無効にすることも可能である。我われは同システムをキンジャル（短剣）と呼んだ。(略)

NATO加盟国である米国と欧州のパートナーに繰り返し言ってきたことをもう一度言おう。ロシアは、米国のグローバルなミサイル防衛システムがもたらす脅威を無力化するために必要な努力を行う。ロシアは、このことを会談中にも、また公にも言及してきた。2004年に、このシステムの実験が初めて行われた戦略核戦力の演習の後で、以下のことを報道陣との会見で語った。(略)私はこう言った。「他国が武器及び軍事上の潜在能力を増強する時、ロシアも新世代の兵器及び技術を確実に持てるようにする必要がある。この点に関して、これらの演習において成功裏に完了した実験に基づき、近い将来、ロシア連邦軍とりわけ戦略ミサイル軍が、大陸間をまたぐ距離にある標的を攻撃することが可能で、飛行中に飛行高度及びコースを調整できる極超音速で高精度な新しい兵器システムを手にするであろうことを確認できたことを皆さんにお伝えできてうれしい。これは、非常に重要な発表である。なぜなら世界中のどの国も現時点において、このような武器を軍の保有兵器の中に所有していないからである。」引用終わり。(略)

2004年に私が言ったように、ミサイルが標的に向かう途中、滑空する巡航ミサイルが（数千キロメートルに渡り）横と縦の両方向に活発に操縦され、このことが、あらゆる防空システム及びBMDシステムにとって、同ミサイルを絶対的に迎撃不可能にしている。新しい複合材の使用により、滑空する巡航ミサイルが、電離層で長距離の誘導飛行を実質的に行うことが可能になった。ミサイルは、隕石や火の玉のように、標的まで飛行する。その表面温度は、摂氏1,600度から2,000度に達するが、巡航ミサイルは確実に誘導される。(略)

ロシアとしては、現行の軍備管理に関する合意の範囲内で、自国の防衛能力を強化するための取り組みを行ったということに言及しなければならない。ロシアは何にも違反していない。私はとりわけ、増え続けるロシアの軍事力は誰にとっても脅威ではないと言わなければならない。ロシアが、自国の軍事力を、侵攻は言うまでもなく、攻撃の目的で使用する意図を持ったことは全くない。

ロシアは、誰も脅していないし、誰も攻撃しないし、兵器で脅して誰かから何か奪うつもりもない。ロシアは何も欲していない。その真逆である。私は、増え続けるロシアの軍事力は、世界平和のための確固たる保証であると強調する必要があると（そして、これはとても重要であると）考える。なぜなら、この軍事力が、周知のように、第二次世界大戦後から今日まで国際安全保障の要となる要素であったし要素であり続けている、世界における戦略的均衡及び力のバランスを保っているし、今後も保って行くからである。

そして、過去15年間、軍拡競争を加速し、ロシアに対する一方的な優位性を追い求め、軍事分野を含むロシアの発展を抑える目的で国際法の見地から違法な制限及び制裁を導入してきた人々に対して、私はこう言う。あなた方がそうした政策により止めようとしてきたことの全てが、すでに起きてしまったと。ロシアを抑え込むことに成功したものはいないと。(略)

ロシアは、核兵器使用のハードルを下げる機会を拡大する、改訂された核態勢見直し（NPR)の中のいくつかの項目に深刻な懸念を抱いている。密室では、相手を落ち着かせるために何でも言えるが、我われは書かれていることを読む。そして、核態勢見直しに書かれているのは、通常兵器による攻撃及び、サイバー空間での脅威に対してさえ、この戦略が実行に移され得るということである。ロシアの軍事ドクトリンには、核による攻撃に対してのみ、または、その他の大量破壊兵器によるロシアまたは同盟国への攻撃、または、通常兵器を使用した、まさに国家の存亡を脅かすロシアへの侵略行動に対してのみ、ロシアは核兵器を使用する権利を保有するとある。これらは全て明確で具体的である。

　以下のことを知らせるのは、私の義務と考える。ロシアまたは同盟国に対するあらゆる核兵器の使用は、短距離であれ、中距離であれ、いかなる射程距離のものであっても、ロシアに対する核攻撃とみなされるだろう。いかなる結末を伴おうと、（ロシアは）直ちに報復を行う。

　このことについて、いかなる疑念も存在しないはずである。世界にこれ以上脅威を創り出す必要は全くない。そうではなく、交渉のテーブルに着き、人類の文明のために国際的安全保障と持続可能な発展のための新たで有意義な体制をともに考案しよう。ロシアはずっとそう言い続けている。これらの提案の全てが未だに有効である。ロシアにはそうする用意がある。

　ロシアの政策が例外主義の主張に基づくことは決してない。ロシアは自分たちの利益を守るとともに、他国の利益を尊重する。ロシアは国際法を遵守し、国連の持つ侵すことのできない中心的役割を信じている。それらは、ロシアが絶対多数の国ぐにと強固で、友好的で、対等な関係を築くことを可能にする原則及びアプローチである。（後略）

出典：ロシア大統領府HP
http://en.kremlin.ru/events/president/transcripts/56957
アクセス日：2019年12月1日

第4部

# C. 国連および NPT 関連資料

## 資料2C-1　グテーレス国連事務総長、ＣＤで軍縮理念の再興を訴える

**アントニオ・グテーレス国連事務総長のジュネーブ軍縮会議での発言**

2018年2月16日

議長、ご列席の皆さま、

この場に立つことができ光栄に思います。みなさまの努力に感謝します。とくに、今年、軍縮会議の長い停滞を打ち破る道を生みだした、熱心な努力は注目に値します。

私は、みなさまの実質的な作業を前に進めるという10日前の決定を歓迎します。

現在、目の前に最も困難な部分が待ち構えています。つまり、みなさまが[この決定を]交渉再開へとつなげることに取り組むということです。

軍縮と軍備管理は私にとって最重要課題です。それは国連憲章で合意された国際安全保障システムの中心であります。

核兵器の危険性は全くもって明らかです。人間生活や環境に壊滅の危険性をもたらしています。

核戦争の脅威という重要でまっとうな不安が、世界中に広がっています。

東アジアでは、何百万もの人々が毎日のようにこの恐怖に直面しています。私は彼らの忍耐と柔軟さを称えます。今月初めには韓国を訪問し、まさにその現状をこの目に焼きつけてきました。

さらに、私たちはここ数週間で好ましい変化を見てきました。

さらに、オリンピックの間における、韓国の勇気のある取り組みを歓迎します。

しかし、これは十分でありません。朝鮮半島の非核化や、この地域の持続可能な平和という根本的な目標を実現するため、私たちには不断の改善が求められます。

わたしはまた、新START条約における、アメリカとロシアの削減の完了を歓迎します。

私たちは、地球の平和へのしっかりとした土台づくりのために、さらに軍縮と軍備管理を進めなくてはいけません。

そして、軍縮会議は、前進のために欠くことのできないグローバルな交渉の舞台です。

議長、ご列席の皆さま、　軍縮と軍備管理の取り組みは大きな進展を生み出してきました。戦略核兵器の備蓄の削減、化学や生物兵器の完全な禁止を実現しました。地雷やクラスター爆弾といった無差別兵器の使用の禁止や制限も達成しました。

しかし、大量破壊兵器の全廃を求めた国連総会の第1号決議は、いまだ実行できていません。そして現在、世界には1万5千発もの核兵器が存在しています。

この兵器固有の危険性への認識が、昨年署名の始まった核兵器禁止条約の実現に寄与したと考えられます。

近年、軍事費の削減や、軍隊の縮小といった長年の目標が置き去りにされてきました。

軍事力は称えられ、美化され、紛争が人類に与えるむごい代償は無視されています。

また、地球上の武器貿易は冷戦以降で最も盛んであり、地域紛争を助長しています。世界の軍事支出はいまだ、1.5兆ドルを大幅に上回っています。

不拡散における進展を阻むような緊張も再び生まれています。多くの国が未だに、核兵器が世界を安全にするという誤った考えを主張しています。

テロリストのような国家ではない主体が、地球の軍縮の営みに極めて深刻な障壁を生み出しています。

さらに、科学と技術の進歩は、自律的で離れた所から操作される新しい兵器の開発を加速させ、規範の枠組みを揺るがしています。

核兵器を戦術兵器として使用するという極めて危険な試みが検討されています。

さらに、戦争は戦場を越え、都市や村の中心部で行われるようになりました。実際、政府や非国家の武装集団は、強力な爆発装置を居住地域で使用し、数多くの市民を殺しています。

戦争のための武器は、まるで普通の商品のように市場に出回り、売買されています。

さらに、化学兵器の使用や核実験に関するタブーは、いくどとなく疑いの目にさらされています。

こうした状況の悪化を前に、国際社会にとって、軍縮と軍備管理の新しい共通のビジョンの再興が急務です。

議長、ご列席の皆さま、

これらの懸念に対し、加盟国の支援のもと、私は新しい取り組みを準備しています。地球の軍縮課題に、より強い推進力と方向性を生みだすことを意図しています。

この取り組みは、国際的な平和と安全を維持するための私たちの仕事の不可欠な要素として、再び軍縮の役割を取り戻すことを狙っています。

私は、紛争予防、人道主義の維持、持続可能な開発の促進、将来の危機への備えといった今日の優先課題に取り組む中で、軍縮への新しい展望を描くことができると信じています。

予防に関しては、私たちは兵器の度を越した集積や拡散の危機に対応しなくてはいけません。そして、軍縮を、予防外交や平和構築への国連の努力と統合する必要性があります。

地球レベルでは、核兵器を廃絶するという新しい機運を生かすために力を合わせなくてはいけません。

人道への取り組みとしては、とくに都市部の市民やインフラに対する、通常兵器の許されない影響が拡大していることに集中しなくてはいけません。それは人権への明らかな違反でもあります。命を救うための軍縮に取り組む必要があります。

持続可能な開発については、持続可能な開発のための2030年目標と軍縮のつながりを強化すること、紛争を助長したり、資源を転用したりする非合法な兵器の移動を減らすこと、そして過剰な軍事支出の悲惨な経済的な結果を理解することが求められます。

最後に、未来の兵器によってもたらされる潜在的な危険やリスクを精査する必要があります。自動で無人の兵器、人工知能、生物技術、宇宙システムといった新しい技術と、国際人道法、国際人権法との関係も議論しなくてはいけません。

私の取り組みは、伝統的な重要課題に新しい観点、鮮明な未来の姿、そして実践的で実行可能な行動を提示することを目指しています。

これは大きな挑戦です。しかし、最も困難な時でも軍縮や軍備管理において合意することが可能だということは、歴史が示しています。

　私は、この取り組みをさらに前に進めるために、軍縮担当上級代表に、国連の全ての機関、最先端の専門家、加盟国、そして市民社会といった、広範なアクターと協力するように指示しました。

　議長、ご列席の皆さま、

　軍縮と軍備管理は、数多くの小さな取り組みからなる複雑な作業です。

　ひとつひとつが、全体へと関係しています。すべてのガス攻撃、すべての核実験が大きな危険へとつながっています。

　軍縮に関する地球規模の枠組みが、これ以上浸食されていくことを眺めていることはできません。

　私たちは、まさに、その流れを速やかに反転させなくてはいけません。

　私たちは、現在の核不拡散条約再検討プロセスを2020年の成功へとつなげなくてはいけません。

　この基礎となる条約は、核不拡散、軍縮そして原子力の平和利用のために有効であり続けなくてはいけません。

　さらに、私たちは包括的核実験禁止条約を遅れなく発効させなくてはいけません。

　私たちは化学兵器禁止条約を強化し、違反を説明する責任を確立しなくてはいけません。

　そして、私たちは軍縮と軍備管理の議題を再活性化させ、あるべき方向に進むように戻さなくてはいけません。

　私たちは、核兵器のない世界という共通の目標へと一緒に進んでいかなくてはなりません。

　事務総長として、私は軍縮会議の成功に貢献するために、権限の範囲にある全てのことに取り組むことを約束します。

　したがって、みなさまには、将来の合意を実現させるため、いっそう努力をすることをお願いします。

　みなさまはこの40年で最も良い始まりへと向かっていると信じています。そして、新しい推進力を生み出すことを楽しみにしています。

　どうもありがとうございました。

原文:英語、一部仏語。

出典:国連HP

https://www.un.org/sg/en/content/sg/speeches/2018-02-16/address-opening-ceremony-munich-security-conference

アクセス日:2019年12月16日

## 資料2C-2　グテーレス事務総長の国連軍縮アジェンダ（抜粋）

国連軍縮アジェンダ
「私たちの共通の未来を守る」

2018年5月24日

**序文**

　私たちは、危険な時代に生きている。長引く紛争が人類に言語に絶する苦しみをもたらし、様々な武器を持つ武装グループがはびこっている。世界の軍事予算と軍備競争は拡大し続け、冷戦時代の緊張状態が、より複雑さを増した世界が再び出現している。多極化した今日の世界において、かつて2つの超大国間の緊張を緩和するのに役立った交渉及び対話の仕組みは、弱体化し意義を失ってしまった。

　この新たな現実を鑑みると、軍縮と不拡散が国連の中心的な仕事となるべきである。これが、私の軍縮アジェンダの背景である。

　歴史を通して、国ぐにはより安全で安心な世界を建設するため、また国民を危害から守るために軍縮のための努力を行ってきた。国連の創設以来、軍縮と軍備管理は、危機及び武力紛争を予防し終結させる上で重大な役割を果たしてきた。高まった緊張状態や危険は、政治的な対話や交渉によってのみ解決可能であり、武器の増強では決して解決できない。軍縮と軍備管理は、21世紀における国家と人間の安全保障を確保するのに役立つことが可能であり、集団的安全保障体制上の不可欠な要素であるべきである。

　核兵器が人類に与えている実存する脅威が、核兵器の全廃につながる、新しくて決定的な行動を行うための動機となるべきである。私たちは、核戦争を生き延びた被爆者、及びこの地球に対してそうする義務を負っている。

　私たちは、また、その他の全ての種類の武器の過剰蓄積を防止し、それを逆行させるためにさらなる努力を行うべきである。軍縮の努力の中心に人間を据えるべきであり、今日及び将来の命を救う軍縮を実現すべきである。私たちは、シリア、イエメン、アフガニスタン、南スーダン、ソマリア、マリ、その他の全ての地域において、殺害され、傷づけられ、故郷を追われた何百万人もの人びとに対して、そうする義務を負っている。

　私たちは、また、科学と技術における発展が人類のために使われるよう力を合わせるべきである。新たな技術が兵器に応用されることを防ぐための私たちの努力は、将来の世代の命を救うことになるだろう。私たちは、自分たちの子どもや孫に対して、そうする義務を負っている。

　軍縮アジェンダは、包括的であることを目指しているが、網羅的であることは目指していない。解決策を提示し、疑問を投げかける。加盟国の責務を代替することを意図していないし、加盟国に対し、特定の措置を課すことも意図していない。私が望むのは、この軍縮アジェンダが、国際的な軍縮に関する対話及び交渉を再び活性化し、新しいアイディアが生まれるのを促し、新たな気運を創り出すことである。

　軍縮アジェンダは、また、国連内部での異なる部署、各国政府、市民社会、民間部門などの間での新たなパートナーシップや、より広範囲に渡る協力のための土台を築くことで、国連システム全体の優先事項の中に軍縮を組み込む。そして、具体的な措置に焦点を絞り、加盟国が各々の責務を果たす上で、私が個人的に関わり支援するつもりのある領

域を示す。

多くの加盟国、独立した専門家、市民社会のメンバーがこの軍縮アジェンダの作成に貢献してくれた。彼らの関わりと支援に対し心から感謝する。歴史において、事象の原因を変えるために、個人及び集団の勇気と良心が一つになる瞬間がある。この軍縮アジェンダが、全ての人びとにとっての持続的な平和と安全に向けた道を世界が歩み出すための助けになることを願う。

アントニオ・グテーレス国連事務総長
2018年5月24日

## 要旨
### 新たな軍縮アジェンダの必要性

冷戦時代のような緊張状態が、より複雑で危険な環境のもとで再び出現している。武力紛争は以前より頻発し、長期化するようになり、一般市民にとってより破壊的なものになった。内戦は、地域及び地球規模での対立と相互に関連しており、多様な武器を装備した、暴力的な過激主義者、テロリスト、組織化された民兵及び犯罪分子といった多くの関係者が関わっている。全会一致に基づいた軍縮プロセスに挑戦する利害が多様化しており、国際システムの統治もより複雑になった。

その結果もたらされた不安定化のコストは莫大なものである。2017年度においては、世界の総生産の8分の1以上があらゆる形態の暴力を阻止するために支出され、世界全体の軍事費は、ベルリンの壁の崩壊以来、最高額に達した。新たな兵器技術は、非国家主体が国際的な境界を越えて攻撃を行う能力を含み、リスクを高めている。最近起きた多くの紛争においては、人道法は無視され、化学兵器などの禁止された兵器が戦場で再び使用されるようになった。通常爆弾が都市部で使用され、市民や環境に甚大な影響をもたらしている。

危険を減らし、国際的な緊張状態を緩和し、究極的により安全で安心な世界に近づくための具体的な措置を含む、冷戦終結時に締結された多くの軍縮の義務及び約束は履行されないままになっている。それゆえ、軍縮のための継続的な努力は、国際的な緊張状態が高まり、紛争が激化しているこの時期に、一層不可欠である。

軍縮は、武力紛争の予防を助け、武力紛争が起きたときにはその影響を緩和するための手段である。国際平和と安全の維持、人道原則の堅持、国民の保護、持続可能な発展の促進、武力紛争の予防と終結を含む、様々な理由により、軍縮のための措置が試みられる。安全保障の概念が人間をその中心に据えるために進化を遂げたのと同様に、軍縮の目標と用語も、21世紀における人間の安全保障、国家の安全保障、また集団的安全保障に貢献できるよう進化する必要がある。

本覚え書きでは、大量破壊兵器、通常兵器と将来の兵器技術を含む、軍縮問題の全域に渡る一連の実際的な措置についての概要を述べる。また、新たな視点を構築すること、及び平和と安全のための私たちの共通の努力の中心に軍縮を再び据えるために、真剣な対話が求められる領域を探ることを試みる。

### 人類を救うための軍縮

核兵器の存在は、世界に脅威を与え続けている。核兵器の全廃は、対話の再活性化と真

剣な交渉、核軍縮につながる共通のビジョンに立ち返ることによってのみ達成可能である。核兵器を保有する国ぐには、あらゆる種類の核兵器を削減し、核兵器の不使用を確実にし、安全保障ドクトリンにおける核兵器の役割を低減し、作戦準備態勢を縮小し、進化した新型核兵器の開発を抑制し、計画の透明性を高めて、相互の信用と信頼を構築するための措置を講じるべきである。全ての国ぐには、核実験の禁止を永続的なものにし、核軍縮の検証のための方法を発展させ、核兵器に使用するための核分裂性物質の生産を終わらせ、核兵器のない世界を迎えるための具体的で不可逆的な措置を達成するために協力すべきである。

　他の大量破壊兵器については、あらゆる化学兵器の使用に対しての不処罰を終結させ、必ず説明責任が伴うようにすることにより、安全保障理事会が第一義的な責任を果たし、化学兵器に反対する規範がこれ以上弱体化することを阻止するために行動しなければならない。生物兵器禁止条約の実施の強化によるものを含め、あらゆる生物兵器の使用を防止するため、及び防止に失敗した場合、十分な対応が確実に開始できるようにするために、国連機関を引き続き強化すべきである。宇宙空間におけるものを含む、新たな、不安定化をもたらす戦略兵器の出現を予防することも、国際的な安定を維持する上で引き続き不可欠である。

## 命を救う軍縮

　武力紛争がより多くの死者を出すようになり、より破壊的で、より複雑になっているため、命を救うための軍縮に新たな焦点を当てる必要がある。これには、共通の基準、（一般市民の）巻き添え被害に関するデータの収集、政策と実践の共有により、人口が多い地域における爆発物の使用を抑制するための新たな努力が含まれる。国連は、各国政府が、簡易な爆発物による惨劇に対処するのを支援するための連携を改善する必要があるだろう。また、武装したドローンといった新たな技術が、国際法の再解釈を促すのを防ぐための警戒を怠ってはならない。

　武器を規制するための国際的なアプローチは、こうした問題の持つ重大さに見合ったものであるべきであり、予防と持続可能な開発のためのより広範な努力の中に組み込まれるべきである。同アプローチは、国レベルにおける、小型の武器やそれらで使用する弾薬の不法取引を終わらせる活動を支えるための新たなアプローチから始めるべきである。また、紛争を激化し長引かせる上で、武器の過剰蓄積が与える影響に対する、国連機関によるより深い理解が伴うべきである。過剰で管理の行き届いていない備蓄兵器の安全、及び物理的防護を引き続き確実にすべきである。また、とりわけ地域レベルにおいて、軍事費を削減し信頼を醸成するために、新たな協力と対話を育てなければならない。

## 将来の世代のための軍縮

　科学と技術における進歩は人類の生活に革命を起こし続けており、将来の世代の安全を危険にさらす可能性のある、新たに出現しつつある兵器技術について理解することを怠たるべきではない。新たな兵器技術は、既存の法律上、人道上、倫理上の規範、不拡散、国際的な安定、及び平和と安全に対して新たな挑戦を突き付ける可能性がある。兵器の自動化が加速する状況を前に、人類が武力の行使に対するコントロールを確実に維持できるようにするための新たな措置が必要である。サイバー空間における責任ある行動のために、説明責任及び規範、規則、原則の遵守の文化を育てる必要がある。また、産業界、

技術者及び科学者による責任あるイノベーションを促すために、さらなる措置を講じる必要がある。

**軍縮のためのパートナーシップの強化**

　これまでの軍縮のイニシアチブは、政府、専門家コミュニティー、市民社会間での効果的なパートナーシップを伴った場合に、最も成功している。既存の多国間による軍縮機関は、政治的な意思を強め、同機関による活動と専門家間の連携を改善し、活動に専門家をより効果的に取り込むことにより、再び活性化され、より効果的に利用される必要がある。国連及び地域の組織は、安全保障と軍備管理に関する地域対話のための既存の基盤を強化するために協力すべきである。女性が軍縮に関するあらゆる決定過程に平等に、完全にかつ効果的に参加できるようにするため、一層の努力が必要である。若い人たちに、変化と軍縮のための原動力となる力を与えるための、教育及び訓練の機会を増やすべきである。最後に、専門家、産業界、市民社会の代表が、国連による軍縮の努力に、より効果的に関わり参加すべきである。


（中略）


**第2章「人類を救う軍縮」**
**大量破壊兵器と他の戦略兵器**
**核兵器廃絶にむけて**

　国連が創設されて以来、国連は世界における核兵器及び他の戦略兵器の廃絶を目指してきた。これは、1946年国連総会で最初に採択された決議の目的であった。原子力の時代を通して、核兵器は、その比類ない破壊力ゆえに、他の兵器と異なり、人類に対して存続の脅威を与えると広く理解されてきた。第二次世界大戦の終わり、今日の基準では低威力核兵器とみなされる2発の原子爆弾が広島と長崎を徹底的に破壊し、投下直後に推定で約30万人の市民が亡くなった。今日、9か国において約1万5千発の核兵器が備蓄されており、そのうち数百発が数分の間に発射可能な状態である高度警戒態勢に置かれている。

　（中略）

　国連事務総長は、核兵器の全面廃棄に向けた作業に全力を傾け、加盟国に対し、遅滞なくこの目的を達成するための努力を再び活性化するよう求める。国連事務総長は、加盟国とともに、以下の3つの領域において、核軍縮の議論を再活性化するために一層努力し、進展を試みる。核軍備管理及び核軍縮のための対話と交渉を再開すること、核兵器及びその拡散に反対する規範を広めること、核兵器のない世界のための準備をすることである。この3つの領域について、以下でさらに議論する。

**核軍備管理及び核軍縮のための対話と交渉の再開**

　核不拡散条約の5年ごとの再検討プロセスを通じて、同条約の締約国は、実際的な措置と行動計画について交渉し合意してきた。これらが実施されれば、核兵器の全面廃棄につながることになる。過去数十年間に渡り、5つの核兵器国は、同条約の中の法的拘束力のある軍縮義務と、自国の保有核兵器の全面廃棄を達成するという明確な約束に従って、実際に削減と制限を行ってきた。

（中略）。

　残念なことに、現在、核兵器の削減及び廃棄のための最善のアプローチに関して、深刻な意見の相違が存在する。こうした意見の相違を、人道上の懸念と安全保障上の懸念の間における争いと特徴づける人もいる。それは間違った二分法である。現実には、人道上考慮すべきことと安全保障上考慮すべきことは相容れないものではなく、どちらも国際社会によるあらゆる努力が緊急性を要することを支持し、その根拠を与えるものである。国際社会が共通のヴィジョンを持ち、核兵器の全面廃絶の道のりに戻るために、誠実で中身のある、結果重視の対話が再開されなければならない。

　（中略）

## 核兵器及びその拡散に反対する規範の拡大

　既存の核軍縮及び核不拡散のための規範は、相互に補強しあい、密接に結びついている。不拡散は、国際的な平和及び安全の維持の中心であり、また軍縮につながるような国際環境を維持するのに引き続き不可欠である。この2つの目標は、同じコインの裏表である。この2つの目標がともに、核兵器国と非核兵器国の間の、関連し合った一連の相互的な法的取り決めを構成している。一方における後退は、必ずもう一方の後退につながる。

　（中略）

## 核兵器の使用に反対する規範

　冷戦の終結に向けて、2つの核超大国の指導者であるロナルド・レーガン大統領とミハイル・ゴルバチョフ書記長は、「核戦争に勝者はなく、決して起こしてはならない」ことに合意した。この格言は、今日でも侵すことのできない真実である。にもかかわらず、核兵器を所有するいくつかの国が、戦場での使用が可能になる核兵器と核ドクトリンを追い求めている。（後略）

## 核実験に反対する規範

　核実験に反対する規範は、核軍縮及び核不拡散の両方の目標に資するもう一つの措置の例である。進んだ新型核兵器の開発を制することで、包括的核実験禁止条約（CTBT）は軍拡競争に歯止めをかけた。同規範は、核不拡散義務に違反して、核兵器の開発、製造、その後に入手を企てるかもしれない潜在的な国ぐにに対する、規範上の強力な防壁にもなる。

　近年、一つの例外を除き、全ての国が同条約により形成された規範を尊重し、核爆発実験の凍結を継続している。この規範の持つ力の証明として、国際社会は、1996年に同条約が署名解放されて以来、同条約への違反のひとつひとつに対応してきた。国連安全保障理事会は、特に同条約を支持するための決議を採択した。そして、核実験に反対する規範は、非核兵器地帯の創設や核兵器禁止のための条約の中の条項によりさらに強化されている。

　（中略）

## 核兵器のない世界への準備

　（中略）このアプローチの下で、国際社会は進歩を遂げることができ、「軍縮のための部分的措置」として知られるようになった多くの画期的な法的文書やその他の取り決め

を達成することができた。核不拡散条約、部分的核実験禁止条約(PTBT)、南極及び海底の非軍事化、非核兵器地帯、二国間における軍事上の意思疎通のためのチャンネル、戦略核兵器運搬システム及びミサイル防衛における制限などである。その他の多くの措置については数年間に渡り議論されてきており、その中には、国際社会が核兵器のない世界のために準備するのを手助けする上で、少なからぬ可能性をまだ持っているものがある。

　緊張と世界規模での懸念が高まっている現在、核兵器の全面廃棄までの間、新たな切迫感をもって、リスク低減のための措置を講じる努力がなされるべきである。こうした措置には、核兵器開発計画の透明性、あらゆる種類の核兵器のさらなる削減、巡航型ミサイルを含む、不安定化を引き起こす新たな種類の核兵器を導入しないという誓約、核の不使用の相互誓約と安全保障ドクトリンにおける核兵器の役割の低減が含まれ得る。こうした措置の目的は、全ての人にとっての安定及び安全保障を増強することであるべきである。(中略)。

出典：国連HP
front.un-arm.org/documents/SG+disarmament+agenda_1.pdf
アクセス日：2019年12月1日

## 資料2C-3　ＮＰＴ成立５０年、米英露外相の共同声明

寄託国政府の外務大臣によるNPT共同声明
米国、英国、ロシア政府発表

2018年6月28日

　1968年7月1日、それぞれの首都ロンドン、モスクワ、ワシントンD.C.において、核不拡散条約(NPT)が署名開放になった。署名開放から50年後の今日、我われは、この画期的な条約が、世界中の国ぐにや人びとの安全及び繁栄に果たしてきた、計り知れない貢献を祝福する。

　NPTは、核兵器が世界中に拡散してしまうという、当時と現在の迫り来る脅威を抑制するための国際的な努力にとって不可欠な基盤を提供してきた。そうすることで、NPTは、全ての加盟国の利益に貢献し、核戦争による大惨事が勃発するリスクを制限してきた。

　我われは、また、電気、医学、農業であろうと、または産業にとってであろうと、原子力の平和利用から受ける驚くほど多様な恩恵を祝福する。この人類にとっての恩恵は、NPTとNPTの周囲に構築された核不拡散体制が、核開発プログラムが完全に平和的なものであり、今後もそうあり続けるという確信を与えるのを助けてきたからこそ、成長を遂げている。

　IAEAは、原子力の平和利用のための最大限可能な協力を促す上でも、保障措置を適用し、核開発計画が完全に平和目的のものであることを検証する上でも、NPTの実施における重要な役割を担っている。IAEAの包括的保障措置協定は、追加議定書とともに、未申告の原子力活動が行われることはないという確証を与えるとともに、NPT上

の義務の履行を検証するための普遍的な基準になるべきである。我われは、IAEAを完全にかつ引き続き支持することを誓うとともに、他国に対しても、同様の支持を強く求める。

国際的な緊張状態を緩和し、国家間の安定、安全及び信頼の状況を創り出すのに寄与することで、NPTは核軍縮にとって極めて重要な貢献を行ってきた。NPTは、核軍縮を一層進めるのに不可欠な状況を創り出すために引き続き貢献する。我われは、NPTに定められているように、核兵器の全面的廃絶という究極的な目標への約束を持ち続けている。そしてその目標に進むのに一層好ましい国際環境を作り出すために我われが協力することを約束する。

NPTの成功は、予め定められたものではなかったし、将来における成功も保証されているわけではない。その成功は、NPTの遵守を確実なものにし、NPTへの加盟を促し、効果的な安全保障措置を確実なものにし、世界中のあらゆる場所における現在進行中あるいは新たに発生しつつある拡散の挑戦に対処するための、我われの協力及び継続的な努力にかかっている。冷戦が最高潮の時でさえ、我われの先人たちは、我われの共通の安全及び繁栄のためにこの賢い投資を行った。今日、我われは、この遺産を将来の世代のために守り、深化させるための努力を惜しまないことを誓う。

出典：米国務省HP
https://translations.state.gov/2018/06/28/joint-statement-by-the-foreign-ministers-of-the-depositary-governments-for-the-treaty-on-the-non-proliferation-of-nuclear-weapons/
アクセス日：2019年12月1日

## 資料2C-4　核兵器禁止条約（TPNW）に関するＰ５共同声明（抜粋）

**中国、フランス、ロシア、英国及び米国による共同声明**

第73回国連総会第一委員会 テーマ別討議（核兵器）
ニューヨーク、2018年10月22日

（前略）

核兵器禁止条約への我々の反対をこの文脈の中で繰り返す。核兵器なき世界を達成するための最善の手段は国際的安全保障環境を考慮に入れた漸次的なプロセスを通じてのものであると我々は確固として信じる。核兵器の世界的備蓄の計り知れない縮小を含め、核廃絶に向けたこの実証された方法は実体的な結果を生み出してきた。

TPNWは恒久的で世界的核廃絶の達成のために乗り越えなければならない重要な問題に取り組むことに失敗している。それはNPTを否認し、危うくする。それは国際的な安全保障の文脈と地域的課題を無視し、国家間の信頼と透明性を向上させることは何もあしえない。たった一発の核兵器を廃棄することにもならない。それは不拡散の最高の基準に満たない。そして国際的不拡散と軍縮機構の分断を生み出し、それは武装解

295

除に向けたさらなる進歩をより困難にさえし得る。

　我々はこの条約を支持せず、署名や批准をすることはない。TPNW は我々の国々を結びつけない、そして我々はそれが慣習国際法の発展に貢献するといういかなる主張を受け入れない、それが新たな基準や規範を設定することもない。我々はTPNW の支持を検討している全ての国が、国際的平和と安全保障のためのその示唆を真剣に反映することを求める。

　むしろ、いかなる場所においても、我々は全ての国がNPT の継続的な成功に従事し、順守を確認し、普遍化を促進し、不拡散の最高の基準を確実にし、そして進行中で持ち上がる拡散の課題に応じることを要請する。この文脈において、核軍縮の目標と目的を進めるために、我々5か国はNPT の枠組み内での個人的かつ集合的努力を継続するために我々の約束を繰り返す。

出典：
https://cd-geneve.delegfrance.org/Statement-P5-on-the-TPNW-10-22-2018
アクセス日：2019年12月1日

## 資料2C-5　第73回国連総会・核兵器禁止条約（TPNW）決議

### 核兵器禁止条約

A/RES/73/48
2018年12月5日

共同提案国：アルジェリア、アンゴラ、アンティグアバーブーダ、オーストリア、ベナン、ボリビア、ブラジル、チリ、コスタリカ、キューバ、コンゴ民主共和国、ドミニカ共和国、エクアドル、エルサルバドル、エスワティーニ、ガーナ、グアテマラ、グアヤナ、ホンジュラス、インドネシア、アイルランド、ジャマイカ、カザフスタン、リヒテンシュタイン、マダガスカル、マラウイ、メキシコ、ナミビア、ネパール、ニュージーランド、ニカラグア、ナイジェリア、パラオ、パナマ、パラグアイ、ペルー、フィリピン、セントビンセントおよびグレナディーン諸島、サモア、サンマリノ、セネガル、セイシェル、シエラレオネ、南アフリカ、タイ、トリニダードトバゴ、ウガンダ、ウルグアイ、バヌアツ、ベネズエラ（ボリバル共和国）、ベトナム、ザンビア、ジンバブエ：

### 核兵器禁止条約

　総会は、2017年12月4日の決議72/31を想起し、

1.　17年7月7日の核兵器禁止条約の採択を歓迎する。

2.　17年9月20日からニューヨーク国連本部において、条約が署名開放されていることに留意する。

3.　18年10月17日時点で、すでに69か国が条約に署名し、19か国が批准または加入していることを歓迎する。

4.　まだ署名していないすべての国に対し、可能な限り早い時期に条約に署名、批准、受

諾、承認、または加入するよう求める。

5.　二国間、準地域的、地域的、多国間の接触、アウトリーチ、その他の手段を通じて条約の遵守を促進する立場にあるこれらの国に要請する。

6.　条約の寄託者として国連事務総長に、条約の署名および批准、承認、承認または加入の状況について第74回総会に報告するよう要請する。

7.「一般的かつ完全な軍縮」と題された項目、「核兵器禁止条約」と題された小項目を、第74回会合の暫定議題に含めることを決定する。

出典：国連軍縮局ＨＰ

https://undocs.org/A/C.1/73/L.24

アクセス日：2019年12月1日

## 資料2C-6　第73回国連総会・新アジェンダ連合（NAC）決議（抜粋）

**核兵器のない世界へ：核軍縮に関する誓約の履行を加速する**

A/RES/73/70
2018年12月5日

　共同提案国:オーストリア、ブラジル、エジプト、ガーナ、アイルランド、メキシコ、ナミビア、ニュージーランド、サモア、南アフリカ、

　総会は、

　1946年1月24日の決議1（I）、2016年12月5日の決議71/54、2017年12月4日の決議72/39を想起し、新アジェンダ連合の発足と、1998年6月9日にダブリンにおいて採択された、軍縮のための新たなアジェンダの概要を述べた共同声明の20周年に留意し、（中略）

　2010年の核不拡散条約（NPT）再検討会議において、いかなる核兵器の使用も壊滅的な人道上の結末を引き起こすことに対して表明された深刻な懸念と、同会議による、すべてにとってより安全な世界を追求し、核兵器のない世界の平和と安全を追求するとの決意を想起し、（中略）9月26日を核廃絶の全面的廃絶のための国際デーとして祝い、普及させることを歓迎し、2016年12月23日の71/258決議に則って、核兵器の完全廃棄につながるよう核兵器を禁止するための法的拘束力のある文書を交渉するための国連会議において交渉された、2017年7月7日の核兵器禁止条約の採択を歓迎し、（中略）NPTの無期限延長の基礎となった、1995年のNPT再検討・延長会議が採択した諸決定と決議、ならびに2000年と2010年のNPT再検討会議の最終文書、とりわけNPTの第6条の下での誓約に従って、核軍縮につながるよう保有核兵器の完全廃棄を実現するという核兵器国による明確な約束を想起し、（中略）核兵器の完全廃棄こそが、核兵器の使用あるいは使用の威嚇を防ぐ唯一の絶対的保証であること、および核兵器の完全廃棄までの間、非核兵器国が、明確で法的拘束力のある消極的安全保証を核兵器国から得ることへの正統な関心を想起し、核兵器の完全廃棄までの間、非核兵器地帯の設置と維持が、グローバルおよび地域レベルでの平和と安全を促進し、核不拡散体制を強化し、核軍縮の目的の実

現に貢献するとの確信を再確認するとともに、非核兵器諸地帯条約締約国・署名国およびモンゴルの会議を歓迎し、(中略)過去21年間に渡り、作業計画に合意し実施することができなかったジュネーブ軍縮会議において、これまでと様に多国間での核軍縮に向けた進展が何もないことに深い失望の念を表すとともに、1999年以来、国連軍縮委員会が核軍縮について実質的な成果を何つ出していないことに深い失望の念を表し、2015年のNPT再検討会議において、実質的な成果が全くなかったことに深い遺憾の意を表し、2015年のNPT再検討会議が、NPTを強化し、NPTの完全な履行と普遍化に向けた進展を促し、1995、2000、2010年のNPT再検討会議においてなされた誓約と合意された行動の履行状況を監視する機会を逃したことに失望の念を表すとともに、このことがNPTとその3つの柱の間におけるバランスに与える影響について深く懸念し、国際関係における緊張の高まりと、核兵器近代化計画によるものを含め、いくつかの国の安全保障ドクトリンにおいて核兵器の重要性が増していることに懸念を持って留意し、2018年4月23日から5月4日までジュネーブで開催された、2020年のNPT再検討会議第2回準備委員会に留意し、2020年のNPT再検討会議に向けた建設的で実りの多い準備プロセスの重要さを強調し、全ての加盟国がそのために一層の努力を行うことを要請するとともに、準備プロセスがNPTの強化およびNPTの完全な履行と普遍化を達成するための進展を促すものであるべきであり、1995、2000、2010年のNPT再検討会議でなされた誓約及び合意された行動の履行状況を監視すべきことを強調し、ロシア連邦とアメリカ合衆国が、新START（戦略兵器削減条約）において合意した核兵器削減を達成したことを歓迎するとともに、2010年のNPT再検討会議が、両国に対して保有核兵器の一層の削減を達成するための後継措置に関する議論の継続を奨励したことを改めて強調し、一方的な、あるいは二国間および地域的イニシアチブの有用性、ならびにそうしたイニシアチブでの合意事項が順守されることの重要性を認識する一方で、核軍縮に関する多国間主義の重要性を強調し、

1. NPTの各条項は、いかなる時もいかなる状況においても加盟国を拘束するものであり、すべての加盟国はNPT下での義務を厳格に遵守することに対して全面的な責任を負わなければならないことを繰り返し強調するとともに、すべての加盟国に対し、1995、2000、2010年のNPT再検討会議におけるすべての決定、決議、誓約を完全に順守するよう求める。

2. また、2010年のNPT再検討会議において、いかなる核兵器の使用も壊滅的な結末を引き起こすことに対して表明された深刻な懸念と、すべての加盟国が、いかなる時も国際人道法を含む適用可能な国際法を遵守する必要性を繰り返し強調する。

3. 核兵器の人道的影響に関する会議において発表された証拠を認識するとともに、加盟国に対し、関連する決定や行動を行う上で、核軍縮を下支えしている人道上の要求と核軍縮を達成することの緊急性に対して相応の重要性を与えるよう求める。

4. すべてのNPT加盟国がNPT第6条の下で誓約している核軍縮につながるよう、保有核兵器の完全廃棄を達成するとした核兵器国による明確な約束の具体的な再確認を含め、2000年のNPT再検討会議の最終文書において合意された具体的な措置が引き続き有効であると再確認されたことを想起し、核軍縮につながる措置に関して具体的な進展を加速することを核兵器国が誓約したことを想起するとともに、核兵器国が自らの誓約の履行を加速するために必要なあらゆる手段を講じることを求める。

5. 核兵器国に対し、一方的な、あるいは二国間、地域および多国間による措置を通じたものを含め、配備非配備を問わず、あらゆる種類の核兵器を削減し究極的に廃棄するため一層の努力を行うとの誓約を果たすよう求める。

6. 核兵器を保有するすべての国に対し、すべての核兵器の高度警戒態勢を確実に解除することを目標に、検証可能かつ透明性の高い方法で、核兵器システムの作戦準備態勢を減ずるよう要請する。

7. 核兵器の完全廃棄までの間、核兵器国が、全ての軍事上および安全保障上の概念、ドクトリンおよび政策において、核兵器の役割と重要性を具体的に低下させることを奨励する。

8. 核兵器の完全廃棄までの間、核兵器国をメンバーに含む地域同盟に加盟している全ての国に、集団的安全保障ドクトリンにおける核兵器の果たす役割を低下させることを奨励する。

9. NPT加盟国が、核兵器国が核兵器の開発および質的な改良を制限すること、並びに先進的な新型核兵器の開発を中止することに対する非核兵器国の正統な関心を認識したことを強調するとともに、核兵器国に対して、この点に関して措置を講じるよう求める。

10. 核兵器国による核軍縮への誓約をないがしろにし、核兵器使用のリスクと新たな軍備競争の可能性を高める、核兵器国による核兵器計画の近代化に関する最近の政策表明に懸念を持って留意する。

11. これまでの核軍縮に関する義務と誓約に従って、すべての核兵器国が、各国において軍事目的上不要となったすべての核分裂性物質の不可逆的な撤去を確実にするためのさらなる措置を講じることを奨励するとともに、IAEAの文脈内で、すべての加盟国が、適切な核軍縮検証能力と法的拘束力のある検証の取り決めを前進させることを支援し、それによりこうした物質が検証可能な形で恒久的に軍事計画の外に置かれることを確実にするよう求める。

12. すべてのNPT加盟国に対し、NPTの無期限延長と密接不可分である1995年のNPT再検討・延長会議で採択された、中東に関する決議の完全な履行に向けて取り組むよう求めるとともに、2015年のNPT再検討会議において、完全に履行されるまで有効である、1995年の中東に関する決議が定めた中東非核兵器・非大量破壊兵器地帯設置のためのプロセスに関するものを含め、実質的な成果が何もなかったことに対して失望と深い遺憾の意を表す。

13. 1995年の中東に関する決議の共同提案国に対して、同決議が定めるように、中東非核兵器・非大量破壊兵器地帯の早期設置を確実なものにすることを目指し、同地帯の設置に関する会議の開催への支援によるものを含め、最大限の努力をするよう要請する。

14. 核軍縮と核不拡散を実現する上でのNPTの基盤的な役割を強調するとともに、2019年4月29日から5月10日までニューヨークで開催される予定の2020年NPT再検討会議第3回準備委員会に期待する。

15. すべての加盟国に対して、NPTの普遍化のためのあらゆる努力を惜しまないよう求めるとともに、これに関連して、インド、イスラエルとパキスタンに対し、即時かつ無条件に非核兵器国としてNPTに加盟し、自国のすべての核関連施設をIAEAの保証措置の下に置くことを要請する。

16. 最近行われた南北首脳会談およびアメリカ合衆国と朝鮮民主主義人民共和国間の

第4部

首脳会談を含む、朝鮮民主主義人民共和国との対話と議論に奨励の意を持って留意しつつ、平和的な方法で朝鮮半島の非核化を達成することを目指し、朝鮮民主主義人民共和国に対して、誓約を果たし、すべての核兵器と現存する核開発計画を放棄し、早急にNPTに復帰し、IAEAの保障措置協定を遵守するよう要請するとともに、6か国協議に対する確固たる支持を再確認する。

17. すべての加盟国に対して、多国間の文脈の中で核軍縮という大義を前進させる努力を妨げている国際的な軍縮機関の内部にある障害を乗り越えるために協働するよう要請するとともに、ジュネーブ軍縮会議に対して、とりわけ多国間交渉を通じて、今一度、核軍縮の課題を前進させるための実質的な作業を遅滞なく再開することを要請する。

18. すべてのNPT加盟国に対し、1995年、2000年、2010年のNPT再検討会議において合意された、同条約の下での義務と誓約を遅滞なく完全に履行するよう要請する。

19. また、すべてのNPT締約国に対して、NPT条約およびその再検討プロセスの健全さを確保するために、第6条下の義務の履行を切迫感を持って前進させることを要請する。

20. 核兵器国に対し、標準化された詳細な報告様式によるものを含め、加盟国が進捗状況を定期的に監視できるような形で、核軍縮の義務と誓約を質的にも量的にも履行するよう要請する。これにより、核兵器国間のみでなく核兵器国と非核兵器国間の信用と信頼を強化し、核軍縮に貢献することとなる。

21. また、核兵器国に対し、2020年NPT再検討会議の一連のサイクルを通して提出される予定の報告書の中に、核軍縮に関する義務と誓約の履行に関する具体的で詳細な情報を含めることを要請する。

22. NPT加盟国に対し、進捗状況に対する客観的な評価を確実かつ容易にするために、一連のベンチマークやそれに類似した規準によるものを含め、核軍縮に関する義務および誓約の履行状況に対する測定可能性を改善することを奨励する。

23. 加盟国に対し、国連総会決議1（I）およびNPT第6条の精神と目的に従って、核兵器のない世界の達成と維持のための効果的な措置に関する多国間交渉のための努力を、遅滞なく誠実に継続することを要請する。

24. 加盟国に対し、核軍縮のためのさらなる法的拘束力のある効果的な措置を特定し、具体化し、交渉し、履行する努力を引き続き支持することを求めるとともに、この文脈において、2017年7月7日の核兵器禁止条約の採択を歓迎する。

25. あらゆる核兵器爆発がもたらす危険性と壊滅的な影響に対する市民社会の意識を高めるための、軍縮教育を含めた措置をとることを勧告する。

26. 第74回国連総会の暫定議題の項目「全面的かつ完全な軍縮」の下に、「核兵器のない世界へ：核軍縮に関する誓約の履行を加速する」と題する小項目を含めること、並びに、同総会において、現存する決議の履行状況を調査することを決定する。

出典：国連軍縮局HP
https://undocs.org/en/A/RES/73/70
アクセス日：2019年12月1日

核兵器の完全廃棄へ向けた、新たな決意のもとでの団結した行動

A/RES/73/62
2018 年12 月5 日

　共同提案国：オーストラリア、ブルガリア、クロアチア、チェコ、ドミニカ共和国、エストニア、フィンランド、ジョージア、ドイツ、ギリシャ、ハイチ、ホンジュラス、ハンガリー、イタリア、日本、ラトビア、ルクセンブルク、モンテネグロ、ネパール、ニカラグア、パラオ、パナマ、パラグアイ、ポーランド、ポルトガル、ルーマニア、セネガル、セーシェル、スロバキア、スロベニア、スペイン、マケドニア旧ユーゴスラビア共和国、バヌアツ、ザンビア

　総会は、

　（前略）

　国際的な核不拡散体制のかなめ石として、かつ核軍縮、核不拡散、および核エネルギーの平和的利用の追求への中心的な基盤として、核不拡散条約(NPT) の決定的な重要性を再確認し、（略）

　安保理決議に基づく、核兵器、弾道ミサイル、および関連の核・弾道ミサイル計画の廃棄、かつ全ての関連の活動の中止を含む、完全かつ検証可能で不可逆的な非核化を達成するという朝鮮民主主義人民共和国（北朝鮮）の約束を再確認し、 2018 年4 月27 日、5 月26 日、および9 月18 ～ 20 日に開かれた南北首脳会談、さらに2018 年6 月12 日の米大統領と北朝鮮労働党委員長の会談を、最終的で完全に検証可能な北朝鮮の非核化へ向けた積極的な一歩として歓迎し、（略）

　核兵器使用による壊滅的な人道上の結末に深い懸念を表明し、国際人道法を含む、適用される国際法を全ての国がいかなる時も順守する必要を再確認し、また、核兵器の使用を避けるためにあらゆる努力がなされるべきだということを理解し、

　核兵器使用による壊滅的な人道上の結末は、みなに完全に理解されるべきであり、そして、この点において、こうした理解を浸透させるための努力がなされるべきだということに留意し、（略）

　1. 軍縮を促進する目的でNPT 前文において展望されているように、国家間の緊張の緩和や国同士の信頼の強化に取り組み、また核不拡散体制を強化し、核兵器の完全廃棄へ向けた団結した行動を取るという決意を新たにする。

　2. これに関連し、核兵器国は、第6 条を含む、NPT を完全に履行すると言う明確な約束を再確認する。同時に、2000 年NPT 再検討会議の最終文書を想起する。

　3. 全てのNPT 締結国に対して、条約の全条文に基づく義務を遵守し、グローバルな安全保障を発展させることについての十分な配慮のもとで、1995 年NPT 再検討・延長会議と、2000・2010 年の再検討会議の最終文書で合意された措置を履行することを求める。

　4. 全ての国が、2020 年NPT 再検討会議の成功に向けて最大限の努力を払うように奨励し、2017 年5 月にウィーン、2018 年4 月～ 5 月にジュネーブでそれぞれ開かれた

NPT 再検討会議準備委員会の第1回、第2回会合が成功裏に終わったことを歓迎する。

5. NPT の非締約国全てが、核兵器の非保有国として即時に条約に加盟し、無条件にその普遍性を達成し、条約に未加盟の状態にあってもその文言を遵守し、条約を支える実践的な措置を取ることを求める。

6. 全ての国が核軍縮と不拡散において実践的で、具体的で、効果的な方策を促進する有意義な対話にさらに取り組むことを奨励する。理解を深めたり、また国家が安全保障環境に対処し、全ての国家間の信頼と信用を向上させることのできる方策を生み出すための、双方向の議論を通じた対話を促す努力を求める。

7. 核兵器の使用がもたらす人道上の結末に対する深い懸念が、核兵器のない世界に向けた全ての国による努力を支える重要な要素であり続けることを強調する。

8. すべての国が、核軍縮と不拡散プロセスにおいて、不可逆性、検証可能性及び透明性の原則を適用することを求める。

9. また、誰にとっての安全も害さず、向上させるという原則に基づき、全ての国が、核兵器の全面的な廃絶に向けて、より実践的な措置や効果的な方策を取ることを求める。

10. 透明性の向上は地域や国際レベルでの信頼や信用を醸成し、対話や交渉の共通の土台作りに貢献することを強調する。そうすることで、核兵器の全面的廃絶へとつながる削減が可能となる。

11. 核兵器国が透明性を高めるための努力を強化し、拡大し、相互信頼を向上させることを奨励する。それには、とりわけ、2020 年再検討会議に向けたNPT の再検討プロセスを通じ、核軍縮への努力の一環として、解体され、削減された核兵器とその運搬システムに関するより頻繁で詳しい報告を提供することが含まれる。

12. さらなる核削減を促す視点から、国際的な緊張を緩和し、国家間の信頼を強化し、国際安全保障環境を向上するために、全ての国が最大限の努力をすることを求める。中でも、次の行動をとくに強調する。a. 新START（戦略兵器削減条約）の履行の継続、2018 年2月5日に、条約において戦略核備蓄庫の主となる制限が有効になったという事実を歓迎し、また、その日までにその主となる制限を達成したという、ロシアと米国のそれぞれの発表をさらに歓迎し、b. 核兵器の備蓄の大幅な削減を達成するための交渉の開始へとつながりうるロシアと米国間の対話の継続、c. 配備済みと未配備に関わらずあらゆる種類の核兵器を削減し、究極的には廃絶するための、全ての核兵器保有国による努力。これには一方的、二国間、地域的、そして多国間の措置を含む。d. さらなる核軍縮措置を促進する視野によって国際安全保障環境が改善されることができる核兵器国とその他の国の間の定期的な議論、e. 関係国が、軍事・安全保障上の概念、ドクトリン、政策につき、安全保障環境を考慮しつつ、核兵器の役割と意義をさらに減じるという視点での継続的な見直し、

13. 全ての核兵器保有国が、意図しない核爆発のリスクに包括的に対処するため、あらゆる努力をし続けることを要請する。

14. NPT 締結国で核不拡散義務を順守する非核兵器国が、核不拡散体制を強化し得る、明確で法的な拘束力を持った安全の保証を核兵器保有国から受けることに対する正当な関心を認識する。

15. 核兵器保有国から一方的な宣言が出されたことに留意し、1995 年4月11日の国連安保理決議984 を想起する。また、全ての核保有国が安全の保証に関して行った誓約を全面的に尊重することを求める。

16. 適切な場合には非核地帯をさらに創設することを奨励する。これは、関係地域の国の自由意思による取り決めを基本にしたもので、1999 年の軍縮委員会によるガイドラインと整合したものである。そして核兵器国が消極的安全保障を含む関連議定書に署名および批准することにより、そのような地域の地位に関して法的拘束力を持った個別の誓約を行い、また条約の締約国に対して核兵器の使用や使用の威嚇を行わないということを認識する。

17. また、1995 年の中東決議に沿って、その地域内諸国の自由意思による取り決めを基本として、中東地域における核兵器と大量破壊兵器及び運搬システムのない地域の創設に向けてさらなる努力を行うこと、そしてその完了のため関係国間で協議を再開することを奨励する。

18. 包括的核実験禁止条約(CTBT) の早期発効への広範な要求を認識する。同時に、全ての国、とくに付属議定書における残る8 ヵ国が、他の国を待つのではなく個別に、条約を署名、批准する取り組みをするように促されていることを想起する。また、核兵器の爆発実験や、その他の核爆発に関して現在進行中の全てのモラトリアムを維持し、条約が発効しな間はこれを続けるという政治的意志を、全ての国に宣言するように促す。

19. 条約が署名開放されてからのCTBT 機構準備委員会の達成、および委員会への国家の継続した支援を称賛する。とくに、国際監視制度と国際データセンターの設立という意義深い進展を称える。

20. 核兵器、またはその他の核爆発装置のための核分裂性物質の生産を禁止する条約について速やかに交渉を始め、1995 年3 月24 日のCD/1299文書とその行動計画に基づいて早期に結論を導くことを、全ての関係国に促す。2012 年12 月3 日の決議67/53 の3 段落目に基づく政府専門家グループの報告、2016 年12 月23日の決議71/259 の2 段落目に基づく高レベル核分裂性物質生産禁止条約準備グループの報告、さらに2018年9 月5 日に採択された軍縮会議の付属機関2 の報告を考慮する。

21. 条約の効力発生を待つ間は、核兵器やその他の核爆発装置に使われる核分裂性物質生産のモラトリアムを宣言し、維持することを全ての関係国に促す。

22. 2016 年12 月14 日の決議71/67にしたがって委任された政府専門家グループ、および、核軍縮検証のための国際パートナーシップといった、核兵器のない世界の追求に貢献しうる核軍縮検証能力の発展に向けた努力を歓迎する。そして、そのためには核兵器国と非核兵器国の協力が大切だということを強調する。

23. 付属機関を設立するという2018年の会期における軍縮会議の決定に留意し、歓迎する。一方で、さらに協議を前進させ、また2019 年会期においてできるだけ早く作業計画を採択し、履行することで、20 年間にわたり続く行き詰まり状態を克服する可能性を探ることを軍縮会議に求める。

24. 核兵器のない世界を達成するために、軍縮・不拡散教育の国連調査に関する国連事務総長の報告に含まれている提案を履行することを、全ての国に奨励する。

25. 核兵器の使用がもたらす現実への認識を高めるため、あらゆる努力を払うことを奨励する。これはとくに、自らの経験を将来の世代に伝える被爆者(核兵器の使用を生き延びた人々)を含む人々やコミュニティとの交流や、政治指導者や若者を始めとする人々による訪問などを通してなされるものである。

26. 安全保障理事会の関連の決議を完全に履行する全ての国の責任と、安全保障理事会の関連決議に基づいて、完全かつ検証可能で不可逆的な非核化を達成するという北朝

鮮の義務を確認する。

27. 2018 年4 月27 日、5 月26 日、および9 月18 ～ 20 日に南北朝鮮首脳会談で取り決められた約束、また2018 年6 月12 日のアメリカ大統領と北朝鮮労働党書記長の会談における、最終的で完全に検証可能な北朝鮮の非核化への約束の実行を、北朝鮮に促す。

28. 北朝鮮による全ての「核実験、弾道ミサイル技術を使った発射、また核と弾道ミサイル技術の発展を促進するその他の活動」を、最も強い言葉で非難する。北朝鮮はNPT において核兵器国という立場に立つことはできない。また、完全かつ検証可能で不可逆的な非核化に向けた一歩としてさらなる核実験を行わないこと、他の国を待つのではなく、これ以上の遅れなくCTBT に署名し批准すること、完全かつ検証可能で不可逆的な方法で、継続中の核活動を速やかに中止することを北朝鮮に強く促す。さらに、関連する全ての安全保障理事会決議を完全に順守すること、2005 年9 月19 日の6 カ国協議の共同声明を履行すること、IAEA 保障措置協定など、NPT の完全な順守に速やかに復帰することを、北朝鮮に求める。

29. 核兵器とその運搬手段の拡散を防止、制限するための努力を倍増させ、そして核兵器を否認するためのあらゆる義務を完全に尊重、順守することを、全ての国に求める。

30. さらに、核兵器の拡散を防ぐために効果的な国内規制を整備し、強化することを、全ての国に求める。また、不拡散に向けた努力において、国際連携と能力開発の強化のために、国家間の協力と技術支援を行うことを奨励する。

（後略）

出典：国連軍縮局HP
https://undocs.org/en/A/RES/73/62
アクセス日：2019年12月1日

## 資料2C-8 「核軍縮の実質的な進展のための賢人会議」の提言

効果的な核軍縮への橋渡し -2020年NPT再検討会議のための提言-

2018年3月29日

## I.分断された世界のための共通目標の模索

1. 現在,核兵器のない世界に向けた見通しは不鮮明となっており,もう一度焦点を定め直す必要がある。軍縮における２つの相反する潮流の対立がより先鋭化している。一部の国は,戦略環境の悪化への懸念から,核抑止が国家と国際の安全保障と安定に資するものであり,大きな戦争を防ぐとの信念の下,核抑止への依存を改めて確認することへと駆り立てられている。一方,他の国や被爆者を含む市民社会グループは,核兵器禁止条約(ＴＰＮＷ)の採択に見られるように,核兵器の使用がもたらしうる悲惨な非人道的結末のリスクへの深い懸念から,一日も早い核兵器の完全な廃絶を追求している。この分断は深く,またとても強固なもので,異なる立場の国々の間で重要な事柄に関する有意義なやり取りができなくなっている。

2. 本賢人会議は,核軍縮をめぐる停滞はとても擁護できるものではないと強く考える。核兵器不拡散条約(ＮＰＴ)プロセスやＴＰＮＷをめぐり各国の間で見解の違いが存在しようとも,国際的な核の秩序の崩壊は,いかなる国にとっても利益とはならない。さらに言えば,ＮＰＴ第6条に基づいて国際的な安全保障環境を改善しながら核兵器のない世界を追求することが,すべての国にとっての共通の利益である。国際社会は,立場の違いを狭め,また究極的には無くすため,直ちに行動しなければならない。すべての関係者は,たとえ異なる見方を持っていたとしても,核の危険を減らすために協働することができるのであり,対話のための共通の基盤を共に追求していく作業を促進するために,議論における礼節と異なる意見を尊重する姿勢を取り戻されなければならない。

3. こうした状況を背景に,本賢人会議は,第II部に記されている橋渡しのための措置に各国が緊迫感を持って着手すべきであると提言する。これは,ＮＰＴの今次運用検討プロセスにおいて核軍縮・不拡散を活性化し,同プロセス自体を強化し,異なるアプローチを収斂させるための下地を作るために必要である。

### 核不拡散・核軍縮体制を維持するための前提

4. 73年にわたる不使用の慣習に裏打ちされた核不使用の規範は,あらゆる手段で維持されなければならない。

5. ＮＰＴは核兵器のない世界という共通の目標の前進に向け,引き続き中心的な存在である。

6. ＮＰＴを維持するため,すべての締約国は究極的かつ完全な核廃絶に向けた共同の約束,すなわち1995年の運用検討プロセスにおける,原則及び目標,並びに運用検討プロセスの強化に関する決定と,2000年及び2010年の最終文書を実施しなければならない。また,1995年に採択された決議及び2010年に合意された行動計画に基づき,地域の当事者や共同提案/議長国(露,英,米)は,関心を寄せるＮＰＴ締約国及び国連と緊密に連絡を取りながら,中東非大量破壊兵器地帯に関する会議を中東地域の

305

すべての国が参加する形で,可能な限りの早期開催に向け取り組まなければならない。

7.包括的核実験禁止条約(CTBT)は,核実験不実施の規範の強化,核不拡散及び核軍縮の促進にとって重要な役割を果たしている。本賢人会議は,附属書IIにあげられた発効要件国による一日も早い署名/批准を要請し,すべての国に核実験を控えることを呼びかける。すべての国は,条約の検証メカニズム及び暫定技術事務局(PTS)の有効性を維持するためにさらなる努力をし,適切な財政支援を保証すべきである。

8.米露の核軍備管理の枠組みは,核兵器と脅威の削減に向けたグローバルな取組の根本的な基礎を構成するものである。賢人会議は,米露に対し,核戦力のさらなる削減を確保するため,再びおたがい向き合い,枠組みを再構築するための努力を惜しまないことを要請する。最も喫緊の課題は,新戦略兵器削減条約(新START)の5年間の延長である。

9.イランの核問題に関する包括的共同作業計画(JCPOA)を,すべての要素において,すべての関係国が完全に遵守することは,核不拡散レジームの健全性にとって不可欠である。すべての利害関係国は,国連安保理決議第2231号により下支えされた,JCPOAの完全な実施を引き続き支持すべきである。

10.北朝鮮の核・ミサイル危機が悲惨な結末をもたらすことを防がなければならない。すべての利害関係者は,本件が平和的に解決され,完全で検証可能かつ不可逆的な朝鮮半島の非核化を実現するため,あらゆる努力をすることが要請される。

## II.橋渡しの取り組み

11.核兵器のない世界を実現するための明確な共通のビジョンを生み出すため,核軍縮における分断を橋渡しするための一連の取組が立案されなければならない。「橋渡し役」を務めようとする者は,共通の基盤に向け取り得る道筋が特定され,核軍縮に向けた現実的で効果的なステップが取られるよう,分断を作り出している根本的な問題や論点について,多様な国々が率直に取り組むことを要する課題の設定について考えるべきだ。特に,核軍縮の実現に向けたアプローチは異なるものの,核兵器国と非核兵器国がNPTの目標に向け共通のコミットメントをすることは,橋渡しのための有益な出発点となるであろう。本賢人会議は,政府と市民社会組織が協力して効果的な役割を果たせるとの認識の下,以下の取組を提言する。

### NPT運用検討プロセスの実施の強化

12.NPTの全締約国は,ステートメントに加え,具体的かつ実践的な提案を通じて,NPTへの当事者意識を示さなければならない。これらは,無条件に実施される自発的な取組,NPTの履行状況に関する報告や,橋渡しの提案等,各国の運用検討サイクルに対するコミットメントを示すものが考えられる。

13.国別報告はNPTの強化された運用検討プロセスにおいてより有効に活用され得る。特に,第3回準備委員会にて核兵器国が自らの国別報告に関する説明を行い,それを受けて他の締約国や市民社会の参加者と対話型討論を行うセッションを開催することは有益である。また,核兵器国がステップ・バイ・ステップ・アプローチにおいて核軍縮に向け想定する措置に関する情報も有益である。

14.「橋渡し役」は,透明性のための措置に関する理解を深め,そして進展させるため,以下のことを目的として,核兵器保有国と非核兵器国の両者を巻き込みながら,対話を促す

イニシアティブを取ることができる。すなわち, ①脅威の削減, リスクの削減への効果的な貢献, ②核軍縮のプロセスにおいて生じる安全保障上の懸念への対処, ③すべての類型の国, すなわち核兵器保有国, 抑止力の下にある国及びTPNW推進国の間の信用と信頼を促進する。その対話は, 削減のための現実的な取組, 政策に関する透明性や, 核戦力についての政策の範囲に関連する論点について, ステートメントの繰り返しというよりは, むしろ対話型討論の形で取り上げ得る。さらに, そのような対話の中で国別報告書の内容, 形式, それに費用のあり方について検討すべきである。

### 橋渡しの基盤としての信頼醸成措置

１５．核兵器保有国は, 拡大抑止の下にある国々と協力し, 国家安全保障政策における核兵器の役割を低減する方法を見出さなければならない。

１６．核兵器国は, 安保理決議第９８４号に謳われている, NPT上の非核兵器国と非核兵器地帯条約の締約国への消極的安全保証に関するコミットメントを強化しなければならない。それができない国は理由を説明すべきである。加えて, 核兵器国は, 表明された宣言政策が実際に機能しているかについて, より実証的に評価することを可能とする方法の提案を含め, 宣言政策を信頼醸成に有効に活用するための方策を検討すべきである。

### 異なるアプローチを収斂するための基盤作り

A）核軍縮のための要素の特定

１７．現在, 安全保障を向上させ, 検証と不遵守に対する強制が可能な核軍縮というものが何を必要としているのかという点について広く共有された理解は存在しない。核軍縮に何が必要かさらに明確にならなければ, 国際社会は核軍縮に関する決定をし, また実施することは出来ない。核抑止に直接または同盟を通じて依存する国々と即時の禁止を支持する国々は, NPTプロセスやその他のフォーラムにおいて, この課題を取り上げるべきである。

B）核軍縮の監視, 検証及び遵守のメカニズムの構築に向けた取組の強化

１８．核軍縮を実現するためには, 効果的な監視, 検証及び遵守のメカニズムの開発が必要である。そのような手段を開発するプロセスそれ自体が, 核兵器保有国の間及び, 核兵器保有国と非核兵器国の間の信頼醸成に資するものである。

１９．現在, 核兵器国と非核兵器国を含む, 単独の, あるいは複数の国が, いくつかのイニシアティブを通じて, 核軍縮の効果的な監視及び検証を保証するための, 技術, 手法や方法論に関する研究に取り組んでいる。非核兵器国に機微な情報を開示することなく高い水準の信頼を提供する, 信頼性があり, 費用対効果の高い技術をその目標とすべきである。現在行われている取組は継続されるべきであり, また, そのために必要な資源が提供されるべきである。理想的には, プロセスの進展を加速化するため, 現在行われているさまざまな取組の間で協力がなされ, その成果がNPT運用検討プロセスに定期的に報告されるべきである。

２０．すべての関係するNPT締約国を巻き込みながら, 核軍縮検証メカニズムを開発するためのさらなる努力の基礎を作るべく, 機微な情報の開示なしに（そのような開示はNPT第１条及び第２条に反する）検証活動を行える可能性を保証するための技術的な研究が国連の下で実施されるべきである。

２１．効果的な監視と検証を担保すること以上に大きな課題は，違反があった場合に強制する手段を含め，各国の法的義務の遵守を担保する手段を設計し，合意することである。我々が対峙しなくてはならない最悪のシナリオは，ある国が，一つ，もしくは複数の核兵器を獲得して核兵器のない世界から「脱走」してしまうことである。すべての国に核軍縮が効果的で永続的であるとの信用を持たせるため，迅速な強制を保証する合意されたメカニズムが構築されなければならない。この必要不可欠な問題はこれまで比較的おろそかにされてきたが，この問題の研究が政府と市民社会の両者によって加速され，その成果はＮＰＴ運用検討プロセスで共有されるべきである。

２２．核兵器用核分裂性物質，即ち高濃縮ウラン（ＨＥＵ）及び兵器用プルトニウムの管理は，直ちに取り組むべき命題であるとともに，軍縮にとっての必要条件でもある。各国は核兵器用核分裂性物質の生産を終了すること，そして生産を継続する国については終了できない理由を明らかにすることが奨励される。

２３．この観点から，すべての国は以下に取り組むべきである。

ａ）存在する核兵器用核物質の備蓄について最高水準の物理的防護及びセキュリティの担保。

ｂ）以前兵器に使用されていた余剰核物質の不可逆的で検証可能な廃棄のための，広く受け入れられた手法の開発に向けた協力。

２４．核兵器のない世界は，核物質についての生産を規制し，既に存在する物質については計量管理，核兵器製造に使用されないための適切な保障措置，不可逆的で検証可能な廃棄についての，合意された法的拘束力のあるグローバルなレジームを必要とする。このレジームは，原子力推進を利用した軍艦や民生利用に用いられているＨＥＵが兵器用に転用されないことについての効果的な規定が含まれるべきである。ＨＥＵあるいは兵器用プルトニウムを保有するすべての国は，その様なレジームのあり方の構想に向けて協力すべきである。

Ｃ）安全保障と軍縮の関係に関する困難な問題に取り組む議題の設定

２５．核抑止の有用性に関し，各国内においても国家間においても，根本的な考え方の相違が存在している。これらの相違が核戦力の廃絶を可能とする方向に調和していくためには，まず相違が受け入れられ，そして建設的に議論される必要がある。核抑止を支持する者も反対する者も，互いの相違を粘り強く橋渡ししなければならない。核抑止は，ある環境下においては安定を促進する場合もあるとはいえ，長期的かつグローバルな安全保障の基礎としては危険なものであり，したがって，すべての国はより良い長期的な解決策を模索しなければならない。

２６．そこで，当面すべての国がなすべきことは以下のとおりである。

ａ）核戦争に勝者は無く，戦われてはならないことの理解の再確認。

ｂ）議論に礼節を取り戻すこと。そのような礼節なしに協力はない。

２７．加えて，核兵器保有国は，以下に取り組むべきである。

ａ）核戦争遂行のためのいかなるドクトリンも控えること。

ｂ）核兵器使用の脅威に立脚した威圧的行動を控えること。

２８．「橋渡し役」は，以下の論点に関する誠実な対話の場を立ち上げるべきである。

ａ）効果的な措置やベンチマークを伴う核軍縮のプロセスや枠組みの設計を追求することについて。

ｂ）次のような困難な問題を含む議題を設定し，すべての国のための共通の基盤を作ること。すなわち，(1)自衛権に関する問題（国家存立に関わる究極的な状況において，国際人道法を勘案し，核兵器の非人道的結末や文民・非戦闘員及び環境を考慮した上で，限定的な核による威嚇や核を使用することが可能かどうかについて），(2)国際の平和と安全を保持しながら核兵器のない世界を構想するにあたって，人間の安全保障への配慮を担保することについて。

ｃ）核軍縮が直面している究極のジレンマの解決策の追求。あらゆる手段によって遵守を確保することが困難になった場合に執行される適時の強制手段を含め，レジーム下での義務の遵守を担保することによってすべての国の安全をいかに保障するかを追求することについて。

（了）

第4部

## 資料2D-1　防衛計画の大綱（抜粋）

**平成31年度以降に係る防衛計画の大綱**

2018年12月18日<br>防衛省

### Ⅰ 策定の趣旨

我が国は、戦後一貫して、平和国家としての道を歩んできた。これは、平和主義の理念の下、先人達の不断の努力によって成し遂げられてきたものである。

我が国政府の最も重大な責務は、我が国の平和と安全を維持し、その存立を全うするとともに、国民の生命・身体・財産、そして、領土・領海・領空を守り抜くことである。これは、我が国が独立国家として第一義的に果たすべき責任であり、我が国が自らの主体的・自主的な努力によってかかる責任を果たしていくことが、我が国の安全保障の根幹である。我が国の防衛力は、これを最終的に担保するものであり、平和国家である我が国の揺るぎない意思と能力を明確に示すものである。そして、我が国の平和と安全が維持されることは、我が国の繁栄の不可欠の前提である。

現在、我が国を取り巻く安全保障環境は、極めて速いスピードで変化している。国際社会のパワーバランスの変化は加速化・複雑化し、既存の秩序をめぐる不確実性は増大している。また、宇宙・サイバー・電磁波といった新たな領域の利用の急速な拡大は、陸・海・空という従来の物理的な領域における対応を重視してきたこれまでの国家の安全保障の在り方を根本から変えようとしている。

我が国は、その中にあっても、平和国家としてより力強く歩んでいく。そのためには、激変する安全保障環境の中、我が国自身が、国民の生命・身体・財産、領土・領海・領空、そして、主権・独立は主体的・自主的な努力によって守る体制を抜本的に強化し、自らが果たし得る役割の拡大を図っていく必要がある。今や、どの国も一国では自国の安全を守ることはできない。日米同盟や各国との安全保障協力の強化は、我が国の安全保障にとって不可欠であり、我が国自身の努力なくしてこれを達成することはできない。国際社会もまた、我が国が国力にふさわしい役割を果たすことを期待している。

今後の防衛力の強化に当たっては、以上のような安全保障の現実に正面から向き合い、従来の延長線上ではない真に実効的な防衛力を構築するため、防衛力の質及び量を必要かつ十分に確保していく必要がある。特に、宇宙・サイバー・電磁波といった新たな領域については、我が国としての優位性を獲得することが死活的に重要となっており、陸・海・空という従来の区分に依拠した発想から完全に脱却し、全ての領域を横断的に連携させた新たな防衛力の構築に向け、従来とは抜本的に異なる速度で変革を図っていく必要がある。一方、急速な少子高齢化や厳しい財政状況を踏まえれば、過去にとらわれない徹底した合理化なくして、かかる防衛力の強化を実現することはできない。

日米同盟は、我が国自身の防衛体制とあいまって、引き続き我が国の安全保障の基軸

であり続ける。上述のとおり、我が国が独立国家としての第一義的な責任をしっかりと果たしていくことこそが、日米同盟の下での我が国の役割を十全に果たし、その抑止力と対処力を一層強化していく道であり、また、自由で開かれたインド太平洋というビジョンを踏まえ、安全保障協力を戦略的に進めていくための基盤である。

このような考え方の下、「国家安全保障戦略について」（平成25年12月17日国家安全保障会議決定及び閣議決定。以下「国家安全保障戦略」という。）を踏まえ、我が国の未来の礎となる防衛の在るべき姿について、「平成31年度以降に係る防衛計画の大綱」として、新たな指針を示す。

## II 我が国を取り巻く安全保障環境

### 1 現在の安全保障環境の特徴

国際社会においては、国家間の相互依存関係が一層拡大・深化する一方、中国等の更なる国力の伸長等によるパワーバランスの変化が加速化・複雑化し、既存の秩序をめぐる不確実性が増している。こうした中、自らに有利な国際秩序・地域秩序の形成や影響力の拡大を目指した、政治・経済・軍事にわたる国家間の競争が顕在化している。このような国家間の競争は、軍や法執行機関を用いて他国の主権を脅かすことや、ソーシャル・ネットワーク等を用いて他国の世論を操作することなど、多様な手段により、平素から恒常的に行われている。また、いわゆるグレーゾーンの事態は、国家間の競争の一環として長期にわたり継続する傾向にあり、今後、更に増加・拡大していく可能性がある。こうしたグレーゾーンの事態は、明確な兆候のないまま、より重大な事態へと急速に発展していくリスクをはらんでいる。さらに、いわゆる「ハイブリッド戦」のような、軍事と非軍事の境界を意図的に曖昧にした現状変更の手法は、相手方に軍事面にとどまらない複雑な対応を強いている。

また、情報通信等の分野における急速な技術革新に伴い、軍事技術の進展は目覚ましいものとなっている。こうした技術の進展を背景に、現在の戦闘様相は、陸・海・空のみならず、宇宙・サイバー・電磁波といった新たな領域を組み合わせたものとなり、各国は、全般的な軍事能力の向上のため、新たな領域における能力を裏付ける技術の優位を追求している。宇宙領域やサイバー領域は、民生分野でも広範に活用されており、この安定的な利用が妨げられれば、国家・国民の安全に重大な影響が及ぶおそれがある。

軍事技術の進展により、現在では、様々な脅威が容易に国境を越えてくるものとなっている。さらに、各国は、ゲーム・チェンジャーとなり得る最先端技術を活用した兵器の開発に注力するとともに、人工知能（ＡＩ）を搭載した自律型の無人兵器システムの研究にも取り組んでいる。今後の更なる技術革新は、将来の戦闘様相を更に予見困難なものにするとみられる。

国際社会においては、一国のみでの対応が困難な安全保障上の課題が広範化・多様化している。宇宙領域やサイバー領域に関しては、国際的なルールや規範作りが安全保障上の課題となっている。海洋においては、既存の国際秩序とは相容れない独自の主張に基づいて自国の権利を一方的に主張し、又は行動する事例がみられ、公海における自由が不当に侵害される状況が生じている。また、核・生物・化学兵器等の大量破壊兵器や弾道ミサイルの拡散及び深刻化する国際テロは、引き続き、国際社会にとっての重大な課題である。

こうした中、我が国の周辺には、質・量に優れた軍事力を有する国家が集中し、軍事力の更なる強化や軍事活動の活発化の傾向が顕著となっている。

　2　各国の動向
　米国は、依然として世界最大の総合的な国力を有しているが、あらゆる分野における国家間の競争が顕在化する中で、世界的・地域的な秩序の修正を試みる中国やロシアとの戦略的競争が特に重要な課題であるとの認識を示している。
　米国は、軍事力の再建のため、技術革新等による全ての領域における軍事的優位の維持、核抑止力の強化、ミサイル防衛能力の高度化等に取り組んでいる。また、同盟国やパートナー国に対しては、防衛のコミットメントを維持し、戦力の前方展開を継続するとともに、責任分担の増加を求めている。さらに、インド太平洋地域を優先地域と位置付け、同盟とパートナーシップを強化するとの方針を掲げている。
　また、米国を始めとする北大西洋条約機構（ＮＡＴＯ）加盟国は、力を背景とした現状変更や「ハイブリッド戦」に対応するため、戦略の再検討等を行うとともに、安全保障環境の変化等を踏まえ、国防費を増加させてきている。
　中国は、今世紀中葉までに「世界一流の軍隊」を建設することを目標に、透明性を欠いたまま、高い水準で国防費を増加させ、核・ミサイル戦力や海上・航空戦力を中心に、軍事力の質・量を広範かつ急速に強化している。その際、指揮系統の混乱等を可能とするサイバー領域や電磁波領域における能力を急速に発展させるとともに、対衛星兵器の開発・実験を始めとする宇宙領域における能力強化も継続するなど、新たな領域における優勢の確保を重視している。また、ミサイル防衛を突破するための能力や揚陸能力の向上を図っている。このような軍事能力の強化は、周辺地域への他国の軍事力の接近・展開を阻止し、当該地域での軍事活動を阻害する軍事能力、いわゆる「接近阻止／領域拒否」（「Ａ２／ＡＤ」）能力の強化や、より遠方での作戦遂行能力の構築につながるものである。これらに加え、国防・科学技術・工業の軍民融合政策を推進するとともに、軍事利用が可能とされる先端技術の開発・獲得に積極的に取り組んでいる。このほか、海上法執行機関と軍との間では連携が強化されている。
　中国は、既存の国際秩序とは相容れない独自の主張に基づき、力を背景とした一方的な現状変更を試みるとともに、東シナ海を始めとする海空域において、軍事活動を拡大・活発化させている。我が国固有の領土である尖閣諸島周辺においては、我が国の強い抗議にもかかわらず公船による断続的な領海侵入や海軍艦艇による恒常的な活動等を行っている。太平洋や日本海においても軍事活動を拡大・活発化させており、特に、太平洋への進出は近年高い頻度で行われ、その経路や部隊構成が多様化している。南シナ海においては、大規模かつ急速な埋立てを強行し、その軍事拠点化を進めるとともに、海空域における活動も拡大・活発化させている。
　こうした中国の軍事動向等については、国防政策や軍事力の不透明性とあいまって、我が国を含む地域と国際社会の安全保障上の強い懸念となっており、今後も強い関心を持って注視していく必要がある。中国には、地域や国際社会において、より協調的な形で積極的な役割を果たすことが強く期待される。
　北朝鮮は、近年、前例のない頻度で弾道ミサイルの発射を行い、同時発射能力や奇襲的攻撃能力等を急速に強化してきた。また、核実験を通じた技術的成熟等を踏まえれば、弾道ミサイルに搭載するための核兵器の小型化・弾頭化を既に実現しているとみられ

る。北朝鮮は、朝鮮半島の完全な非核化に向けた意思を表明し、核実験場の爆破を公開する等の動きは見せたものの、全ての大量破壊兵器及びあらゆる弾道ミサイルの完全な、検証可能な、かつ、不可逆的な方法での廃棄は行っておらず、北朝鮮の核・ミサイル能力に本質的な変化は生じていない。

また、北朝鮮は、非対称的な軍事能力として、サイバー領域について、大規模な部隊を保持するとともに、軍事機密情報の窃取や他国の重要インフラへの攻撃能力の開発を行っているとみられる。これらに加え、大規模な特殊部隊を保持している。

このような北朝鮮の軍事動向は、我が国の安全に対する重大かつ差し迫った脅威であり、地域及び国際社会の平和と安全を著しく損なうものとなっている。国際社会も、国際連合安全保障理事会決議において、北朝鮮の核及び弾道ミサイル関連活動が国際の平和及び安全に対する明白な脅威であるとの認識を明確にしている。

ロシアは、核戦力を中心に軍事力の近代化に向けた取組を継続することで軍事態勢の強化を図っており、ウクライナ情勢等をめぐり、欧米と激しく対立している。また、北極圏、欧州、米国周辺、中東に加え、北方領土を含む極東においても軍事活動を活発化させる傾向にあり、その動向を注視していく必要がある。

3 我が国の特性（略）

4 まとめ

以上を踏まえると、今日の我が国を取り巻く安全保障環境については、冷戦期に懸念されていたような主要国間の大規模武力紛争の蓋然性は引き続き低いと考えられる一方、「平成26年度以降に係る防衛計画の大綱」（平成25年12月17日国家安全保障会議決定及び閣議決定。以下「前大綱」という。）を策定した際に想定したものよりも、格段に速いスピードで厳しさと不確実性を増している。我が国に対する脅威が現実化し、国民の命と平和な暮らしを脅かすことを防ぐためには、この現実を踏まえた措置を講ずることが必要となっている。

## III 我が国の防衛の基本方針

我が国は、国家安全保障戦略を踏まえ、積極的平和主義の観点から、我が国自身の外交力、防衛力等を強化し、日米同盟を基軸として、各国との協力関係の拡大・深化を進めてきた。また、この際、日本国憲法の下、専守防衛に徹し、他国に脅威を与えるような軍事大国にならないとの基本方針に従い、文民統制を確保し、非核三原則を守ってきた。今後とも、我が国は、こうした基本方針等の下で、平和国家としての歩みを決して変えることはない。その上で、我が国は、これまでに直面したことのない安全保障環境の現実の中でも、国民の生命・身体・財産、領土・領海・領空及び主権・独立を守り抜くといった、国家安全保障戦略に示した国益を守っていかなければならない。このため、我が国の防衛について、その目標及びこれを達成するための手段を明示した上で、これまで以上に多様な取組を積極的かつ戦略的に推進していく。

防衛の目標として、まず、平素から、我が国が持てる力を総合して、我が国にとって望ましい安全保障環境を創出する。また、我が国に侵害を加えることは容易ならざることであると相手に認識させ、脅威が及ぶことを抑止する。さらに、万が一、我が国に脅威が及ぶ場合には、確実に脅威に対処し、かつ、被害を最小化する。

これらの防衛の目標を確実に達成するため、その手段である我が国自身の防衛体制、

日米同盟及び安全保障協力をそれぞれ強化していく。これは、格段に変化の速度を増し、複雑化する安全保障環境に対応できるよう、宇宙・サイバー・電磁波といった新たな領域における優位性を早期に獲得することを含め、迅速かつ柔軟に行っていかなければならない。

また、核兵器の脅威に対しては、核抑止力を中心とする米国の拡大抑止が不可欠であり、我が国は、その信頼性の維持・強化のために米国と緊密に協力していくとともに、総合ミサイル防空や国民保護を含む我が国自身による対処のための取組を強化する。同時に、長期的課題である核兵器のない世界の実現へ向けて、核軍縮・不拡散のための取組に積極的・能動的な役割を果たしていく。

## 1 我が国自身の防衛体制の強化

### (1) 総合的な防衛体制の構築

これまでに直面したことのない安全保障環境の現実に正面から向き合い、防衛の目標を確実に達成するため、あらゆる段階において、防衛省・自衛隊のみならず、政府一体となった取組及び地方公共団体、民間団体等との協力を可能とし、我が国が持てる力を総合する防衛体制を構築する。特に、宇宙、サイバー、電磁波、海洋、科学技術といった分野における取組及び協力を加速するほか、宇宙、サイバー等の分野の国際的な規範の形成に係る取組を推進する。我が国が有するあらゆる政策手段を体系的に組み合わせること等を通じ、平素からの戦略的なコミュニケーションを含む取組を強化する。有事やグレーゾーンの事態等の各種事態に対しては、文民統制の下、これまでも態勢の強化に努めてきたが、今後、政治がより強力なリーダーシップを発揮し、迅速かつ的確に意思決定を行うことにより、政府一体となってシームレスに対応する必要があり、これを補佐する態勢も充実させる。また、国民の生命・身体・財産を守る観点から、各種災害への対応及び国民の保護のための体制を引き続き強化し、地方公共団体と連携して避難施設の確保に取り組むとともに、緊急事態における在外邦人等の迅速な退避及び安全の確保のために万全の態勢を整える。さらに、電力、通信といった国民生活に重要なインフラや、サイバー空間を守るための施策を進める。

以上の取組に加え、各種対応を的確に行うため、平素から、関連する計画等の体系化を図りつつ、それらの策定又は見直しを進めるとともに、シミュレーションや総合的な訓練・演習を拡充し、対処態勢の実効性を高める。

### (2) 我が国の防衛力の強化

### ア 防衛力の意義・必要性

防衛力は、我が国の安全保障を確保するための最終的な担保であり、我が国に脅威が及ぶことを抑止するとともに、脅威が及ぶ場合にはこれを排除し、独立国家として国民の生命・身体・財産と我が国の領土・領海・領空を主体的・自主的な努力により守り抜くという、我が国の意思と能力を表すものである。

同時に、防衛力は、平時から有事までのあらゆる段階で、日米同盟における我が国自身の役割を主体的に果たすために不可欠のものであり、我が国の安全保障を確保するために防衛力を強化することは、日米同盟を強化することにほかならない。また、防衛力は、諸外国との安全保障協力における我が国の取組を推進するためにも不可欠のものである。

このように、防衛力は、これまでに直面したことのない安全保障環境の現実の下で、我

が国が独立国家として存立を全うするための最も重要な力であり、主体的・自主的に強化していかなければならない。

イ 真に実効的な防衛力—多次元統合防衛力

厳しさを増す安全保障環境の中で、軍事力の質・量に優れた脅威に対する実効的な抑止及び対処を可能とするためには、宇宙・サイバー・電磁波といった新たな領域と陸・海・空という従来の領域の組合せによる戦闘様相に適応することが死活的に重要になっている。このため、今後の防衛力については、個別の領域における能力の質及び量を強化しつつ、全ての領域における能力を有機的に融合し、その相乗効果により全体としての能力を増幅させる領域横断（クロス・ドメイン）作戦により、個別の領域における能力が劣勢である場合にもこれを克服し、我が国の防衛を全うできるものとすることが必要である。

また、不確実性を増す安全保障環境の中で、我が国を確実に防衛するためには、平時から有事までのあらゆる段階における活動をシームレスに実施できることが重要である。これまでも、多様な活動を機動的・持続的に行い得る防衛力の構築に努めてきたが、近年では、平素からのプレゼンス維持、情報収集・警戒監視等の活動をより広範かつ高頻度に実施しなければならず、このため、人員、装備等に慢性的な負荷がかかり、部隊の練度や活動量を維持できなくなるおそれが生じている。このため、今後の防衛力については、各種活動の持続性・強靭性を支える能力の質及び量を強化しつつ、平素から、事態の特性に応じた柔軟かつ戦略的な活動を常時継続的に実施可能なものとすることが必要である。

さらに、我が国の防衛力は、日米同盟の抑止力及び対処力を強化するものであるとともに、多角的・多層的な安全保障協力を推進し得るものであることが必要である。

以上の観点から、今後、我が国は、統合運用による機動的・持続的な活動を行い得るものとするという、前大綱に基づく統合機動防衛力の方向性を深化させつつ、宇宙・サイバー・電磁波を含む全ての領域における能力を有機的に融合し、平時から有事までのあらゆる段階における柔軟かつ戦略的な活動の常時継続的な実施を可能とする、真に実効的な防衛力として、多次元統合防衛力を構築していく。

（3）防衛力が果たすべき役割

我が国の防衛力は、我が国にとって望ましい安全保障環境を創出するとともに、脅威を抑止し、これに対処するため、以下の役割をシームレスかつ複合的に果たせるものでなければならない。特に、国民の命と平和な暮らしを守る観点から、平素から様々な役割を果たしていくことがこれまで以上に重要である。

ア 平時からグレーゾーンの事態への対応

積極的な共同訓練・演習や海外における寄港等を通じて平素からプレゼンスを高め、我が国の意思と能力を示すとともに、こうした自衛隊の部隊による活動を含む戦略的なコミュニケーションを外交と一体となって推進する。また、全ての領域における能力を活用して、我が国周辺において広域にわたり常時継続的な情報収集・警戒監視・偵察（ISR）活動（以下「常続監視」という。）を行うとともに、柔軟に選択される抑止措置等により事態の発生・深刻化を未然に防止する。これら各種活動による態勢も活用し、領空侵犯や領海侵入といった我が国の主権を侵害する行為に対し、警察機関等とも連携しつつ、即時に適切な措置を講じる。弾道ミサイル等の飛来に対しては、常時持続的に我が国を

防護し、万が一被害が発生した場合にはこれを局限する。

　イ　島嶼部を含む我が国に対する攻撃への対応島嶼部を含む我が国への攻撃に対しては、必要な部隊を迅速に機動・展開させ、海上優勢・航空優勢を確保しつつ、侵攻部隊の接近・上陸を阻止する。海上優勢・航空優勢の確保が困難な状況になった場合でも、侵攻部隊の脅威圏の外から、その接近・上陸を阻止する。万が一占拠された場合には、あらゆる措置を講じて奪回する。ミサイル、航空機等の経空攻撃に対しては、最適の手段により、機動的かつ持続的に対応するとともに、被害を局限し、自衛隊の各種能力及び能力発揮の基盤を維持する。ゲリラ・特殊部隊による攻撃に対しては、原子力発電所等の重要施設の防護並びに侵入した部隊の捜索及び撃破を行う。

　ウ　あらゆる段階における宇宙・サイバー・電磁波の領域での対応平素から、宇宙・サイバー・電磁波の領域において、自衛隊の活動を妨げる行為を未然に防止するために常時継続的に監視し、関連する情報の収集・分析を行う。かかる行為の発生時には、速やかに事象を特定し、被害の局限、被害復旧等を迅速に行う。我が国への攻撃に際しては、こうした対応に加え、宇宙・サイバー・電磁波の領域を活用して攻撃を阻止・排除する。また、社会全般が宇宙空間やサイバー空間への依存を高めていく傾向等を踏まえ、関係機関との適切な連携・役割分担の下、政府全体としての総合的な取組に寄与する。

　エ　大規模災害等への対応(略)

　オ　日米同盟に基づく米国との共同(略)

　カ　安全保障協力の推進(略)


　2　日米同盟の強化

　日米安全保障条約に基づく日米安全保障体制は、我が国自身の防衛体制とあいまって、我が国の安全保障の基軸である。また、日米安全保障体制を中核とする日米同盟は、我が国のみならず、インド太平洋地域、さらには国際社会の平和と安定及び繁栄に大きな役割を果たしている。国家間の競争が顕在化する中、普遍的価値と戦略的利益を共有する米国との一層の関係強化は、我が国の安全保障にとってこれまで以上に重要となっている。また、米国も、同盟国との協力がより重要になっているとの認識を示している。日米同盟は、平和安全法制により新たに可能となった活動等を通じて、これまでも強化されてきたが、我が国を取り巻く安全保障環境が格段に速いスピードで厳しさと不確実性を増す中で、我が国の防衛の目標を達成するためには、「日米防衛協力のための指針」の下で、一層の強化を図ることが必要である。

　日米同盟の一層の強化に当たっては、我が国が自らの防衛力を主体的・自主的に強化していくことが不可欠の前提であり、その上で、同盟の抑止力・対処力の強化、幅広い分野における協力の強化・拡大及び在日米軍駐留に関する施策の着実な実施のための取組を推進する必要がある。

　(1)日米同盟の抑止力及び対処力の強化

　平時から有事までのあらゆる段階や災害等の発生時において、日米両国間の情報共有を強化するとともに、全ての関係機関を含む両国間の実効的かつ円滑な調整を行い、我が国の平和と安全を確保するためのあらゆる措置を講ずる。

　このため、各種の運用協力及び政策調整を一層深化させる。特に、宇宙領域やサイバー領域等における協力、総合ミサイル防空、共同訓練・演習、共同のＩＳＲ活動及び日米共同による柔軟に選択される抑止措置の拡大・深化、共同計画の策定・更新の推進、拡大抑

止協議の深化等を図る。これらに加え、米軍の活動を支援するための後方支援や、米軍の艦艇、航空機等の防護といった取組を一層積極的に実施する。

（2）幅広い分野における協力の強化・拡大
　自由で開かれた海洋秩序を維持・強化することを含め、望ましい安全保障環境を創出するため、インド太平洋地域における日米両国のプレゼンスを高めることも勘案しつつ、海洋分野等における能力構築支援、人道支援・災害救援、海賊対処等について、日米共同の活動を実施する。
（略）

（3）在日米軍駐留に関する施策の着実な実施
　接受国支援を始めとする様々な施策を通じ、在日米軍の円滑かつ効果的な駐留を安定的に支えるとともに、在日米軍再編を着実に進め、米軍の抑止力を維持しつつ、地元の負担を軽減していく。特に、沖縄については、安全保障上極めて重要な位置にあり、米軍の駐留が日米同盟の抑止力に大きく寄与している一方、在日米軍施設・区域の多くが集中していることを踏まえ、近年、米軍施設・区域の返還等の沖縄の負担軽減を一層推進してきているところであり、引き続き、普天間飛行場の移設を含む在沖縄米軍施設・区域の整理・統合・縮小、負担の分散等を着実に実施することにより、沖縄の負担軽減を図っていく。
（略）

3　安全保障協力の強化
　自由で開かれたインド太平洋というビジョンを踏まえ、地域の特性や相手国の実情を考慮しつつ、多角的・多層的な安全保障協力を戦略的に推進する。その一環として、防衛力を積極的に活用し、共同訓練・演習、防衛装備・技術協力、能力構築支援、軍種間交流等を含む防衛協力・交流に取り組む。また、グローバルな安全保障上の課題への対応にも貢献する。こうした取組の実施に当たっては、外交政策との調整を十分に図るとともに、日米同盟を基軸として、普遍的価値や安全保障上の利益を共有する国々との緊密な連携を図る。

（1）防衛協力・交流の推進
　オーストラリアとの間では、相互運用性の更なる向上等のため、外務・防衛閣僚協議（「2＋2」）等の枠組みも活用しつつ、共同訓練・演習の拡充、防衛装備・技術協力を一層推進するとともに、地域の平和と安定のため、二国間で連携した能力構築支援等の協力を進める。また、普遍的価値と戦略的利益を共有する日米豪三国間の枠組みによる協力関係を一層強化する。インドとの間では、戦略的な連携を強化する観点から、「2＋2」等の枠組みも活用しつつ、海洋安全保障を始めとする幅広い分野において、共同訓練・演習や防衛装備・技術協力を中心とする協力を推進する。また、日米印三国間の連携を強化する。東南アジア諸国との間では、地域協力の要となる東南アジア諸国連合（ASEAN）の中心性・一体性の強化の動きを支援しつつ、共同訓練・演習、防衛装備・技術協力、能力構築支援等の具体的な二国間・多国間協力を推進する。
　韓国との間では、幅広い分野での防衛協力を進めるとともに、連携の基盤の確立に努

317

める。また、地域における平和と安定を維持するため、日米韓三国間の連携を引き続き強化する。

英国やフランスとの間では、インド太平洋地域における海洋秩序の安定等のため、「2＋2」等の枠組みも活用しつつ、より実践的な共同訓練・演習、防衛装備・技術協力、二国間で連携した第三国との協力等を推進する。欧州諸国並びにNATO及び欧州連合（EU）との協力を強化する。

カナダ及びニュージーランドとの間では、共同訓練・演習、二国間で連携した第三国との協力等を推進する。

中国との間では、相互理解・信頼関係を増進するため、多層的な対話や交流を推進する。この際、中国がインド太平洋地域の平和と安定のために責任ある建設的な役割を果たし、国際的な行動規範を遵守するとともに、軍事力強化に係る透明性を向上するよう引き続き促していく。また、両国間における不測の事態を回避すべく、「日中防衛当局間の海空連絡メカニズム」を両国間の信頼関係の構築に資する形で運用していく。中国による我が国周辺海空域等における活動に対しては、冷静かつ毅然として対応する。

ロシアについては、相互理解・信頼関係の増進のため、「2＋2」を始めとする安全保障対話、ハイレベル交流及び幅広い部隊間交流を推進するとともに、共同訓練・演習を深化させる。

太平洋島嶼国との間では、自衛隊の部隊による寄港・寄航を行うとともに、各自衛隊の能力・特性を活かした交流や協力を推進する。中央アジア・中東・アフリカ諸国との間では、協力関係の構築・強化を図るため、ハイレベルを含めた交流や国連平和維持活動に係る能力構築支援等の協力を推進する。

また、多国間枠組みについては、インド太平洋地域の安全保障分野に係る議論や協力・交流の重要な基盤となっている東アジア首脳会議（EAS）、拡大ASEAN国防相会議（ADMMプラス）、ASEAN地域フォーラム（ARF）等を重視し、域内諸国間の協力・信頼関係の強化に貢献していく。

（2）グローバルな課題への対応

海洋における航行・飛行の自由や安全を確保する観点から、インド、スリランカ等の南アジア諸国、東南アジア諸国といったインド太平洋地域の沿岸国自身の海洋安全保障に関する能力の向上に資する協力を推進する。また、共同訓練・演習や部隊間交流、これらに合わせた積極的な寄港等を推進するとともに、関係国と協力した海賊への対応や海洋状況把握（MDA）の能力強化に係る協力等の取組を行う。

（略）

## Ⅳ 防衛力強化に当たっての優先事項

### 1 基本的考え方

防衛力の強化は、格段に速度を増す安全保障環境の変化に対応するために、従来とは抜本的に異なる速度で行わなければならない。また、人口減少と少子高齢化の急速な進展や厳しい財政状況を踏まえれば、予算・人員をこれまで以上に効率的に活用することが必要不可欠である。このため、防衛力の強化に当たっては、特に優先すべき事項について、可能な限り早期に強化することとし、既存の予算・人員の配分に固執することなく、資源を柔軟かつ重点的に配分するほか、所要の抜本的な改革を行う。

この際、あらゆる分野での陸海空自衛隊の統合を一層推進し、縦割りに陥ることなく、組織及び装備を最適化する。特に、宇宙・サイバー・電磁波といった新たな領域における能力、総合ミサイル防空、被害復旧、輸送、整備、補給、警備、教育、衛生、研究等の幅広い分野において統合を推進する。

　一方、主に冷戦期に想定されていた大規模な陸上兵力を動員した着上陸侵攻のような侵略事態への備えについては、将来における情勢の変化に対応するための最小限の専門的知見や技能の維持・継承に必要な範囲に限り保持することとし、より徹底した効率化・合理化を図る。

## 2 領域横断作戦に必要な能力の強化における優先事項
### （1）宇宙・サイバー・電磁波の領域における能力の獲得・強化

　領域横断作戦を実現するため、優先的な資源配分や我が国の優れた科学技術の活用により、宇宙・サイバー・電磁波といった新たな領域における能力を獲得・強化する。この際、新たな領域を含む全ての領域における能力を効果的に連接する指揮統制・情報通信能力の強化・防護を図る。

### ア 宇宙領域における能力

　情報収集、通信、測位等のための人工衛星の活用は領域横断作戦の実現に不可欠である一方、宇宙空間の安定的利用に対する脅威は増大している。このため、宇宙領域を活用した情報収集、通信、測位等の各種能力を一層向上させるとともに、宇宙空間の状況を地上及び宇宙空間から常時継続的に監視する体制を構築する。また、機能保証のための能力や相手方の指揮統制・情報通信を妨げる能力を含め、平時から有事までのあらゆる段階において宇宙利用の優位を確保するための能力の強化に取り組む。

　その際、民生技術を積極的に活用するとともに、宇宙航空研究開発機構（ＪＡＸＡ）等の関係機関や米国等の関係国との連携強化を図る。また、宇宙領域を専門とする部隊や職種の新設等の体制構築を行うとともに、宇宙分野での人材育成と知見の蓄積を進める。

### イ サイバー領域における能力

　サイバー領域を活用した情報通信ネットワークは、様々な領域における自衛隊の活動の基盤であり、これに対する攻撃は、自衛隊の組織的な活動に重大な障害を生じさせるため、こうした攻撃を未然に防止するための自衛隊の指揮通信システムやネットワークに係る常時継続的な監視能力や被害の局限、被害復旧等の必要な措置を迅速に行う能力を引き続き強化する。また、有事において、我が国への攻撃に際して当該攻撃に用いられる相手方によるサイバー空間の利用を妨げる能力等、サイバー防衛能力の抜本的強化を図る。

　その際、専門的な知識・技術を持つ人材を大幅に増強するとともに、政府全体の取組への寄与にも留意する。

### ウ 電磁波領域における能力

　電磁波は、活用範囲や用途の拡大により、現在の戦闘様相における攻防の最前線として、主要な領域の一つと認識されるようになってきている。電磁波領域の優越を確保することも、領域横断作戦の実現のために不可欠である。このため、情報通信能力の強化、電磁波に関する情報収集・分析能力の強化及び情報共有態勢の構築を推進するともに、

相手からの電磁波領域における妨害等に際して、その効果を局限する能力等を向上させる。また、我が国に対する侵攻を企図する相手方のレーダーや通信等を無力化するための能力を強化する。こうした各種活動を円滑に行うため、電磁波の利用を適切に管理・調整する機能を強化する。

（2）従来の領域における能力の強化
　領域横断作戦の中で、宇宙・サイバー・電磁波の領域における能力と一体となって、航空機、艦艇、ミサイル等による攻撃に効果的に対処するための能力を強化する。
　ア　海空領域における能力
　我が国への攻撃に実効的に対応するため、海上優勢・航空優勢を獲得・維持することが極めて重要である。このため、我が国周辺海空域における常続監視を広域にわたって実施する態勢を強化する。
　また、無人水中航走体（UUV）を含む水中・水上における対処能力を強化する。
　さらに、柔軟な運用が可能な短距離離陸・垂直着陸（STOVL）機を含む戦闘機体系の構築等により、特に、広大な空域を有する一方で飛行場が少ない我が国太平洋側を始め、空における対処能力を強化する。その際、戦闘機の離発着が可能な飛行場が限られる中、自衛隊員の安全を確保しつつ、戦闘機の運用の柔軟性を更に向上させるため、必要な場合には現有の艦艇からのSTOVL機の運用を可能とするよう、必要な措置を講ずる。
　イ　スタンド・オフ防衛能力
　各国の早期警戒管制能力や各種ミサイルの性能が著しく向上していく中、自衛隊員の安全を確保しつつ、我が国への攻撃を効果的に阻止する必要がある。
　このため、島嶼部を含む我が国への侵攻を試みる艦艇や上陸部隊等に対して、脅威圏の外からの対処を行うためのスタンド・オフ火力等の必要な能力を獲得するとともに、軍事技術の進展等に適切に対応できるよう、関連する技術の総合的な研究開発を含め、迅速かつ柔軟に強化する。
　ウ　総合ミサイル防空能力
　弾道ミサイル、巡航ミサイル、航空機等の多様化・複雑化する経空脅威に対し、最適な手段による効果的・効率的な対処を行い、被害を局限する必要がある。
　このため、ミサイル防衛に係る各種装備品に加え、従来、各自衛隊で個別に運用してきた防空のための各種装備品も併せ、一体的に運用する体制を確立し、平素から常時持続的に我が国全土を防護するとともに、多数の複合的な経空脅威にも同時対処できる能力を強化する。将来的な経空脅威への対処の在り方についても検討を行う。また、日米間の基本的な役割分担を踏まえ、日米同盟全体の抑止力の強化のため、ミサイル発射手段等に対する我が国の対応能力の在り方についても引き続き検討の上、必要な措置を講ずる。
　エ　機動・展開能力（略）

（3）持続性・強靭性の強化（略）

　3　防衛力の中心的な構成要素の強化における優先事項（略）
（1）人的基盤の強化（略）
（2）装備体系の見直し（略）

（3）技術基盤の強化（略）
（4）装備調達の最適化（略）
（5）産業基盤の強靭化（略）
（6）情報機能の強化（略）

Ⅴ 自衛隊の体制等（略）
1 領域横断作戦の実現のための統合運用（略）
2 陸上自衛隊の体制（略）
3 海上自衛隊の体制（略）
4 航空自衛隊の体制（略）

## Ⅵ 防衛力を支える要素（略）

## Ⅶ 留意事項
　1 本大綱に定める防衛力の在り方は、おおむね 10 年程度の期間を念頭に置いたものであり、各種施策・計画の実施過程を通じ、国家安全保障会議において定期的に体系的な評価を行う。また、安全保障環境の変化を見据え、真に実効的な防衛力を構築していくため、今後の我が国の防衛に必要な能力に関する検証を実施する。
　2 評価・検証の中で、情勢に重要な変化が見込まれる場合には、その時点における安全保障環境等を勘案して検討を行い、所要の修正を行う。
　3 格段に厳しさを増す財政事情と国民生活に関わる他の予算の重要性等を勘案し、防衛力整備の一層の効率化・合理化を図り、経費の抑制に努めるとともに、国の他の諸施策との調和を図りつつ、防衛力全体として円滑に十全な機能を果たし得るようにする。

出典：防衛省ＨＰ
https://www.cas.go.jp/jp/siryou/pdf/h31boueikeikaku.pdf
アクセス日：2019年12月1日

## 平和宣言

　73年前、今日と同じ月曜日の朝。広島には真夏の太陽が照りつけ、いつも通りの一日が始まろうとしていました。皆さん、あなたや大切な家族がそこにいたらと想像しながら聞いてください。8時15分、目もくらむ一瞬の閃光。摂氏100万度を超える火の球からの強烈な放射線と熱線、そして猛烈な爆風。立ち昇ったきのこ雲の下で何の罪もない多くの命が奪われ、街は破壊し尽くされました。「熱いよう！痛いよう！」潰（つぶ）れた家の下から母親に助けを求め叫ぶ子どもの声。「水を、水を下さい！」息絶え絶えの呻（うめ）き声、唸（うな）り声。人が焦げる臭気の中、赤い肉をむき出しにして亡霊のごとくさまよう人々。随所で降った黒い雨。脳裏に焼きついた地獄絵図と放射線障害は、生き延びた被爆者の心身を蝕（むしば）み続け、今なお苦悩の根源となっています。

　世界にいまだ1万4千発を超える核兵器がある中、意図的であれ偶発的であれ、核兵器が炸裂（さくれつ）したあの日の広島の姿を再現させ、人々を苦難に陥れる可能性が高まっています。

　被爆者の訴えは、核兵器の恐ろしさを熟知し、それを手にしたいという誘惑を断ち切るための警鐘です。年々被爆者の数が減少する中、その声に耳を傾けることが一層重要になっています。20歳だった被爆者は「核兵器が使われたなら、生あるもの全て死滅し、美しい地球は廃墟と化すでしょう。世界の指導者は被爆地に集い、その惨状に触れ、核兵器廃絶に向かう道筋だけでもつけてもらいたい。核廃絶ができるような万物の霊長たる人間であってほしい。」と訴え、命を大切にし、地球の破局を避けるため、為政者に対し「理性」と洞察力を持って核兵器廃絶に向かうよう求めています。

　昨年、核兵器禁止条約の成立に貢献したICANがノーベル平和賞を受賞し、被爆者の思いが世界に広まりつつあります。その一方で、今世界では自国第一主義が台頭し、核兵器の近代化が進められるなど、各国間に東西冷戦期の緊張関係が再現しかねない状況にあります。

　同じく20歳だった別の被爆者は訴えます。「あのような惨事が二度と世界に起こらないことを願う。過去の事だとして忘却や風化させてしまうことがあっては絶対にならない。人類の英知を傾けることで地球が平和に満ちた場所となることを切に願う。」人類は歴史を忘れ、あるいは直視することを止めたとき、再び重大な過ちを犯してしまいます。だからこそ私たちは「ヒロシマ」を「継続」して語り伝えなければなりません。核兵器の廃絶に向けた取組が、各国の為政者の「理性」に基づく行動によって「継続」するようにしなければなりません。

　核抑止や核の傘という考え方は、核兵器の破壊力を誇示し、相手国に恐怖を与えることによって世界の秩序を維持しようとするものであり、長期にわたる世界の安全を

保障するには、極めて不安定で危険極まりないものです。為政者は、このことを心に刻んだ上で、NPT（核不拡散条約）に義務づけられた核軍縮を誠実に履行し、さらに、核兵器禁止条約を核兵器のない世界への一里塚とするための取組を進めていただきたい。

　私たち市民社会は、朝鮮半島の緊張緩和が今後も対話によって平和裏に進むことを心から希望しています。為政者が勇気を持って行動するために、市民社会は多様性を尊重しながら互いに信頼関係を醸成し、核兵器の廃絶を人類共通の価値観にしていかなければなりません。世界の7,600を超える都市で構成する平和首長会議は、そのための環境づくりに力を注ぎます。

　日本政府には、核兵器禁止条約の発効に向けた流れの中で、日本国憲法が掲げる崇高な平和主義を体現するためにも、国際社会が核兵器のない世界の実現に向けた対話と協調を進めるよう、その役割を果たしていただきたい。また、平均年齢が82歳を超えた被爆者をはじめ、放射線の影響により心身に苦しみを抱える多くの人々の苦悩に寄り添い、その支援策を充実するとともに、「黒い雨降雨地域」を拡大するよう強く求めます。

　本日、私たちは思いを新たに、原爆犠牲者の御霊に衷心より哀悼の誠を捧げ、被爆地長崎、そして世界の人々と共に、核兵器廃絶と世界恒久平和の実現に向けて力を尽くすことを誓います。

平成30年（2018年）8月6日
広島市長　松井　一實

第4部

出典：広島市HP
http://www.city.hiroshima.lg.jp/www/contents/1564574465963/index.html
アクセス日：2019年12月1日


## 長崎平和宣言

　73 年前の今日、8月9日午前 11 時2分。真夏の空にさく裂した一発の原子爆弾により、長崎の街は無残な姿に変わり果てました。人も動物も草も木も、生きとし生けるものすべてが焼き尽くされ、廃墟と化した街にはおびただしい数の死体が散乱し、川には水を求めて力尽きたたくさんの死体が浮き沈みしながら河口にまで達しました。15 万人が死傷し、なんとか生き延びた人々も心と体に深い傷を負い、今も放射線の後障害に苦しみ続けています。

　原爆は、人間が人間らしく生きる尊厳を容赦なく奪い去る残酷な兵器なのです。1946年、創設されたばかりの国際連合は、核兵器など大量破壊兵器の廃絶を国連総会決議第 1 号としました。同じ年に公布された日本国憲法は、平和主義を揺るぎない柱の一

つに据えました。広島・長崎が体験した原爆の惨禍とそれをもたらした戦争を、二度と繰り返さないという強い決意を示し、その実現を未来に託したのです。

　昨年、この決意を実現しようと訴え続けた国々と被爆者をはじめとする多くの人々の努力が実り、国連で核兵器禁止条約が採択されました。そして、条約の採択に大きな貢献をした核兵器廃絶国際キャンペーン（ICAN）がノーベル平和賞を受賞しました。この二つの出来事は、地球上の多くの人々が、核兵器のない世界の実現を求め続けている証です。

　しかし、第二次世界大戦終結から73年がたった今も、世界には14,450発の核弾頭が存
在しています。しかも、核兵器は必要だと平然と主張し、核兵器を使って軍事力を強化し
ようとする動きが再び強まっていることに、被爆地は強い懸念を持っています。

　核兵器を持つ国々と核の傘に依存している国々のリーダーに訴えます。国連総会決議第1号で核兵器の廃絶を目標とした決意を忘れないでください。そして50年前に核不拡散条約（NPT）で交わした「核軍縮に誠実に取り組む」という世界との約束を果たしてください。人類がもう一度被爆者を生む過ちを犯してしまう前に、核兵器に頼らない安全保障政策に転換することを強く求めます。

　そして世界の皆さん、核兵器禁止条約が一日も早く発効するよう、自分の国の政府と国
会に条約の署名と批准を求めてください。

　日本政府は、核兵器禁止条約に署名しない立場をとっています。それに対して今、300
を超える地方議会が条約の署名と批准を求める声を上げています。日本政府には、唯一の
戦争被爆国として、核兵器禁止条約に賛同し、世界を非核化に導く道義的責任を果たすこ
とを求めます。

　今、朝鮮半島では非核化と平和に向けた新しい動きが生まれつつあります。南北首脳に
よる「板門店宣言」や初めての米朝首脳会談を起点として、粘り強い外交によって、後戻
りすることのない非核化が実現することを、被爆地は大きな期待を持って見守っています。

　日本政府には、この絶好の機会を生かし、日本と朝鮮半島全体を非核化する「北東アジア非核兵器地帯」の実現に向けた努力を求めます。

　長崎の核兵器廃絶運動を長年牽引してきた二人の被爆者が、昨年、相次いで亡くなりました。その一人の土山秀夫さんは、核兵器に頼ろうとする国々のリーダーに対し、こう述べています。「あなた方が核兵器を所有し、またこれから保有しようとすることは、何の自

慢にもならない。それどころか恥ずべき人道に対する犯罪の加担者となりかねないことを知るべきである」。もう一人の被爆者、谷口稜曄さんはこう述べました。「核兵器と人類は共存できないのです。こんな苦しみは、もう私たちだけでたくさんです。人間が人間として生きていくためには、地球上に一発たりとも核兵器を残してはなりません」。

　二人は、戦争や被爆の体験がない人たちが道を間違えてしまうことを強く心配していました。二人がいなくなった今、改めて「戦争をしない」という日本国憲法に込められた思
いを次世代に引き継がなければならないと思います。

　平和な世界の実現に向けて、私たち一人ひとりに出来ることはたくさんあります。被爆地を訪れ、核兵器の怖さと歴史を知ることはその一つです。自分のまちの戦争体験を聴くことも大切なことです。体験は共有できなくても、平和への思いは共有できます。長崎で生まれた核兵器廃絶一万人署名活動は、高校生たちの発案で始まりました。若い世代の発想と行動力は新しい活動を生み出す力を持っています。

　折り鶴を折って被爆地に送り続けている人もいます。文化や風習の異なる国の人たちと交流することで、相互理解を深めることも平和につながります。自分の好きな音楽やスポーツを通して平和への思いを表現することもできます。市民社会こそ平和を生む基盤です。

　「戦争の文化」ではなく「平和の文化」を、市民社会の力で世界中に広げていきましょう。東日本大震災の原発事故から7年が経過した今も、放射線の影響は福島の皆さんを苦しめ続けています。長崎は、復興に向け努力されている福島の皆さんを引き続き応援していきます。

　被爆者の平均年齢は 82 歳を超えました。日本政府には、今なお原爆の後障害に苦しむ被爆者のさらなる援護の充実とともに、今も被爆者と認定されていない「被爆体験者」の一日も早い救済を求めます。

　原子爆弾で亡くなられた方々に心から追悼の意を捧げ、私たち長崎市民は、核兵器のない世界と恒久平和の実現のため、世界の皆さんとともに力を尽くし続けることをここに宣言します。

2018 年（平成 30 年）8 月 9 日
長崎市長　田上　富久

出典：長崎市HP
https://nagasakipeace.jp/japanese/peace/appeal/2023.html
アクセス日：2019年12月1日

第4部

## 平和宣言

2018年（平成30年）沖縄全戦没者追悼式

2018年6月23日

　２０数万人余の尊い命を奪い去った地上戦が繰り広げられてから、７３年目となる６月２３日を迎えました。

　私たちは、この悲惨な体験から戦争の愚かさ、命の尊さという教訓を学び、平和を希求する「沖縄のこころ」を大事に今日を生きています。

　戦後焼け野が原となった沖縄で、私たちはこの「沖縄のこころ」をよりどころとして、復興と発展の道を力強く歩んできました。

　しかしながら、戦後実に７３年を経た現在においても、日本の国土面積の約０.６パーセントにすぎないこの沖縄に、米軍専用施設面積の約７０.３パーセントが存在し続けており、県民は、広大な米軍基地から派生する事件・事故、騒音をはじめとする環境問題等に苦しみ、悩まされ続けています。

　昨今、東アジアをめぐる安全保障環境は、大きく変化しており、先日の、米朝首脳会談においても、朝鮮半島の非核化への取り組みや平和体制の構築について共同声明が発表されるなど緊張緩和に向けた動きがはじまっています。

　平和を求める大きな流れの中にあっても、２０年以上も前に合意した辺野古への移設が普天間飛行場問題の唯一の解決策と言えるのでしょうか。日米両政府は現行計画を見直すべきではないでしょうか。民意を顧みず工事が進められている辺野古新基地建設については、沖縄の基地負担軽減に逆行しているばかりではなく、アジアの緊張緩和の流れにも逆行していると言わざるを得ず、全く容認できるものではありません。「辺野古に新基地を造らせない」という私の決意は県民とともにあり、これからもみじんも揺らぐことはありません。

　これまで、歴代の沖縄県知事が何度も訴えてきたとおり、沖縄の米軍基地問題は、日本全体の安全保障の問題であり、国民全体で負担すべきものであります。国民の皆様には、沖縄の基地の現状や日米安全保障体制の在り方について、真摯に考えていただきたいと願っています。

　東アジアでの対話の進展の一方で、依然として世界では、地域紛争やテロなどにより、人権侵害、難民、飢餓、貧困などの多くの問題が山積しています。

　世界中の人々が、民族や宗教、そして価値観の違いを乗り越えて、強い意志で平和を求め協力して取り組んでいかなければなりません。

　かつて沖縄は「万国津梁」の精神の下、アジアの国々との交易や交流を通し、平和的共存共栄の時代を歩んできた歴史があります。

　そして、現在の沖縄は、アジアのダイナミズムを取り込むことによって、再び、アジアの国々を絆ぐことができる素地ができてきており、日本とアジアの架橋（かけはし）としての役割を担うことが期待されています。

　その期待に応えられるよう、私たち沖縄県民は、アジア地域の発展と平和の実現に向け、沖縄が誇るソフトパワーなどの強みを発揮していくとともに、沖縄戦の悲惨な

実相や教訓を正しく次世代に伝えていくことで、一層、国際社会に貢献する役割を果たしていかなければなりません。

　本日、慰霊の日に当たり、犠牲になられた全ての御霊に心から哀悼の誠を捧げるとともに、恒久平和を希求する「沖縄のこころ」を世界に伝え、未来を担う子や孫が心穏やかに笑顔で暮らせる「平和で誇りある豊かな沖縄」を築くため、全力で取り組んでいく決意をここに宣言します。

平成３０年６月２３日

沖縄県知事　翁長　雄志

出典：「毎日新聞」2018年6月23日。
https://mainichi.jp/articles/20180624/k00/00m/040/031000c
アクセス日：2019年12月1日

**第4部**

---

## 資料2D-4　第６回核兵器廃絶・地球市民集会ナガサキ・アピール2018

**長崎アピール2018**

　「午前零時まで2分前」―2018年1月25日、米科学雑誌「ブレティン・オブ・アトミック・サイエンティスト」が発表した「終末時計」は、世界に衝撃を与えた。人類滅亡までの時間を示すその時計の針を30秒縮めたのである。その結果、1947年に同雑誌が発表を始めて以来、最も「終末」に近い時間となったのである。さらに、現在の状況は悪化の傾向にあ
る。第一に、米国は核兵器の役割を増大させ、より「使いやすい」核兵器の開発と配備を明確にした「核態勢の見直し」を発表、第二に、米国はイランとの核合意「共同包括実施計画」をもはや履行しないことを言明、第三に、歴史的意義のあるロシアとの中距離核戦力（INF）全廃条約を廃棄する意図を公表した。
　世界の核弾頭数削減のペースは最近落ちてきている。現在推定で14,450発程度が存在しており、そのほとんどは米・ロシアの所有である。そして、それぞれの弾頭は広島や長崎を破壊した原爆のけた違いの破壊力を有しているのである。米国の「核態勢の見直し」に対抗して、ロシアも新型「防衛不可能」な核兵器の開発計画を公表した。さらに中国、フランス、インド、イスラエル、パキスタン、英国が「核兵器近代化計画」に取り組み、当分の間核戦力を維持しようとしている。
核兵器に利用できる核物質（高濃縮ウランと分離プルトニウム）の在庫量も、核弾頭に換算して10万発以上に上っており、さらに増加している。全核保有国が戦争を想定し、そのため軍事対立が破局的結末につながる可能性が消えていない。いわゆる5大核保有国は、1970年成立の核不拡散条約（NPT）の義務遂行を無視し、条約違反を続けている。その義務とは、核軍拡競争を終了させ、核兵器廃絶に向けて、早期に「誠実に」交渉

327

を進めることであった。

一方で、2017年7月の核兵器禁止条約（TPNW）の歴史的な成立とそれに続く核兵器廃絶国際キャンペーン（ICAN）のノーベル平和賞受賞は、私たちに希望と力を与えてくれた。現在まで69か国が署名し、19か国が批准した。TPNWは確かに核保有国・「核の傘」国と非保有国との間の溝を広げたかもしれない。しかし、世界の過半数の国がTPNWを支持し、さらにTPNWは核兵器が「絶対悪」であり、国際人道法とは共存しないものであるという「規範」を強化したのである。

さらに、北東アジアでは有望な状況が生まれつつある。南北朝鮮の首脳会談は「朝鮮半島の非核化」への希望を広げ、シンガポールで開催された歴史的米朝首脳会談は、朝鮮戦争が終結し、両国間の敵対的関係がついに終了するという希望を与えてくれた。まさに今こそ、日本を含む「北東アジア非核兵器地帯」の設立にむけて前進し、北東アジアに持続可能な平和と安全を実現する絶好の機会ということができる。

被爆者証言と運動は、核時代が始まって以来、核兵器廃絶運動の力強い原動力として働いてきた。しかし、私たちは、被爆者の方々が自らその体験を語れる時間がだんだん少なくなっている現実をしっかりと受け止めなければならない。被爆者の方々の耐え難い体験を、次の時代に伝えていく革新的な方法を生み出していくことが不可欠である。その方法としては、写真、音楽、映画、アニメなどの方法が含まれるだろう。その中でも特に、若い世代が核軍縮により積極的に取り組み、自らの力で平和教育や運動を始めていることは、本当に勇気づけられる。

日本のいわゆる「核のジレンマ」（「核兵器廃絶の目標」と「核の傘依存」）はますます深まりつつある。日本政府は、核保有国・「核の傘」国と非核保有国の「橋渡し役」を果たすために「核軍縮の実質的な進展のための賢人会議」を設置した。賢人会議の設置は建設的な一歩ではあるが、日本政府はいまだにそのための効果的な提言を出していない。それどころか、日本政府はTPNWに反対の立場をとっているため、核軍縮・不拡散政策で方向性を見失っているかのようだ。その結果、核兵器廃絶を促進する主要な担い手としての地位と信用を失いつつある。そのうえ、莫大な量のプルトニウム在庫量を抱えているため、日本の核政策に対する疑心が生まれてきているのだ。

以上のような認識に基づき、第6回核兵器廃絶地球市民集会ナガサキの参加者は、以下のような具体的行動をとるよう要請する。

1. 世界のすべての国が核兵器禁止条約（TPNW）を早期に批准し、NPTの第6条（核軍縮義務）の誠実な実行、とくに核兵器国による実行、を要請する。中でも、米国とロシアは、INF全廃条約を維持し、2021年に失効する新戦略兵器削減条約に続く新たな核兵器削減のための真摯な対話と軍縮交渉を始めることを強く要請する。新たな軍縮交渉は、戦略核兵器のみならず、弾道ミサイル防衛システム、超高音速ミサイル、そして宇宙の軍事化のような「戦略的安定性」に係る全ての側面を対象とすべきだ。また、まだ署名・批准していない国に対し包括的核実験禁止条約に署名・批准し、すべての国に対し核兵器転用可能な核物質生産を民生用を含め中止するよう要請する。

2. 核兵器を使用するという威嚇（「核抑止力」）に依存するすべての国に対し、核兵器の役割を低減・廃棄し、「地球市民の安全保障」に基づく安全保障政策に転換することを要請する。

3. 最近の南北対話、米朝対話の進展を、私たちは心より歓迎する。そして、これら

の国々が対話の中で約束したことを忠実に履行することを要請する。その観点から、北東アジアの継続的な平和と安全を確立するために、朝鮮戦争の終結に向けて努力を加速することを要請する。朝鮮半島の非核化合意に基づき、地域内のすべての国が、実効性のある検証措置を備えた北東アジア非核兵器地帯の設立に向けて交渉を始めることを要請する。地域紛争が続いている国々においては、世界平和の構築に向けて、朝鮮半島で進行中の対話と信頼醸成に倣うことを要請する。

4.　被爆者の人口が減少する中、今回提案された「ユース・ネットワーク・フォー・ピース（YNP）」のような若い世代のイニシャティブに勇気づけられた。すべての世代に対し、相互に協力し、「ヒバクシャ国際署名」などの運動を通じて、被爆者の悲劇的な経験を積極的に記憶し次の世代に継承していくことを要請する。

5.　唯一の戦争被爆国として、日本政府は北東アジアにおける安全保障環境の改善を有効に活用し、核兵器への依存を終了させ、TPNW の署名と北東アジア非核兵器地帯を促進する努力を真摯に行うことで国内外の信頼を取り戻すよう要請する。

　私たちは、核兵器のない世界を実現するために最大の努力を続けていくことを約束し、世界の人々と政府にアピールします。「長崎を最後の被爆地に！」

2018年11月18日
第6回核兵器廃絶地球市民集会ナガサキ

出典：核兵器廃絶・地球市民ナガサキHP
http://ngo-nagasaki.com/2018/pdf/2018NagasakiAppeal_j.pdf
アクセス日：2019年12月1日

第4部

# 用語の説明

## ●イージス・システム

もともとは、洋上防空能力など艦船防御能力を備えた艦上戦闘システム。現在は陸上配備システム（イージス・アショア）もある。レーダーやソナーを利用して複数の目標に関する情報を同時に処理し、誘導ミサイルなどを用いてそれらを同時攻撃できる。弾道ミサイルに対する迎撃能力を備えたミサイルSM3も組み込まれている。「イージス」はギリシャ神話の神の盾。

## ●核態勢見直し（NPR）（米）
## (Nuclear Posture Review)

米議会が核政策の包括的な再検討のために作成を求める文書。米国防総省が作成する。これまで、94年（クリントン政権）、02年（ブッシュ政権、作成されたのが01年末なので01年NPRと呼ぶこともある）、10年（オバマ政権）、そして18年（トランプ政権）の4回出されている。10年のNPRは資料1 - 11（213ページ）、18年のNPRは新資料2B-2参照。

## ●オスロ・プロセス

クラスター弾の全面禁止条約締結を目指した条約案交渉プロセス。国連や赤十字委員会、NGO「クラスター弾連合（CMC）」などの働きかけが後押しとなり、2007年2月、ノルウェーなど49か国が「オスロ宣言」を採択して条約交渉が始まった。対人地雷禁止条約の成立プロセスを**オタワ・プロセス**というのと同じように、同志国家とNGOが国連システムの外でクラスター弾禁止条約を成立させたプロセスをこう呼ぶ。

## ●核軍縮・不拡散議員連盟（PNND）
## (Parliamentarians for Nuclear Non-proliferation and Disarmament)

国際NGO「中堅国家構想」（MPI）の提唱で01年に創設された、核軍縮を目指す国際的な議員集団。現在、84か国から800人以上の議員が参加している（19年6月アクセ

ス）。なかでも日本、ニュージーランド、ベルギー、カナダ、ドイツに参加議員数が多い。PNND日本は02年7月に結成され、19年6月24日現在、55人が参加。

## ●核兵器禁止条約（TPNW）

17年7月7日、「核兵器を禁止し完全廃棄に導く拘束力のある法的文書を交渉する国連会議」で採択された核兵器の禁止を明記した史上初の条約。核兵器の使用及び使用するとの威嚇を禁止するだけでなく、核兵器の開発・実験・生産・製造・保有・貯蔵等を禁止し、加えて保有する核兵器の全廃を義務づけている。資料1-9（203ページ）に全訳。

## ●核燃料サイクル

ウラン鉱石の採掘から核燃料の製造までの過程、原子炉で核燃料を燃焼する過程、使用済み核燃料を再処理したり、処分したりする過程の全過程をさす。再処理過程を含むかどうかでサイクルの様相は大きく異なる。⇒使用済み核燃料再処理。

## ●カットオフ条約

兵器用核分裂性物質生産禁止条約（FMCT）のこと。核兵器の材料となる高濃縮ウランやプルトニウムの生産を禁止することが目的。

## ●国連総会第1委員会

国連総会に付属する6つの委員会のひとつで、主に、軍縮・国際安全保障問題を取り扱う。通常は、10月から4～5週間にわたって開催される。

## ●集団的自衛権

自国が攻撃を受けていなくても、同盟国が攻撃された場合にその同盟国を援助し、共同で防衛する権利。国連憲章第51条は、国連加盟国に対して武力攻撃が行われた際、安全保障理事会が必要な措置をとるまでの間、加盟国が個別的・集団的自衛権を行使する権利を認めている。日本政府は、集団的自衛権の行使は憲法上認められないとの立場をとってきたが、14年7月1日、一定条件下で行使を容認する閣議決定を行った。

## ●ジュネーブ軍縮会議（あるいは単に軍縮会議）（CD）
## (Conference on Disarmament)

現在65か国で構成される、唯一の多国間の軍縮問題交渉機関。事務局長は国連総会によって指名されるが、厳密には国連の付属組織ではない。60年の「10か国軍縮委員会」（東西5か国ずつで構成）を起源とし、CDの名前になったのは84年である。日本の加盟は69年。前身も含めると、NPTやCTBTなどがCDで交渉された。全会一致の決定方式をとっている。

## ●消極的安全保証（NSA）
## (Negative Security Assurance)

核兵器非保有国に対して核兵器保有国が核兵器を使用しないと約束することによって、安全の保証を提供すること。核保有5か国（米・ロ・英・仏・中）は、国連安保理決議984（95年4月11日採択）によって一方的にNSAを宣言しているが、非保有国側は、法的拘束力のあるNSAを求めている。非核地帯条約のNSA議定書に核保有国が署名・批准している場合には、地帯内の非核国に対してNSAは法的拘束力を持つ。

## ●使用済み核燃料再処理

原子炉で燃やした後の使用済み核燃料から、ウランやプルトニウムを分離、回収する作業のこと。使用価値のない核分裂生成物等が残されるため、これらを高レベル放射性廃棄物、低レベル放射性廃棄物に分離した上で処分・埋設する。

## ●新アジェンダ連合（NAC）
## (New Agenda Coalition)

ブラジル・エジプト・アイルランド・メキシコ・ニュージーランド・南アフリカの6か国から成る核軍縮推進派の国家連合（98年の設立時はスウェーデン、スロベニアを含む）。98年に「核兵器のない世界へ：新アジェンダの必要性」という設立の共同宣言を発したことから、この名で呼ばれている。

## ●戦略兵器削減条約（START）
## (Strategic Arms Reduction Treaty)

米国とソ連（当時）が91年7月に署名。94年12月に発効。01年12月、米ロ両国はこれらの削減義務の履行完了を宣言。09年12月5日に期限満了をもって失効。初めての米ソ間の戦略核兵器削減条約であった。条約において運搬手段や核弾頭の数え方を厳密に定義し、その上限を定め削減を義務づけた。また条約には広範かつ複雑な監視・検証メカニズムが規定された。11年2月5日、新STARTが発効した。

## ●弾道ミサイル防衛（BMD）システム

敵国などからの弾道ミサイルを迎撃するシステム。迎撃の起点（陸上、海上、空中、大気圏外）、迎撃対象の飛行段階（初期の噴射、中間、終末）、迎撃の手段（運動エネルギー、指向性エネルギー）などの組み合わせによって、様々な種類のシステムがある。

## ●日米安全保障協議委員会（SCC）
## (Security Consultative Committee)

日米安保条約第4条を根拠とし、60年に設置された。当初、日本側は外務大臣と防衛庁長官、米国側は駐日米大使と太平洋軍司令官であった。しかし、90年に米側の構成員が国務長官と国防長官に格上げされ、日本側は後に防衛庁長官ではなく防衛大臣となった。しばしば「2プラス2」（ツー・プラス・ツー）と呼ばれる。

## ●濃縮ウランと劣化ウラン

天然ウランにはウラン238が約99.3%、ウラン235が約0.7%含まれる。235は核分裂性であり、核燃料や兵器に用いられる。235の割合を0.7%以上に高めたものを濃縮ウランという。235が20%より低いものを低濃縮ウラン（LEU）、高いものを高濃縮ウラン（HEU）、90%を超えるものを兵器級ウランと呼ぶ。軽水型発電炉の燃料は3〜5%の低濃縮ウランである。濃縮の結果、235の含有量が天然ウランより減った残余を劣化ウランという。劣化ウランは、密度と硬度が高いウランの属性を保ちながら安価であることから「ウラン弾」に用いられる。劣化ウランの放射能は天然ウランの約60%に減っているにすぎない。

## ●非核兵器地帯（NWFZ）

一定の地理的範囲内において核兵器が排除された状態を創り出すことを目的と

した、国際法上の制度。地帯内において、核兵器の開発・実験・製造・生産・取得・所有・貯蔵・輸送・配備などが禁止される。これに加え、地帯内において核兵器による攻撃やその威嚇を行わないとの核兵器国による約束(すなわち、消極的安全保証)を議定書の形で定めるのが通例である。

### ●武器輸出三原則

佐藤栄作内閣が1967年4月に打ち出した政策。①共産圏向けの場合、②国連決議により武器輸出が禁じられている場合、③国際紛争の当事国(あるいはそのおそれがある国)の場合、武器輸出を禁じるというもの。76年2月、三木武夫内閣はこれを拡大し、上記の対象国以外に対しても武器輸出を慎むこと、武器製造関連設備も武器に準ずる取り扱いにすることとした。しかし83年1月、対米武器技術供与を例外とする後退を示した。さらに2011年12月、藤村修官房長官談話により「包括的な例外措置」を講ずるとし、例外措置の大幅拡大に踏みきった。そして14年4月1日、安倍晋三内閣は「防衛装備移転三原則」を閣議決定し、武器輸出三原則は、事実上撤廃された。

### ●未臨界核実験とZマシン核実験

核分裂物質は、ある一定の限界条件が満たされると核分裂の連鎖反応を起こす。この限界のことを「臨界」といい、臨界に達しない状態で行う核実験のことを未臨界核実験という。地下核爆発実験を行うことなく、備蓄核兵器を管理、維持するために行われてきた。

2010年以降、米国は、強力なX線発生装置Zマシンで、核爆発に近い環境の中でのプルトニウムの挙動を調べる新型核実験を行っている。

### ●ABM条約(Anti-Ballistic Missile Treaty)

1972年5月締結、同年10月に発効した、戦略弾道ミサイルを迎撃するミサイル・システムの開発、配備を厳しく制限した米ソ間の条約。米国は、ミサイル防衛の推進を意図して、02年6月13日に同条約から脱退。

### ●IAEA追加議定書

国際原子力機関(IAEA)と保障措置協定締結国との間で追加的に締結される議定書のことで、既存の保障措置よりも強化された措置が盛り込まれている。原子力施設内の全ての建物や活動がIAEAに対する申告の対象になり、未申告の施設や活動に対しても、直前の通告による追加的な査察(いわゆる「抜き打ち」査察)が認められている。1997年5月のIAEA特別理事会でモデル追加議定書が採択されている。2016年1月現在、146か国が署名、126か国が批准済み。米国は09年1月6日になってようやく批准。

### ●NPT再検討会議

核不拡散条約(NPT)第8条3項に従って、NPTの運用状況を点検するために5年に一度NPT加盟国が開く会議。1975年から2015年までの計9回開かれている。再検討会議は、本会議に加えて、第1主要委員会(核軍縮関連)、第2主要委員会(保障措置・非核兵器地帯関連)、第3主要委員会(原子力平和利用関連)に分かれる。なお、1995年以後、再検討会議に先立つ3年の間、準備委員会が毎年開催されている。

### ●PAC3
### (Patriot Advanced Capability 3)

改良型パトリオットミサイル。短距離弾道ミサイルを陸上から迎撃するシステムで、弾道ミサイルのターミナル(終末)段階において撃ち落とす。PAC3が防御できるのは、それが配備された地点の半径数10キロメートル程度とされる。

### ●SM3(Standard Missile 3)

イージス・システムに組み込まれ、短・中距離弾道ミサイルを迎撃するミサイル。弾道ミサイルのミッドコース(中間飛行)段階において撃ち落とす。

### ●4年ごとの国防見直し(QDR)
### (Quadrennial Defense Review)

米国防総省が議会からの要求によって4年ごとに提出する国防政策見直しのための文書。国防戦略や戦力構成、戦力の近代化、インフラ、予算などについて、包括的な再検討が行われる。1997年、2001年、06年、10年、14年と作成された。

# 略語集

**AA** 陸上配備型イージスシステム
Aegis Ashore

**ABM** 対弾道ミサイル
Anti-Ballistic Missile

**ACSA** 日米物品役務相互提供協定
Acquisition and Cross Servicing
Agreement

**ATT** 武器貿易条約
Arms Trade Treaty

**BMD** 弾道ミサイル防衛
Ballsitic Missile Defense

**CD** (ジュネーブ)軍縮会議
Conference on Disarmament

**CELAC** ラテンアメリカ・カリブ諸国共同体
Community of Latin American and
Caribbean States

**CTBT** 包括的核実験禁止条約
Comprehensive Test Ban Treaty

**CTBTO** 包括的核実験禁止条約機関
Comprehensive Test Ban Treaty
Organization

**CVID** 完全かつ検証可能で不可逆的
な非核化
Complete, verifiable and irreversible
denuclearization

**DMZ** 非武装地帯
DeMilitarized Zone

**DOD** (米)国防総省
Department of Defense

**DOE** (米)エネルギー省
Department of Energy

**DPRK** 朝鮮民主主義人民共和国
Democratic People's Republic
of Korea

**DU** 劣化ウラン
Depleted Uranium

**EPAA** 欧州段階的適応性アプローチ
European Phased Adaptive Approach

**EU** 欧州連合
European Union

**FFVD** 最終的かつ完全に検証された
非核化
Final, Fully Verified Denuclearisation

**FMCT** 兵器用核分裂性物質生産禁止条
約、またはカットオフ条約
Fissile Material Cut-off Treaty

**GLCM** 地上発射巡航ミサイル
Ground Launched Cruise Missile

**HEU** 高濃縮ウラン
Highly Enriched Uranium

**IAEA** 国際原子力機関
International Atomic Energy Agency
Organization

**IALANA** 国際反核法律家協会
International Association of
Lawyers Against Nuclear Arms

**ICAN** 核兵器廃絶国際キャンペーン
International Campaign to
Abolish Nuclear Weapons

**ICBM** 大陸間弾道ミサイル
Inter-Continental Ballistic Missile

**ICJ** 国際司法裁判所
International Court of Justice

**ICRC** 赤十字国際委員会
International Committee of the Red
Cross

**INF** 中距離核戦力
Intermediate-Range Nuclear Forces

**IPPNW** 核戦争防止国際医師会議
International Physicians for the
Prevention of Nuclear War

**JCPOA** 共同包括的行動計画
Joint Comprehensive Plan of Action

**LEP** 寿命延長計画
Life Extension Program

**LEU** 低濃縮ウラン
Low-Enriched Uranium

**MD** ミサイル防衛
Missile Defense

**MIRV** 多弾頭独立目標再突入体
Multiple Independently-targetable
Reentry Vehicle

**MOX** ウラン・プルトニウム混合酸化物
Mixed (uranium and plutonium)

| | |
|---|---|
| | Oxide |
| **MPI** | 中堅国家構想<br>Middle Powers Initiative |
| **NAC** | 新アジェンダ連合<br>New Agenda Coalition |
| **NAM** | 非同盟運動(諸国)<br>Non-Aligned Movement |
| **NATO** | 北大西洋条約機構<br>North Atlantic Treaty Organization |
| **NLL** | 北方限界線<br>Northern Limit Line |
| **NNSA** | (米)国家核安全保障管理局<br>National Nuclear Security Agency |
| **NPDI** | 不拡散・軍縮イニシャチブ<br>Non-Proliferation and Disarmament<br>Initiative |
| **NPR** | 核態勢見直し<br>Nuclear Posture Review |
| **NPT** | 核不拡散条約<br>Nuclear Non-Proliferation Treaty/<br>Treaty on the Non-Proliferation of<br>Nuclear Weapons |
| **NSA** | 消極的安全保証<br>Negative Security Assurance |
| **NSG** | 核供給国グループ<br>Nuclear Suppliers Group |
| **NWBT** | 簡易型核兵器禁止条約<br>Nuclear Weapons Ban Treaty |
| **NWC** | (包括的)核兵器禁止条約<br>Nuclear Weapons Convention |
| **NWFZ** | 非核兵器地帯<br>Nuclear Weapon Free Zone |
| **OEWG** | 国連「核軍縮」公開作業部会<br>Open-Ended Working Group |
| **P5** | 国連安全保障会議常任理事国<br>Permanent five |
| **PAC3** | 改良型パトリオットミサイル3<br>Patriot Advanced Capability 3 |
| **PKO** | 国連平和維持活動<br>United Nations Peacekeeping<br>Operation |
| **PNND** | 核軍縮・不拡散議員連盟<br>Parliamentarians for Nuclear<br>Non-Proliferation and Disarmament |

| | |
|---|---|
| **PSPD** | 参与連帯<br>People's Solidarity for Participatory<br>Democracy |
| **QDR** | 4年ごとの国防見直し<br>Quadrennial Defense Review |
| **RECNA** | 長崎大学核兵器廃絶研究センター<br>Research Center for Nuclear Weap-<br>ons Abolition, Nagasaki University |
| **RMI** | マーシャル諸島共和国<br>the Republic of the Marshall Islands |
| **RV** | 再突入体<br>Re-entry Vehicle |
| **SACO** | 沖縄に関する特別行動委員会<br>Special Action Committee on<br>Okinawa |
| **SDSR** | (英)戦略防衛及び安全保障の見<br>直し<br>Strategic Defence and Security<br>Review |
| **SLBM** | 潜水艦発射弾道ミサイル<br>Submarine-Launched Ballistic<br>Missile |
| **SM3** | スタンダード・ミサイル3<br>Standard Missile 3 |
| **SSMP** | 備蓄核兵器維持管理計画<br>Stockpile Stewardship and<br>Management Plan |
| **START** | 戦略兵器削減交渉(あるいは条約)<br>Strategic Arms Reduction Talks<br>(Treaty) |
| **THAAD** | 高高度防衛ミサイル<br>Terminal High Altitude Area Defense<br>Missile |
| **TPNW** | 核兵器禁止条約<br>Treaty on the Prohibition of Nuclear<br>Weapons |
| **UNODA** | 国連軍縮局<br>United Nations Office for<br>Disarmament Affairs |
| **UAE** | アラブ首長国連邦<br>United Arab Emirates |
| **WMD** | 大量破壊兵器<br>Weapons of Mass Destruction |

336

337

## 執筆者（五十音順）

荒井摂子　　弁護士、元ピースデポ事務局長
梅林宏道　　ピースデポ特別顧問
木元茂夫　　全ての基地にNO!を ファイト神奈川
平井夏苗　　ピースデポ研究員
福本道夫　　第9次横田基地公害訴訟原告団長、全国基地爆音訴訟原告団連絡会議事務局長
前田哲男　　軍事評論家
森山拓也　　ピースデポ研究員
山口大輔　　元ピースデポ研究員
山中悦子　　ピースデポ共同代表
湯浅一郎　　ピースデポ共同代表


## ピースデポ・イアブック刊行委員会

梅林宏道/平井夏苗/森山拓也/山中悦子/湯浅一郎（委員長）

## 監修

梅林宏道

## 編集・製作

平井夏苗/森山拓也/山中悦子/湯浅一郎

## 製作協力

浅野美帆/瀬上拡史/田巻一彦/中村桃子/宮野史康

# イアブック「核軍縮・平和 2019」
## ──市民と自治体のために

2020 年 3 月 5 日　初版第 1 刷発行　　　　定価 2000 円＋税

編著者　特定非営利活動法人ピースデポ ©
監修者　梅林宏道
発行者　高須次郎
発行所　緑風出版

〒 113-0033　東京都文京区本郷 2-17-5　ツイン壱岐坂
[ 電話 ] 03-3812-9420　[ FAX ] 03-3812-7262　[ 郵便振替 ] 00100-9-30776
[E-mail] info@ryokufu.com　[ URL ] http://www.ryokufu.com/

カバーデザイン　斎藤あかね　　　印　刷　中央精版印刷・巣鴨美術印刷
製　本　中央精版印刷　　　　　　用　紙　中央精版印刷・巣鴨美術印刷　　E1000

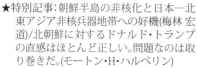

# ピースデポ
# 関連書籍

●「非核兵器地帯
―核なき世界への道筋 」

梅林宏道　著
四六判200ページ
1800円＋税
岩波書店　2011年

★どうすれば私たちは
核兵器の呪縛から自由
になれるのか。その人
類的な課題への現実的な解答の一つが、非核
兵器地帯にほかならない。すでに地球の南半
分で「核なき世界」が実現され、北半球への拡
大が始まっている。日本は北東アジアで非核
兵器地帯を築けるのか。ライフワークとして
取り組んできた著者の初の概説書。

●「在日米軍
変貌する日米安保体制」

梅林宏道　著
新書判276ページ
880円＋税
岩波書店　2017年

★「専守防衛」と言い
ながら在日米軍の攻
撃力に依存し、「唯一
の被爆国」と言いなが
ら米国の核兵器で日本を守る――「戦後の平
和主義」を直視せよ。「緊密で良好な日米関係」
という位の意味合いで受けとめられる「日米
同盟」の内実は? 前著から15年。世界展開する
現在の在日米軍の全貌を直視し、軍事力によ
らない安全保障を模索する。

---

●『8月6日の蒼い月
爆心地一・六kmの被爆少女が
世界に伝えたいこと』

橋爪 文 著

1500円＋税
コールサッ
ク社
2017年

★閃光は、七色の光線の束が
百も千も集まった鮮烈な放
射光で、目が眩む美しさでも
あった―。被爆体験、ヒロシマ
やそこに生きた人びと、７０
歳前後からの海外ひとり行
脚、２０１１年３月のフクシ
マ、そして現在を随筆風に綴
る。

●『核廃絶へのメッセージ
―被爆地の一角から』

土山秀夫 著

1000円＋税
日本ブック
エース
2011年

★核兵器を廃絶するために
は何が必要か。被爆地から全
世界に向けて元長崎大学長が
訴えつづける。ピースデポ「核
兵器・核実験モニター」の連載
エッセー「被爆地の一角から」
の書籍化。

●『亡国の武器輸出
防衛装備移転三原則は何をもた
らすか』

池内了、青井
美帆、杉原浩
司 編
1650円＋税
合同出版
2017年

★戦後70年「戦争をしない
国」を築き上げてきた日本。
政府も「武器輸出禁止三原
則」を「平和国家であること」
の基本原則と宣言してきた。
ところが『防衛装備移転三原
則』により軍需産業強化の政
策が進められ、軍産学複合体
が動き出している。
「武器輸出大国」への進行を
食い止めるため、いま、何を
なすべきか!

＊このページの書籍はピースデポでもお取り扱いしています。

# 原発のない 未来が見えてきた

## ◎緑風出版の本

■全国のどの書店でもご購入いただけます。
■店頭にない場合は、なるべく書店を通じてご注文ください。
■表示価格には消費税が加算されます。